JN297429

ビジテク BUSINESS TECHNIQUE

PDF+Acrobat
ビジネス文書活用
業務効率化を実現する文書テクニック

山口真弘[著]　XI/X, Adobe Reader XI 対応

SHOEISHA

本書内容に関するお問い合わせについて

本書に関するご質問、正誤表については、下記の Web サイトをご参照ください。
　　正誤表　　http://www.shoeisha.co.jp/book/errata/
　　出版物 Q&A　http://www.shoeisha.co.jp/book/qa/

インターネットをご利用でない場合は、FAX または郵便で、下記にお問い合わせください。
　　〒 160-0006　東京都新宿区舟町 5
　　（株）翔泳社 愛読者サービスセンター
　　FAX 番号：03-5362-3818

電話でのご質問は、お受けしておりません。

※本書に記載された URL 等は予告なく変更される場合があります。
※本書の出版にあたっては正確な記述につとめましたが、著者や出版社などのいずれも、本書の内容に対してなんらかの保証を
　するものではなく、内容やサンプルに基づくいかなる運用結果に関してもいっさいの責任を負いません。
※本書に掲載されているサンプルプログラムやスクリプト、および実行結果を記した画面イメージなどは、特定の設定に基づい
　た環境にて再現される一例です。
※本書に記載されている会社名、製品名はそれぞれ各社の商標および登録商標です。
※本書の内容は、2014 年 3 月執筆時点のものです。

はじめに

アドビシステムズ社によって開発され、その後 ISO 32000-1 として標準化されたことでいまや世界中でスタンダードとして使われるようになった電子文書フォーマットが PDF (Portable Document Format) です。

Windows や Mac OS など、異なるプラットフォーム間でレイアウトを崩さずに表示できることが大きな特徴である PDF は、昨今勢いを増しつつあるスマートフォンやタブレットといったモバイルデバイスでもその特徴を発揮できます。またペーパーレスの流れにより、既存の紙の資料を電子化して保存する際のフォーマットとして利用される機会も増えています。さらに電子書籍の台頭といった要因もあり、近年は公的な文書にとどまらず、あらゆるジャンルで活躍のシーンを広げつつあります。

その PDF の作成や編集に欠かせないソフトが、Adobe Acrobat です。PDF の作成に始まり、ページ上のテキストや画像の編集、さらにはフォームや注釈、電子署名を用いた承認機能といったさまざまな機能を持つ Acrobat ですが、その豊富な機能ゆえ、見逃されてしまっている便利な機能は多いと考えられます。すでに Acrobat を所有しているものの、実際には印刷機能を用いた PDF の出力にしか利用したことがないという人も、少なくないのではないでしょうか。

本書ではそんな Acrobat について、個々の機能の詳しい紹介はもちろんのこと、複数の機能を組み合わせて初めて実現できるワザや、ビジネスシーンで役に立つ PDF 全般のテクニックも多数紹介しています。理論的な説明は最小限にとどめ、ビジネスシーンですぐ役に立つことを重視した構成になっています。

みなさんが Acrobat をよりいっそう活用していく上で、本書がひとつのきっかけとなれば幸いです。

2014 年 4 月吉日
山口真弘

本書の使い方

>> Acrobatの対応バージョン

　本書の解説はAcrobat XI ProとWindows 7をベースに行っていますが、Acrobatのバージョンにより操作方法が異なる場合は、MEMOに記載しています。

　本書の対象バージョンは、Acrobat XI Pro ／ Acrobat XI Standard ／ Acrobat X Pro ／ Acrobat X Standard ／ Adobe Reader XIです。そのページで解説しているテクニックが各バージョンに対応しているかどうかは、ページの見出し部分で確認できます。動作検証はWindows環境で行っています。Mac OSのバージョンによってはOS自体のセキュリティ強化によって挙動が異なり、利用できない機能があります。ご了承ください。

　なおAdobe Readerの最新バージョンは以下のURLより無償ダウンロードができます。
　http://get.adobe.com/jp/reader/

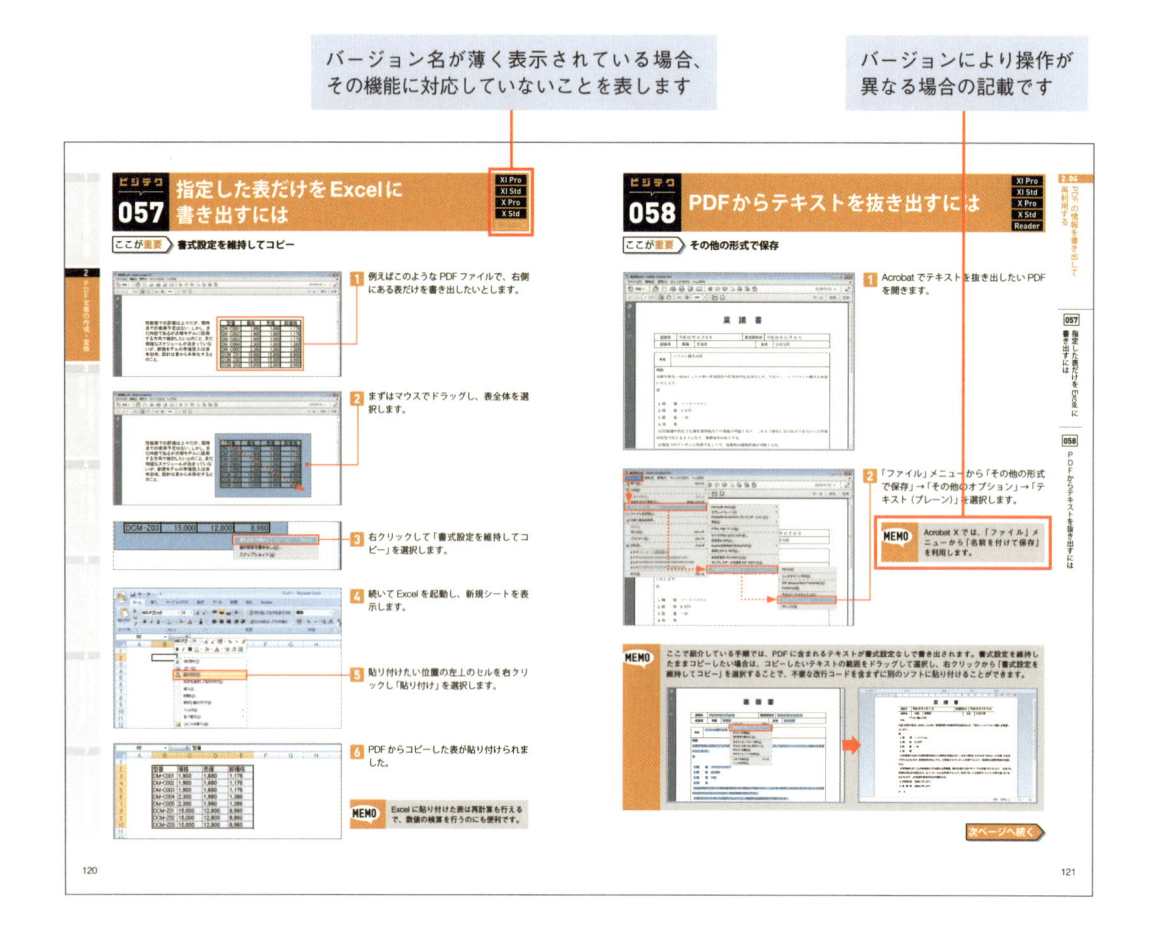

>> ビジテクシリーズについて

　ビジテク（シリーズ）とは、Business Technique（＝ビジネステクニック）の略です。ビジネス用途のテクニックを解説します。目的別の見出しになっていますので、知りたい内容から読み進めることができます。

CONTENTS

お問い合わせ ……………………………………………………………… 2
本書の使い方 ……………………………………………………………… 4

0 Introduction PDFの基礎知識 …………………………………… 11
- **0-01** 広がるPDFの役割とその利点 ……………………………… 12
- **0-02** 事例にみるAcrobat+PDFを導入する利点 ………………… 15
- **0-03** Acrobatの基本ワークスペース ……………………………… 18

1 PDF文書の閲覧・編集 ………………………………………… 21
- **1-01** PDFを効率的に閲覧する ……………………………………… 22
  - 001 メニューバーやツールバーを非表示にして画面を広く使うには ……… 24
  - 002 PDFを見開き表示にするには ……………………………………… 25
  - 003 見開き表示で表紙のみ1ページで表示にするには ……………… 26
  - 004 常にページ全体が見える状態でPDFを開くには ………………… 27
  - 005 PDFごとにページレイアウトを設定するには …………………… 28
  - 006 PDFを右綴じにするには …………………………………………… 29
  - 007 すべてのページをサムネールで縮小表示するには ……………… 30
  - 008 離れたページを同時に表示するには ……………………………… 31
  - 009 PDFを開く時に前回開いていたページを表示するには ………… 33
- **1-02** PDF文書のページを編集する ………………………………… 34
  - 010 PDFのページを削除するには ……………………………………… 36
  - 011 PDFのページの順序を変更するには ……………………………… 37
  - 012 PDFにページを挿入するには ……………………………………… 38
  - 013 PDFのページを置き換えるには …………………………………… 40
  - 014 ページ単位でPDFの表示を回転させるには ……………………… 41
  - 015 複数のPDFファイルをひとつに結合するには …………………… 42
  - 016 まとまったページ範囲を抽出するには …………………………… 44
  - 017 サムネールを確認しながらページを抽出するには ……………… 45
  - 018 連続しないページをひとつのファイルとして抽出するには …… 47
  - 019 決まったページ数やファイルサイズで分割するには …………… 48
  - 020 Webで閲覧しやすいPDFを作るには ……………………………… 50
  - 021 ページ内の不要な部分をトリミングするには …………………… 51

| 022 | 2ページを1枚に印刷した資料を元のページ割に復元するには ……… 53

1-03　PDF内のテキストや画像を編集する　　　　　　　　　　　55
| 023 | PDF上のテキストを修正するには ……………………………………… 57
| 024 | PDFに新しいテキストを追加するには ………………………………… 58
| 025 | PDF上のテキストの書式を変更するには ……………………………… 60
| 026 | PDFに画像を追加するには ……………………………………………… 61
| 027 | PDF上の画像を差し替えるには ………………………………………… 62
| 028 | テキストや画像のレイアウトを変更するには ………………………… 63
| 029 | 画像を外部ツールで加工するには ……………………………………… 64

1-04　文書にしおり・リンクを設定する　　　　　　　　　　　　65
| 030 | しおりを作成して移動先を設定するには ……………………………… 67
| 031 | ページ上の文字列を元にしおりを設定するには ……………………… 68
| 032 | しおりを編集するには …………………………………………………… 69
| 033 | しおりを階層構造にするには …………………………………………… 70
| 034 | しおりのスタイルや表示倍率を設定するには ………………………… 71
| 035 | Wordファイルからしおりを自動生成するには ……………………… 72
| 036 | リンクを設定するには …………………………………………………… 74
| 037 | Webページに移動するリンクを設定するには ………………………… 76
| 038 | ほかのファイルにリンクを設定するには ……………………………… 78

2　PDF文書の作成・変換　　　　　　　　　　　　　　　　　79

2-01　Office文書をPDFに変換する　　　　　　　　　　　　　80
| 039 | Word文書をPDF化するには …………………………………………… 83
| 040 | Excel文書をPDF化するには …………………………………………… 85
| 041 | PowerPoint文書をPDF化するには …………………………………… 87
| 042 | 右クリックメニューからPDFを作成するには ………………………… 89

2-02　さまざまな形式のファイルをPDFに変換する　　　　　　90
| 043 | 印刷メニューからPDFを作成するには ………………………………… 92
| 044 | JPEG画像からPDFを生成するには …………………………………… 94
| 045 | 紙の文書をPDFに変換するには ………………………………………… 95
| 046 | クリップボード上のデータからPDFを作成するには ………………… 97
| 047 | PDFに動画ファイルを貼り付けるには ………………………………… 98
| 048 | PDFに埋め込むフォントを指定するには ……………………………… 100

| 049 | 画像の圧縮率を変更して容量を減らすには | 102 |

2-03 WebページをPDFに変換する … 104

050	ブラウザの印刷メニューからPDFを出力するには	106
051	ブラウザの拡張機能を利用してPDFに変換するには	108
052	Acrobatの「WebページからPDF」でPDFに変換するには	111
053	Webページの選択範囲だけをPDFに変換するには	112
054	Google ChromeでWebページの選択範囲だけをPDFに変換するには	114
055	サイト全体をPDFに変換するには	115

2-04 PDFの情報を書き出して再利用する … 117

056	PDFをWordやExcelに変換するには	119
057	指定した表だけをExcelに書き出すには	120
058	PDFからテキストを抜き出すには	121
059	スキャンして作成したPDFからテキストを抜き出すには	123
060	PDFの1ページをひとつの画像として書き出すには	124
061	PDFから画像をコピーして使うには	125
062	PDF内の画像をすべて書き出すには	127
063	スナップショットで部分的にコピーするには	128

3 PDF文書の管理・検索・回覧 … 129

3-01 紙の情報資産をPDF化して活用する … 130

064	スキャンした文書のファイルサイズを減らすには	135
065	スキャンした文書をテキスト検索できるようにするには	136
066	スキャンした文書の傾きを補正するには	138
067	スキャンした文書の向きを回転するには	140

3-02 PDFの検索性を高める … 142

068	PDF内の語句を検索・置換するには	146
069	複数のPDFファイルの中から目的の語句を検索するには	147
070	すばやく検索するためのインデックスを作成するには	148
071	作成したインデックスを使って複数のPDFを高速検索するには	151
072	個別のPDFファイルにインデックスを埋め込んで高速検索するには	153
073	PDFに検索用のキーワードを登録するには	154

3-03 PDFによる回覧・承認ワークフローを構築する … 155

| 074 | PDF上で捺印するには | 157 |

075	オリジナルの印鑑を登録するには	159
076	回覧・承認フローをPDFで行うには	161
077	電子署名を作成するには	164
078	電子署名の書き出しを行うには	168
079	電子署名の取り込みを行うには	170

4 PDF文書の保護・配布・フォーム　　173

4-01 PDFのセキュリティを高める　174

080	文書を開くパスワードを設定して第三者の閲覧を防ぐには	177
081	印刷されて不特定多数に配られるのを防ぐには	178
082	「社外秘」「禁複写」などの透かしを入れるには	179
083	同じセキュリティ設定を複数ファイルに繰り返し適用するには	181
084	文字列のコピーや文書の編集を行えなくするには	184
085	印刷や編集、文字列コピーの制限を解除するには	186
086	見られるとまずい箇所を塗りつぶすには	188
087	作成者名などの情報を確認／変更するには	191
088	PDFに埋め込まれた非表示情報を削除するには	192

4-02 PDFをプレゼンで活用する　194

089	プレゼンに適したページ切り替えの効果を設定するには	196
090	PDFポートフォリオで関連資料をひとつのファイルにまとめるには	198
091	PDFポートフォリオのデザインを編集するには	200
092	プレゼン時にフルスクリーンモードにすばやく切り替えるには	202

4-03 PDFを会議やセミナーで活用する　203

| 093 | 配布資料をひとつのPDFにまとめるには | 205 |
| 094 | FacebookにPDFをアップロードして共有したい場合は | 208 |

4-04 PDFフォームを用いてデータを集計・活用する　211

095	Adobe FormsCentralを使ってPDFフォームを作成・配布するには	213
096	Excelファイルからフォームを作成するには	217
097	フォームを編集・追加するには	219
098	フォームを配布して返答状況を確認するには	223
099	フォームに記入して返信するには	225
100	受け取ったフォームに入力されたデータを集計するには	226

5 PDF文書への注釈・レビュー　　　229

5-01　PDFで校正を行う（基礎編）　　　230
- 101　注釈に使うツールを準備するには　　　233
- 102　テキストの「挿入」を指示するには　　　234
- 103　テキストの「置換」を指示するには　　　235
- 104　テキストの「取消」を指示するには　　　236
- 105　テキストに下線やハイライトを付けて強調するには　　　237
- 106　ページ全体や画像についてコメントするには　　　238
- 107　ページ上の特定のに対してコメントするには　　　239
- 108　ページに対するコメントを常時表示させるには　　　240
- 109　フリーハンドで校正箇所を指示するには　　　241

5-02　PDFで校正を行う（応用編）　　　242
- 110　スキャンして作成したPDF上のテキストに注釈を入れるには　　　244
- 111　PDFに記入した注釈を一覧表示するには　　　245
- 112　PDFに記入した注釈に引き出し線を付けて余白に表示するには　　　246
- 113　PDFに記入した注釈を元のWord文書に反映させるには　　　247
- 114　注釈だけを単体のファイルとして送受信するには　　　250
- 115　注釈に表示されるユーザ名を変更するには　　　251
- 116　PDFに修正内容を記載したテキストファイルを添付するには　　　253
- 117　PDFに音声ファイルを添付するには　　　255
- 118　PDFに貼り付けた動画の各シーンにコメントを入れるには　　　256
- 119　2つのPDFの相違点をチェックするには　　　258

5-03　PDFを用いた校正ワークフローを構築する　　　260
- 120　PDFの校正レビューをメールで依頼するには　　　262
- 121　依頼されたPDFの校正レビューを行って返信するには　　　264
- 122　返信されてきたPDF上の注釈を元のPDFに反映させるには　　　265
- 123　複数メンバーでの校正レビューを共有サーバー上で自動的に集約するには　　　266

6 スマートフォン／タブレットでの活用　　　271

6-01　PDFをスマートフォンやタブレットで活用する　　　272
- 124　スマートフォンやタブレットでPDFを閲覧するには　　　276
- 125　PDFをスマートフォンやタブレットにすばやく転送するには　　　277
- 126　Acrobat.comに保存したPDFをスマートフォンやタブレットで開くには　　　279

127	スマートフォンやタブレット上でPDFに注釈を記入するには	280
127	PDFの余白を削除してスマートフォンやタブレットで見やすくするには	282
129	スマートフォンやタブレットで表示の互換性が高いPDFを作成するには	283
130	タッチ対応パソコンでAcrobatやReaderを使いやすくするには	284

7 ワンランク上の使い方 — 285

7-01 PDFとAcrobatをさらに使いこなす — 286

131	ツールバーにアイコンを追加・削除する	288
132	よく使うツールをツールセットとしてまとめるには	289
133	アクションウィザードを使って決まった操作を自動化するには	292
134	印刷用のトンボを作成するには	294
135	指定箇所だけを印刷するには	296
136	フォントが埋め込まれているか確認するには	298
137	PDFに含まれるテキストの文字数をカウントするには	299
138	Windows 8 環境でPDFを音声で読み上げるには	300
139	テキストの選択範囲を拡張するには	301

索引 — 302

INTRODUCTION

PDFの基礎知識

この章では、PDFフォーマットの特徴やAcrobatというソフトウェアでできること、画面やメニューの見方の紹介に加え、実際にPDFをビジネスシーンに導入している企業の事例を紹介します。

0-01 広がるPDFの役割とその利点

>> ビジテク

1993年に登場したPDFは、国際標準規格のISO 32000-1として標準化され、いまでは文書配布のフォーマットとして世界中で利用されています。ここではそんなPDFの利点と、それを作成・編集できるソフトウェア「Adobe Acrobat」の概要について解説します。

> PDFとは

■世界中で使われるPDFフォーマット

PDF（Portable Document Format）とは、アドビシステムズ社（以下アドビ）によって開発されたファイルフォーマットで、テキストや画像のほか、音声や動画なども埋め込めることが特徴です。2008年にはISO 32000-1として標準化されたこともあり、いまや公的な文書配布のフォーマットとして、世界中で利用されています。

PDFの最大の特徴は、レイアウトの再現性の高さです。WindowsやMac OSはもちろん、iPhoneやAndroidのスマートフォンやタブレットに至るまで、さまざまなプラットフォームでほぼ同一のレイアウトで表示できます。ほかのフォーマットのように、異なるプラットフォームで開くとレイアウトが崩れてしまうといったことがありません。

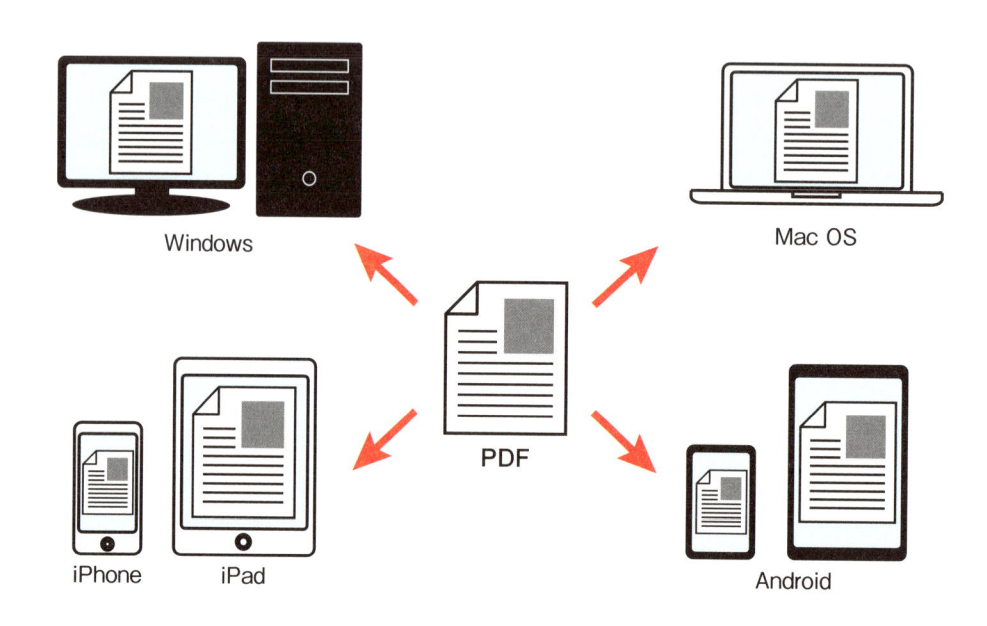

■ **電子書籍やマルチメディア対応**

　PDFは元データのレイアウトそのままに変換できるので、出版物をPDFに変換して電子書籍として配信する用途でも広く用いられています。フォントの埋め込みにも対応していますので、開いた際に異なるフォントに置き替えられてしまうこともなく、制作者の意図通りの体裁が再現できます。また、動画や音声などのマルチメディアファイルの埋め込みにも対応しており、プレゼンテーションにも利用できます。

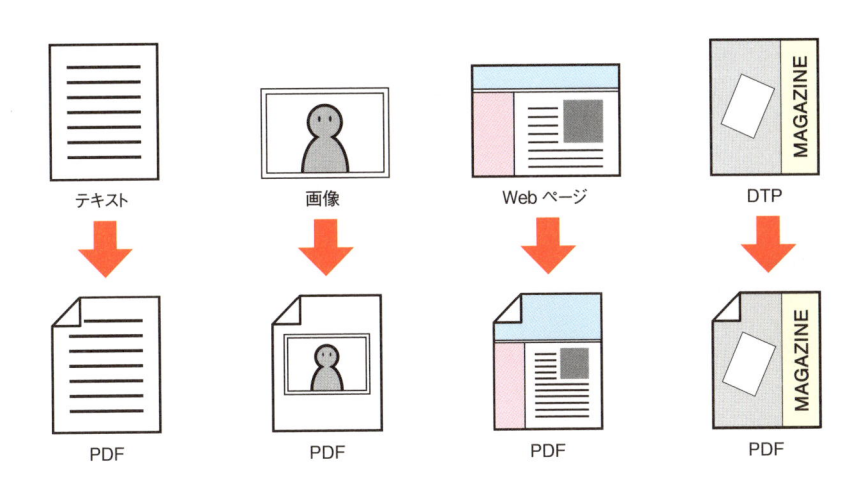

■ **ペーパーレスを牽引するPDF**

　ビジネス業務では、オフィスから紙の書類をなくし電子化する「ペーパーレス」の流れが一般的になりました。この際にもPDFが用いられることがポピュラーです。

　スキャナを用いて紙の書類をPDFに変換することにより、これまでアナログだった情報をOffice文書などから作成されたPDFと同列に扱えるようになります。メールの添付ファイルですばやく送れるようになるため郵送の手間やコストを削減できるのはもちろん、紙の書類をなくすことによって置き場所が節約でき、劣化しないことから長期保存も可能になります。またテキスト認識機能を用いて文字をデータ化すれば、キーワードによる検索も可能になり、必要な情報を探すための時間をぐんと短縮できるようになります。

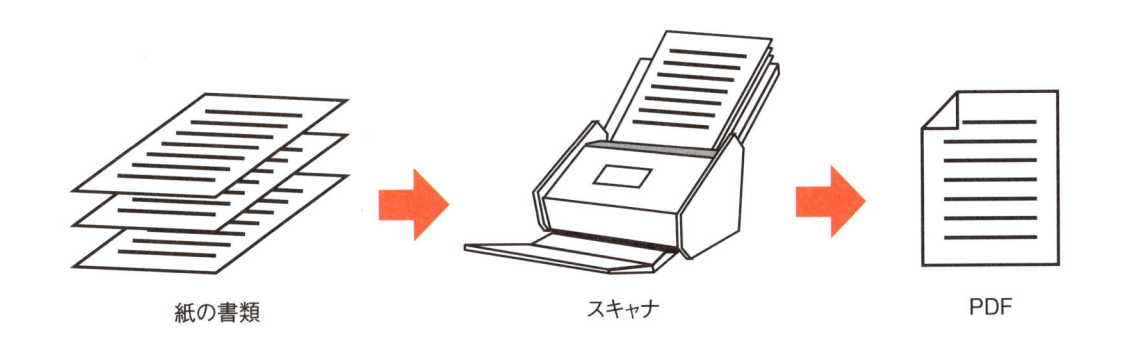

■PDF の閲覧環境

　PDF は、Adobe が配布するソフト「Adobe Reader」で閲覧することができます。無償で利用できるため閲覧のためのコストがかからないのは強みです。また最近では Google Chrome のように標準で PDF を表示・出力できるブラウザも登場しつつあるほか、Windows 8 や Mac OS でもソフトの追加なしで PDF が表示できるなど、ネイティブ対応が進みつつあります。

■Adobe Acrobat とは

　その PDF を作成・編集できるソフトが、本書で取り扱う「Adobe Acrobat（以下 Acrobat）」です。印刷機能を使ってさまざまデータを PDF に変換できるほか、インストールすることによって Microsoft Office や Internet Explorer、Mozilla Firefox などのソフトに、ワンクリックで PDF に変換できるボタンが追加され、手軽に PDF が作成できるようになります。

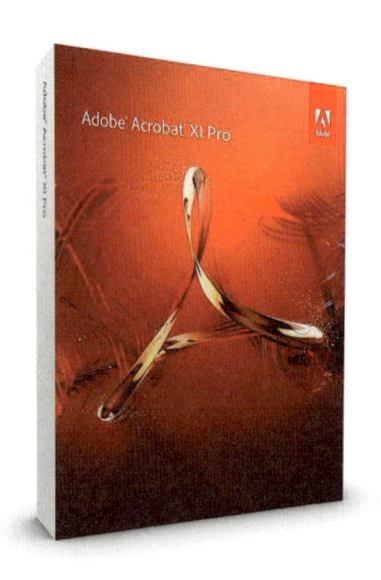

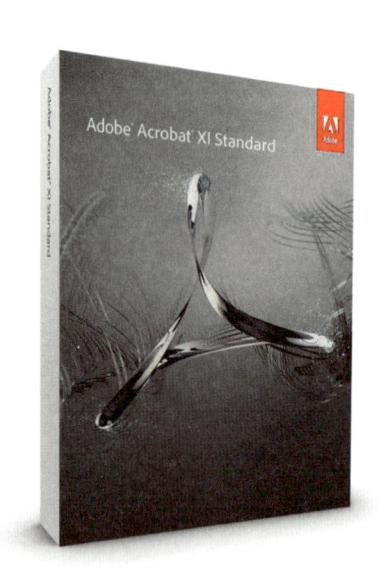

　Acrobat があれば、既存の PDF の編集も簡単です。ワープロの感覚でテキストや図版を編集および追加できるほか、ページの入れ替えや削除も簡単です。また対外的に配布する PDF を作成するにあたっては、閲覧や編集などの権限を設定したり、PDF 内に含まれる不要な情報を一括で削除することもできます。

　このほか、複数メンバーによる文書の校正や、文書の回覧・承認、フォームを用いたデータの集計など、これまで紙を用いて行っていたグループワークを省力化したい場合にも威力を発揮します。これらグループワークの多くでは、配布する側が Acrobat を利用することにより、受け取る側は Adobe Reader さえあれば処理が行えるのは大きな利点です。

　PDF を作成するためには、ほかにもサードパーティ製のソフトを利用する方法もありますが、Acrobat は冒頭でも述べた国際標準規格の ISO 32000-1 のフル仕様に準拠した PDF を作成できるため、品質の高い PDF が作成できるのが利点です。Acrobat には「Pro」と「Standard」という2つの種類があり、基本的な機能は共通ですが、Web とモバイルに最適化した圧縮機能や PDF の比較機能をはじめ、バージョン XI で強化されたアクションウィザードやポートフォリオなどの機能に相違点があります。

　各バージョンの対応機能については P20 にまとめていますので参照してください。

0-02 事例にみるAcrobat+PDF導入の利点

>> ビジテク

ペーパーレス化による業務効率化……と言っても具体的にどのような利点があるのでしょうか。ここでは実際に企業全体や事業部単位でAcrobatとPDFを導入し業務効率アップに成功している事例を紹介します。

▶ 富士電機（株）火力・地熱発電部門による導入事例

■図面に関わる業務フローをペーパーレス化

　発電プラントなどエネルギー関連のインフラ開発を行う富士電機（株）火力・地熱発電部門は、Acrobatを導入したことで、大幅な経費削減と業務効率の向上に成功しています。

　具体的には図面／資料にかかわる業務フローから紙を排除し、PDFを使った一連の流れを構築しています。

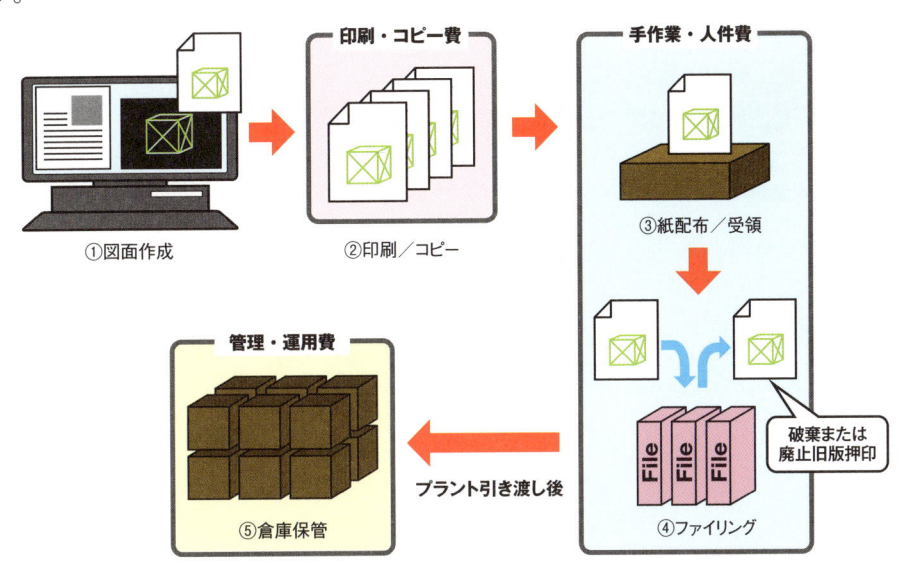

①図面作成 → 印刷・コピー費：②印刷／コピー → 手作業・人件費：③紙配布／受領 → ④ファイリング（破棄または廃止旧版押印） → 管理・運用費：⑤倉庫保管（プラント引き渡し後）

　導入前は図面を作成後、必要に応じて印刷やコピーを行い全関連部門に紙配布、最終的にはファイリング／梱包して倉庫保管を行っていました。

　この一連のフローをPDF化し、電子データ保管、メールでの図面発行通知（図面データ自体は添付しない）とすることで、印刷／コピー費、倉庫保管費の他、紙図面の配布作業、受領した紙資料のファイリング等の人件費など、従前からの無駄を減らすことに成功しています。また既存の紙図面／資料をPDF化することで情報の再／有効利用にもつながったと言います。

■ **図面検索・閲覧システムによる省力化**

　ビジネス文書は作成して一度情報伝達が終われば役目は終了、という性質のものばかりではありません。同部門で扱う図面／資料の場合、文書を提出したあとも、必要な際に検索・閲覧を行えるようにしておくことも重要でした。

　部門全体で Acrobat を導入し、既存の紙図面を PDF 化し、PC 上で検索を行える状態にすることで、必要な図面／資料を各自が検索して素早く閲覧できる環境が整いました。

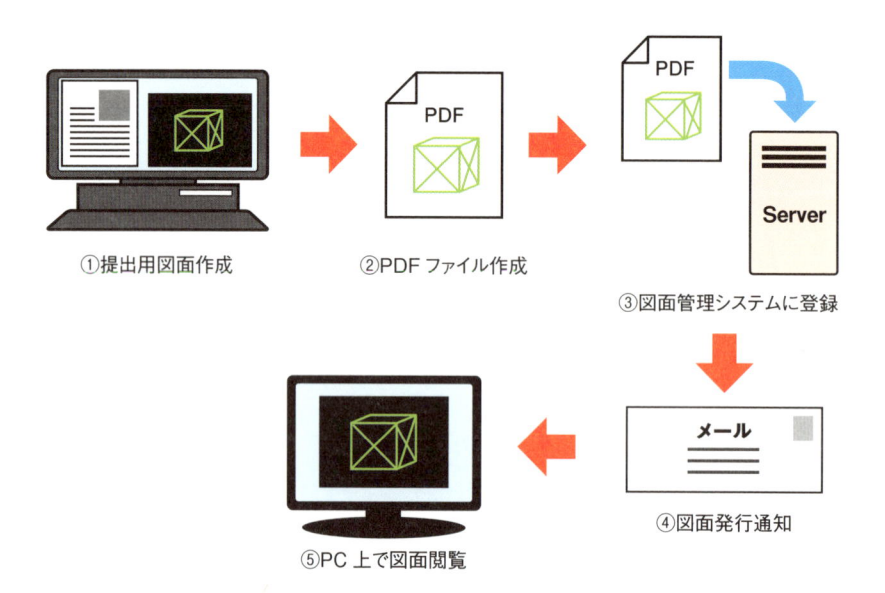

①提出用図面作成　②PDF ファイル作成　③図面管理システムに登録　④図面発行通知　⑤PC 上で図面閲覧

■ **注釈機能を使ったコメントのやりとり**

　もうひとつ、文書に対する修正・編集業務でも Acrobat が役立っています。図面のような文書の場合、社外の担当者と文書内容についてやりとりすることも多くなります。このような業務でも PDF であれば、先方にメールで送信し、直接修正内容や編集指示を記載して返信してもらうことができます。紙の図面をやりとりする必要がなく、業務のスピードアップにつながります。

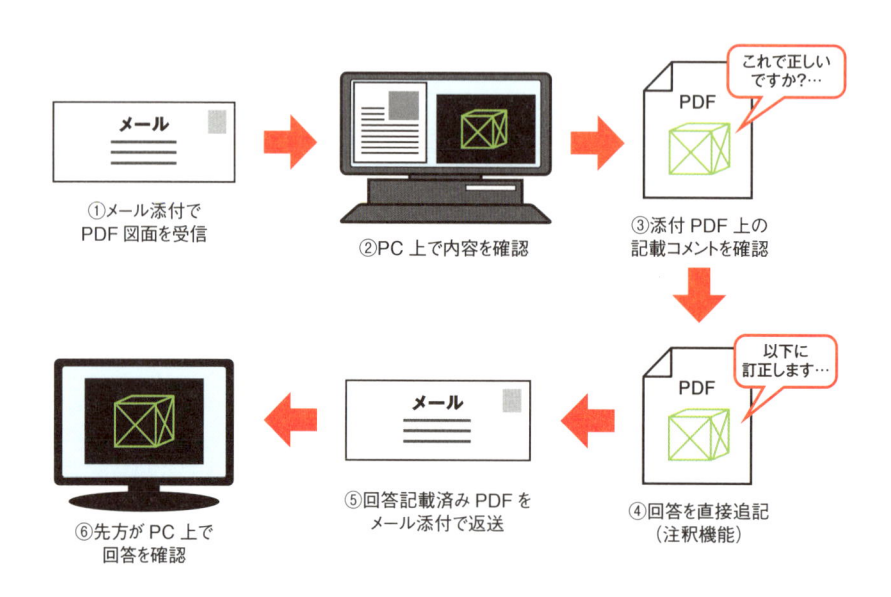

①メール添付で PDF 図面を受信　②PC 上で内容を確認　③添付 PDF 上の記載コメントを確認（これで正しいですか?…）　④回答を直接追記（注釈機能）（以下に訂正します…）　⑤回答記載済み PDF をメール添付で返送　⑥先方が PC 上で回答を確認

■導入による削減効果

　Acrobatを部門全体に導入するプロジェクトを進めた建設課主任の山本淳一さんは、ペーパーレス化により、「年間で関連コストの削減率は約50%、業務効率としては約1,300時間の削減につながった」と言います。紙文書のファイリングの手間、フローの省力化、文書保存スペースの削減、検索性の向上などの効果があり、導入後の社内アンケートでは「便利になった」という回答が多数得られたそうです。　このようなペーパーレス化による業務効率化は、この事例のような大企業だけではなく、個人業務や事務所レベルでも参考にできる点が多数あるのではないでしょうか。

▶ 株式会社翔泳社の導入事例

■社員全員の給与明細をWeb配信

　株式会社翔泳社では、2013年度より社員に対する給与明細をデジタル化し、Web経由での配信を行っています。社員は専用のWebページからシステムにログインすることで、明細をダウンロードできるようになっています。この配信文書にPDF形式が採用されており、パソコンからだけではなく、モバイル端末からダウンロードし、閲覧もできるようになっています。Webでの扱いが容易で閲覧環境を選ばないPDFの特性が活かされたシステムとなっています。

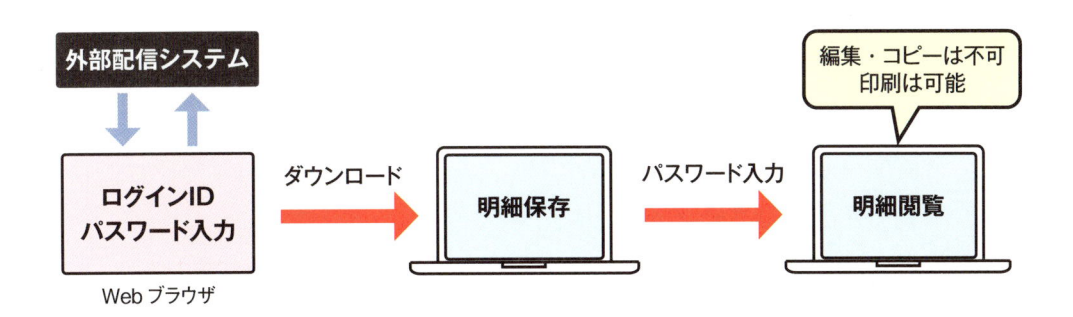

■個人情報を適切に扱えるPDF

　このような個人情報含む文書の場合、情報の取り扱いとセキュリティが一番の問題になりますが、PDFであれば目的に沿ったセキュリティを施すことが容易です。給与明細の場合、誰でも閲覧できてしまっては問題となるため、この事例の場合、閲覧自体にパスワードがかけられています。社員は別途知らされているパスワードを入力することでダウンロードした明細を開くことができます。

　また扱う情報が改ざんされたり、ページの内容がコピーされることも防止する必要があります。これらの設定もPDFフォーマットであれば細かく行えます。給与明細という特性上、印刷をして家庭に持ち帰るといった用途も考えられるため、印刷についてのみ許可するといったきめ細かい設定が行われています。

0-03 Acrobatの基本ワークスペース

>> ビジテウ

まずは基本ワークスペースについて知っておきましょう。ここではAdobe Acrobat XI Proのインターフェイスを元に各部の名称について解説します。

▶ Acrobatの画面の名称とその機能

　Acrobatでは実行したい操作をメニューバーやツールバーから選択すると、それに合わせてパネルウィンドウが切り替わり、さまざまな操作が行えます。メニューバーやツールバーを使わずに直接パネルウィンドウから使いたい操作を呼び出すこともできます。

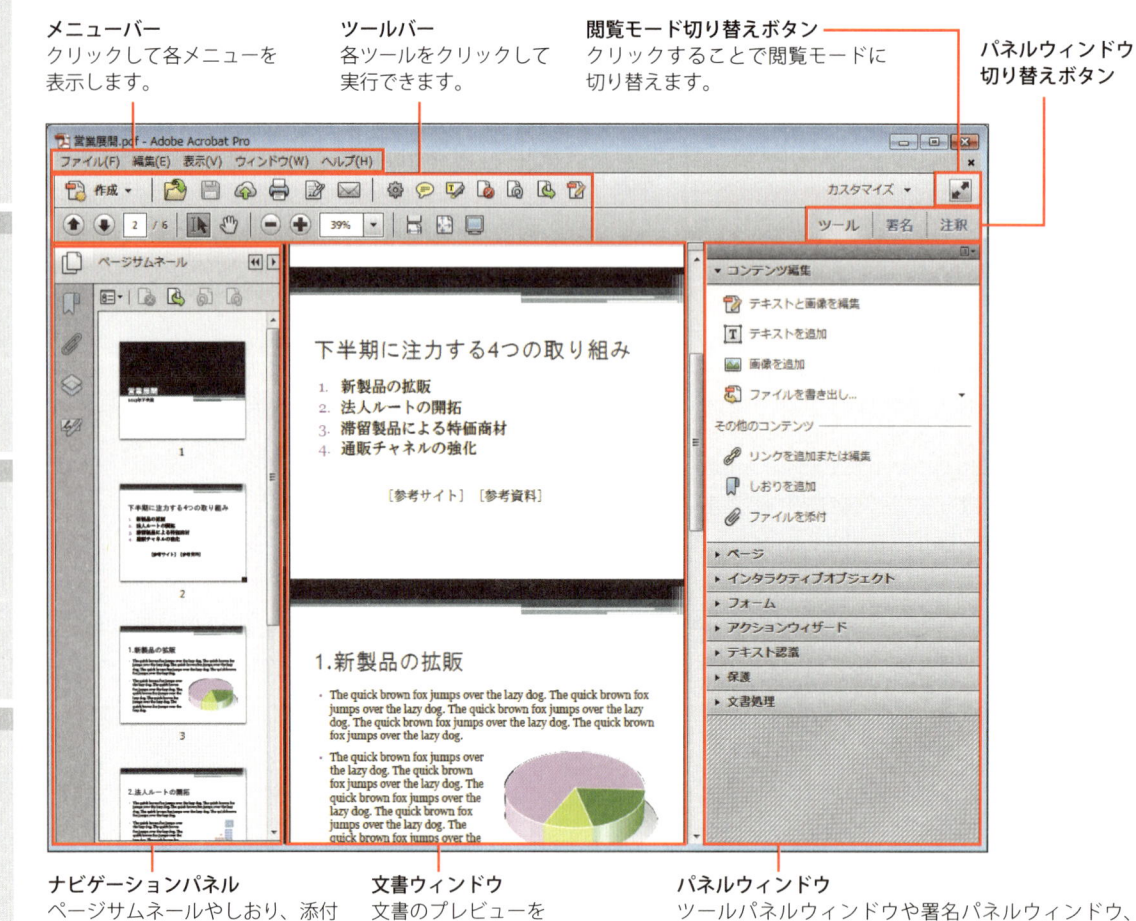

メニューバー
クリックして各メニューを表示します。

ツールバー
各ツールをクリックして実行できます。

閲覧モード切り替えボタン
クリックすることで閲覧モードに切り替えます。

パネルウィンドウ切り替えボタン

ナビゲーションパネル
ページサムネールやしおり、添付ファイルなどを切り替えます。

文書ウィンドウ
文書のプレビューを表示します。

パネルウィンドウ
ツールパネルウィンドウや署名パネルウィンドウ、注釈パネルウィンドウなどを切り替えて表示します。

▶ ツールバーアイコンの名称

　ツールバーは最初から表示されているアイコンのほかに、クイックツールバーにさまざまなアイコンを追加し、操作をすばやく行えるようカスタマイズできます。

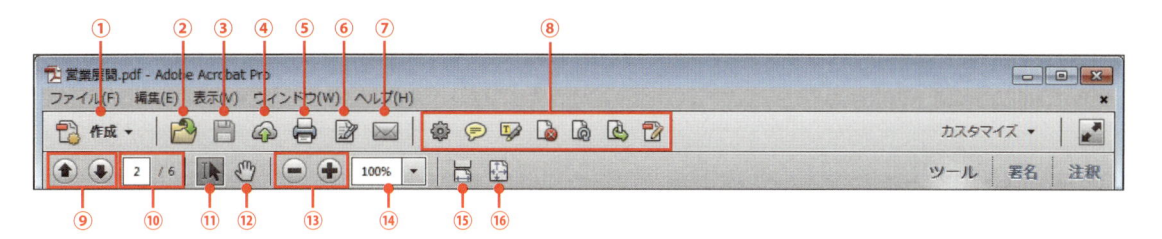

①作成　②開く　③保存　④Acrobat.comに保存　⑤印刷　⑥署名　⑦メールに添付して送信　⑧クイックツールバー
⑨ページを戻る／進む　⑩現在のページ／ページ数　⑪選択ツール　⑫手のひらツール　⑬ページの縮小／拡大
⑭ページの表示倍率　⑮ウィンドウ幅に合わせてスクロールを有効　⑯ページレベルにズーム

▶ Acrobatの基本操作

■ パネルウィンドウやナビゲーションパネルを展開する

　「ツール」「注釈」「共有」ボタンをクリックすると、それぞれのパネルウィンドウが展開・収納されます。同じく画面左に並ぶ「ページサムネール」ボタン、「しおり」ボタンなどをクリックすると、それぞれのナビゲーションパネルが展開されます。

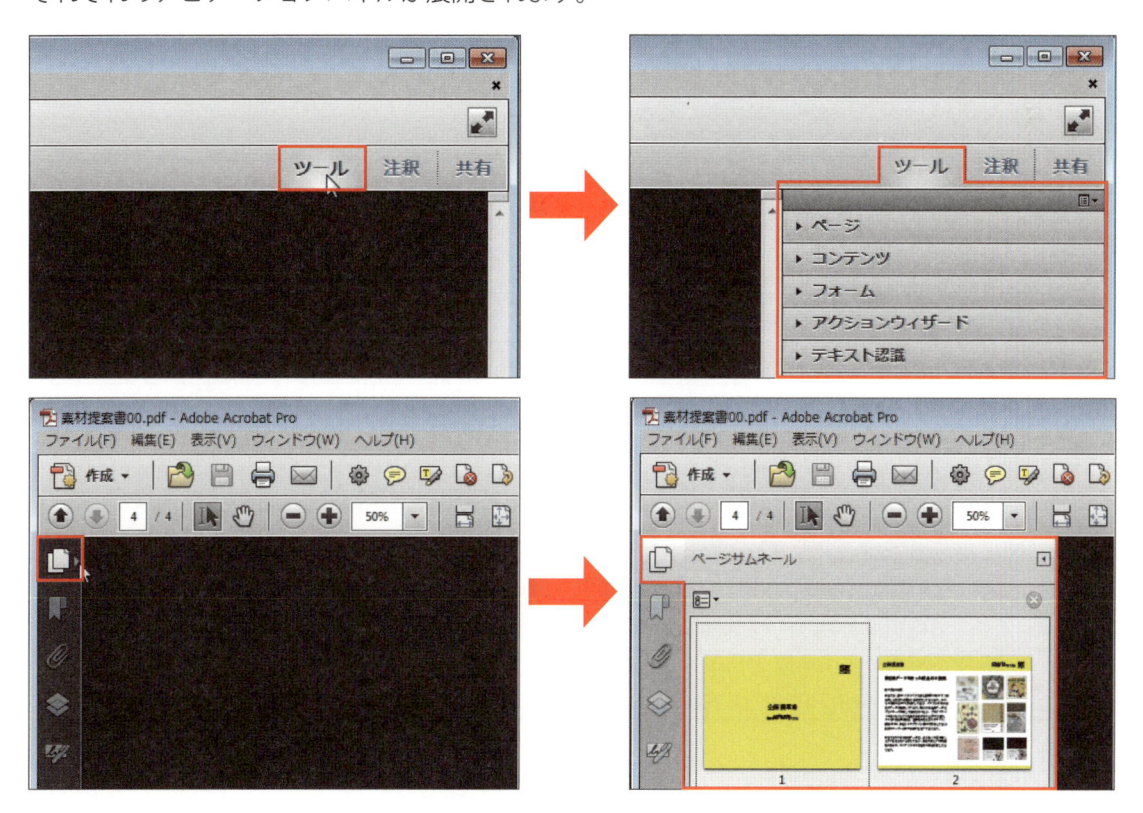

バージョンによる機能比較表

		Acrobat XI Pro	Acrobat X Pro	Acrobat XI Standard	Acrobat X Standard	Adobe Reader XI
PDFファイルの基本操作	PDFファイルの表示	○	○	○	○	○
	PDFファイルの検索	○	○	○	○	○
	PDFファイルの印刷	○	○	○	○	○
PDFファイルの作成	印刷機能を持つソフトからPDFファイルを作成	○	○	○	○	×
	Microsoft OfficeやWebブラウザでAcrobatリボンを用いてPDFファイルを作成	○	△	○	△	×
	紙の文書をスキャンしてPDFファイルに変換	○	○	○	○	×
	アクションウィザードで複数の操作を標準化	○	○	×	×	×
	「Webとモバイルに最適化」でモバイル向けにPDFファイルを最適化	○	×	×	×	×
PDFファイルの変換と編集	PDFファイルをWordまたはExcelファイルに変換	○	△	○	△	×
	PDFファイルをPowerPointファイルに変換	○	×	×	×	×
	PDFファイルをHTMLファイルに変換	○	○	○	○	×
	「テキストと画像を編集」ツールでPDFファイルを編集	○	×	○	×	×
	複数の文書を1つのPDFファイルにまとめて整理	○	○	○	○	×
	複数の文書をPDFポートフォリオに結合	○	△	×	×	×
	オーディオ、ビデオおよびインタラクティブメディアを追加	○	○	×	×	×
PDFフォーム	PDFフォームへの情報入力	○	○	○	○	○
	既存フォームを入力可能なPDFフォームに変換してデータを収集	○	○	○	○	×
	Adobe FormsCentralデスクトップアプリを使用してPDFまたはWebフォームを作成	○	×	×	×	×
レビュー	PDFファイルに注釈を追加	○	○	○	○	○
	注釈の検索、ソート、フィルタリング	○	○	○	○	×
	PDFファイルを比較	○	○	×	×	×
電子署名・セキュリティ	PDFファイルに署名を追加	○	△	○	△	△
	非表示情報を1回のクリックで削除	○	○	○	○	×
	墨消しツールで機密性の高いテキストや画像を削除	○	○	×	×	×
	サンドボックス技術をはじめとするセキュリティ機能でシステムとデータを保護	○	△	○	△	○
互換性	ISO 32000に準拠したPDFを作成および検証、既存のPDFを同形式に変換	○	○	△	△	○

○=対応、△=一部対応、×=非対応
※OSによっては対応しない場合があります。

第 1 章

PDF文書の閲覧・編集

この章では、閲覧環境に応じたPDFのさまざま表示方法の紹介とともに、ページの編集やページ内のテキストや画像の加工方法、さらにはしおりやリンクに代表されるPDFを快適に使えるようにするためのテクニックについて解説します。

1-01 PDFを効率的に閲覧する

>> ビジテク

PDFには便利な表示方法が数多く用意されています。文書の種類やシーンによって適切な表示方法を選択することで情報伝達のスピードが上がります。ここではPDFの表示を適宜変更する方法に加えて、PDF自体にあらかじめデフォルトの表示方法を設定しておく手順など、表示・閲覧にまつわるテクニックを解説します。

▶ 文書の内容にあった表示方法を選択する

■ 一時的な表示変更は「表示」メニューから

　PDFを閲覧する際には、文書の内容と形態に合った適切な表示方法を選択することが大切です。例えばWebページを変換したPDFなら単ページで表示するのが適切ですが、冊子をスキャンして作成したPDFであれば、ページが左右に並んだ見開き表示にするのが適切です。文書の内容に沿って見やすい表示はおのずと変わってくるでしょう。

　単ページ表示、見開き表示といった表示レイアウトの切り替えは、「表示」メニューの「ページ表示」から設定可能です ➡ビジテク 002 。また、冊子をスキャンして作成したPDFや電子書籍などの場合、表紙が付いていることがありますが、最初の表紙だけは単ページ表示、その次のページからは見開き表示にすることもできます ➡ビジテク 003 。なお「表示」メニューで変更した内容は、あくまで一時的な表示変更で、PDFを閉じるとリセットされます。

「ページ表示」から「単一ページ表示」を選択

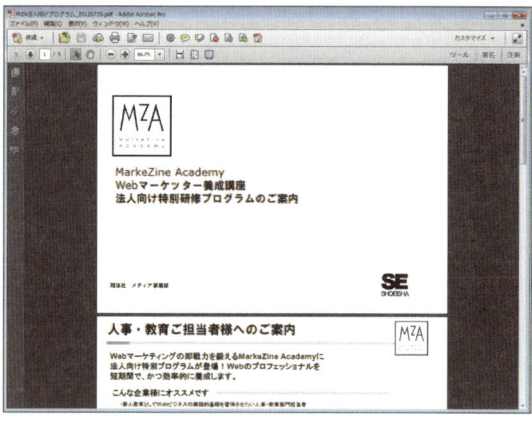

「ページ表示」から「スクロールを有効にする」を選択

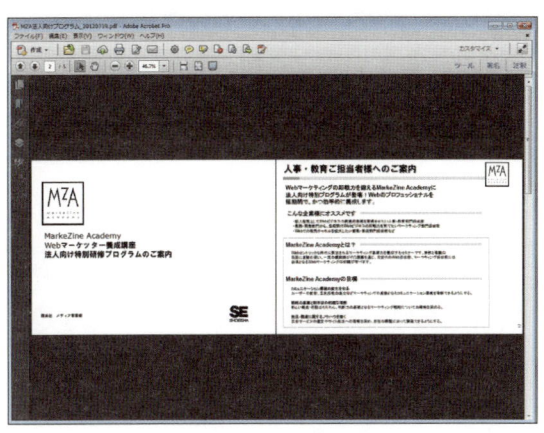

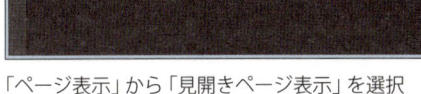

1-01 PDFを効率的に閲覧する

「ページ表示」から「見開きページ表示」を選択 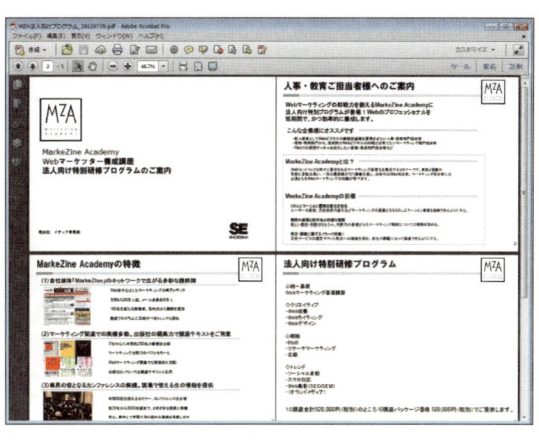　　　　「ページ表示」から「見開きページでスクロール」を選択

■配布資料はデフォルトの表示方法を設定しておく

　文書の表示方法は、あらかじめPDFに設定しておくことができます →ビジテク 005 。誰かに送付したり、広く配布するPDF文書の場合、情報の提供者が推奨する表示方法で相手に閲覧してもらうことができます。見開きにするのか単ページにするのかはもちろん、表示倍率を指定しておくことも可能です。縦書きの文書では右綴じで表示させる設定もできます →ビジテク 006 。これらは文書のプロパティとして設定しておきます。

　前述した「表示」メニューで表示を変えることと、プロパティで表示方法を設定することは混同されがちですが、プロパティでの設定はいったんPDFファイルを閉じて再び開いた場合でも、きちんと適用されます。

　これを理解しておかないと、見開き設定にしたつもりが、PDFファイルを開くたびに単ページ表示に戻ってしまい、表示設定を毎回変更することになってしまいます。なお、このプロパティの設定はAcrobat Readerでは行えないので、資料を広く配布する場合は、提供側がAcrobatで前もって設定しておくと親切です。

行いたいこと	実際の操作	対応するソフト	
		Acrobat	Adobe Reader
PDFファイルを見開き表示に変更する	「表示」→「ページ表示」で見開きページ表示を選択	○	○
PDFファイルが今後も常に見開きで表示されるようにプロパティを変更する	「ファイル」→「プロパティ」→「開き方」タブでページレイアウトを「見開きページ」に変更したのち保存し、いったん閉じて再度開く	○	×

■PDFの便利な表示テクニック

　PDFはこのほかにもさまざまな表示方法があります。例えば「ページサムネール」パネルを拡大表示すれば、全ページをサムネール（縮小画像）の状態で並べ、目的のページにすばやく移動したり、ページの順序を入れ替えるなどの編集がしやすくなります →ビジテク 007 。また画面を分割表示に切り替えると、同じPDFが上下に表示されるので、それぞれ別のページを同時に参照したり、比較したりといった作業が容易になります →ビジテク 008 。

　PDFを開いた際、前回終了時に開いていたページが再び開くように設定することもできます →ビジテク 009 。毎日同じPDFの同じページを参照しながら作業を行う際、わざわざページを呼び出さなくとも、前回参照していたページがすぐに表示されるので便利です。

ビジテク 001 メニューバーやツールバーを非表示にして画面を広く使うには

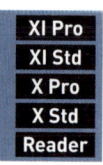

XI Pro / XI Std / X Pro / X Std / Reader

ここが重要 閲覧モード

1 Acrobat の起動時には、タイトルバーの下に「メニューバー」と「ツールバー」がそれぞれ表示されています。画面の天地が狭い PC では、一時的に非表示にして画面を広く使いたいこともあるでしょう。

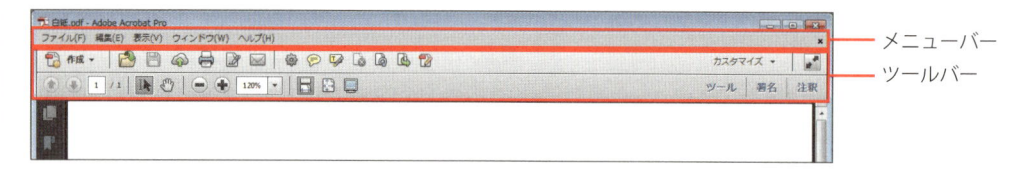

→ メニューバー
→ ツールバー

2 F9 キーを押すとメニューバーが非表示になります。もう一度押すと元に戻ります。

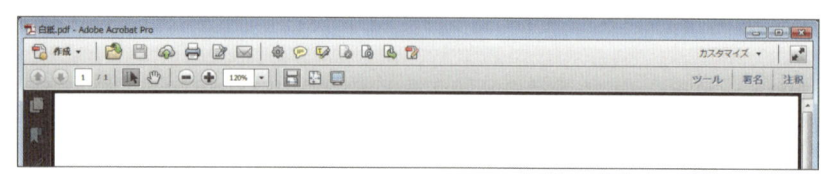

3 F8 キーを押すとツールバーが非表示になります。もう一度押すと元に戻ります。

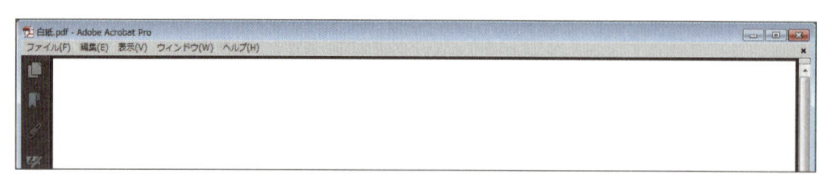

4 両方とも非表示にすることもできます。(閲覧モード)。ツールバー右端にあるボタンをクリックした場合もこのモードに切り替わります。

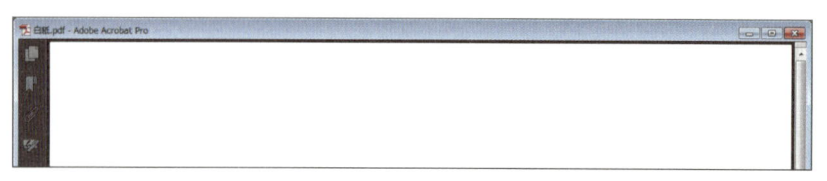

MEMO このほか、Ctrl + L を押すことで、フルスクリーンで表示することもできます。プレゼンテーションの際などに便利です。詳しくは →ビジテク 097 を参照してください。

002 PDFを見開き表示にするには

XI Pro / XI Std / X Pro / X Std / Reader

ここが重要 見開きページ表示

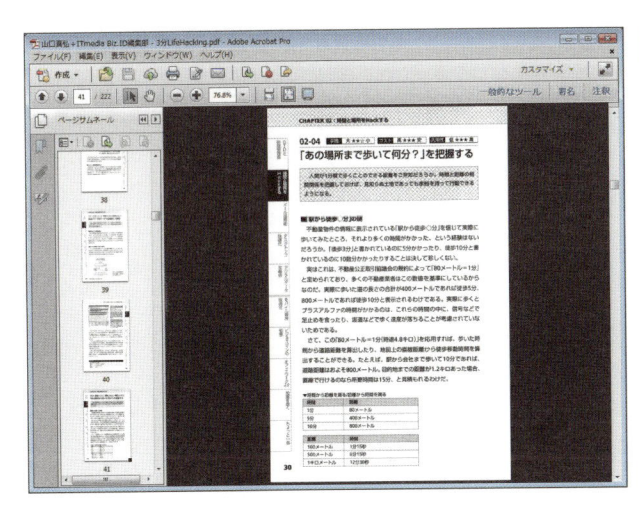

1. 本やカタログ、取扱説明書など、左右見開きで表示したいページが、単一のページとして表示されている場合があります。

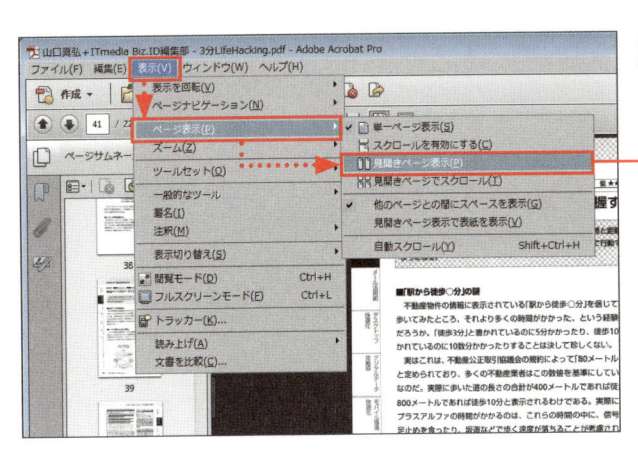

2. PDFを開いた状態で、表示メニューから「ページ表示」→「見開きページ表示」を開きます。

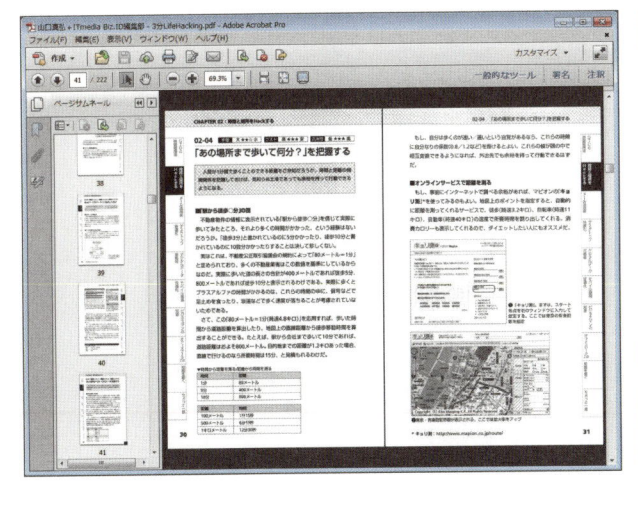

3. ページが左右見開きで表示されるようになりました。

MEMO この際、ズームを「ページレベルにズーム」にしておくと、左右見開きがスクロールなしで画面内に収まるよう倍率が自動的に調整されます。

1-01 PDFを効率的に閲覧する

001 メニューバーやツールバーを非表示にして画面を広く使うには

002 PDFを見開き表示にするには

ビジテク 003 見開き表示で表紙のみ1ページで表示するには

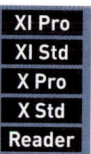

XI Pro / XI Std / X Pro / X Std / Reader

ここが重要 見開きページ表示で表紙を表示

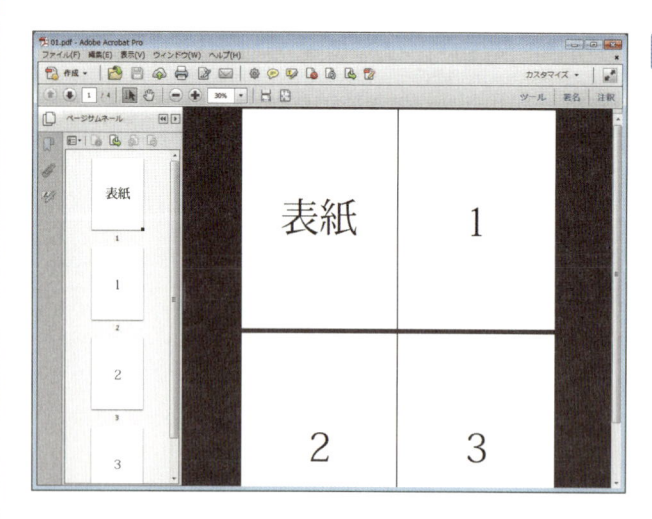

1 ページ表示を「見開きページ表示」に設定すると、表紙のページまで見開きになってしまい、2ページ目以降が左右逆になってしまいます。

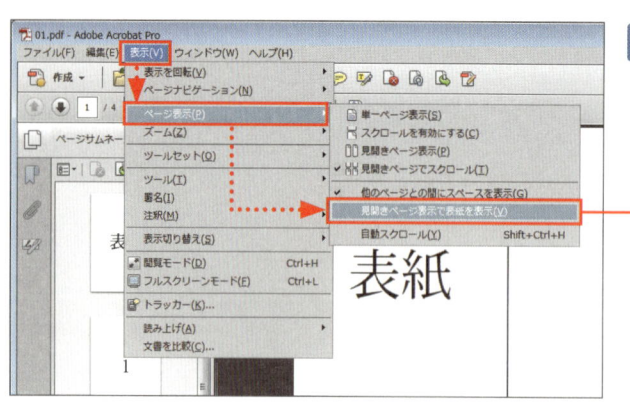

2 このような場合は、表示メニューから「ページ表示」→「見開きページ表示で表紙を表示」にチェックを入れます。

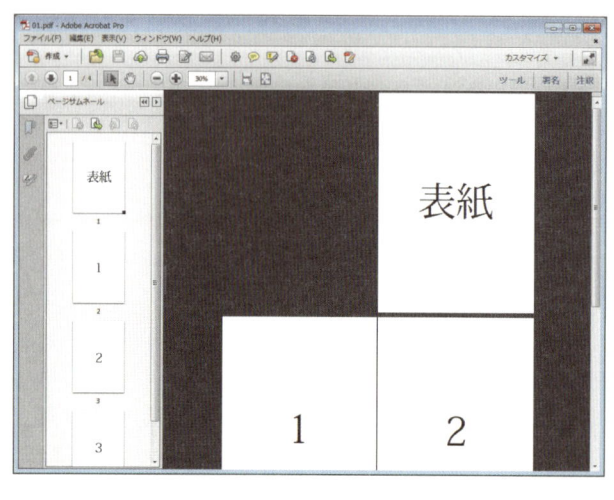

3 表紙だけが1ページ、それ以降のページが見開きで表示されるようになりました。

MEMO 電子書籍のように、毎回同じ開き方をするPDFについては、表示メニューで設定を変えるのではなく、ファイルメニューの「プロパティ」で、「開き方」タブにある「ページレイアウト」を「見開きページ(表紙)」に変更して保存しておけば、次回からは常にこのレイアウトで表示されるようになります。詳しくは →ビジテク 005 を参照してください。

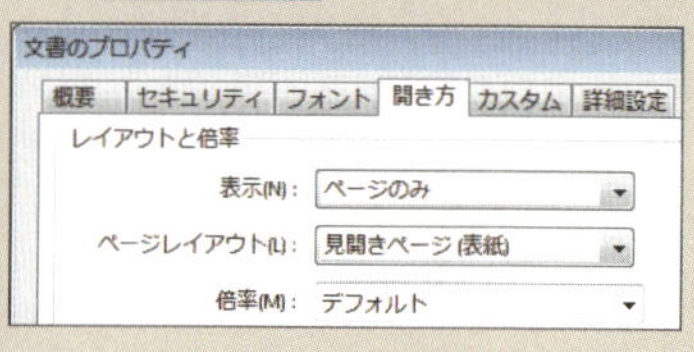

ビジテク 004 常にページ全体が見える状態でPDFを開くには

XI Pro / XI Std / X Pro / X Std / Reader

ここが重要 全体表示

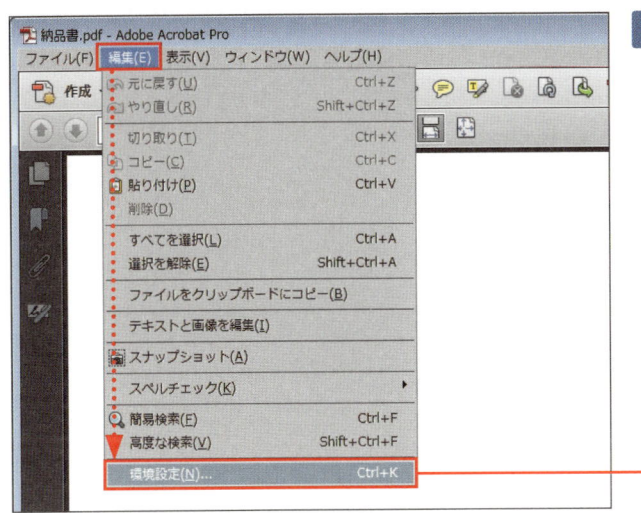

1. 「編集」メニューから「環境設定」を選択します。

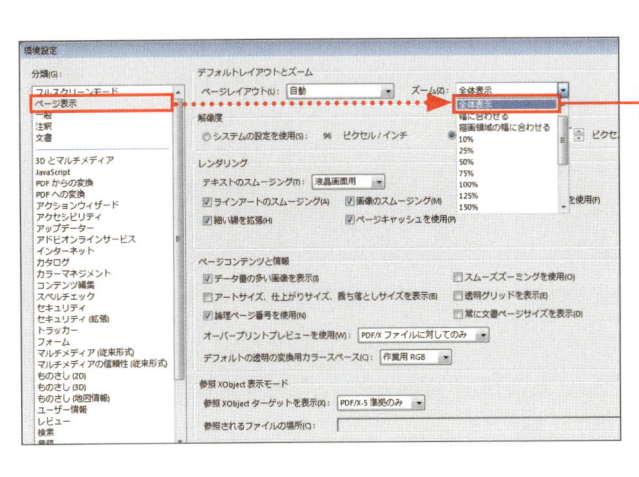

2. 「ページ表示」の中にある「デフォルトレイアウトとズーム」の「ズーム」から「全体表示」を選択します。

3. 設定できたら「OK」をクリックします。

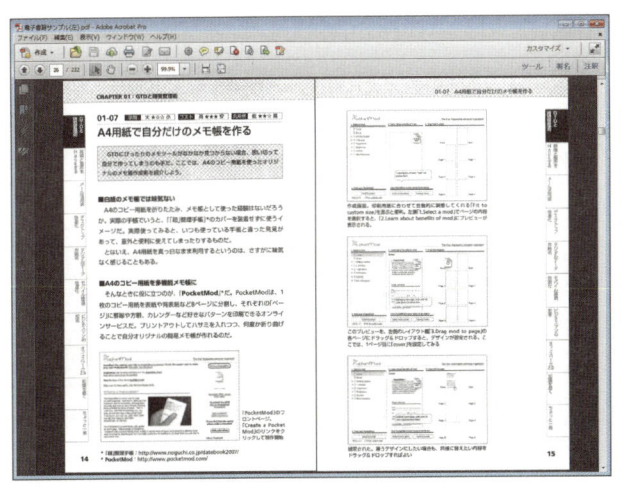

4. 設定完了後は、PDFが常にページ全体が見える状態で表示されるようになります。

MEMO 同様の手順で、常に横幅いっぱいに表示したい場合は「幅に合わせる」を選びます。このほか、パーセンテージを指定して開くこともできます。
なお、「環境設定」→「文書」で「文書を再び開くときに前回のビュー設定を復元」にチェックが入っている場合や、「ファイル」→「プロパティ」→「開き方」で、倍率が「デフォルト」以外の任意の値が選択されている場合は、そちらが優先されます。詳しくは次の →ビジテク 005 で紹介します。

1-01 PDFを効率的に閲覧する

003 見開き表示で表紙のみ1ページで表示するには

004 常にページ全体が見える状態でPDFを開くには

27

ビジテク 005 PDFごとにページレイアウトを設定するには

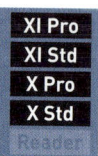

XI Pro / XI Std / X Pro / X Std

ここが重要 開き方

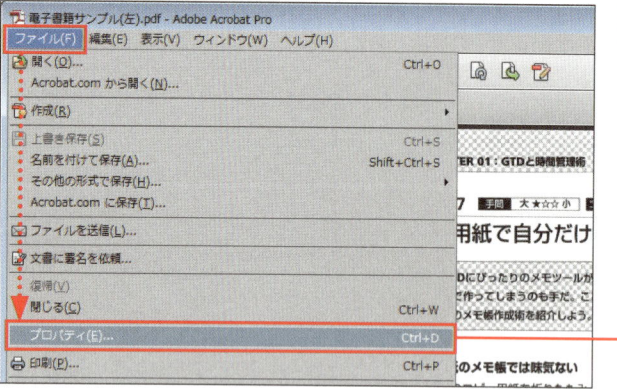

1. 「ファイル」メニューから「プロパティ」を選択します。

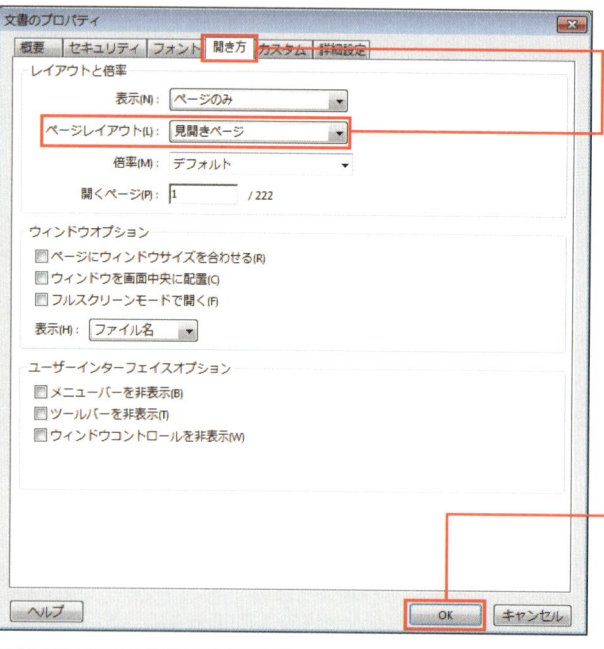

2. 文書のプロパティで「開き方」タブを選び、「レイアウトと倍率」でページレイアウトを「見開きページ」に設定します。

3. 設定できたら「OK」をクリックします。

4. PDFを保存して閉じ、再度開くと、見開きで表示されます。

MEMO ➡ビジテク 004 ではすべてのPDFに共通する開き方を紹介しましたが、PDFごとに固有のページレイアウトで開きたい場合は、こちらの方法を使います。例えば、ふだんは1ページを全体表示したいが、電子書籍だけは常に2ページを見開きで全体表示したい場合、上記の手順でそれぞれのPDFファイルに見開き表示を指定しておけば、➡ビジテク 004 よりもこちらの開き方が優先されます。倍率に関しても同様で、この「文書のプロパティ」で設定した値が、➡ビジテク 004 の「環境設定」で設定した値よりも優先されます。

006 PDFを右綴じにするには

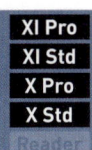

ここが重要 綴じ方

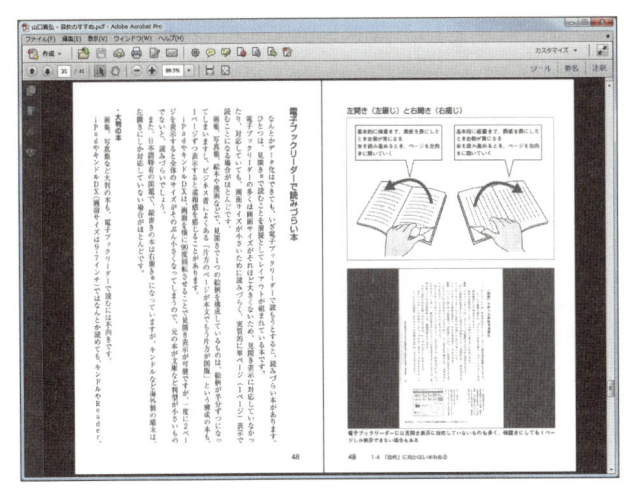

1. PDFファイルは、左綴じがデフォルト設定になっています。そのため、縦書き（右綴じ）の本をスキャンして生成したPDFファイルを見開き表示すると、左右のページが入れ替わって表示されてしまいます。

2. これを右綴じにするには、「ファイル」メニューから「プロパティ」で「文書のプロパティ」ウィンドウを開きます。

3. 「詳細設定」タブを開きます。

4. 「読み上げオプション」の「綴じ方」を「左」から「右」へ変更します。

5. 「OK」をクリックします。

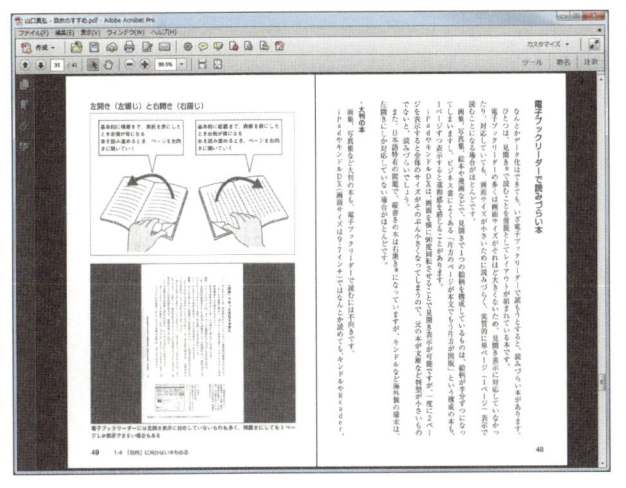

6. 正しく右から左の方向に表示されました。

ビジテク 007 すべてのページをサムネールで縮小表示するには

XI Pro / XI Std / X Pro / X Std / Reader

ここが重要 ページサムネールパネル

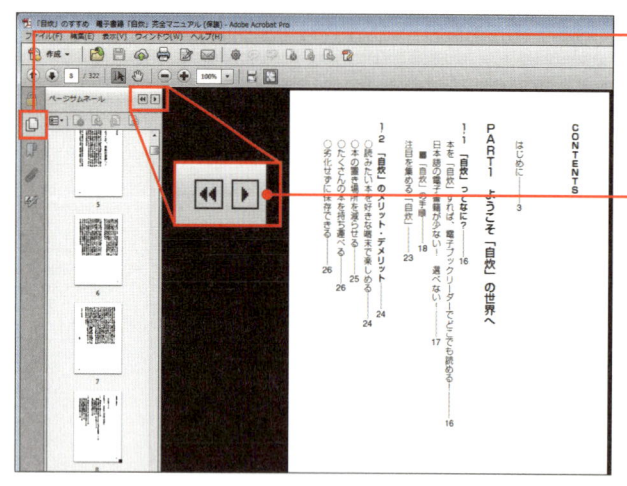

1. PDFを表示した状態で、左側の「ページサムネール」ボタンをクリックします。

2. 上部右端にある、右向きの三角マーク（「拡張」ボタン）をクリックします。

MEMO Acrobat Xには「拡張」ボタンがありません。「ページサムネール」パネルの右端を右側にドラッグするとビュー表示エリアを拡張できます。

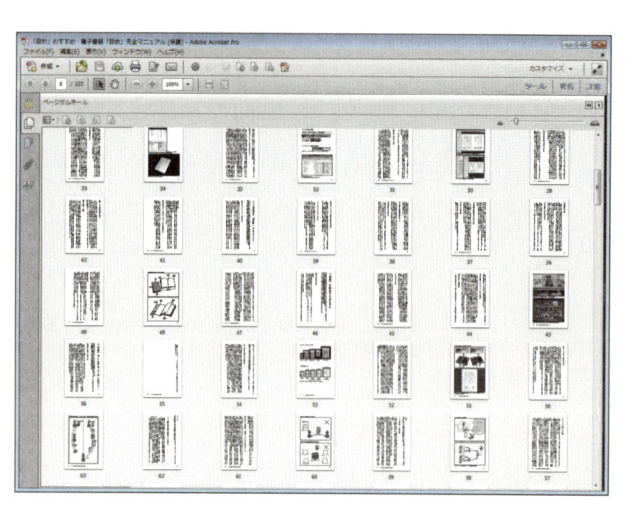

3. 「ページサムネール」パネルが最大化され、各ページがサムネールで表示されました。

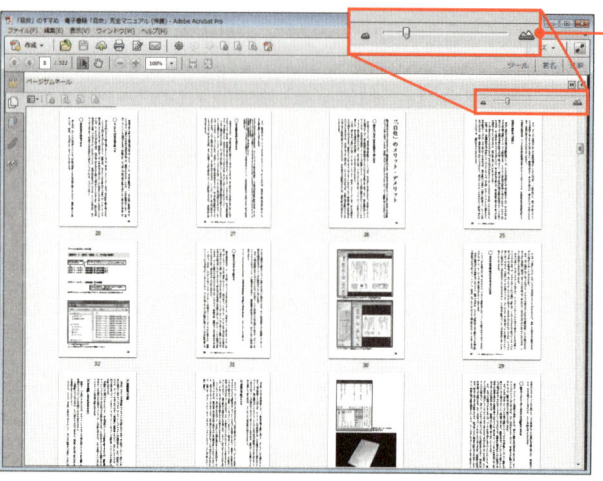

4. スライダーを調節することにより、サムネールを見やすいサイズに変更することができます。

MEMO Acrobat Xにはスライダーがありません。Ctrlキーを押しながらマウスホイールを回転させると表示サイズを変更できます。

MEMO サムネール表示を閉じるには、三角マークを再度クリックします。また「ページサムネール」パネルごと閉じるには、上部右端にある、左向きの三角が2つ連なったマーク◀◀をクリックします。

ビジテク 008 離れたページを同時に表示するには

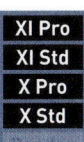

XI Pro / XI Std / X Pro / X Std

ここが重要 分割、並べて表示

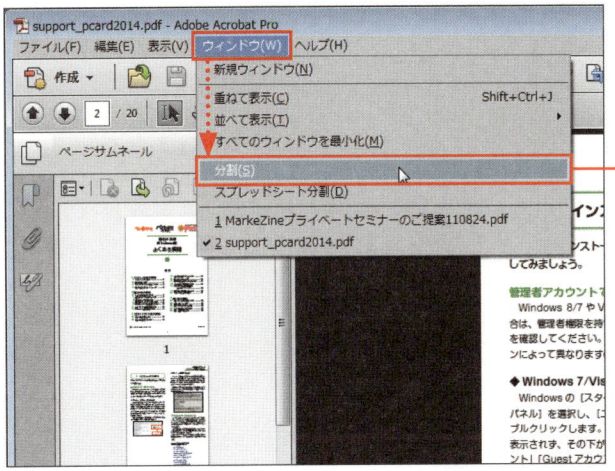

1. 製品の取扱説明書やリファレンス系の電子書籍などのPDFでは、離れたページを同時に参照したい場合があります。

2. ウィンドウを分割して同時参照するには、「ウィンドウ」メニューから「分割」を選択します。

MEMO 画面右端のスクロールバーの上部にある小さな長方形をクリックしても同じ結果が得られます。

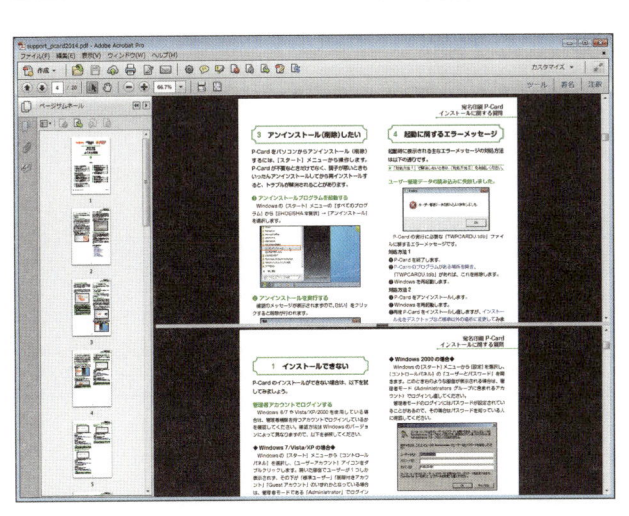

3. ウィンドウが分割され、ひとつのPDFファイルが上下それぞれの画面で表示できるようになります。

4. ただしこの方法だと上下分割だけで左右には分割できないため、縦長のPDFだと窮屈な表示になってしまいます。

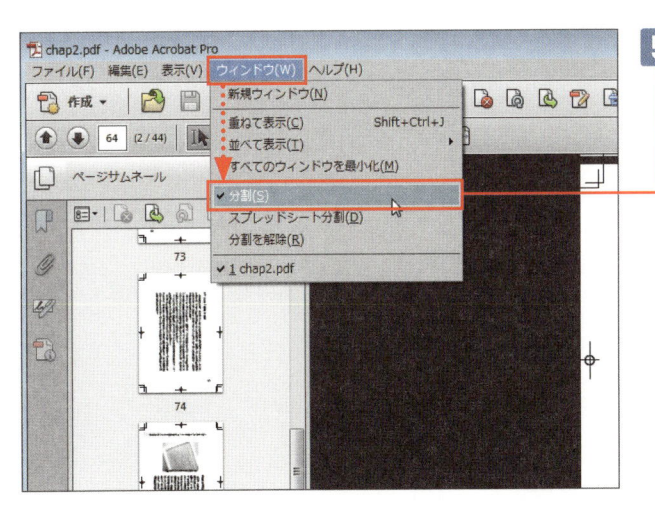

5. 左右に並べて表示したい場合は、いったん「ウィンドウ」メニューから「分割」を再度選択して分割を解除します。

MEMO 「分割を解除」を選択しても元の状態に戻すことができます。

次ページへ続く

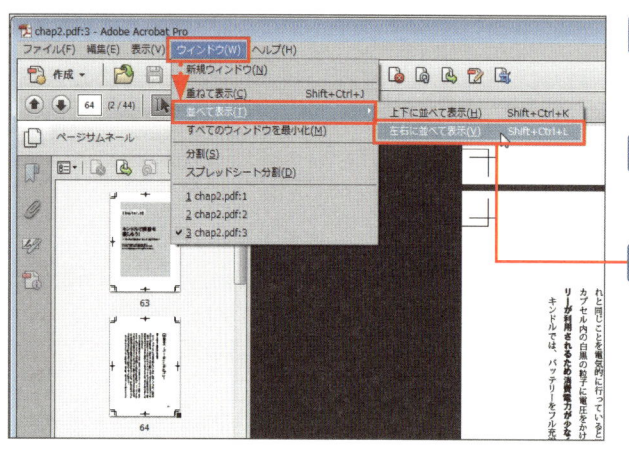

6 「ウィンドウ」メニューから「新規ウィンドウ」を選択します。

7 元のPDFファイルが別の新しい画面で開かれます。

8 「ウィンドウ」メニューから「並べて表示」→「左右に並べて表示」を選択します。

9 縦長のPDFが左右に2画面並べて表示されます。これで異なるページを同時に参照できます。

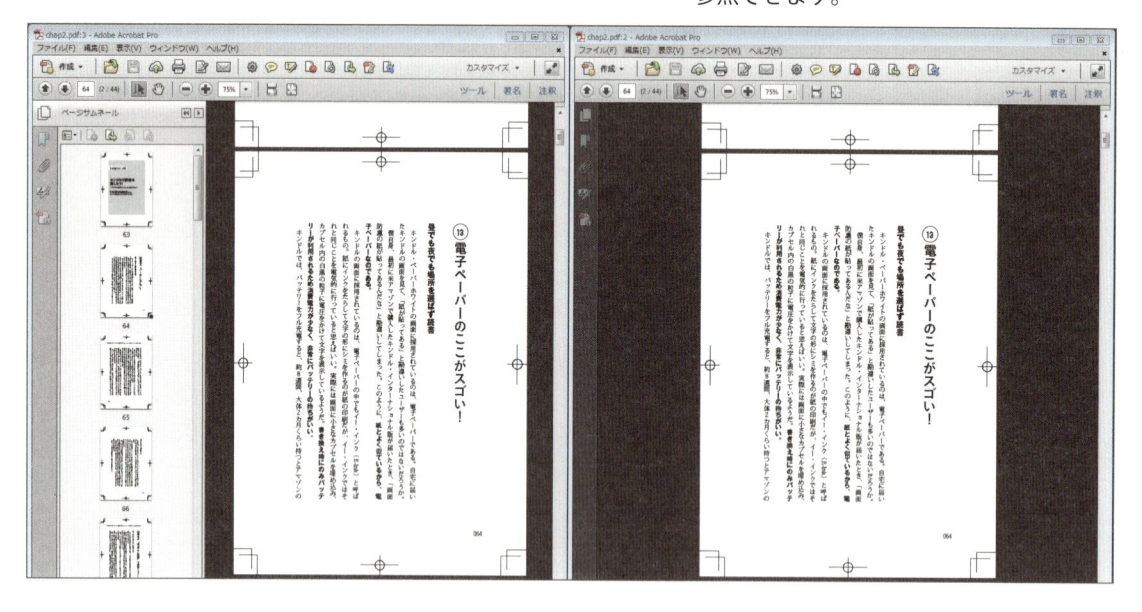

> **MEMO**
>
> この方法であれば、横長ワイドのモニタ画面を有効に活用することができます。2画面はもちろん、同じ手順で3画面以上を並べることも可能です。
> またこの新規ウィンドウで開くと、PDFのタイトルの後ろに「:1」「:2」といった連番が付与されます。それぞれのウィンドウを見分ける際には、この数字を手掛かりにすると便利です。

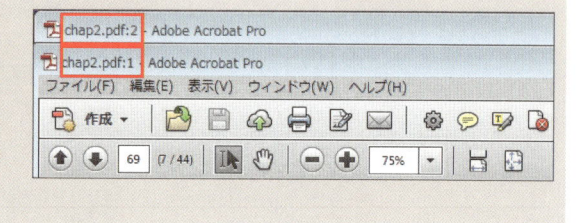

009 PDFを開く時に前回開いていたページを表示するには

XI Pro / XI Std / X Pro / X Std / Reader

ここが重要 文書を再び開くときに前回のビュー設定を復元

1 Adobe ReaderとAcrobatのデフォルトの設定では、PDFをいったん閉じて開き直すと、1ページ目（右）に戻ってしまいます。

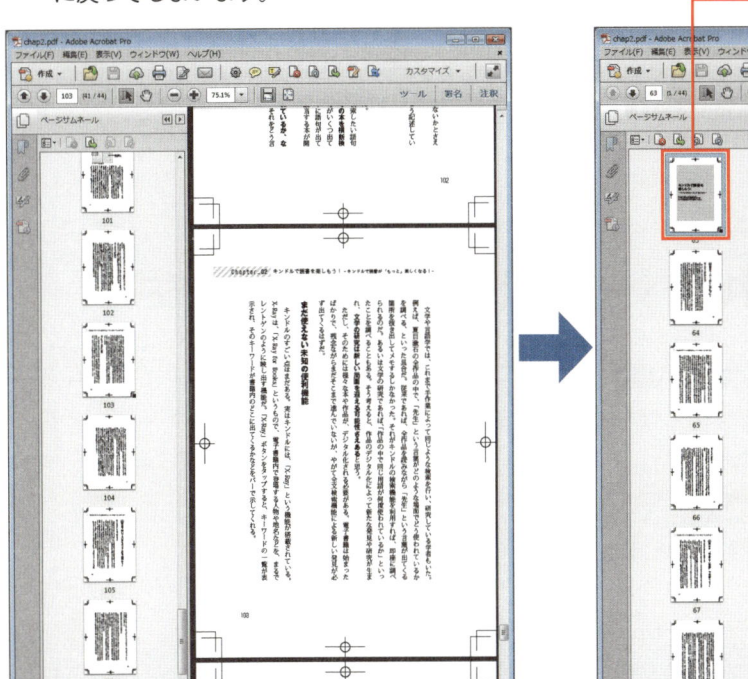

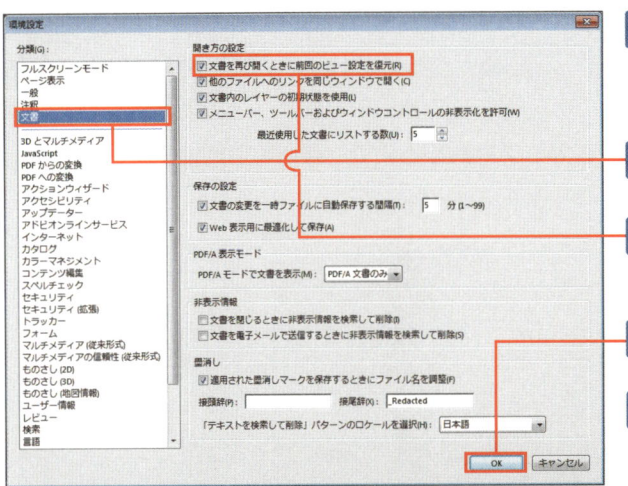

→ 1ページ目に戻る

2 「編集」メニューから「環境設定」を選択します。

3 左側の「分類」から「文書」を選択します。

4 「文書を再び開くときに前回のビュー設定を復元」にチェックを入れます。

5 設定できたら「OK」をクリックします。

6 この設定を行うことで、PDFを開き直した際に直前まで開いていたページが表示されるようになります。

→ ここがポイント PDFの用途によって設定を変更する

この設定は、説明書のようにページ数が多いPDFのほか、電子書籍であればしおりの代用として重宝します。逆に、毎回必ず先頭から目を通さなくてはいけない書類や、複数のメンバーが目を通すような文書にこの設定は向きません。文書の扱い方によって設定を使い分けるとよいでしょう。

1-02 PDF文書のページを編集する

>> ビジテク

Acrobatを使えば、ページ単位での削除や抽出、順序の入れ替え、さらにはファイル同士の結合など、さまざまな操作が行えます。ここではこれらの操作のほか、ノートPCやタブレット向けにページを見やすくする編集テクニックについて解説します。

▶ Acrobatがあればページ単位の編集も自由自在

■ PDFをページ単位で思いのままに編集する

Acrobatを使えば、PDFのページを削除したり ➡ビジテク 010 、順序を入れ替えたり ➡ビジテク 011 、一部のページだけを別のファイルとして抽出したり ➡ビジテク 012 、あるいは複数のPDFをひとつに結合したり ➡ビジテク 015 といった編集が簡単に行えます。閲覧機能が中心のAdobe Readerではこうした編集は行えませんが、Acrobatがあれば自由自在です。

■ 操作手順は何通りかある

これらのページ編集は、操作手順が一通りではなく、何通りもあるのが特徴です。例えばPDFの一部のページだけを別のファイルとして抽出する場合、右クリックメニューから「ページを抽出」を使う方法もあれば、ページのサムネールをデスクトップ上にマウスでドラッグして抽出する方法もあります ➡ビジテク 018 。前者は連続するページを抽出することしかできませんが、後者の方法であれば個別のページをまとめて、ひとつのファイルとして抽出できます。このように、ひとつの目的に対して複数の方法があり、できることも少しずつ異なるので、自分の目的に一番合った操作手順はどれか、使い比べてみることをおすすめします。

Acrobatのページを編集するためのツール群

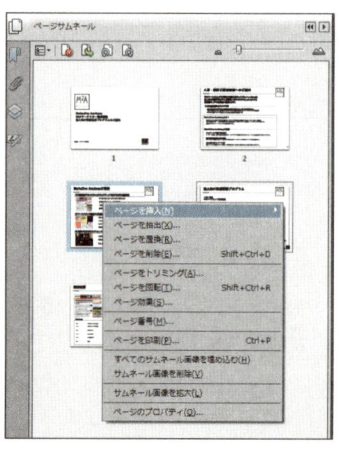

ページサムネールでも編集作業が行える

さらにページの分割では、決まったページ数やファイルサイズで分割する方法も用意されているので→ビジテク019、スキャンした書類を表裏2ページごとに分割したり、あるいはメールに添付することを前提にサーバの制限容量を下回るように分割することも可能です。

■ ノート PC やタブレット向けにページを見やすくする

画面サイズの小さい PC やスマホ、タブレットで表示することを前提に PDF を最適化しておけば、閲覧性がぐんと高まります。例えば「Web とモバイルに最適化」の機能を使えば、ワンクリックで色域を調整したり、フォントを埋め込んでくれますので、スマホやタブレットで見た目が崩れるのを防いでくれます→ビジテク020。これと合わせて、トリミング機能を使って上下左右の不要な余白をなくせば、画面サイズが小さいスマホなどでも、なるべく文字サイズが大きい状態で表示できます→ビジテク021。

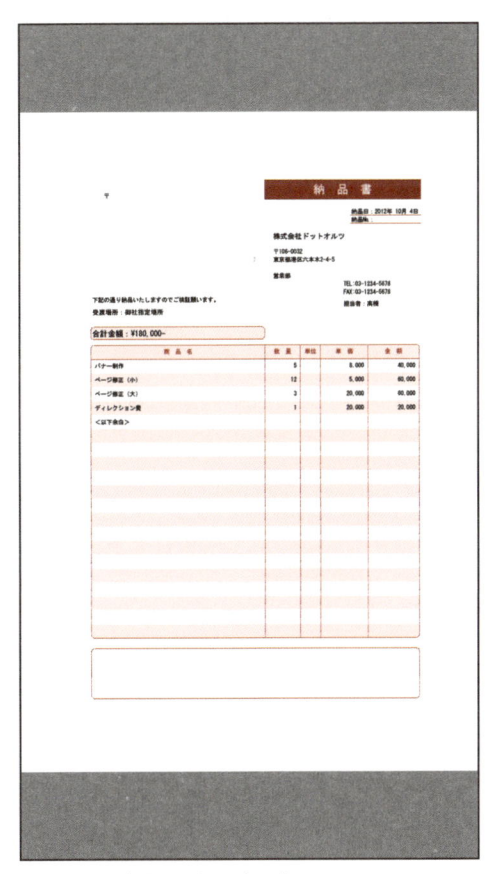

余白を切り詰めていないページ　　　　余白を切り詰めたページ

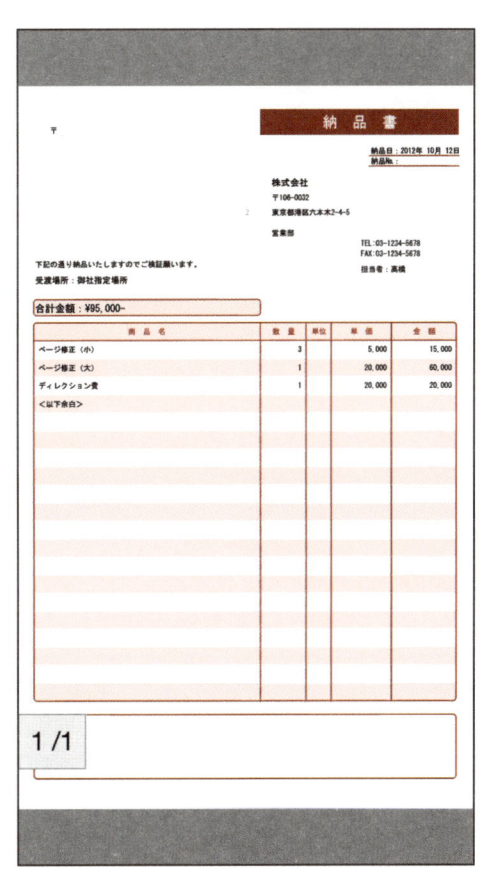

また Acrobat を使うことで、会議やセミナーの配布資料でよくみられる、用紙の節約のために2ページをまとめて1枚に印刷した資料を、元の1枚あたり1ページに分割することができます→ビジテク022。専用のウィザードが用意されているわけではなく、印刷機能を使ったかなり裏技的な方法になりますが、1枚あたり1ページに変換することで、画面サイズが小さいスマホなどで参照しやすくなります。スキャンして生成した PDF でも対応できますので、会議やセミナーで入手した紙の書類を長期保存したい場合などに活用できます。

010 PDFのページを削除するには

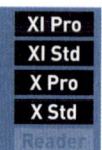

XI Pro / XI Std / X Pro / X Std / Reader

ここが重要 ページを削除

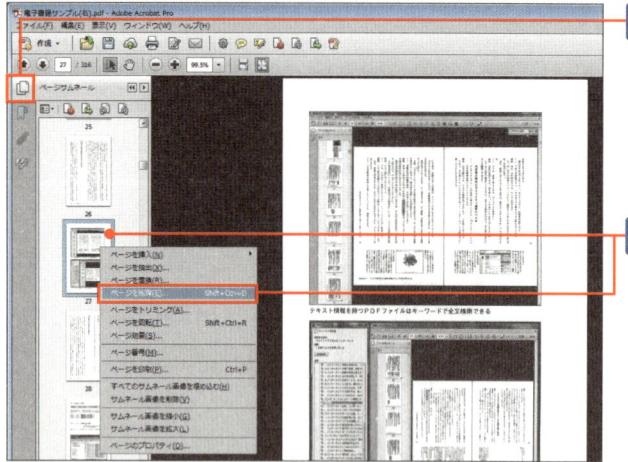

1. PDFを開いた状態で、画面左側の「ページサムネール」ボタンをクリックしてパネルを開きます。

2. 削除したいページを右クリックし、「ページを削除」を選択します。

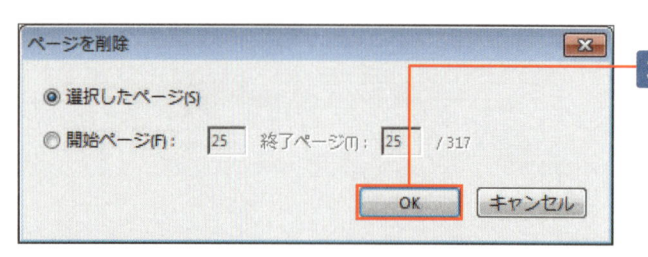

3. 「ページを削除」ダイアログボックスが表示されます。選択したページだけを削除する場合は「選択したページ」を、任意の範囲のページを削除する場合は開始ページと終了ページを入力して「OK」をクリックします。

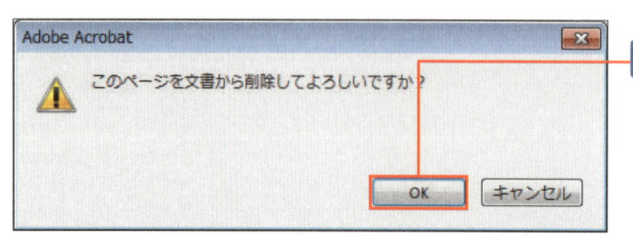

4. 確認メッセージが表示されるので「OK」をクリックします。

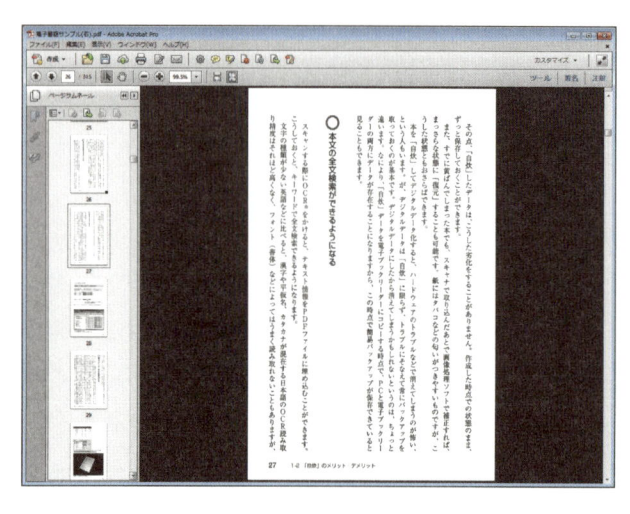

5. ページが削除されました。

MEMO 手順1でページを選択する際、Ctrlキーを押しながら複数のページを選択することもできます。この場合、連続していないページを選択することも可能です。また、1ページだけであればDeleteキーで削除することもできます。

011 PDFのページの順序を変更するには

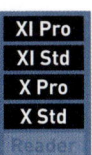

ここが重要 ページサムネールパネル

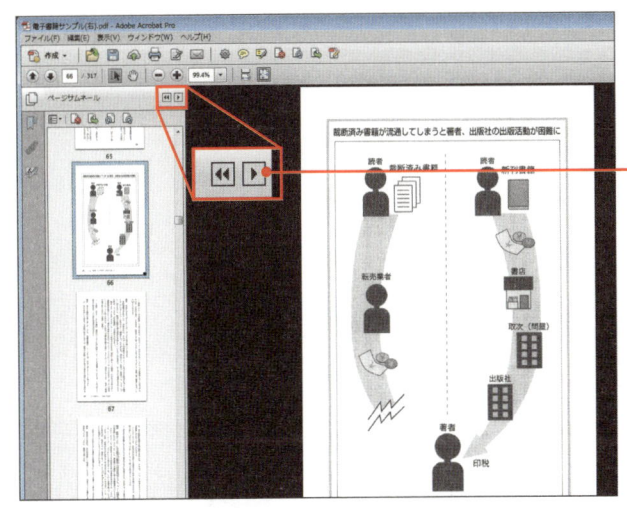

1. PDFを表示した状態で、「ページサムネール」パネルの上部右端にある右向きの三角マーク(「拡張」ボタン)をクリックし、「ページサムネール」ビューを最大化しておきます。

MEMO Acrobat Xには「拡張」ボタンがありません。「ページサムネール」パネルの右端を右側にドラッグするとパネル表示エリアを拡張できます。

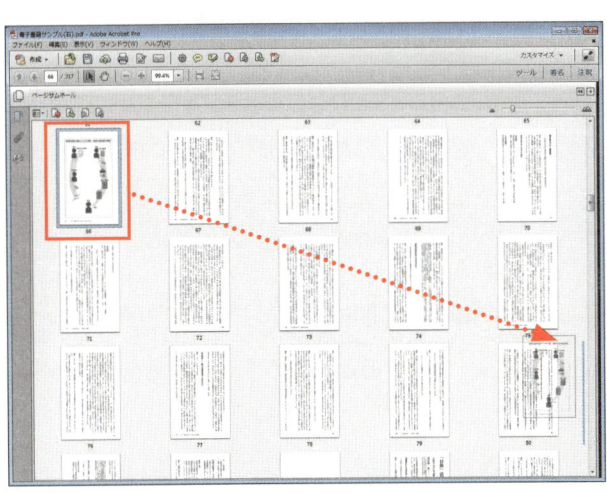

2. 順序を入れ替えたいページを選択し、そのままドラッグして移動させます。

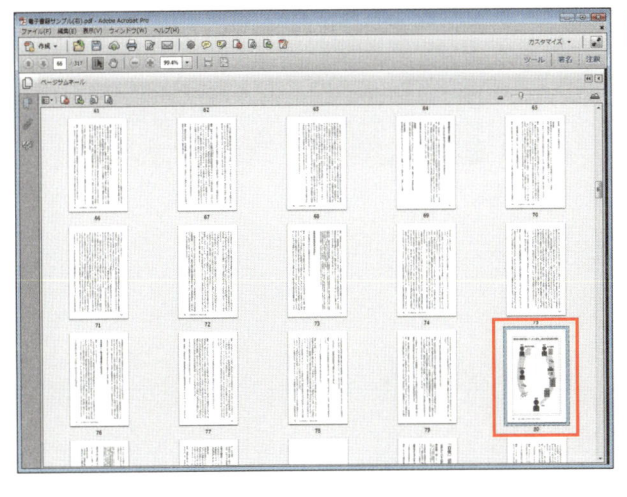

3. ページの順序を入れ替えることができました。

MEMO 前後の1〜2ページを入れ替える程度であれば、「ページサムネール」パネルを最大化せずにそのままドラッグして移動させたほうが手軽です。なお複数のページを Ctrl キーを押しながら選択した上で、まとめて移動させることもできます。

ビジテク 012 PDFにページを挿入するには

XI Pro / XI Std / X Pro / X Std / Reader

ここが重要 ページを挿入

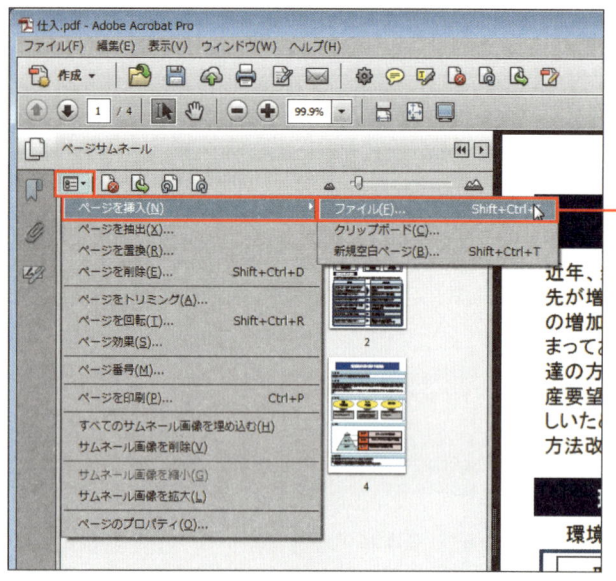

1 PDFを開き「ページサムネール」ボタンをクリックしてパネルを展開します。

2 「オプション」ボタンから「ページを挿入」→「ファイル」を選択します。

MEMO 「クリップボード」を選択すると、あらかじめコピーしておいたテキストなどを新規ページとして挿入できます。「新規空白ページ」を選択すると白紙のページを追加できます。

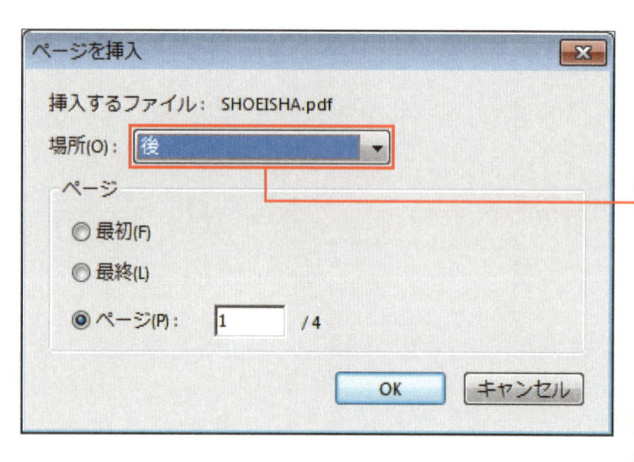

3 挿入したいPDFファイルを選択すると「ページを挿入」ウィンドウが表示されます。

4 挿入したい場所を選択します。「前」を選択すると現在のページの前に、「後」を選択すると現在のページの後ろに挿入されます。

MEMO 「ページ」で「最初」「最後」を選択すると、それぞれ最初のページの前か後か、最後のページの前か後かを指定できます。また、ページ数を指定すると、指定したページの前か後に挿入されます。

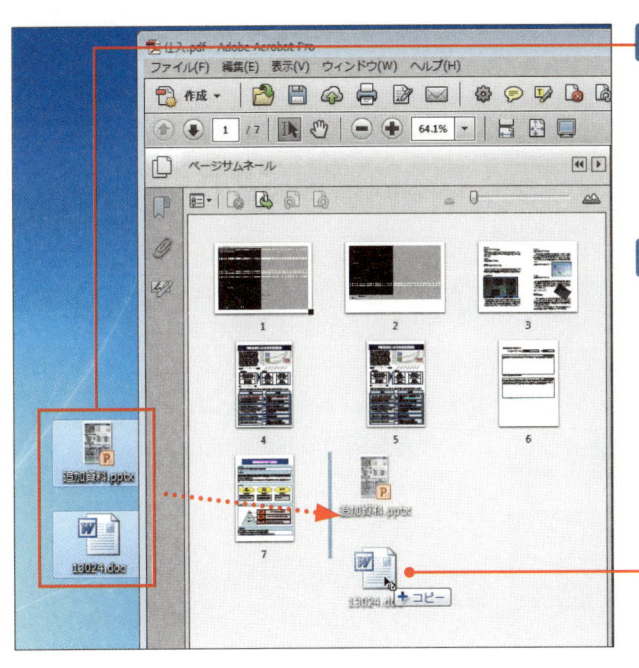

5 2～4の手順ではPDFファイルのみ挿入できます。Office文書などを直接新規ページとして挿入するには、挿入したいファイルのアイコンをページサムネールパネルに直接ドラッグ＆ドロップします。

6 ドラッグ＆ドロップした場所に、Office文書がPDFに変換されて挿入されます。なおこの方法はOffice文書に限らずPDFや画像ファイルでも行えます。

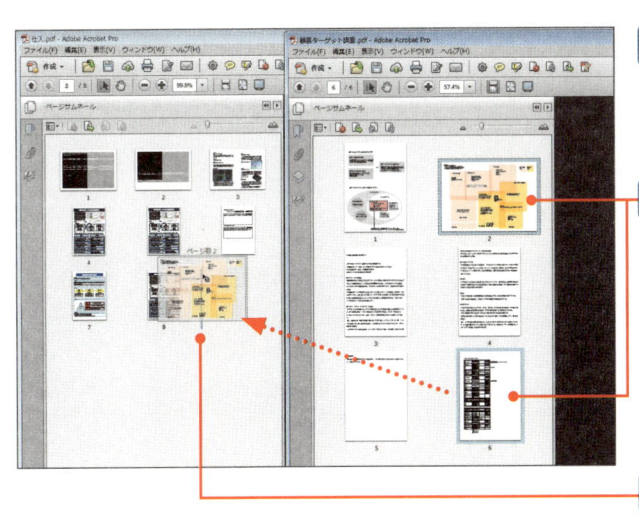

7 他のPDF文書の特定ページのみ挿入することもできます。新たにページを挿入したいPDFと、挿入したいページのあるPDFをそれぞれAcrobatで開きます。

8 挿入元PDFの「ページサムネール」パネルを表示し、挿入したいページをクリックして選択します。2ページ以上を同時に選択することも可能です。

> **MEMO** 連続しないページを選択するには、Ctrlキーを押しながらクリックします。

9 そのまま挿入先のPDFの「ページサムネール」パネルへページのアイコンをドラッグ＆ドロップします。

10 ドラッグ＆ドロップした位置に選択したページが挿入されました。

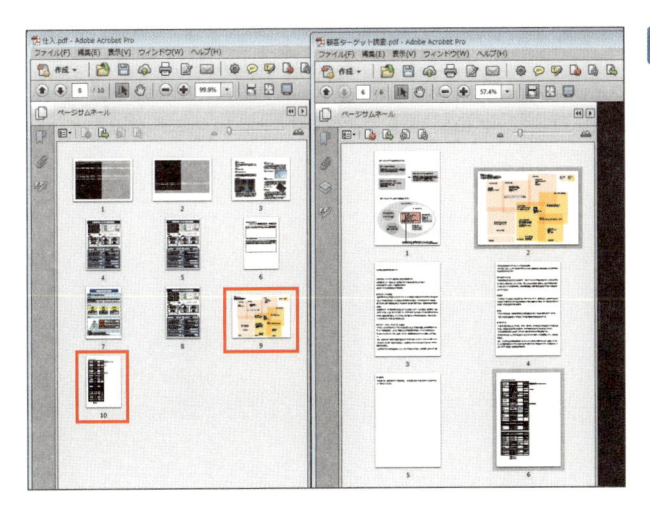

013 PDFのページを置き換えるには

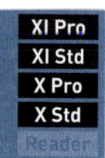

XI Pro / XI Std / X Pro / X Std

ここが重要 ページを置換

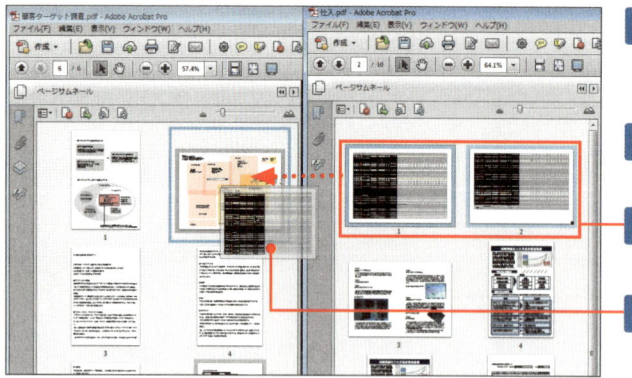

1. 置換先の PDF と、置換元のの PDF をそれぞれ Acrobat で開きます。

2. どちらの PDF も「ページサムネール」パネルを開いておきます。

3. 置き換えたいページをクリックして選択します。

4. 置換先の PDF で、置換したいページのアイコン上に [Ctrl]+[Alt] キーを押しながらドラッグ＆ドロップします。

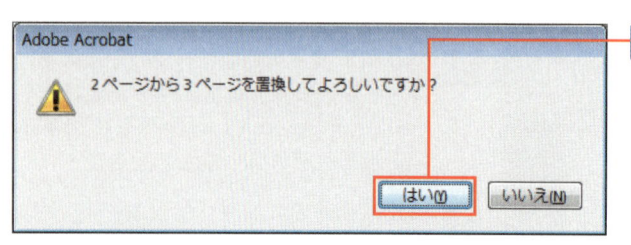

5. 置換を確認するダイアログが表示されるので「はい」をクリックします。

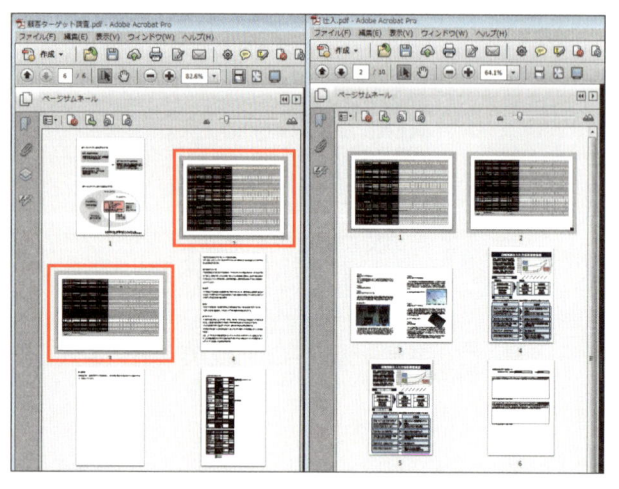

6. 指定したページが置き換えられました。

MEMO 「ページサムネール」パネルの「オプション」ボタンから「ページを置換」でファイルを指定して置き換えることもできます。

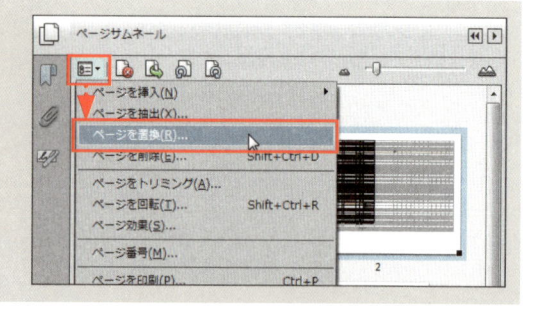

014 ページ単位でPDFの表示を回転させるには

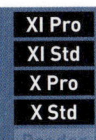

XI Pro / XI Std / X Pro / X Std / Reader

ここが重要 ページを回転

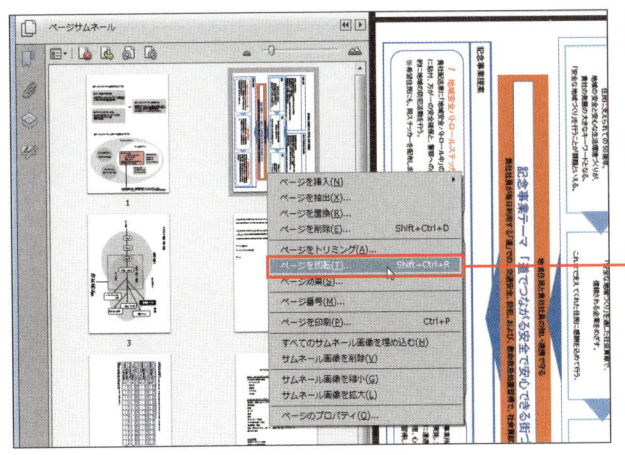

1. 縦向き、横向きのページが混在しているファイルでは、正しい方向でページが表示されていない場合があります。

2. これを回転させて正しく表示するには、まず「ページサムネール」パネルを開きます。

3. 回転させたいページを選択し、右クリックメニューから「ページを回転」を選択します。

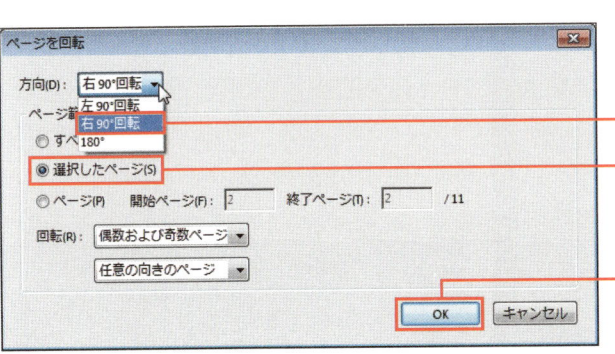

4. 「ページを回転」ウィンドウが開くので、「方向」で回転させる方向を選択します。

5. 「ページ範囲」からは、回転させるページを指定できます。ここでは「選択したページ」を選びます。

6. 「OK」をクリックします。

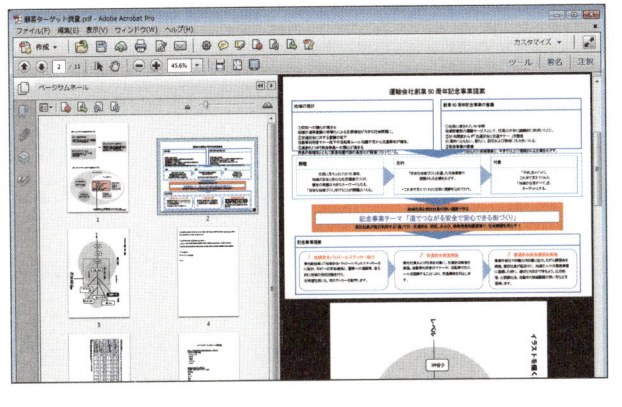

7. 指定したページが回転されました。

MEMO 偶数や奇数のページだけを回転させたり、あるいは縦向きや横向きのページだけを検出して回転させることもできます。とくに前者は、スキャン時に向きが変わってしまったページの向きを揃えるのに便利です。

ここがポイント 「表示」メニューから回転させる場合との違い

ページを回転させたい場合、「表示」メニューから「表示を回転」を使う方法もあります。ただしこの方法は一時的に表示だけを回転させるもので、PDFをいったん閉じると元に戻ってしまいます。また特定ページだけを回転させることはできません。誰かにPDFを送付するような場合は、「ページサムネール」パネルからページを正しい向きに変更して保存するようにします。

ビジテク 015 複数のPDFファイルをひとつに結合するには

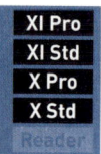

XI Pro / XI Std / X Pro / X Std / Reader

> ここが重要　ファイルを結合

1 結合したい複数のPDFファイルを選択します。

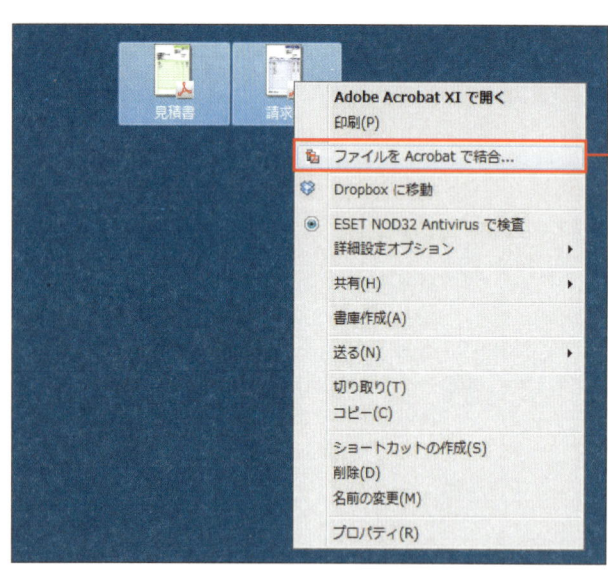

2 選択した状態のまま右クリックし「ファイルをAcrobatで結合」を選択します。

MEMO Acrobat Xでは右クリックし「サポートしているファイルをAcrobatで結合」を選択します。

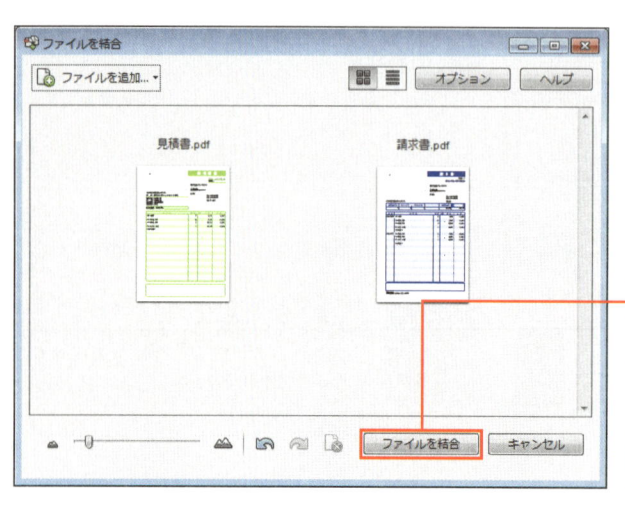

3 順序を確認したのち「ファイルを結合」をクリックします。

MEMO 結合後のファイルサイズは、は、「オプション」ボタンから3段階で調整できます。Acrobat Xでは「ファイルサイズ」アイコンから選択できます。

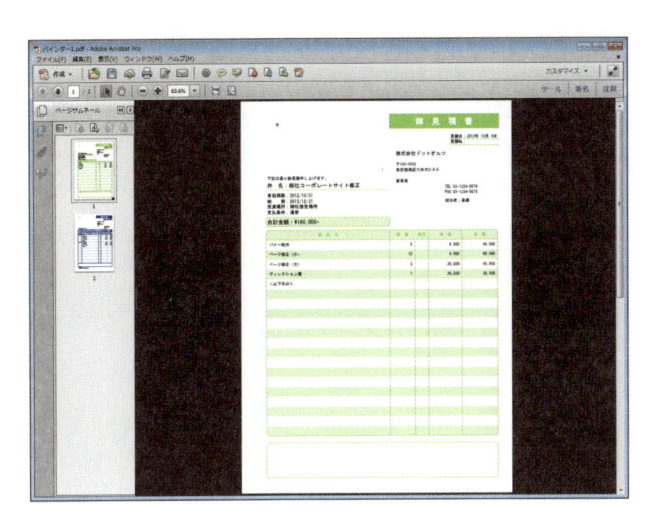

4 結合処理が行われます。ページ数が多く時間がかかる場合は、進捗画面が表示されます。

5 結合したファイルが表示されました。この時点ではまだ保存されていないので、適切なファイル名を付けて保存すれば完了です。

6 このほか、両方の PDF ファイルを表示した状態で、一方の「ページサムネール」パネルからもう一方の「ページサムネール」パネルへ、Shift キーを押しながらページをドラッグして移動させる方法もあります。この方法であれば必要なページの選別やページ順序の調整を行いながら結合することが可能です。

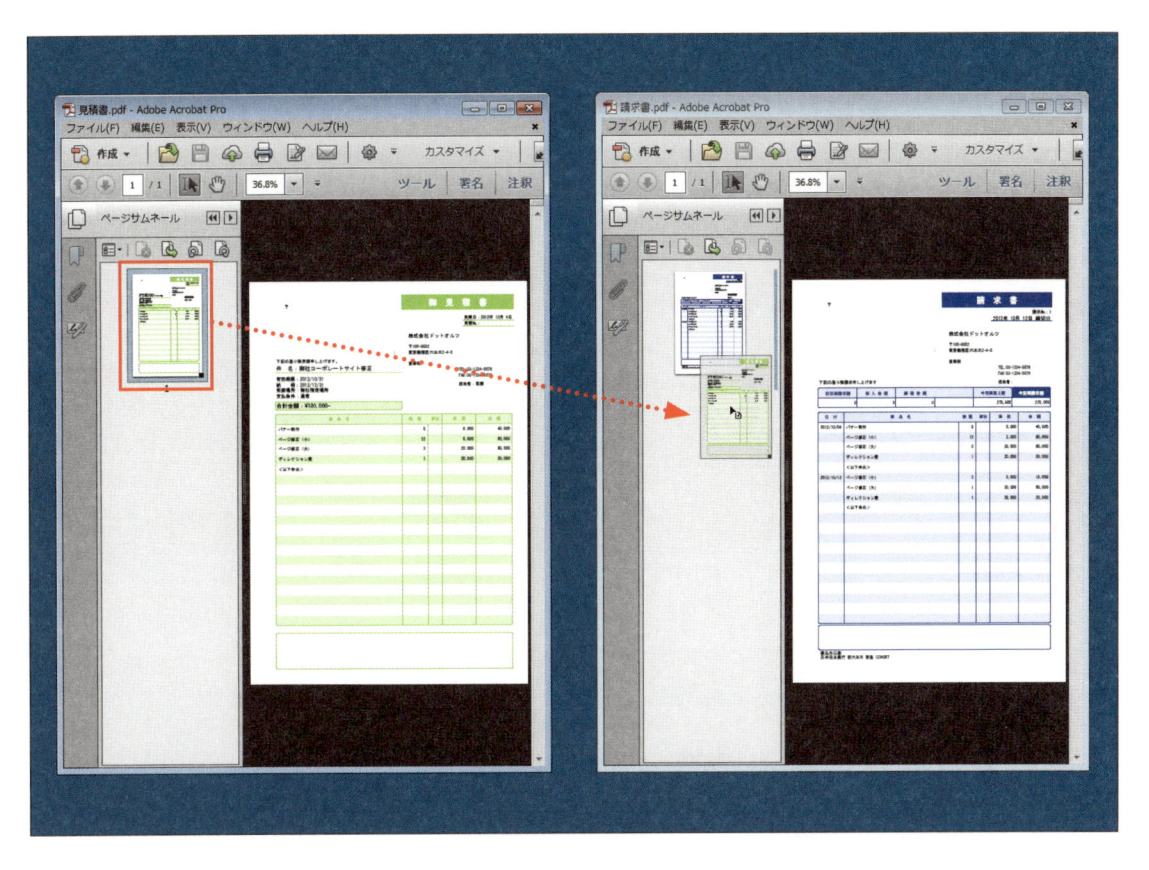

1-02 PDF文書のページを編集する

015 複数のPDFファイルをひとつに結合するには

ビジテク 016 まとまったページの範囲を抽出するには

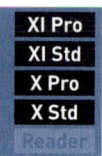

XI Pro / XI Std / X Pro / X Std / Reader

> ここが重要 　抽出

1　「16ページから18ページまでを別のファイルとして分割する」といった具合にあらかじめ抽出したいページ番号が決まっている場合、「ページの抽出」機能を使います。

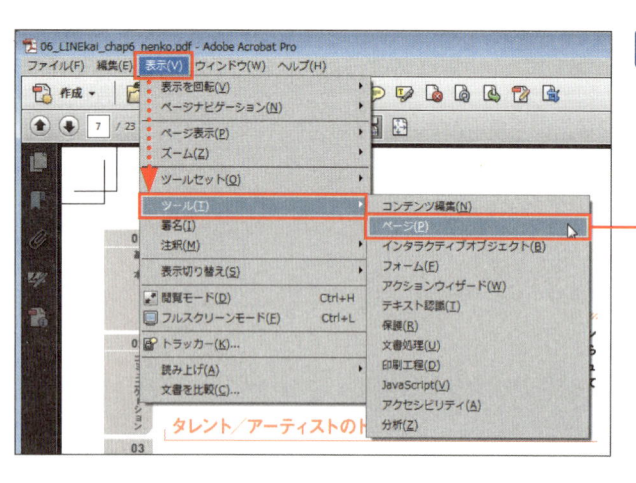

2　ページを抽出したいファイルを開いたら、「表示」メニューから「ツール」→「ページ」を選択します。

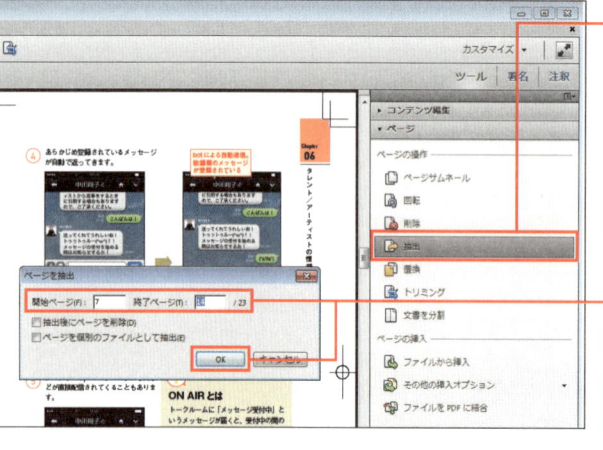

3　「ツール」パネルの「ページ」から「抽出」を選択します。

4　ダイアログが表示されるので、開始ページと終了ページを入力し、「OK」をクリックします。

MEMO　「抽出後にページを削除」にチェックを入れて実行すれば元のPDFからページが削除されます。

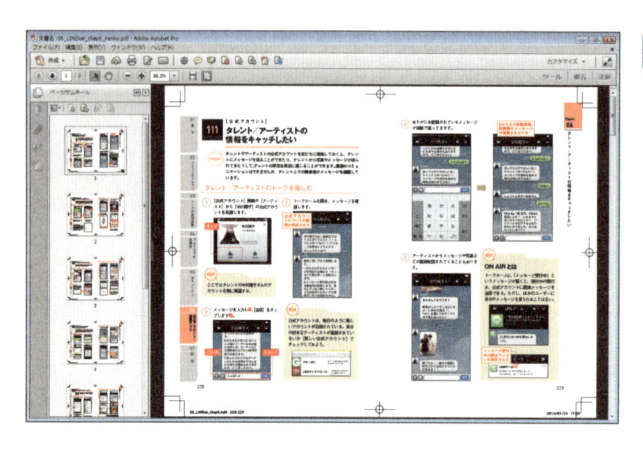

5　選択した範囲のページのみが新しいファイルとして抽出されます。

017 サムネールを確認しながらページを抽出するには

XI Pro / XI Std / X Pro / X Std / Reader

1-02 PDF文書のページを編集する

016 まとまったページの範囲を抽出するには
017 サムネールを確認しながらページを抽出するには

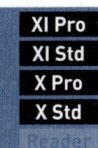

> **ここが重要** ページを抽出

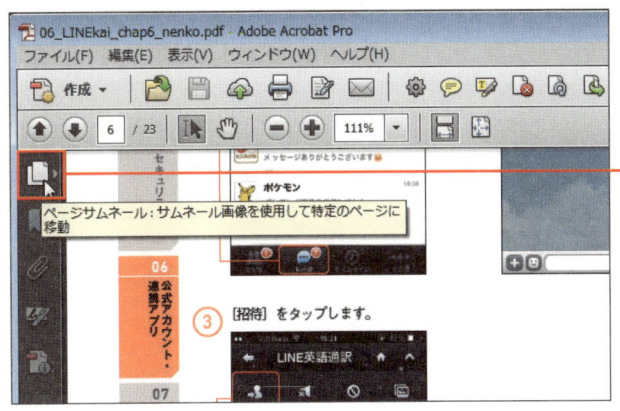

1 ページの内容を確認しながらページを抽出したい場合は、「ページサムネール」パネルを使います。

2 ページを抽出したいファイルを開いたら、画面左の「ページサムネール」ボタンをクリックします。

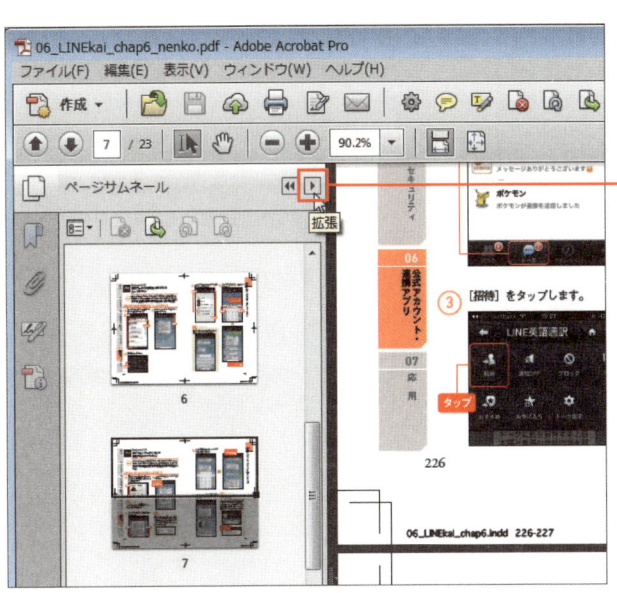

3 「ページサムネール」パネルが表示されます。

4 「ページサムネール」パネル右上の「拡張」ボタンをクリックします。

> **MEMO** Acrobat X には「拡張」ボタンがありません。「ページサムネール」パネルの右端を右側にドラッグするとビュー表示エリアを拡張できます。

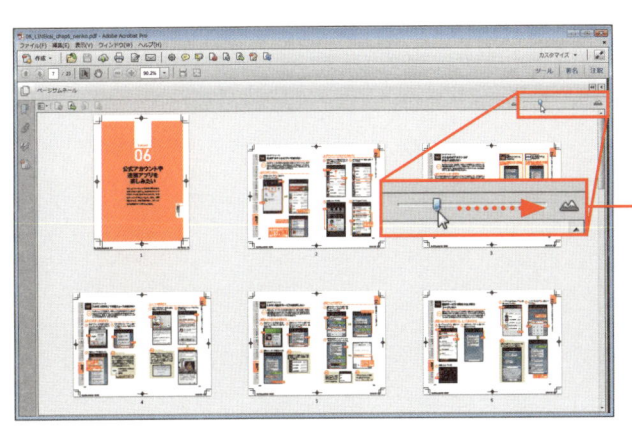

5 表示領域が拡張されます。

6 拡大縮小ボタンを右にスライドさせ、内容が確認できる程度にサイズを拡大します。

> **MEMO** Acrobat X にはスライダーがありません。Ctrl キーを押しながらマウスホイールを回転させると表示サイズを変更できます。

次ページへ続く

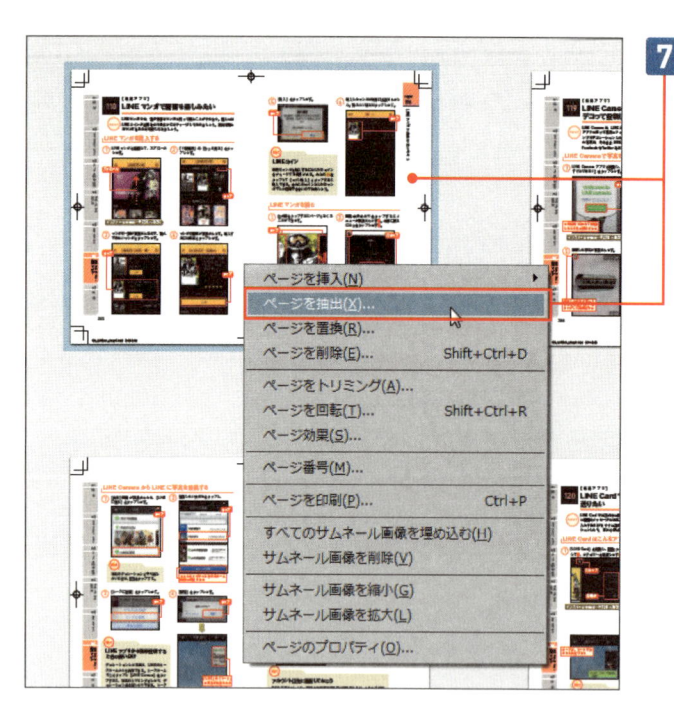

7 抽出したいページをクリックして選択したのち、右クリックして「ページを抽出」を選択します。

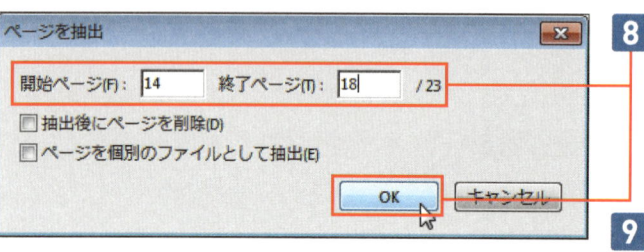

8 ダイアログが表示されるので、開始ページと終了ページを入力して「OK」をクリックします。

9 これで選択範囲が新しいファイルとして抽出されます。

> **MEMO** この方法では、連続しないページを抽出することはできません。「ページサムネール」パネルで離れたページを選択することはできますが、その場合も一番先頭のページから一番後ろのページまでの範囲が抽出されてしまいます。連続しない複数のページをまとめて抽出したい場合は、→ビジテク 018 を参照してください。

ビジテク 018 連続しないページをひとつのファイルとして抽出するには

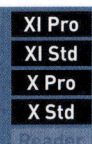

XI Pro / XI Std / X Pro / X Std / Reader

1-02 PDF文書のページを編集する

ここが重要 ページサムネールビュー

1 ページを抽出したいファイルを開いたら、画面左の「ページサムネール」ボタンをクリックします。

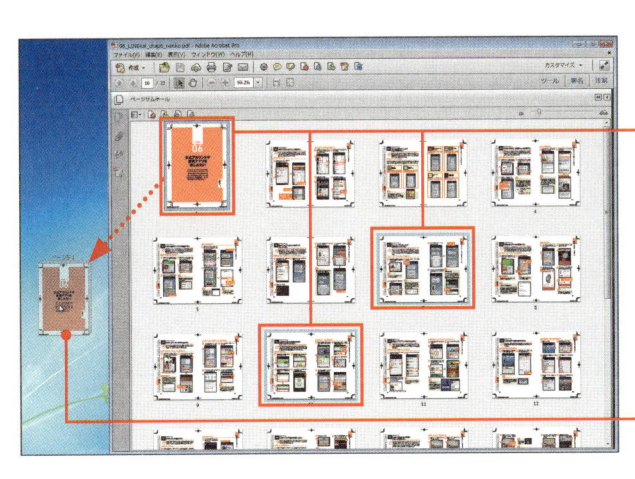

1 「ページサムネール」パネルが開くので、Ctrl ボタンを押しながら、抽出したいページのサムネールをひとつずつクリックしていきます。

2 選択した状態で、デスクトップ上などウィンドウの外側にドラッグ&ドロップします。

3 これで連続しないページがひとつのファイルとして抽出されます。

MEMO ファイル名は「抽出された名称未設定のページ」となります。適宜変更しましょう。

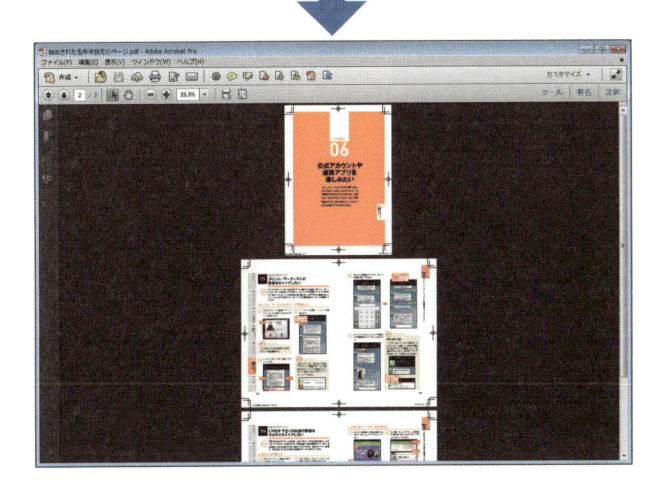

017 サムネールを確認しながらページを抽出するには

018 連続しないページをひとつのファイルとして抽出するには

ビジテク 019 決まったページ数やファイルサイズで分割するには

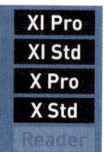

XI Pro
XI Std
X Pro
X Std
Reader

ここが重要 文書を分割

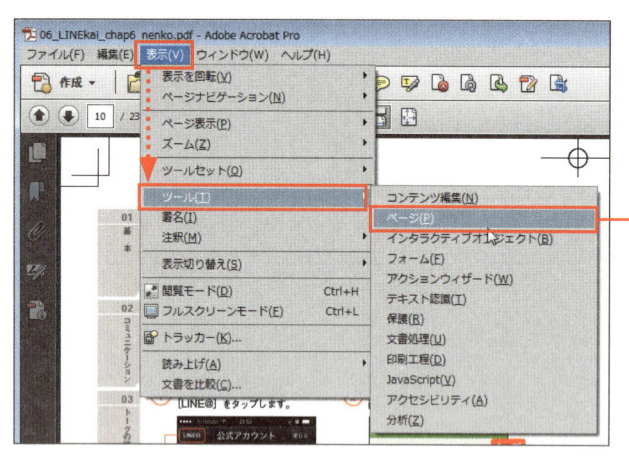

1. 分割したいファイルを開いたら、「表示」メニューから「ツール」→「ページ」を選択します。

2. 「ツール」パネルの「ページ」から「文書を分割」を選択します。

3. 「文書を分割」ウィンドウが開きます。

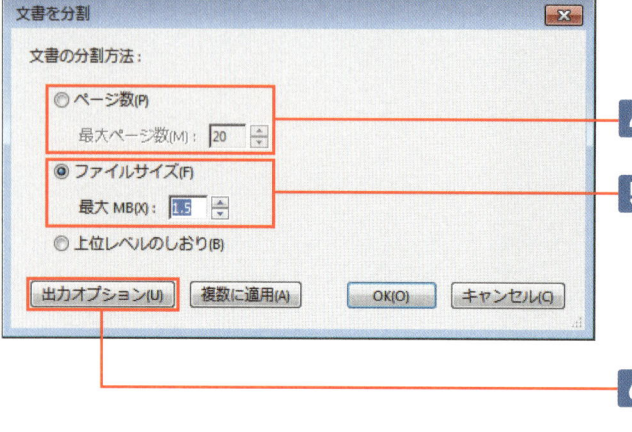

4. ページ数で分割したい場合は「最大ページ数」を入力します。

5. ファイルサイズで分割したい場合は「ファイルサイズ」にチェックを入れ、「最大MB」を指定します。

6. 「出力オプション」をクリックします。

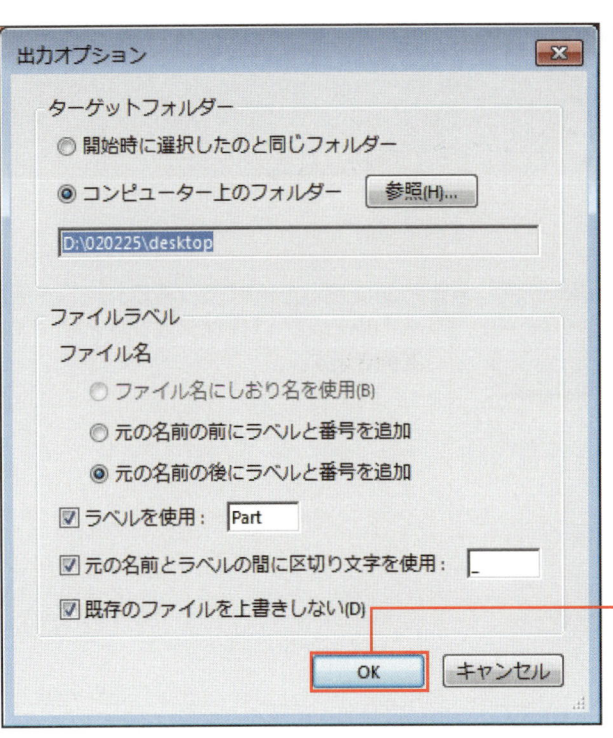

7 「出力オプション」では保存先やファイル名の連番の形式を設定できます。

8 設定できたら「OK」をクリックします。

> **MEMO** メールでPDFを送る場合、最大でも5MB程度を上限とするのが一般的です。

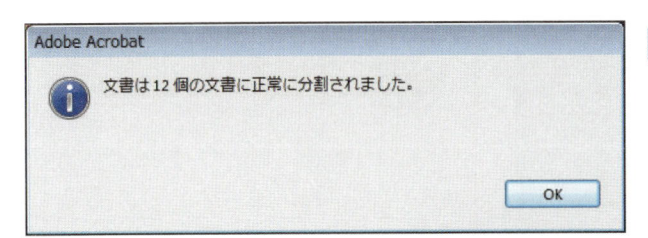

9 「文書の分割」ウィンドウで「OK」をクリックすると分割が実行されます。

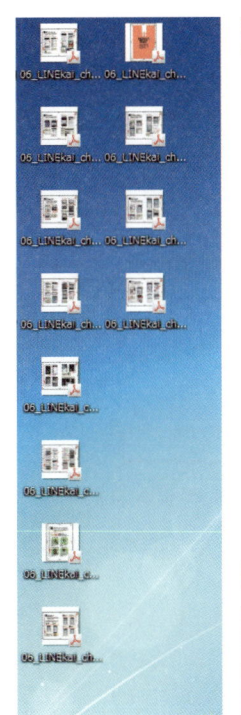

10 今回は全部で12のファイルに分割されました。

> **MEMO** この方法を使えば、スキャンして変換したPDFをあとから複数のファイルに分割するのも容易です。スキャン時にまとめてセットできるようになるので、作業の効率が上がります。

1-02 PDF文書のページを編集する

019 決まったページ数やファイルサイズで分割するには

020 Webで閲覧しやすいPDFを作るには

ここが重要 Webとモバイルに最適化

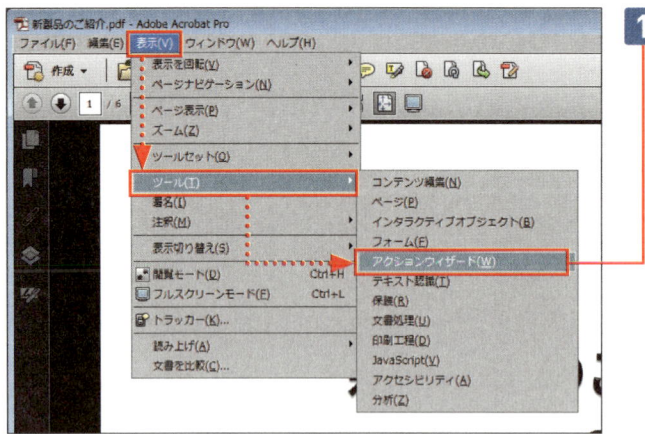

1 PDFを開いた状態で、「表示」メニューから「ツール」→「アクションウィザード」を開きます。

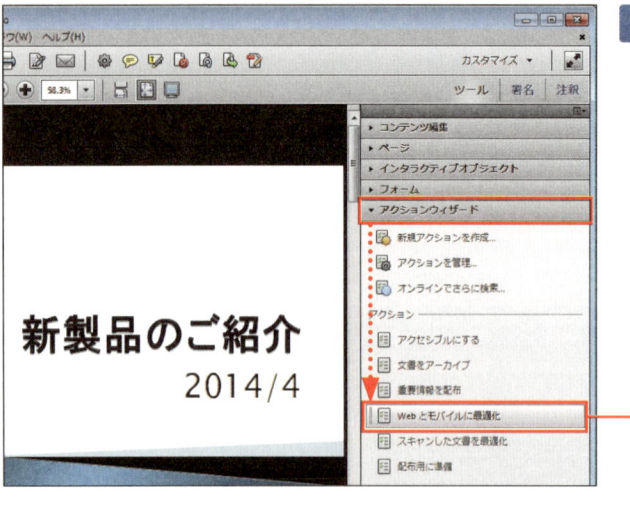

2 「アクションウィザード」にある「Webとモバイルに最適化」をクリックします。

> **MEMO** あらかじめ用意されているアクションは、バージョンによって異なり、Acrobat X Proには「Webとモバイルに最適化」の項目はありません。Web用にファイルサイズを減らしたいという場合は「Web表示用に準備」というアクションを利用してみましょう。

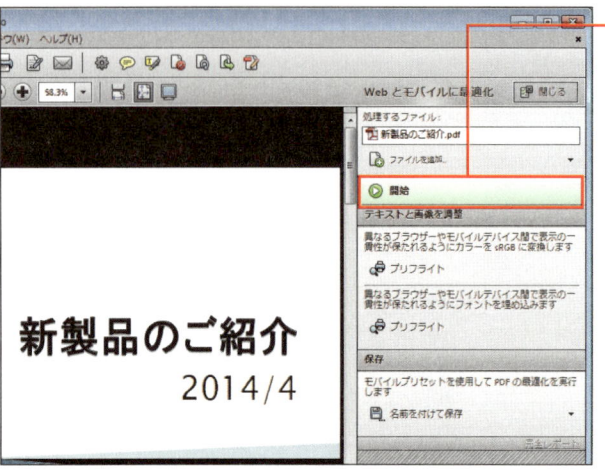

3 「開始」をクリックするとプリフライト（事前のチェック）が行われたのち処理が実行されます。

4 「名前を付けて保存」の画面が表示されるので、保存すれば完了です。

> **MEMO** ここで紹介した「Webとモバイルに最適化」では、モバイルデバイスでも正しく表示するためにカラーをsRGBに変換するほか、フォントの埋め込みが実行されます。ファイルサイズについては必ず小さくなるわけではなく、逆に大きくなる場合もあります。

021 ページ内の不要な部分をトリミングするには

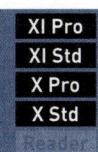

XI Pro / XI Std / X Pro / X Std / Reader

ここが重要 トリミング

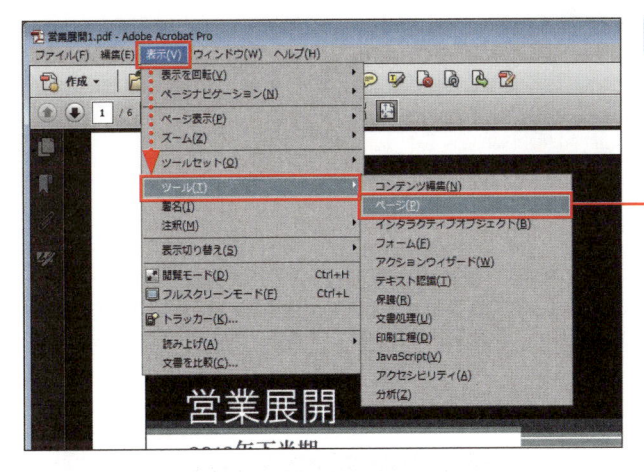

1. PDFを開いた状態で「表示」メニューから「ツール」→「ページ」で「ツール」パネルを開きます。

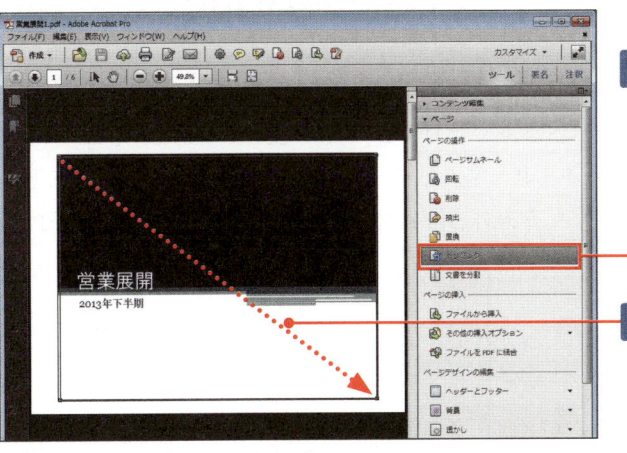

2. 「トリミング」を選択します。

3. ページ上の残したい範囲をドラッグして選択します。

4. 選択範囲ができている状態で[Enter]キーを押すか、選択範囲内をダブルクリックすると、「ページボックスを設定」の画面が表示されます。

5. 範囲が正しく選択されているのを確認したのち、「OK」をクリックします。

次ページへ続く

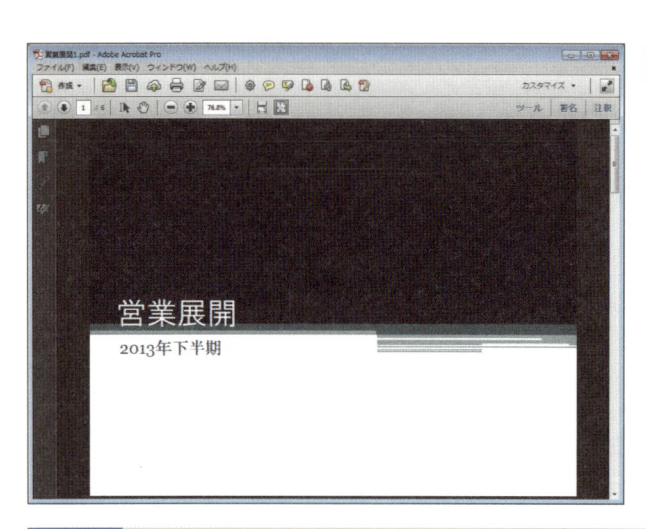

6 選択範囲以外の領域が非表示になりました。

MEMO ここでは手動でトリミングする方法を解説していますが、余白との境界がはっきりしている場合は、手順 4 の「ページボックスを設定」の画面にある「余白を削除」にチェックを入れるだけで自動的にトリミングが行えます。

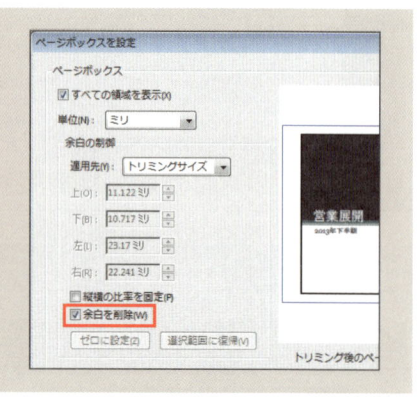

➡ ここがポイント　トリミングしてもデータ上は残る

上記の方法で不要な部分が見えなくなりますが、非表示にした範囲が元データから削除されたわけではありません。トリミング後のファイルを、元ファイルと比較してもファイルサイズはまったく変化していません。また、再度ドラッグして範囲を指定し、Enterキーを押せば何度でも範囲を変更できます。
非表示にした部分のデータを削除するには「保護」ツールの「非表示情報をすべて削除」を実行します。詳しくは ➡ビジテク 088 を参照してください。

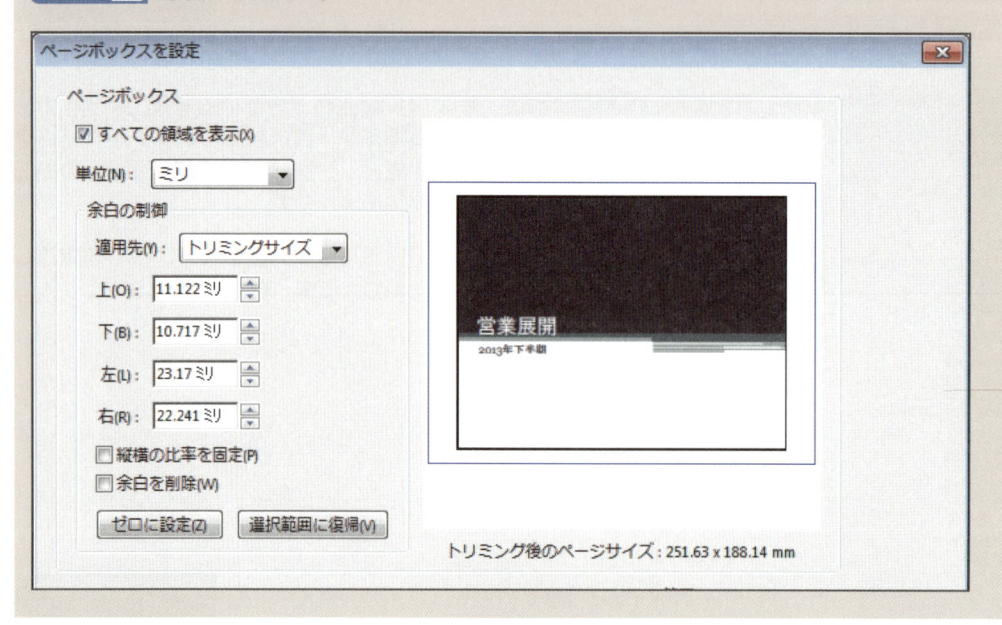

ビジテク 022 2ページを1枚に印刷した資料を元のページ割に復元するには

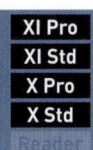

XI Pro / XI Std / X Pro / X Std / Reader

> **ここが重要** ページサイズ処理

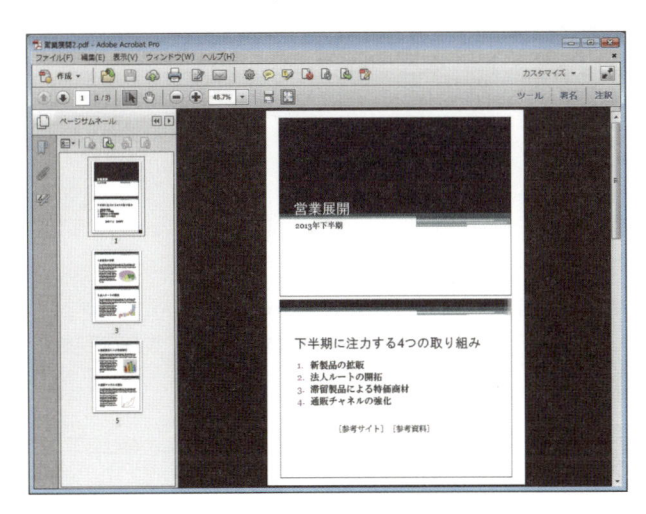

1. 用紙の節約のために、2ページをまとめて1枚に印刷した資料。スキャン後にそのまま保存すると読みづらいので、上下でページを分割します。

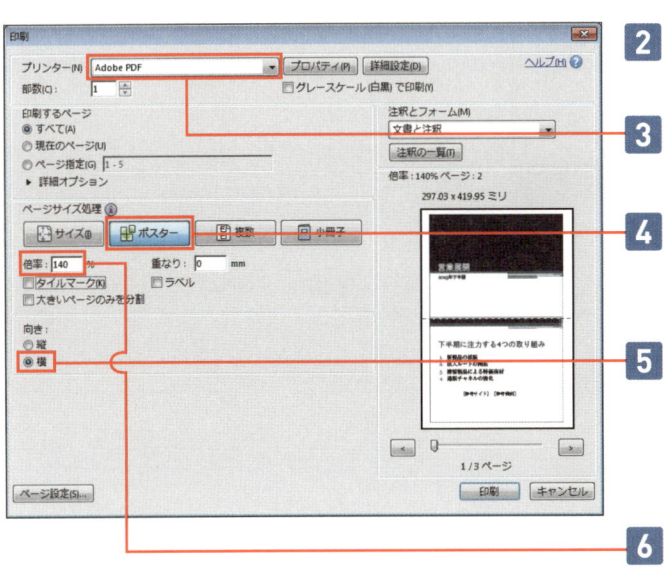

2. 「ファイル」メニューから「印刷」を選択します。

3. 「プリンター」の出力先で「Adobe PDF」を選択します。

4. 「ページサイズ処理」で「ポスター」を選択します。

5. 「向き」の項目で「縦」または「横」を選択します。

6. 「倍率」については、分割後のA5をA4に拡大するので「140%」前後の値を指定します。

> **MEMO**
> 今回の例では、A4サイズを2分割してA5になったページを元のA4に復元するので、実質的にはA5→A4への拡大になります。よってここではA5→A4に拡大する際の倍率である「141%」を指定するのが、計算上は正しいことになります。
> ただし、用紙サイズがわずかでもはみ出ると2分割のつもりが4分割になってしまう場合がありますで、わずかに小さい「140%」などにしておいたほうが、うまくいく確率が高くなるようです。実際にやってうまくいかなければ値を微調整して試してみてください。

次ページへ続く

1-02 PDF文書のページを編集する

021 ページ内の不要な部分をトリミングするには

022 2ページを1枚に印刷した資料を元のページ割に復元するには

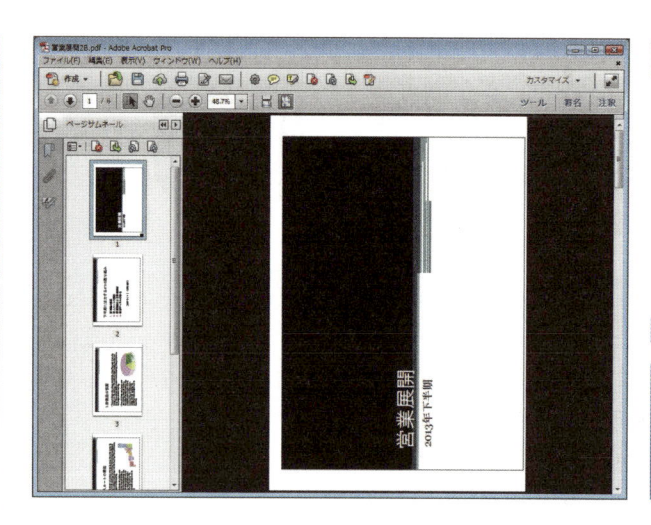

7 ページが上下で分割された状態で出力されました。このように90度回転した状態になってしまう場合があります。

MEMO 周囲の余白が大きい場合、トリミングツール ➡ビジテク 021 を併用することで、さらに見やすく仕上げることができます。奇数ページと偶数ページに分けて一括トリミングすれば、作業の手間もかかりません。

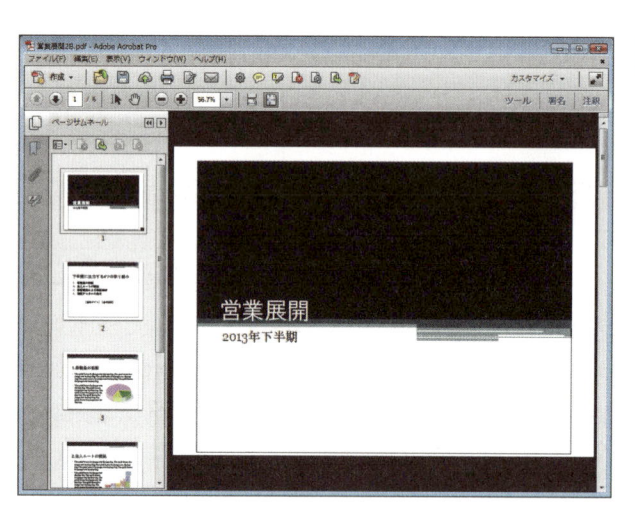

8 「表示」メニューから「ツール」→「ページ」→「回転」で向きを修正すれば完成です。

➡ここがポイント　2ページを1ページにまとめるには

ここでの解説とは逆に、2ページ分を1ページにまとめることもできます。詳しくは ➡ビジテク 043 を参照してください。

MEMO ここで紹介した方法では、複数のページもまとめて処理できるので、何ページにもわたる資料でも一発で分割できます。また同じ要領で、履歴書などA3サイズのPDFを左右に分割して出力することもできます。この場合はA3サイズを2分割してA4になったものを等倍にあたるA4サイズで出力するので、さきほどと違って拡大率は100%のまま（もしくは98～99%）になります。

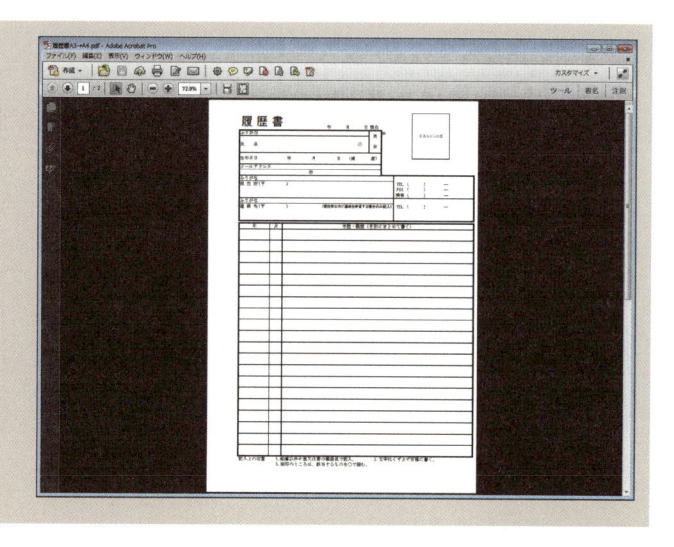

54

1-03 PDF内のテキストや画像を編集する

> **ビジテク**
>
> PDF上のテキストや画像を修正したい場合、わざわざ元のファイルを修正したのちPDFを再出力しなくても、Acrobatがあればワープロ感覚で直接修正が行えます。ここではAcrobatを用いたPDFのテキストや画像の編集手順について紹介します。

▶ PDFをワープロ感覚で編集する

■既存のテキストや画像の修正はもちろん、新規に追加することも可能

　作成したPDFをチェックしていると、誤字が見つかった、あるいは日付の表記を更新し忘れていたといった理由で、部分的な修正が必要になることがあります。こうした場合、AcrobatがあればPDFを直接開いて編集することができます。原本であるWordやPowerPointのファイルが手元になかったり、あるいは破棄してしまったためにお手上げになることもありません。原本のファイルを作成するのに使ったソフトがPCにインストールされておらず、ファイルそのものは手元にあるのに開けないという心配もありません。

　AcrobatでPDFを編集するには、「テキストと画像を編集」ツールを利用します。編集可能なテキストおよび画像がそれぞれアウトライン表示に切り替わるので、あとはそれぞれをクリックし、ワープロと同じ感覚で編集できます ➡ビジテク 023 　➡ビジテク 027 。

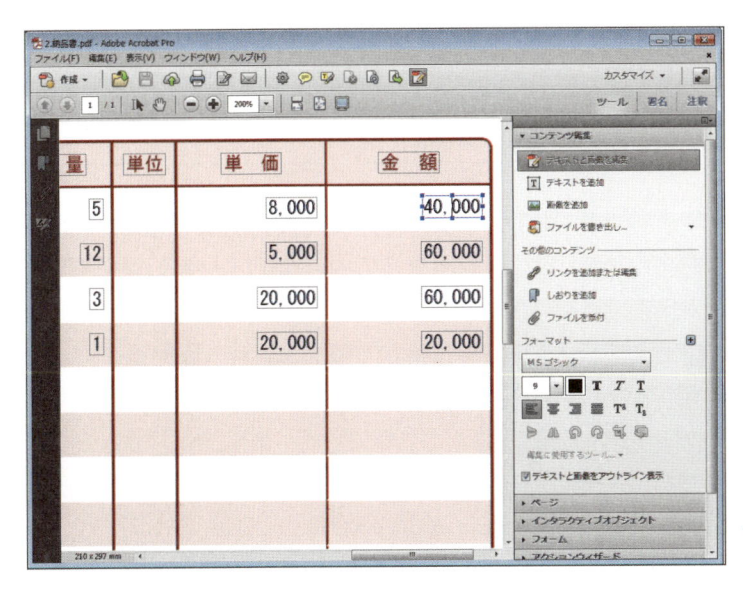

「テキストと画像を編集」機能を使うことでPDFをワープロ感覚で編集できる

フォントの種類やサイズなど、書式についても自由に変更できるので、完成した PDF を他のページと見比べていて書式が不揃いなことに気づいた場合や、PDF への変換時に意図しないフォントに置き替えられてしまった場合も柔軟に対応できます ➡ビジテク 025 。検索機能を併用することで、特定の語句を探しながら順番に置き換えていくこともできます。

■テキストや画像の追加も行える

このほか、新規にテキストや画像を追加することもできるので、シンプルな修正や差し替えにとどまらず、例えば Office ファイルのテンプレートだけを生かして、まったく新しい書類を作成することもできます ➡ビジテク 024 ➡ビジテク 026 。これらテキストや画像を納めるオブジェクトのサイズは、ドラッグして拡大縮小したり、また移動させることも可能なので、テキストや画像を編集したことでページのレイアウトが大幅に変わってしまっても簡単に調整できます ➡ビジテク 028 。

■外部アプリケーションで画像編集

PDF に貼り付けられた画像は、Acrobat 上で回転やトリミングといった基本的な操作が行えることに加えて、Photoshop やペイントなど外部ツールを利用しての編集も行えます。明るさや色調の調整はもちろん、写真にぼかしやモザイクを入れ忘れていたという場合も容易に修正できます ➡ビジテク 029 。

なお、これら編集ツールを利用するには、対象となる PDF を編集できる権限があることが前提になります。パスワードがかかっていて編集権限がない場合は編集ツールは利用できないので注意しましょう。裏を返せば、第三者に編集されたくない場合は、パスワードを用いて文書の編集権限を正しく設定しておく必要があります。詳しくは第 4 章を参照してください。

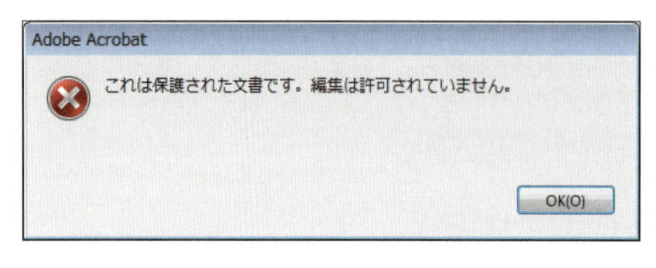

権限パスワードがかかっている PDF を編集しようとすると、権限がないことを知らせるアラートが表示される

023 PDF上のテキストを修正するには

XI Pro / XI Std / X Pro / X Std

ここが重要 テキストと画像を編集

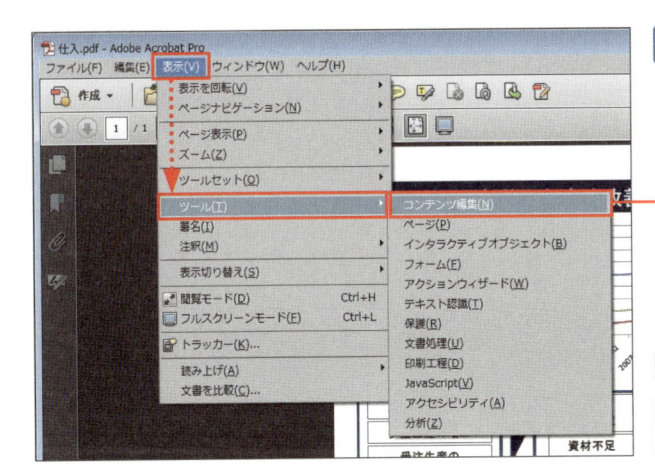

1 修正したい部分のあるPDFを開き、「表示」メニューから「ツール」→「コンテンツ編集」を選択します。

MEMO Acrobat Xでは「表示」メニューから「ツール」→「コンテンツ」を選択します。

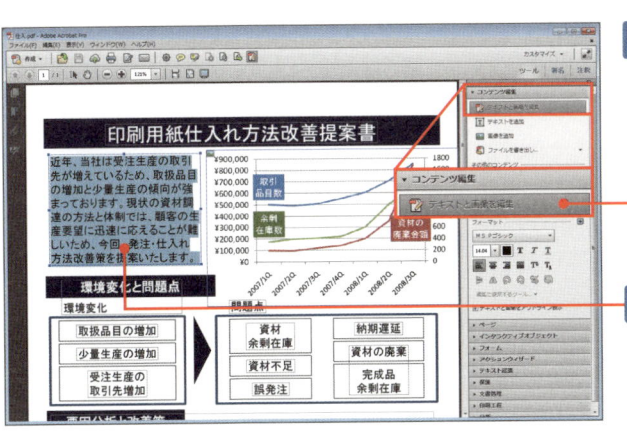

2 「ツール」パネルの「コンテンツ編集」から「テキストと画像を編集」を選択します。

MEMO Acrobat Xでは「コンテンツ」から「文書テキストを編集」を選択します。

3 編集可能なテキストボックスが表示されます。差し替えたいテキストをドラッグして選択状態にします。

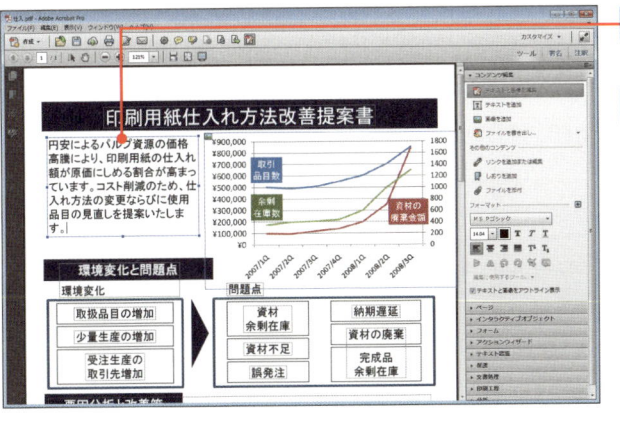

4 正しいテキストを入力します。

5 入力が終わったら、ツールバー上の「テキストと画像の選択」ツールをクリックすれば完了です。

ビジテク 024 PDFに新しいテキストを追加するには

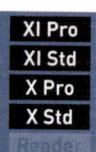

XI Pro / XI Std / X Pro / X Std / Reader

ここが重要 テキストを追加

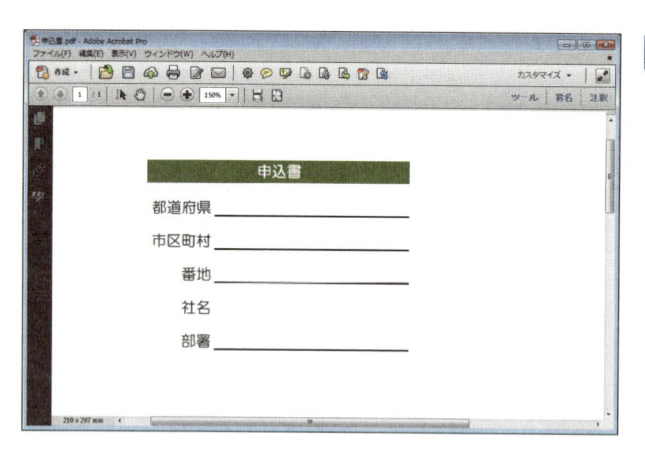

1. 例えば左のようなPDFの申込書がある場合、画面上でテキストを直接記入できれば便利です。入力してから印刷したり、そのままメール添付で申し込むこともできるようになります。

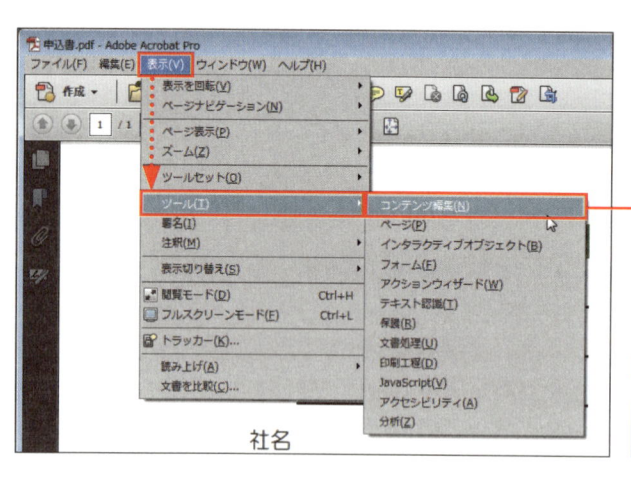

2. まずは「表示」メニューから「ツール」→「コンテンツ編集」で「ツール」パネルを開きます。

MEMO Acrobat Xでは「表示」メニューから「ツール」→「コンテンツ」を選択します。

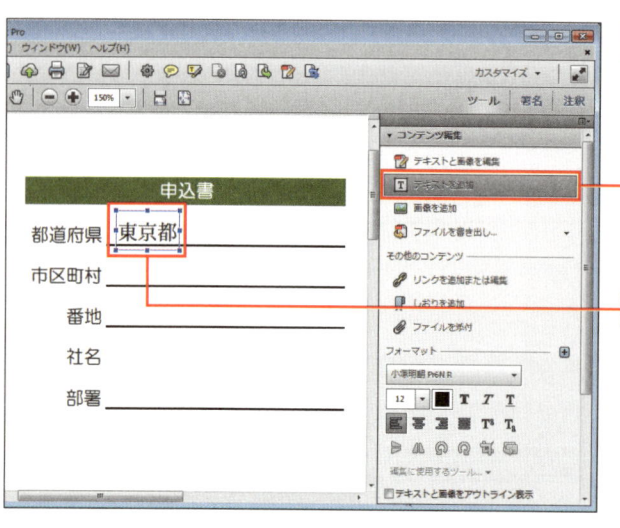

3. 「ツール」パネルの「コンテンツ編集」で「テキストを追加」を選択します。

MEMO Acrobat Xでは「コンテンツ」から「テキストボックスを追加または編集」を選択します。

4. テキストを挿入したい位置でクリックするとカーソルの形状が変化し、テキストを書き込めるようになります。

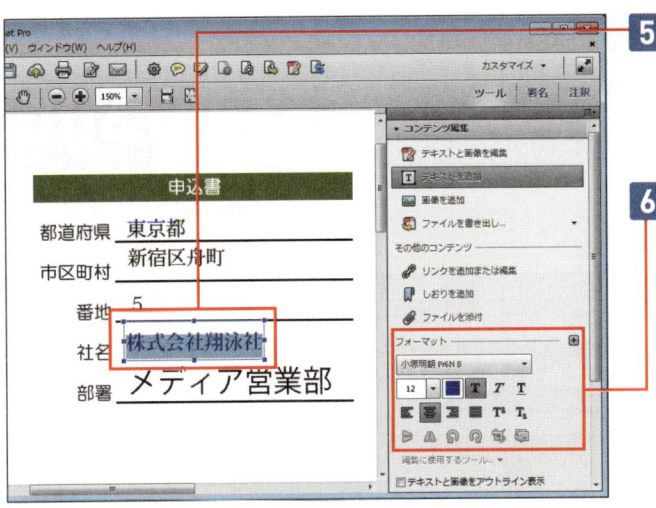

5 画面をクリックしていけば複数箇所の入力もできます。文字を編集したいときは、テキストボックス内をクリックして、ドラッグで文字を選択します。

6 フォントの種類やサイズ、色、揃え位置などのプロパティは「ツール」パネルから自在に指定できます。

MEMO Acrobat X では文字をドラッグした状態で、「テキストボックスを追加または編集」をクリックすると「タイプライター」ツールウィンドウが開きます。ここからフォントの種類などを指定できます。

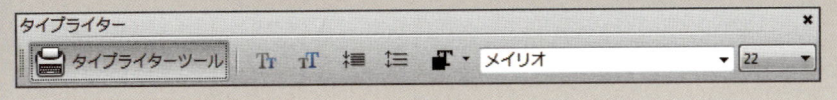

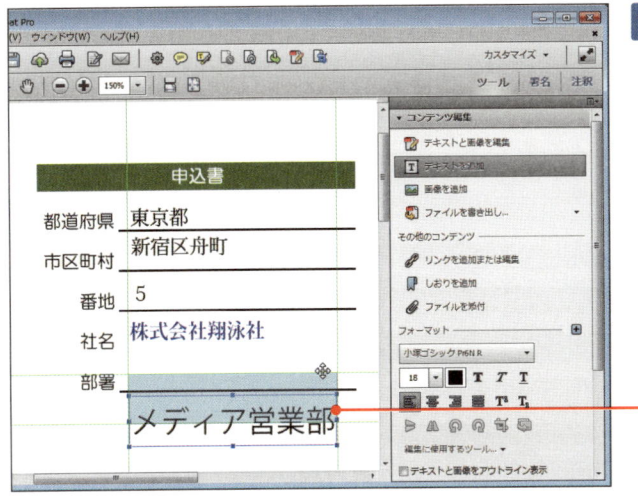

7 テキストボックスはドラッグするとガイドラインが表示されるので、位置の微調整も行えます。

MEMO Acrobat X では、ガイドラインは表示されません。

→ ここが ポイント　テキストの編集と追加の違い

もともと存在しているテキストボックスに加筆する場合は「編集」。テキストボックスが存在していない位置に書き加えたり、あるいはテキストボックスが含まれないスキャンデータにテキストを記入する際は「追加」になります。すでにテキストボックスがあるかないかで選択肢が変わることは、知っておくと役に立つでしょう。

1-03 PDF内のテキストや画像を編集する

024 PDFに新しいテキストを追加するには

ビジテク 025 PDF上のテキストの書式を変更するには

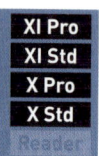

XI Pro / XI Std / X Pro / X Std / Reader

ここが重要 フォーマット

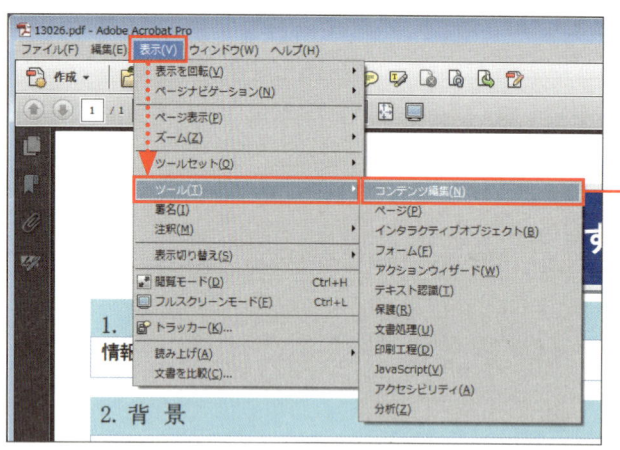

1. 書式を変更したいテキストのあるPDFを開き、「表示」メニューから「ツール」→「コンテンツ編集」を選択します。

MEMO Acrobat Xでは「表示」メニューから「ツール」→「コンテンツ」を選択します。

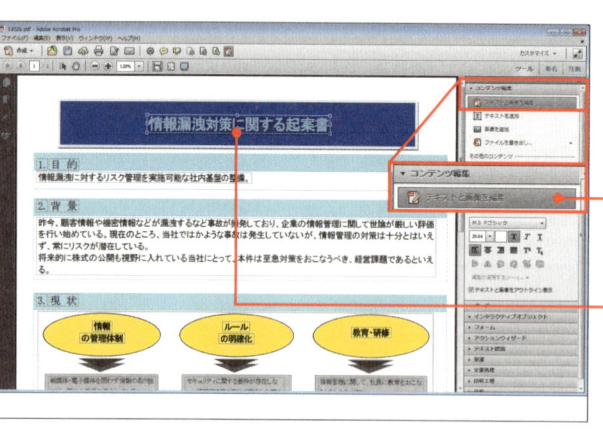

2. 「ツール」パネルの「コンテンツ編集」から「テキストと画像を編集」を選択します。

MEMO Acrobat Xでは「コンテンツ」から「テキストボックスを追加または編集」を選択します。

3. 書式を編集したいテキストをクリックし、ドラッグして選択状態にします。

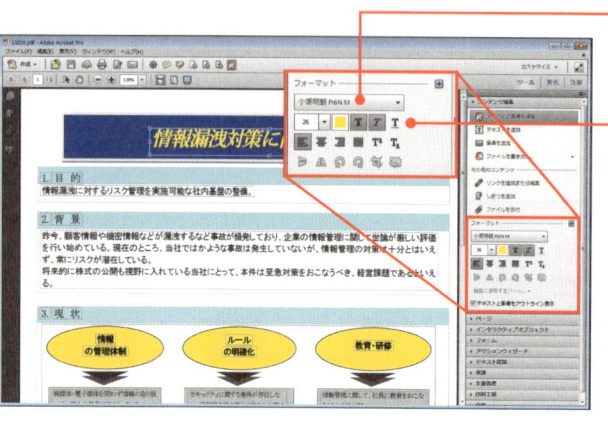

4. 「コンテンツ編集」の中にある「フォーマット」から書式を編集できます。書体名をクリックするとプルダウンメニューからフォントの種類を変更できます。

5. その他、文字のサイズ、色、斜体や太字などの設定が行えます。

6. 編集が終わったら、ツールバー上の「テキストと画像の選択」ツールをクリックすれば完了です。

026 PDFに画像を追加するには

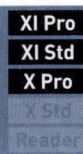

XI Pro / XI Std / X Pro

ここが重要 画像を追加

1. PDFを開き、「表示」メニューから「ツール」→「コンテンツ編集」を選択します。

2. 「ツール」パネルの「コンテンツ編集」の中にある「画像を追加」をクリックします。

3. 画像ファイルを選択するウィンドウが開くので、追加したい画像ファイルを選び、「開く」をクリックします。

MEMO Acrobat X Pro には「画像を追加」ツールはありません。「オブジェクトを編集」ツールを選択した状態で PDF 上を右クリックし、「画像を配置」を選択すると配置が行えます。

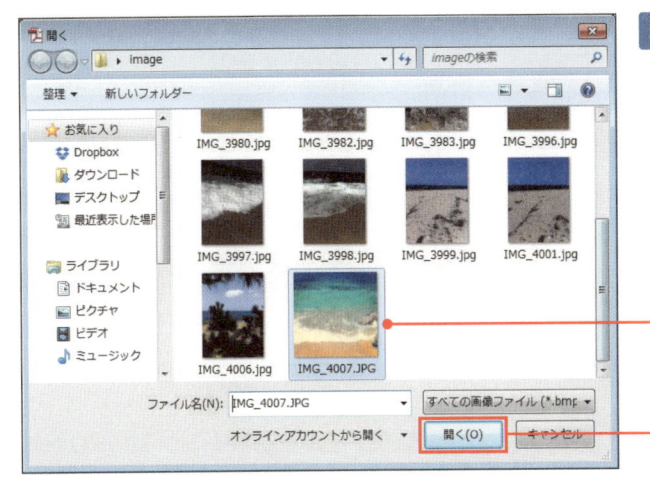

4. 画像を配置したい場所をクリックすると画像が挿入されます。

5. 画像の四隅に表示されるマークをドラッグしてサイズを調節します。

6. 画像をドラッグして位置を調整すれば完成です。

ビジテク 027 PDF上の画像を差し替えるには

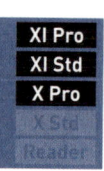

XI Pro / XI Std / X Pro

ここが重要 画像を置換

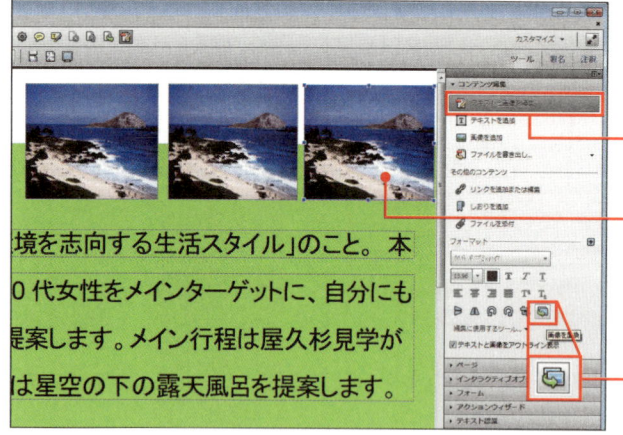

1. 差し替えたい画像のあるPDFファイルを開き、「表示」メニューから「ツール」→「コンテンツ編集」を選択します。

2. 「コンテンツ編集」の中にある「テキストと画像を編集」を選択します。

3. 差し替えたい画像をクリックして選択します。

4. 「フォーマット」から「画像を置換」ボタンをクリックします。

MEMO 並んだボタンからは左から順に、上下反転、左右反転、左90度回転、右90度回転、トリミングです。

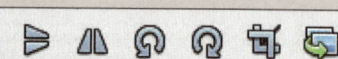

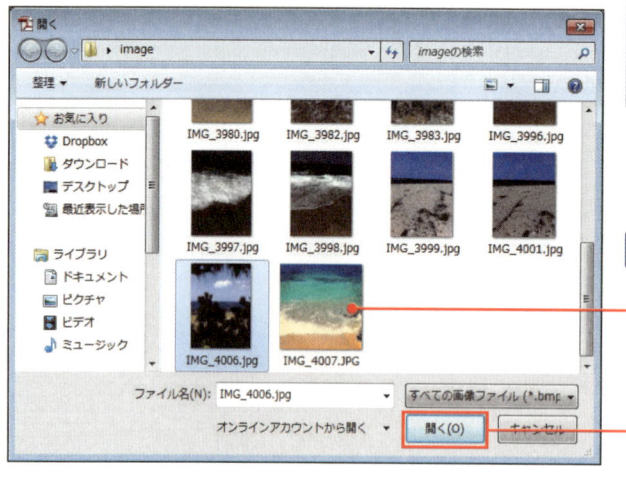

5. 画像ファイルを選択するウィンドウが開くので、差し替えたい画像ファイルを選び、「開く」をクリックします。

6. 画像が差し替わりました。必要なだけこの作業を繰り返して画像を差し替えましょう。

MEMO Acrobat X Proでは「コンテンツ」から「オブジェクトを編集」を選び、差し替えたい画像を右クリックします。メニューから「画像を配置」で新しい画像を指定することで差し替えを行えます。

ビジテク 028 テキストや画像のレイアウトを変更するには

XI Pro / XI Std / X Pro

ここが重要 テキストと画像を編集

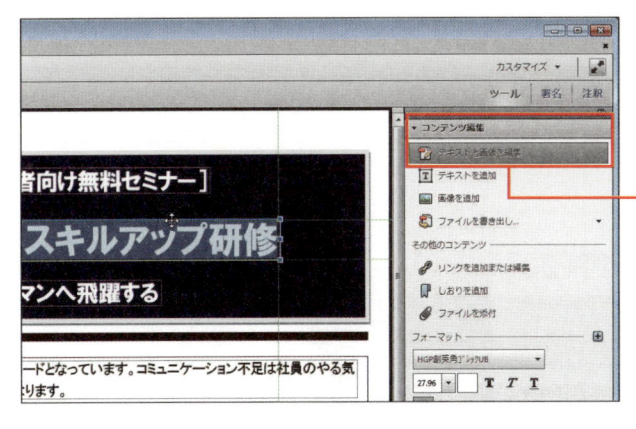

1. レイアウトを変更したいPDFを開き、「表示」メニューから「ツール」→「コンテンツ編集」を選択します。

2. 「コンテンツ編集」の中にある「テキストと画像を編集」を選択します。

MEMO Acrobat X Proでは「コンテンツ」から「オブジェクトを編集」を選択します。

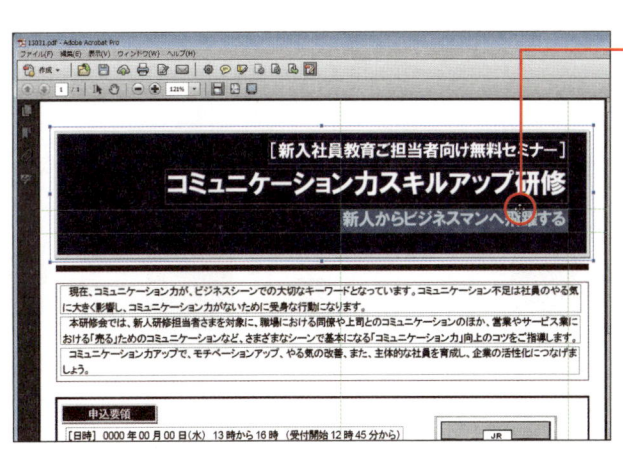

3. レイアウトを変更したい要素のアウトラインにマウスを重ねると、マウスポインターの表示が十字型に変化します。

4. そのままドラッグするとガイドラインが表示され、要素を移動できます。

MEMO Acrobat X Proではガイドラインは表示されません。

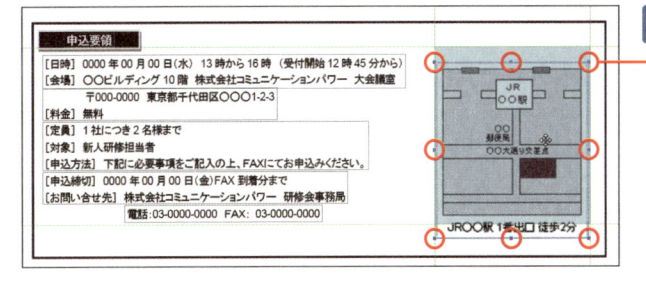

5. 画像も同様に移動させることができるのでレイアウトを自由に調整できます。四隅のマークをドラッグするとサイズが調節できます。

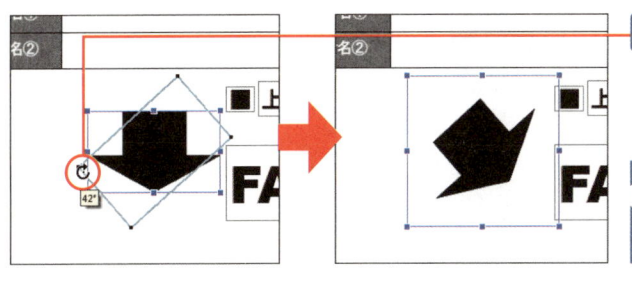

6. 四隅のマークにマウスを重ねるようにするとマウスポインターの表示が回転マークに変わります。そのままドラッグすると要素を回転できます。

MEMO Acrobat X Proでは画像を右クリックし、メニューから「選択範囲を回転」を選ぶと回転が可能になります。

1-03 PDF内のテキストや画像を編集する

027 PDF上の画像を差し替えるには

028 テキストや画像のレイアウトを変更するには

029 画像を外部ツールで加工するには

XI Pro
XI Std
X Pro

ここが重要 テキストと画像を編集

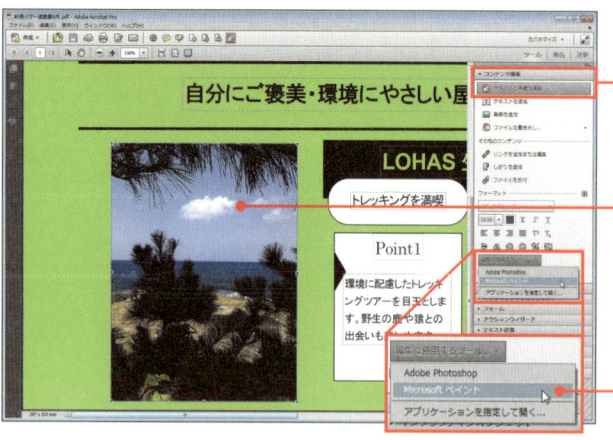

1. 「ツール」パネルの「コンテンツ編集」から「テキストと画像を編集」を選択します。

2. 色味や明るさなどを補正加工したい画像をクリックして選択します。

3. 「フォーマット」の「編集に使用するツール」と書かれた部分のプルダウンメニューから加工に使いたいアプリケーションを選択します。

4. 画像が指定のアプリケーションで開かれます。今回はMicrosoftペイントで開き、写真に縁取りを付けました。

5. 補正加工が終わったらファイルを保存します。

MEMO Acrobat X Proでは「コンテンツ」から「オブジェクトを編集」を選んだ状態で、画像を右クリックします。メニューから「画像を編集」を選択します。

6. Acrobatに戻ると、レイアウトされていた画像が加工済みの画像に自動的に差し替えられたことがわかります。

MEMO 手順3で必要なアプリケーションが表示されていない場合は新規に追加することも可能です。

1-04 文書にしおり・リンクを設定する

>> ビジテク

PDFには「しおり」と「リンク」という、ほかのページやURLにすばやく移動するための機能が用意されています。Acrobatを用いてこれらを設定しておけば、情報の探しやすさが格段に向上します。ここではこれらの設定方法について解説します。

情報にすばやくアクセスするための設定

■PDFのしおりは本の「目次」に相当

　紙の本の場合、「しおり」の役割は読んでいる場所に目印を付けることです。次に読む時はページから抜き取り、読み終えたらまた挟むという、一時的な利用が前提になります。電子書籍の場合、タップすれば既読位置がしおりとして追加され、もういちどタップすると除去されるといった具合に、付与と除去を繰り返します。

　これに対してPDFの「しおり」は、本でいうところの「目次」の役割を果たします。各章の見出しをそのまましおりにするケースも多く、見たい内容のしおりをクリックすることで指定された見出しのあるページにジャンプします。PDFを対外的に配布する前に一括で設定し、除去することなく使い続けるというのが、PDFにおけるしおりの役割で、本や電子書籍の一時的なしおりとは位置付けが大きく異なります。

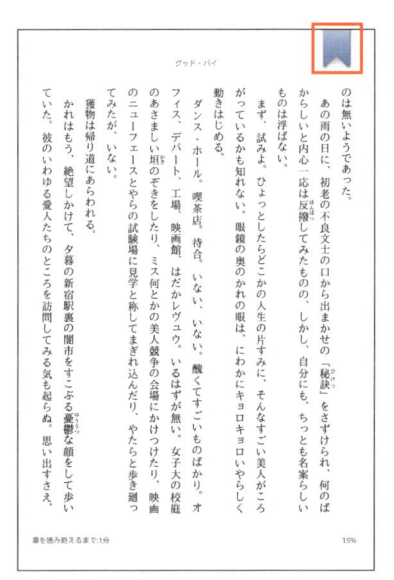

電子書籍のしおり　　　　　　PDFのしおり

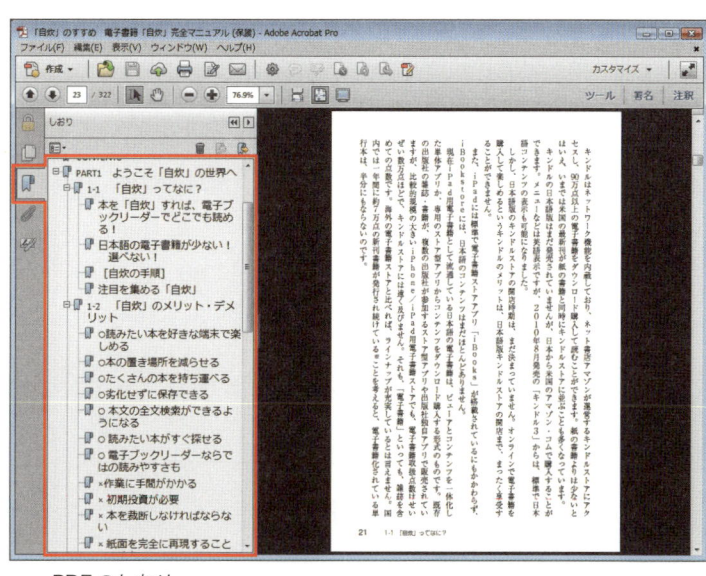

■ しおりを使って目的のページへすばやく移動

「しおり＝目次」と考えると、ページ数の多い PDF ではしおりの設定が重要であることにも、納得がいくのではないでしょうか。何百ページもある PDF に目次がないと、必要な情報にたどりつくのは困難です。

とくに大勢の人が繰り返し使う PDF、例えばホームページ上に掲載する取扱説明書や、電子書籍として配布する PDF では、しおりの設定は欠かせません。

しおりは本文内の文字列を指定し、手動で設定することができます ➡ビジテク 030 ➡ビジテク 031 。見出しに表示される文字列が長すぎる場合は、わかりやすくなるように編集することも可能です ➡ビジテク 032 。さらに一歩進んだテクニックとしては、特定のしおりを開いた際にページを拡大表示するといった具合に、表示のスタイルや倍率を設定することもできます ➡ビジテク 034 。

しおりは階層構造にできるのもポイントのひとつです。例えば章を大見出しにして、個々のトピックを小見出しにしてその下に配置するといった具合に、主従関係をわかりやすく設定できます ➡ビジテク 033 。なお、すでに階層構造が設定されている Word 文書を PDF に変換する場合は、この階層構造を PDF のしおりに自動的に変換することも可能です ➡ビジテク 035 。

Word から「Adobe PDF を作成」ボタンを使って書き出すと、Word で設定されていた階層構造がそのまましおりに変換される

■ リンクを使って PDF 内外にワンクリックで移動

リンク機能は、Web ページにおけるハイパーリンクと同等の機能です。同一 PDF ファイル内で別のページにワンクリックでジャンプできるほか ➡ビジテク 036 、Web ページを開いたり ➡ビジテク 037 、あるいは別のファイルを開く ➡ビジテク 038 こともできます。PDF に限らず、Office 文書やテキストファイルなど、さまざまなフォーマットのファイルに対してリンクを張ることができますので、複数のファイルを参照する際のインデックスとして利用することもできます。

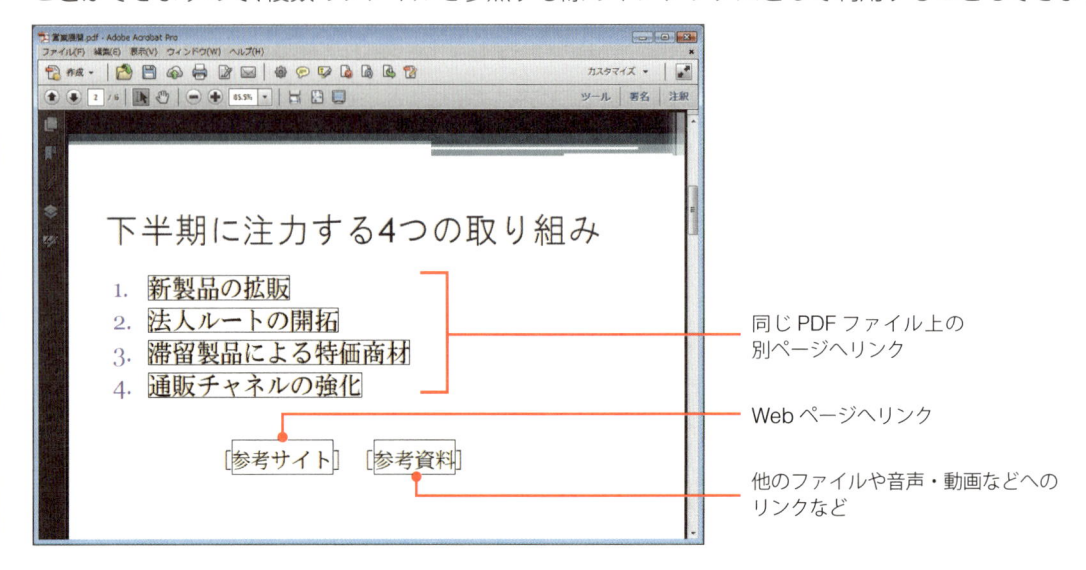

同じ PDF ファイル上の別ページへリンク

Web ページへリンク

他のファイルや音声・動画などへのリンクなど

ビジテク 030 しおりを作成して移動先を設定するには

XI Pro / XI Std / X Pro / X Std / Reader

ここが重要 移動先を設定

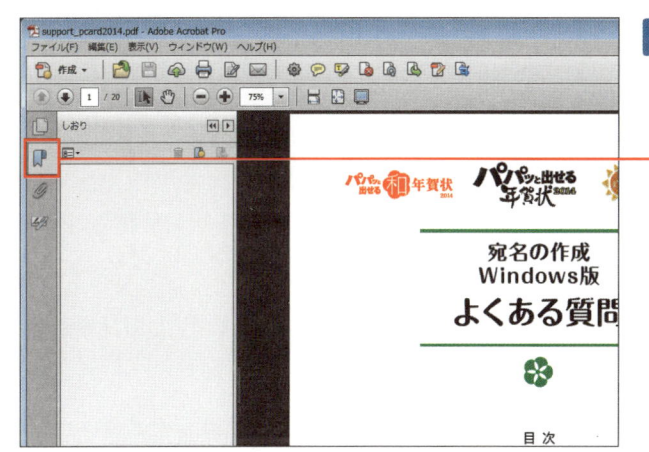

1. しおりを作成したいPDFを開き、左のナビゲーションパネルから「しおり」を開きます。

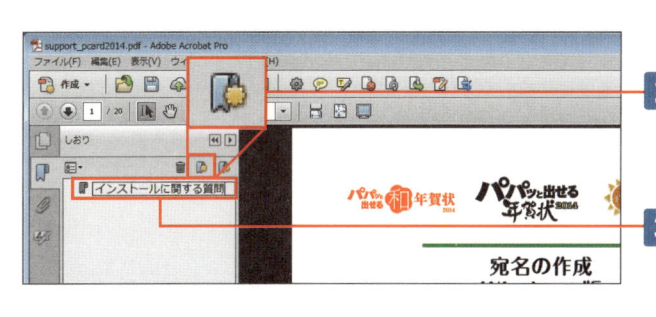

2. 「新規しおり」ボタンをクリックします。

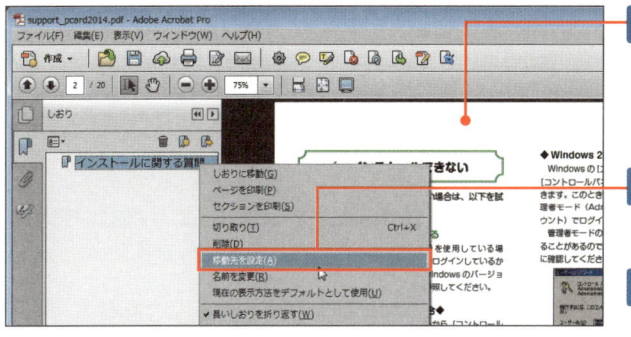

3. しおり名を、移動先のページのタイトルなど、わかりやすい文字列に書き替えます。

4. 移動させたいページを表示します。

5. しおりを右クリックして「移動先を設定」を選択します。

6. 確認画面が表示されたら「はい」をクリックします。

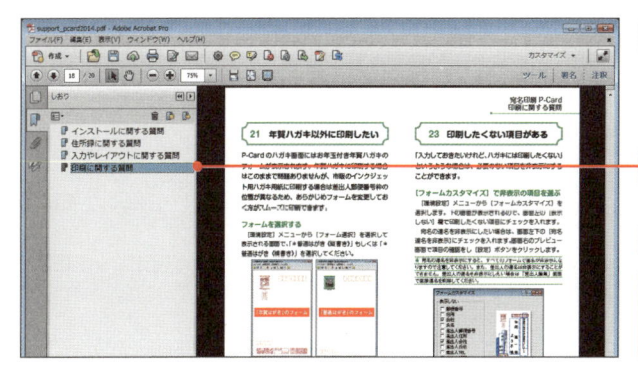

7. 手順3〜6を繰り返し、必要なだけしおりを作成します。

8. しおりをクリックすると設定したページが表示されるようになりました。

MEMO ここではしおりを手入力で設定していますが、本文内の文字列を元にしおりを自動生成することもできます。詳しくは次の →ビジテク 031 で解説します。

031 ページ上の文字列を元にしおりを設定するには

XI Pro / XI Std / X Pro / X Std

ここが重要 しおりを追加

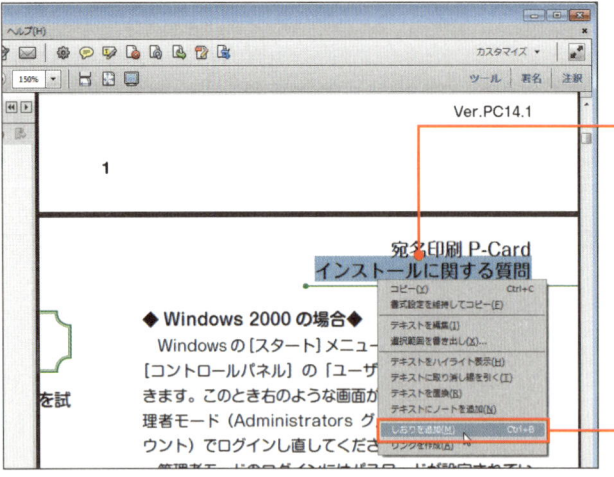

1. PDFを開き、しおりを付けたいページを開きます。

2. しおり名にしたい章タイトルなどの文字列を選択します。

3. 文字列を右クリックして「しおりを追加」を選択します。

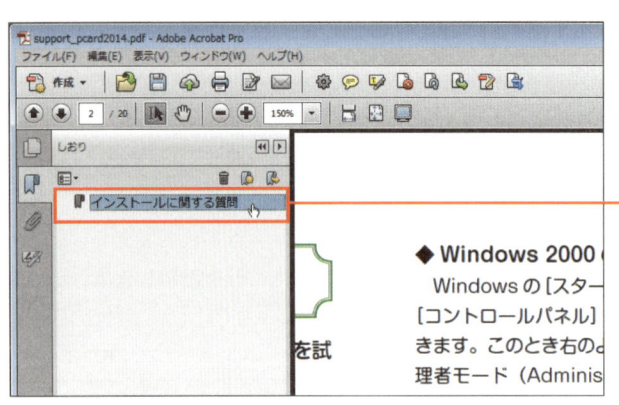

4. 文字列がしおり名として追加されると同時に、そのページが移動先として設定されました。

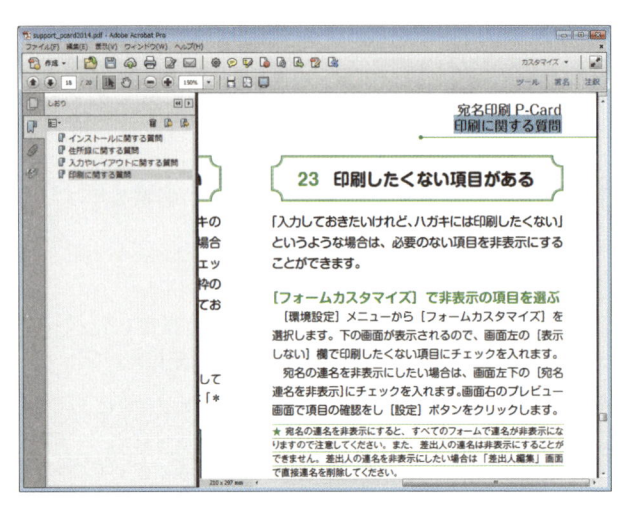

5. ページを移動しながら、手順2～4を繰り返してしおりを作成します。

032 しおりを編集するには

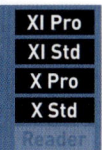

XI Pro / XI Std / X Pro / X Std

1-04 文書にしおり・リンクを設定する

ここが重要 しおりの変更、移動、選択したしおりを削除

1 しおりの名称を変更するには、しおりをダブルクリックして新しい名称を入力します。

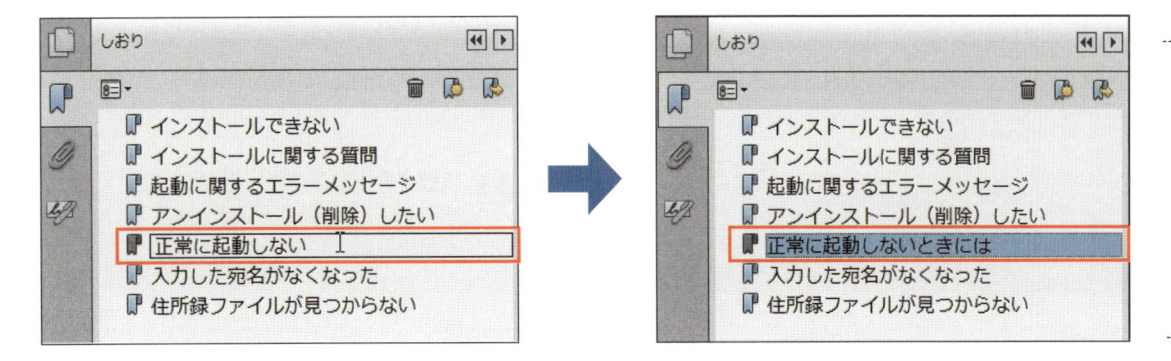

2 しおりの順番を入れ替えるには、しおりを選択して移動させたい場所にドラッグします。

3 しおりを削除するには、削除したいしおりを選択して「選択したしおりを削除」ボタンをクリックします。

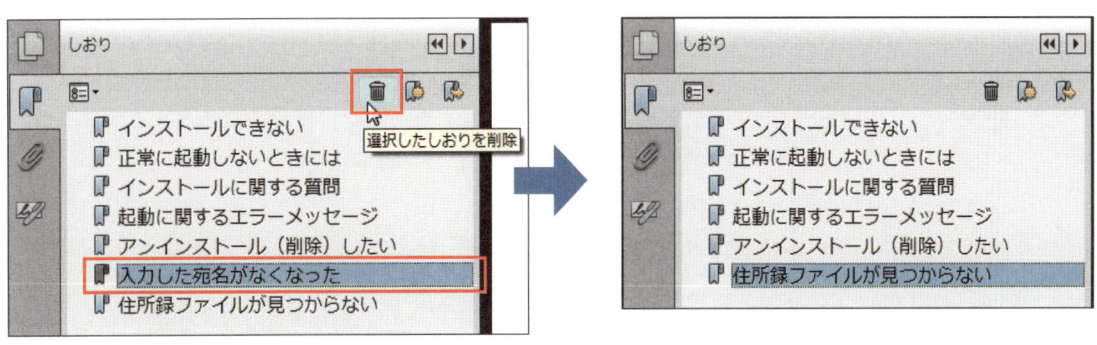

031 ページ上の文字列を元にしおりを設定するには

032 しおりを編集するには

ビジテク 033 しおりを階層構造にするには

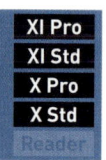

XI Pro / XI Std / X Pro / X Std / Reader

ここが重要 しおりの階層化

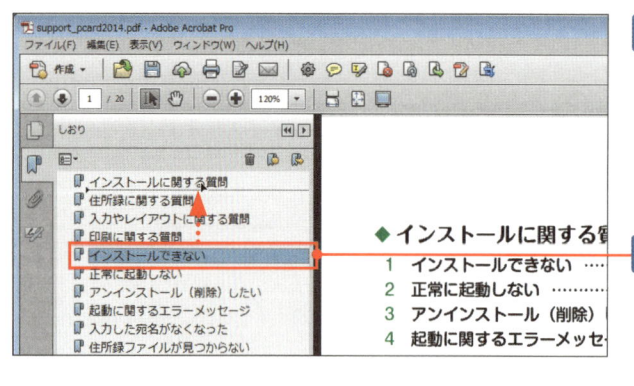

1. しおりは階層化できます。この PDF では「インストールに関する質問」という大見出しの中に、4 つのサブ項目が入る構成なので、しおりもそれに合わせて編集します。

2. 移動させたいしおり（ここではサブ項目）を選択し、移動させたい位置（ここでは大見出し）にドラッグします。

MEMO ドラッグした際に表示される三角形の位置を目安に移動位置を決定します。しおりのアイコンよりも三角形が右側に表示されているとき、しおりは下の階層に移動します（左図）。しおりと同じ位置に表示されているときは同じ階層に移動します（右図）。

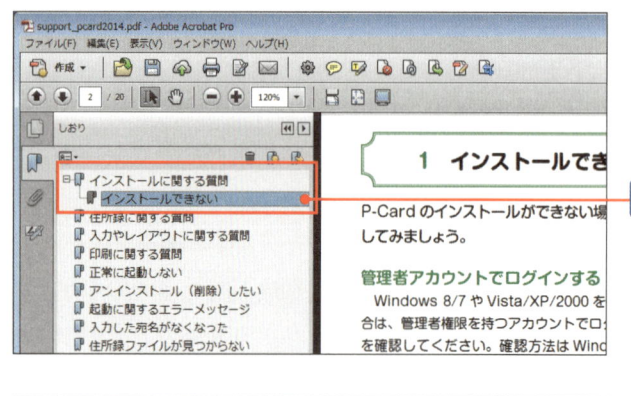

3. サブ項目がひとつ下の階層に移動しました。

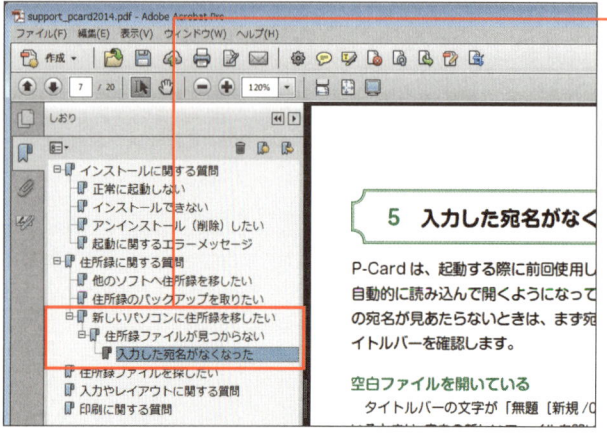

4. 階層はひとつだけでなく、必要に応じて深くすることも可能です。

ビジテク 034 しおりのスタイルや表示倍率を設定するには

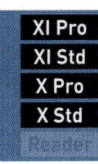

XI Pro / XI Std / X Pro / X Std

ここが重要 しおりのプロパティ

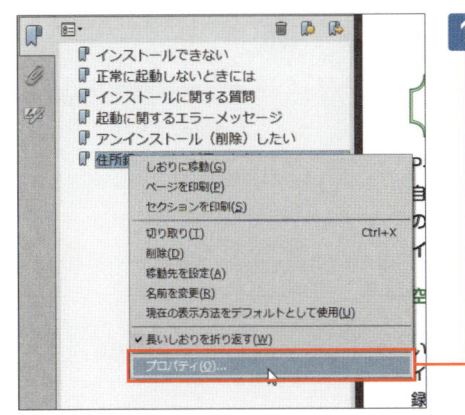

1. しおりを右クリックして「プロパティ」を選択します。

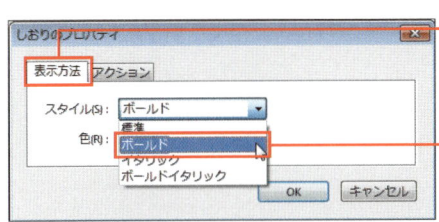

2. 「しおりのプロパティ」ウィンドウが開きます。「表示方法」タブではしおりのスタイルを変更できます。

3. 「ボールド」を選択すると、しおりの文字が太字になります。

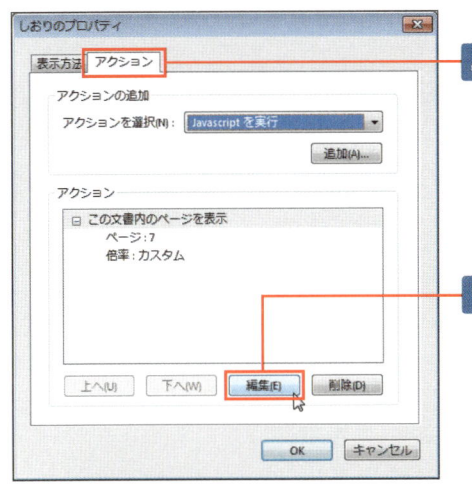

4. 「アクション」タブを開きます。

5. 「編集」ボタンをクリックします。

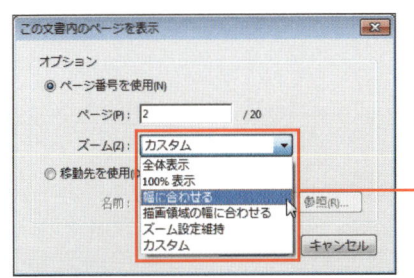

6. 「この文書内のページを表示」ウィンドウが開きます。

7. 「ズーム」の項目では、しおりをクリックした際に、ページをどのように表示するかを設定できます。この機能を使えば、特定のしおりを開いたときにページを拡大表示させるといった切り替えが可能です。

MEMO 縦向きのページの中に1ページだけ横向きのページが入っている場合など、ここでズーム倍率を指定しておくと親切です。

035 Wordファイルからしおりを自動生成するには

XI Pro / XI Std / X Pro / X Std

ここが重要 Word の見出しをしおりに変換

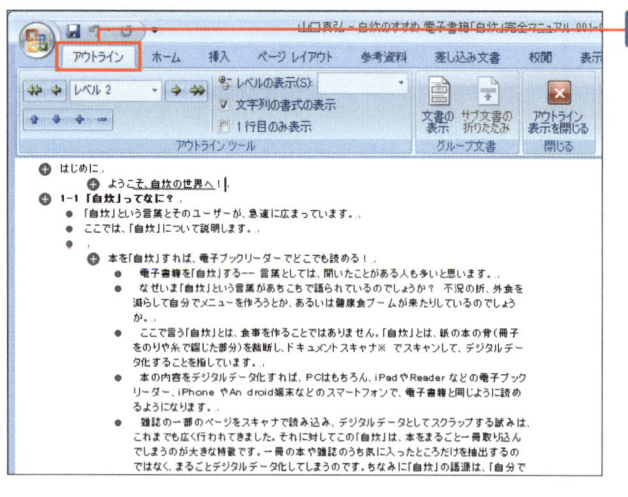

1. Word ファイルを開きます。「表示」リボンから「アウトライン」でアウトライン表示に切り替え、見出しなどのレベルが正しく設定されているかを確認します。

2. 「Acrobat」リボンに切り替え、「PDF を作成」をクリックします。

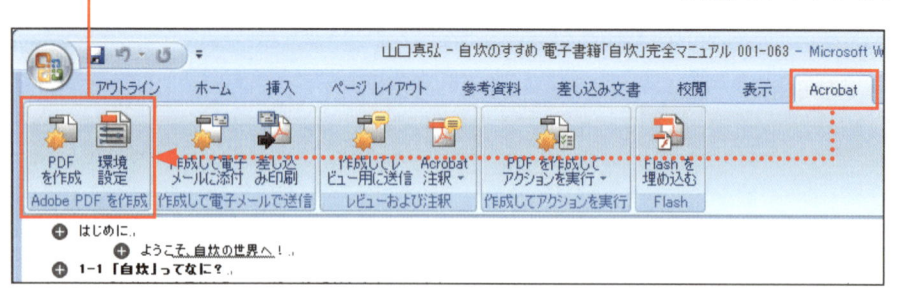

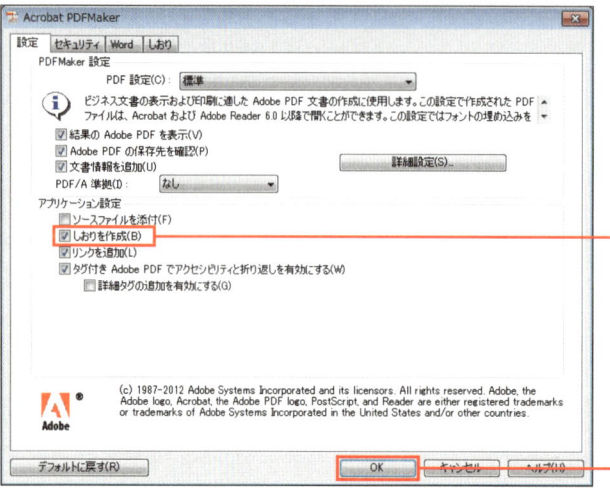

3. Acrobat PDFMaker の設定画面が表示されます。「しおりを作成」にチェックが入っていることを確認して「OK」をクリックします。

4. 「PDF を作成」をクリックします。

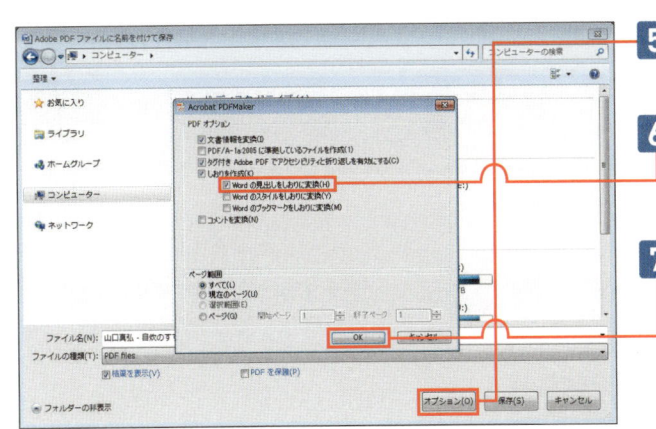

5 「名前を付けて保存」の画面で「オプション」をクリックします。

6 Acrobat PDFMaker の PDF オプションにある「Word の見出しをしおりに変換」にチェックを入れます。

7 「OK」をクリックして保存を行います。

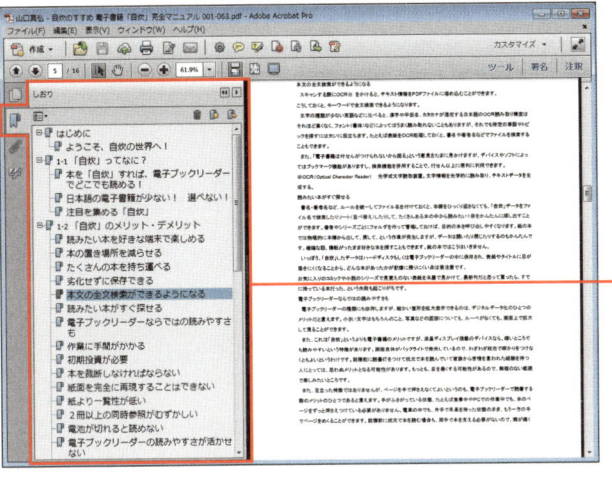

8 Word に設定されていた見出しが正しくしおりに変換されました。

> **MEMO** この画面の例のように、元の Word ファイルが階層化されていた場合、しおりも階層化された状態で変換されます。

> **MEMO** 上記の手順を踏まない PDF への変換方法、例えば印刷機能を使って PDF へと変換した場合は、Word に正しく見出しが設定されていても、しおりは空白になってしまいます。

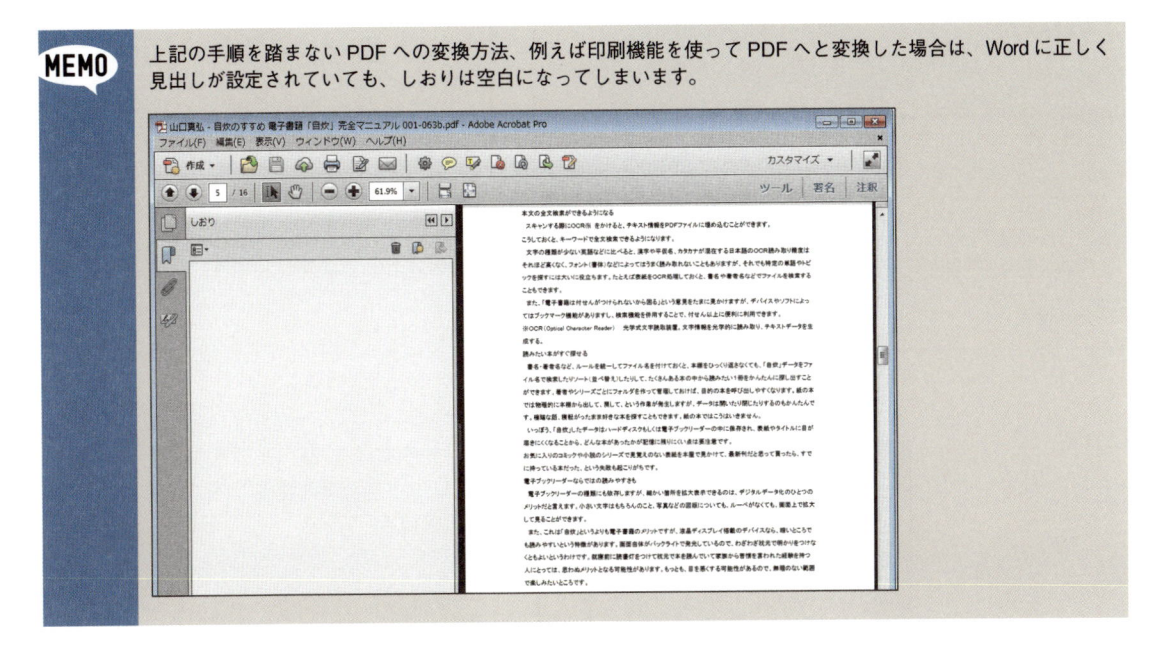

1-04 文書にしおり・リンクを設定する

035 Word ファイルからしおりを自動生成するには

ビジテク 036 リンクを設定するには

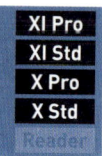

XI Pro / XI Std / X Pro / X Std / Reader

ここが重要 リンク - ページビューに移動

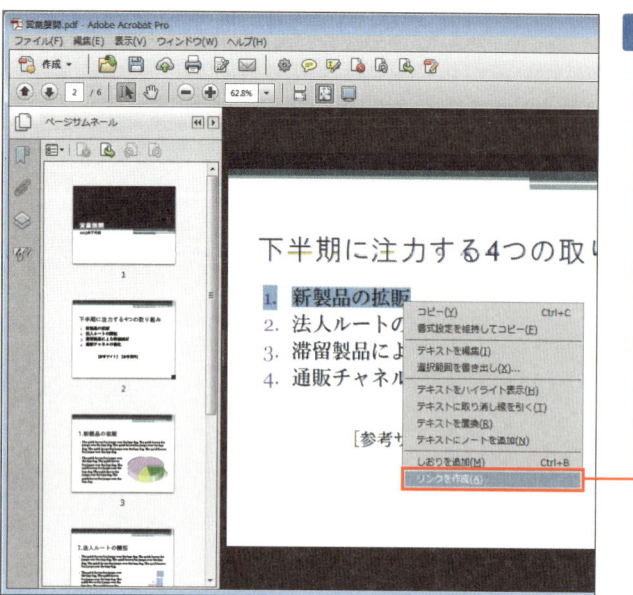

1. PDFを開きます。リンクを張りたいテキスト部分を選択した状態で右クリックし「リンクを作成」を選択します。

2. 「リンクを作成」ダイアログが表示されます。今回はページ間を移動するリンクを設定するので、「ページビューに移動」を選択します。

3. 「次へ」をクリックします。

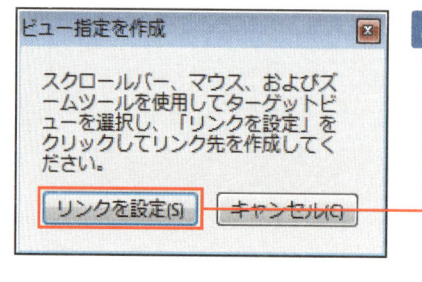

4. リンク先となるページを表示した状態で「リンクを設定」ボタンをクリックすれば設定は完了です。

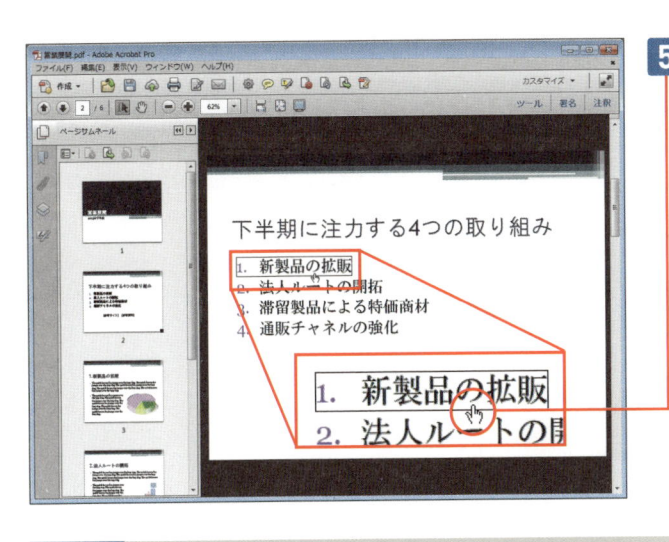

5 あらためて PDF を開き、リンクを張った文字列にマウスポインタを合わせると、リンクが張られていることを示す指の形のポインタに変化します。クリックするとリンク先のページに移動できます。

> **MEMO**
> リンクを編集するには、「ツール」パネルの「コンテンツ編集」→「リンクを追加または編集」を利用します。リンク先の変更のほか、リンクを設定したテキストの周囲の線（ボックス）を非表示にしたり、あるいは点線や下線に変えるなどの変更が行えます。

> **MEMO**
> リンクはページ番号に対して設定するため、ページの追加や削除があった場合に前後にずれることがあります。これを防ぐには、「移動先」という機能を使います。ページ内のテキストや画像に対して「移動先」を設定し、そこに対してリンクを張るという手順で設定します。
> 移動先を設定するためのパネルは、画面左端のナビゲーションを右クリックして表示されるメニューから呼び出します。

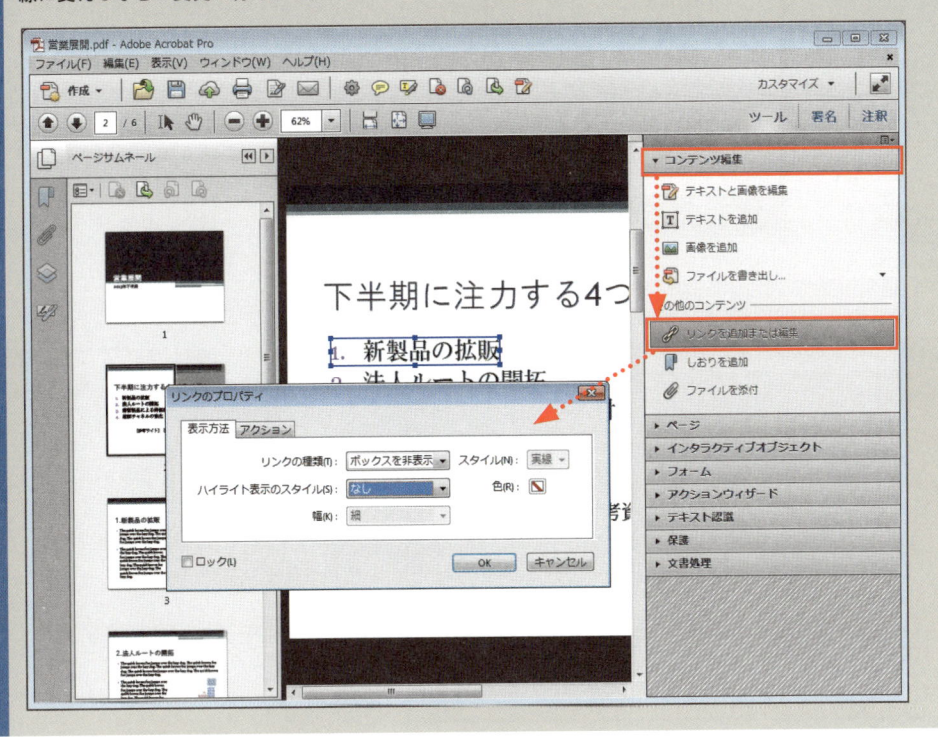

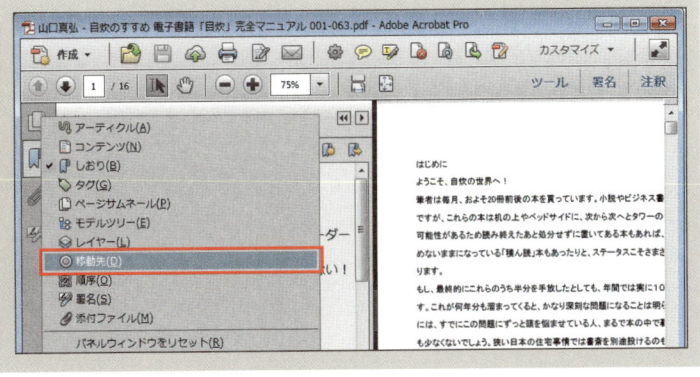

1-04 文書にしおり・リンクを設定する

036 リンクを設定するには

037 Webページに移動するリンクを設定するには

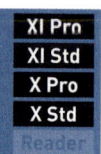

ここが重要 リンク -Webページを開く

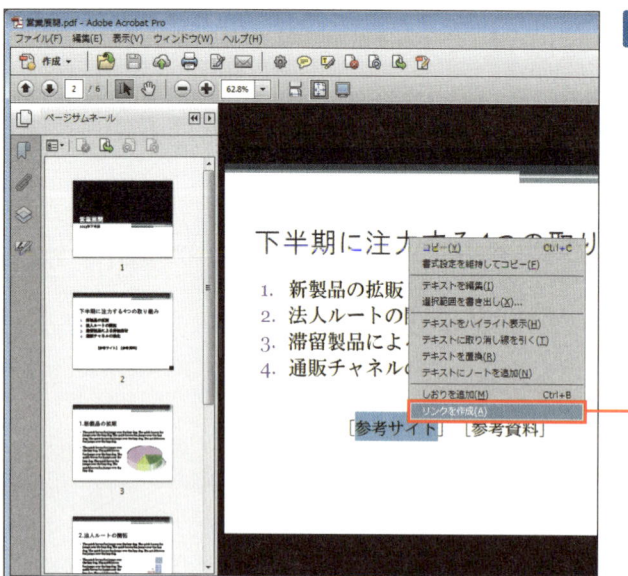

1 PDFを開き、リンクを張りたいテキストを選択した状態で右クリックし「リンクを作成」を選択します。

2 「リンクを作成」ダイアログが表示されます。今回はWebページにジャンプするリンクを設定するので、「Webページを開く」を選択します。

3 「次へ」をクリックします。

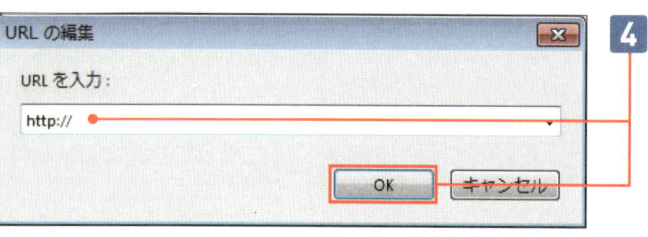

4 URLを入力し、「OK」をクリックすれば設定は完了です。

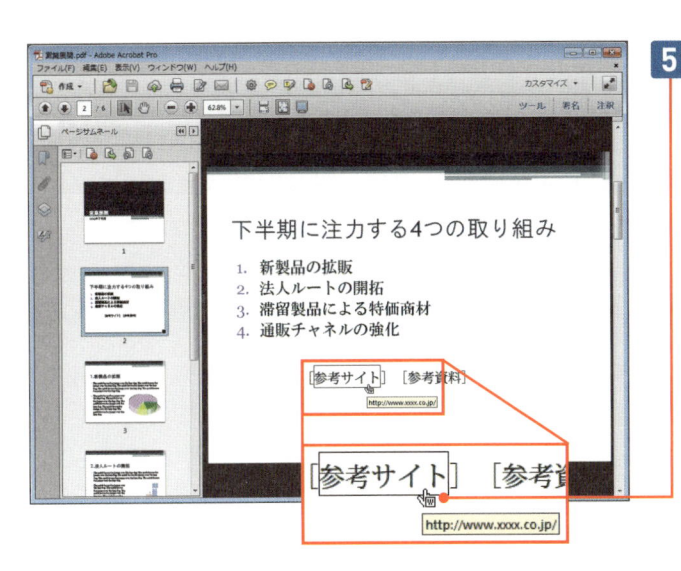

5 あらためて PDF を開き、リンクを張った文字列にマウスポインタを合わせると、リンクが張られていることを示す指の形のポインタに変化し、さらに URL がポップアップ表示されます。クリックするとリンク先の Web ページに移動できます。

> **MEMO** リンクのスタイルを「下線」、色を「青」、幅を「中」にしておけば、Web ページへのリンクらしさを強調できます。これらの編集は「ツール」パネルの「コンテンツの編集」→「リンクを追加または編集」で行えます。

> **MEMO** ここではリンク先として Web ページを設定していますが、これ以外に他の PDF ファイルや Office ファイルにリンクを張ったり ➡ビジテク 038 、動画や音声の再生、フォームの送信などさまざまなアクションを設定できます。Acrobat XI Pro の場合、用意されているアクションは以下の通りです。

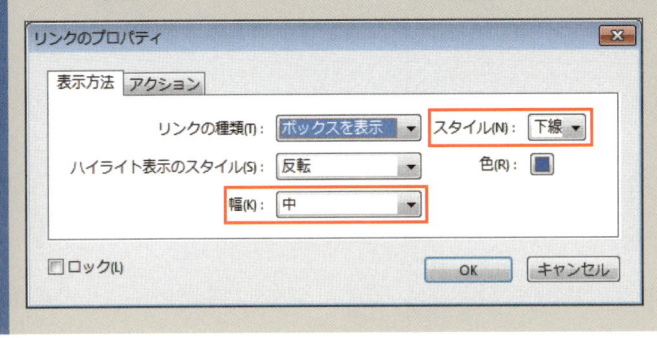

- 3D ビューまたはマルチメディアビューへ移動
- JavaScript を実行
- Web リンクを開く
- アーティクルを読む
- サウンドを再生
- ファイルを開く
- フィールドを表示 / 非表示
- フォームデータを取り込む
- フォームをリセット
- フォームを送信
- ページビューに移動
- マルチメディア操作 (Acrobat 9 以降)
- メディアを再生 (Acrobat 5 互換)
- メディアを再生 (Acrobat 6 以降互換)
- メニュー項目を実行
- レイヤーの表示 / 非表示を設定

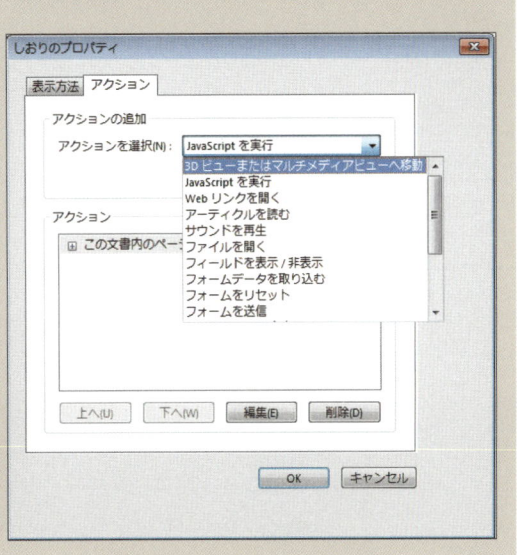

1-04 文書にしおり・リンクを設定する

037 Web ページに移動するリンクを設定するには

038 ほかのファイルにリンクを設定するには

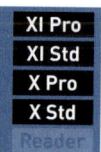

XI Pro / XI Std / X Pro / X Std / Reader

ここが重要　リンク - ファイルを開く

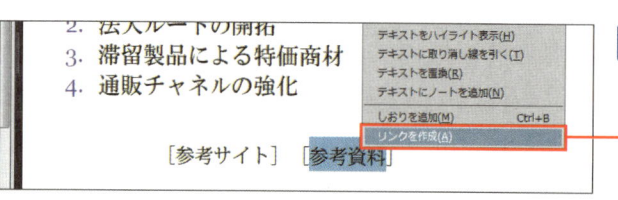

1. PDFを開き、リンクを張りたいテキストを選択した状態で右クリックし「リンクを作成」を選択します。

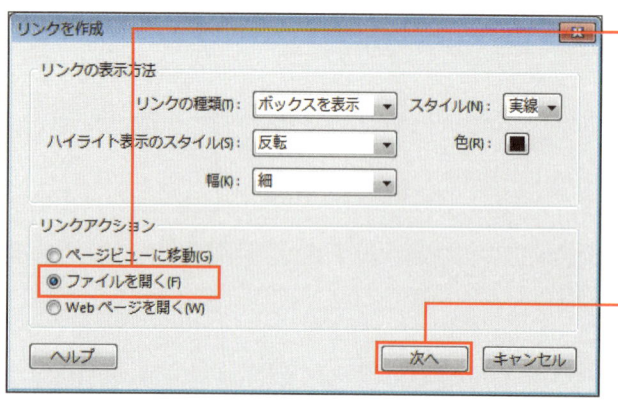

2. 「リンクを作成」ダイアログが表示されます。今回はほかのファイルに対するリンクを設定したいので「ファイルを開く」を選択します。

3. 「次へ」をクリックします。

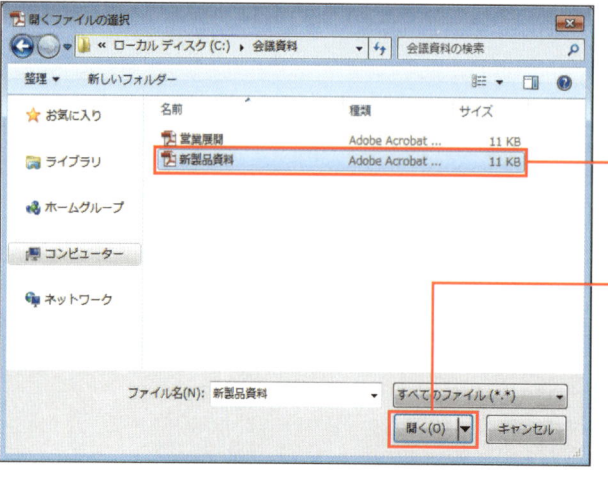

4. リンクから開きたいファイルを指定します。

5. 「開く」をクリックします。

MEMO ここでは他のPDFファイルに対してリンクを張っていますが、PDF以外にもOffice文書やさまざまなファイルに対してリンクを張ることができます。

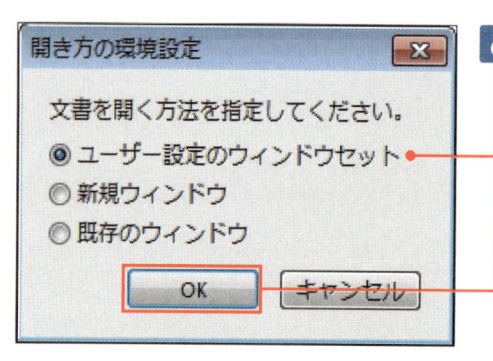

6. ファイルの開き方を選択して「OK」をクリックすれば設定は完了です。

第 2 章

PDF文書の作成・変換

この章では、Office文書やWebページ、画像、さらには紙の資料などからPDFを生成する方法のほか、Acrobatのすぐれた機能のひとつである、PDFから他形式のファイルにデータを書き出す方法について解説します。

2-01 Office文書をPDFに変換する

>> ビジテク

WordやExcelで作成したOffice文書をPDF化すれば、環境を選ばず正しく表示できるなど、さまざまなメリットがあります。AcrobatがインストールされていればOffice文書を簡単にPDFに変換できます。

▶ Office文書をPDFに変換する2種類の方法

■印刷機能を使ってPDFを生成

　PDFには大きく分けて2種類の作成方法があります。多くのソフトに共通する作成方法としては、印刷メニューで「Adobe PDF」を選んで出力を実行する方法が挙げられます。Acrobatをインストールすると、利用できるプリンタに「Adobe PDF」が追加されるので、これを用いて文書をPDFに"印刷"します。印刷機能さえあれば、どんなソフトでも利用できる便利な方法です。

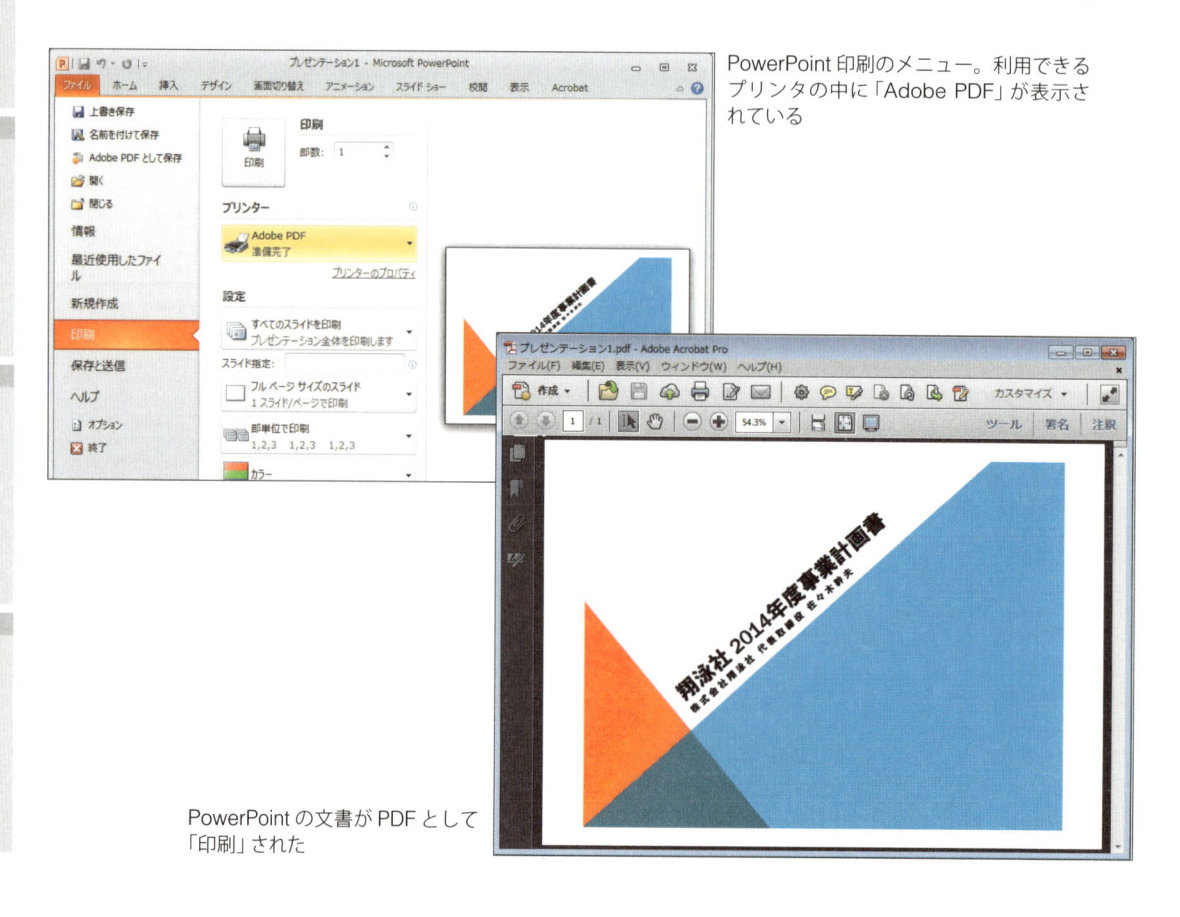

PowerPoint 印刷のメニュー。利用できるプリンタの中に「Adobe PDF」が表示されている

PowerPointの文書がPDFとして「印刷」された

■「PDF を作成」ボタンで PDF に変換

　一方、Microsoft Office については、上記の方法以外に、リボンインターフェイス上の「Acrobat」というタブの中にある「PDF を作成」というボタンをクリックすることでも、PDF の出力が行えます。このタブは Acrobat をインストールすると自動的に表示されるようになります。

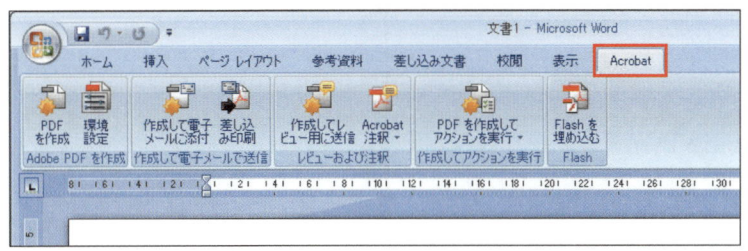

Word の Acrobat タブ

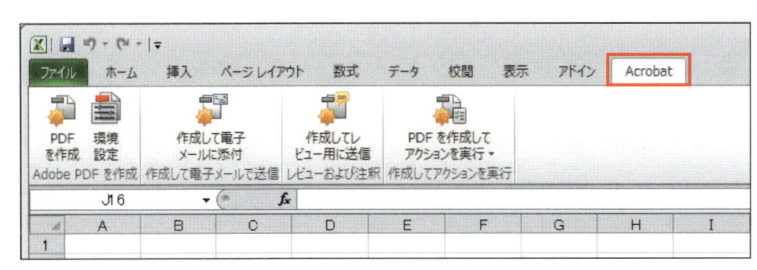

Excel の Acrobat タブ

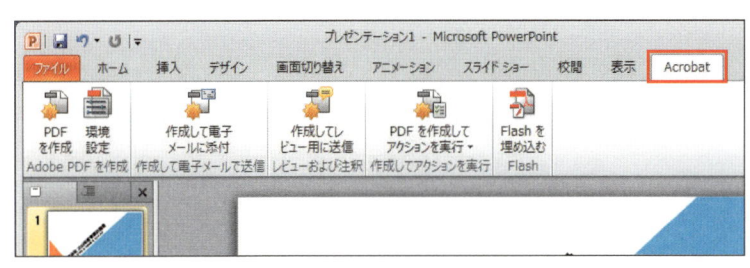

PowerPoint の Acrobat タブ

■「PDF を作成」ボタンでの変換が望ましい理由

　以上のように、PDF を作成するには大きく分けて 2 種類の方法がありますが、実際にどちらの方法を用いるのが望ましいのでしょうか。結論からいうと、Office に関しては、この「PDF を作成」ボタンから出力するのがおすすめです。その理由は、Office 文書の見出しをしおりに変換したり、変換と同時にセキュリティの設定をかけるといった機能が利用できるからです。

　印刷機能から PDF を作成した場合は、レイアウトの再現性が低いほか、しおりがない状態で PDF が生成されるので、しおりを追加するには手動で作業を行わなくてはなりません。また、出力した PDF を将来的に再び Office 文書に変換する場合、レイアウトが崩れてしまう場合があります。

　この「PDF を作成」ボタンで出力する機能は「ワンボタン変換」と呼ばれ、Acrobat PDFMaker というプログラムが変換の役割を受け持っています。対応するのは Microsoft Office（2003 以降）のほか、Internet Explorer や Google Chrome などのブラウザ、グループウェアの Lotus Notes など一部のソフトウェアのみです。

　出力される PDF の見た目がほぼ同じということもあり、ついつい印刷機能を使った変換を行いがちですが、ワンボタン変換に対応したソフト、つまり PDF を作成するための専用ボタンが用意されている場合は、なるべくそちらを利用して PDF への変換を行うよう心がけましょう。

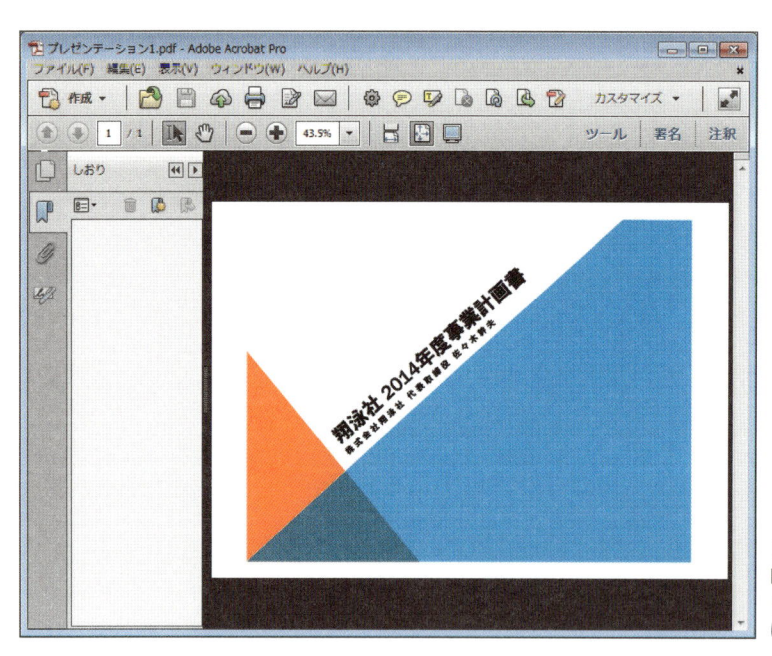

ソフトの印刷機能を使って作成した PDF。周囲に余白ができるなどレイアウトの再現性が低く、しおりも自動では生成されない

「PDF を作成」ボタンで作成した PDF。レイアウトも崩れず、見出し要素が自動でしおりに変換されている

　次のページからは、Word ➡ビジテク 039 、Excel ➡ビジテク 040 、PowerPoint ➡ビジテク 041 といったソフト別に、ワンボタン変換による PDF 作成の方法を紹介します。いずれも「PDF を作成」ボタンをクリックして PDF を出力するという手順は同じですが、オプションの項目が異なります。オプションを正しく設定することで、目的に合った PDF を作成できるようになります。
　これらの方法に加えて、ファイルのアイコンを右クリックして「Adobe PDF に変換」を選択することで PDF に変換する方法 ➡ビジテク 042 についても紹介します。

039 Word文書をPDF化するには

XI Pro / XI Std / X Pro / X Std

ここが重要 Acrobat PDFを作成

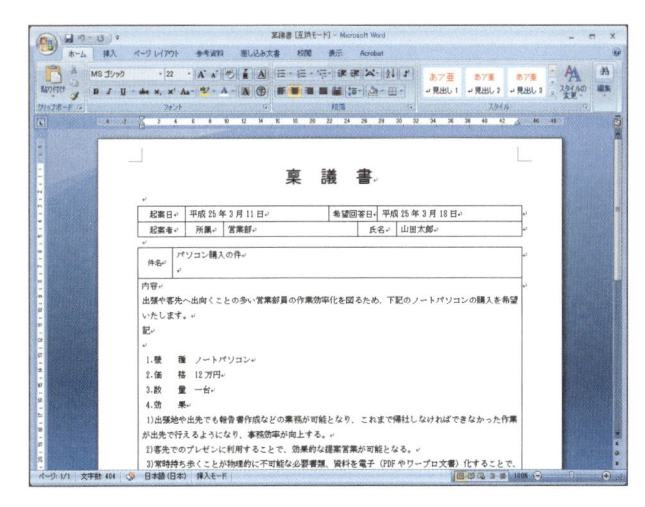

1. PDF化したいWord文書をWordで開きます。

2. 「Acrobat」リボンをクリックし、「PDFを作成」をクリックします。保存ダイアログが表示されるので、保存場所を指定して「保存」をクリックします。

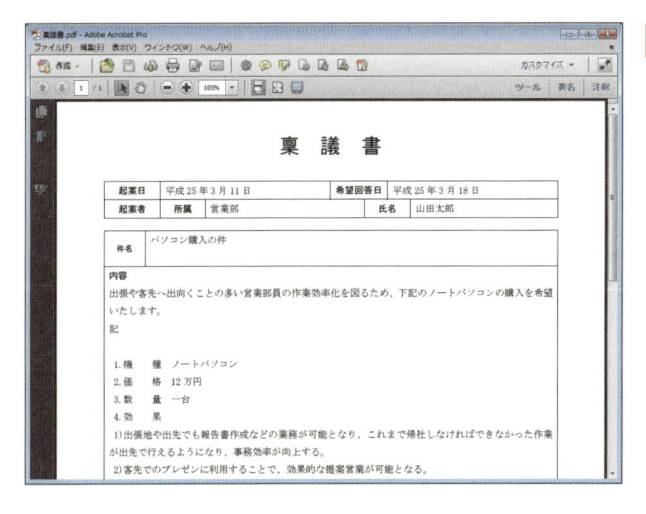

3. PDFが作成されました。

次ページへ続く

ここがポイント PDF化する際の設定変更は「環境設定」から

「Acrobat」リボンの「環境設定」からは、作成するPDFについてのさまざまな設定が行えます。「設定」タブでは、しおりの作成やリンクの追加が行えるほか、「詳細設定」からはページの自動回転や綴じ方、フォントの埋め込みといった詳細な設定が可能です。

「セキュリティ」タブでは、文書を開くパスワードや権限パスワードが設定できます。

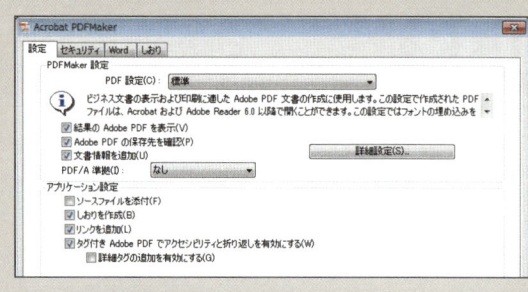

「Word」タブでは、Wordのコメントや脚注をPDFで参照するための変換方法を設定できます。

「しおり」タブでは、Wordの見出しやスタイル、ブックマークをしおりに変換するための設定が行えます。Wordファイルからしおりを自動生成する際の詳しい設定方法については →ビジテク 035 を参照してください。

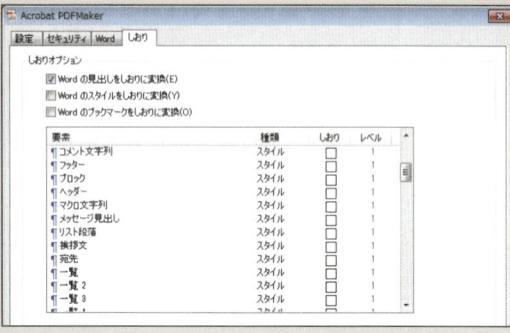

MEMO Word 2010以降では、Word文書を「名前を付けて保存」をする際にPDF形式で保存することもできます。

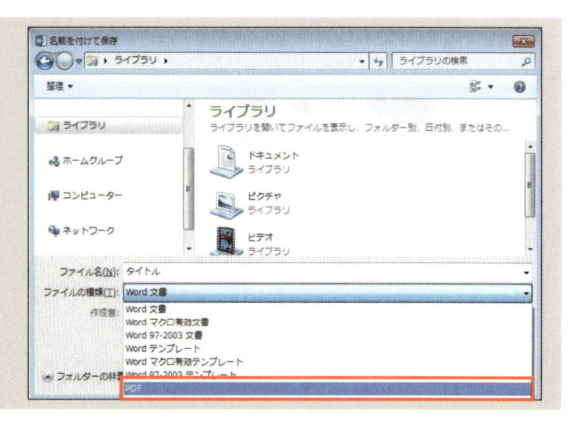

ビジテク 040 Excel文書をPDF化するには

XI Pro / XI Std / X Pro / X Std

ここが重要 Acrobat PDFを作成

1. PDF化したいExcel文書をExcelで開きます。

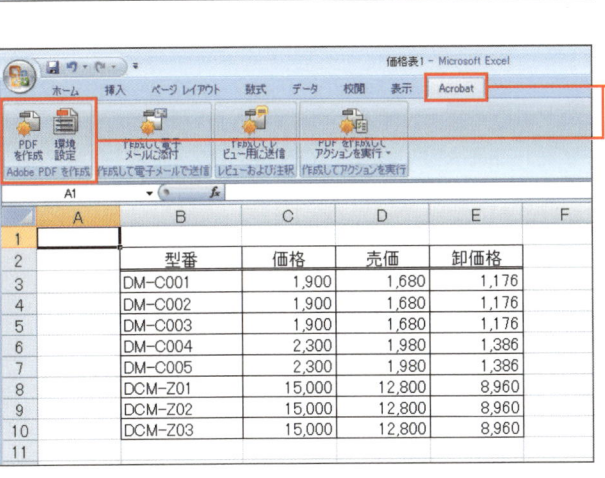

2. 「Acrobat」リボンをクリックし、「PDFを作成」をクリックします。

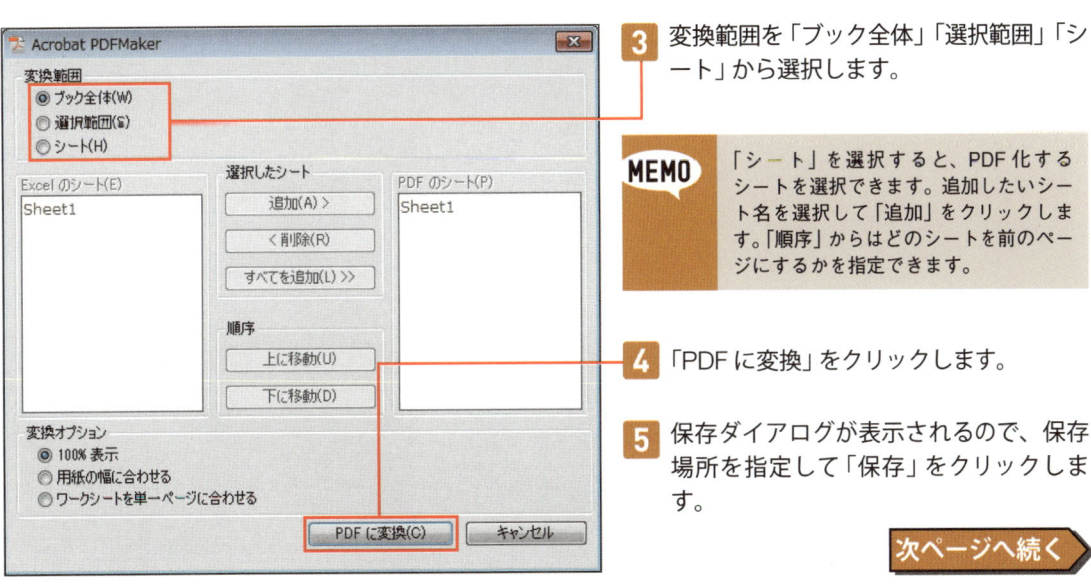

3. 変換範囲を「ブック全体」「選択範囲」「シート」から選択します。

MEMO　「シート」を選択すると、PDF化するシートを選択できます。追加したいシート名を選択して「追加」をクリックします。「順序」からはどのシートを前のページにするかを指定できます。

4. 「PDFに変換」をクリックします。

5. 保存ダイアログが表示されるので、保存場所を指定して「保存」をクリックします。

次ページへ続く

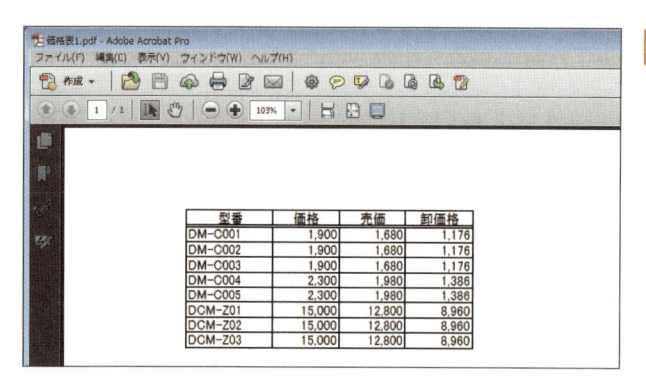

6 PDF が作成されました。

→ ここが ポイント PDF 化する際の設定変更は「環境設定」から

「Acrobat」リボンの「環境設定」からは、作成する PDF についてのさまざまな設定が行えます。
「設定」タブでは、しおりの作成やリンクの追加が行えるほか、ワークシートの幅などが設定できます。表を左右で分割することなく1ページに収めたい場合に便利です。
また「詳細設定」からはページの自動回転や綴じ方、フォントの埋め込みといった詳細な設定が可能です。

「セキュリティ」タブでは、文書を開くパスワードや権限パスワードが設定できます。

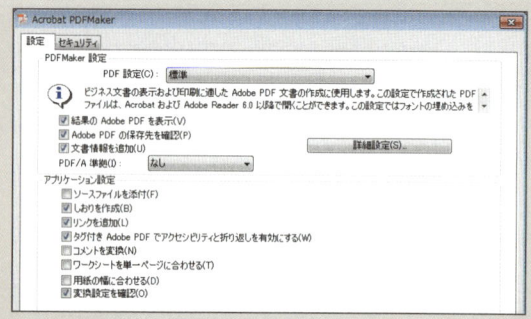

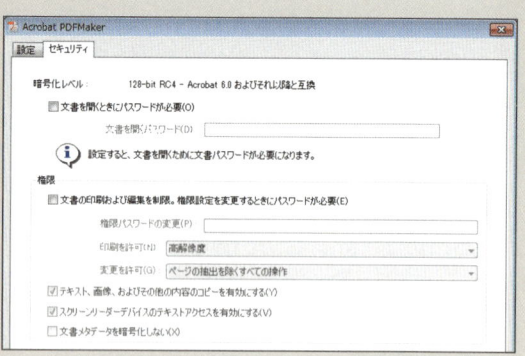

MEMO Excel 2010 以降では、Excel 文書を「名前を付けて保存」をする際に PDF 形式で保存することもできます。

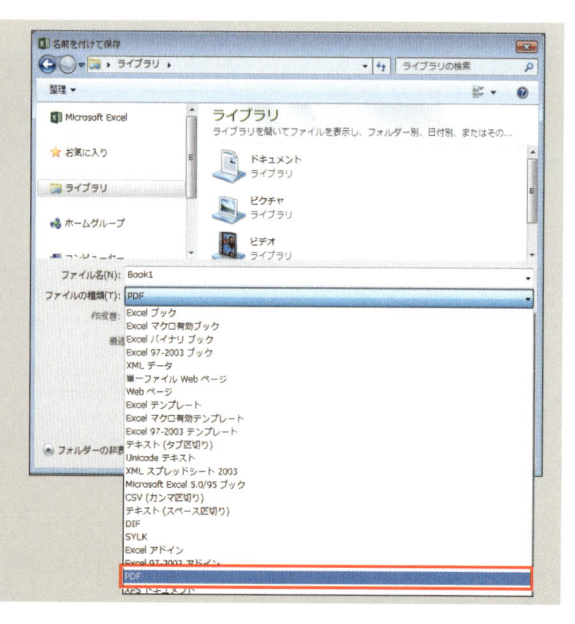

041 PowerPoint 文書を PDF 化するには

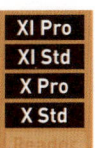

XI Pro / XI Std / X Pro / X Std

ここが重要 Acrobat PDF を作成

1 PDF 化したい PowerPoint 文書を PowerPoint で開きます。

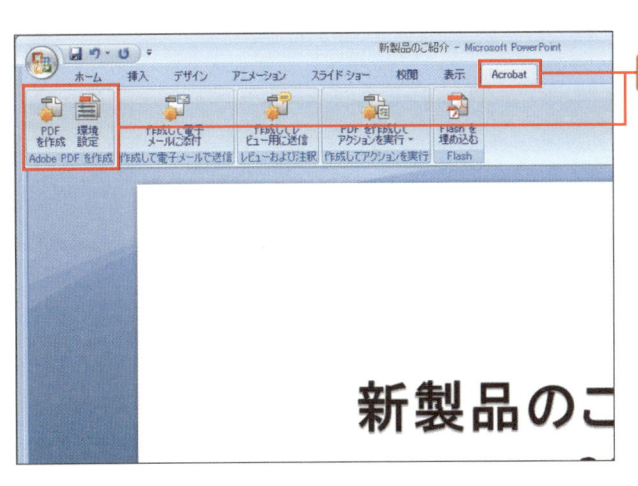

2 「Acrobat」リボンをクリックし、「PDF を作成」をクリックします。保存ダイアログが表示されるので、保存場所を指定して「保存」をクリックします。

3 PDF が作成されました。

次ページへ続く

ここがポイント PDF化する際の設定変更は「環境設定」から

「Acrobat」リボンの「環境設定」からは、作成するPDFについてのさまざまな設定が行えます。
「設定」タブでは、しおりの作成やリンクの追加が行えるほか、スライド効果を保持するか否かといった設定が行えます。また「詳細設定」からはページの自動回転や綴じ方、フォントの埋め込みといった詳細な設定が可能です。

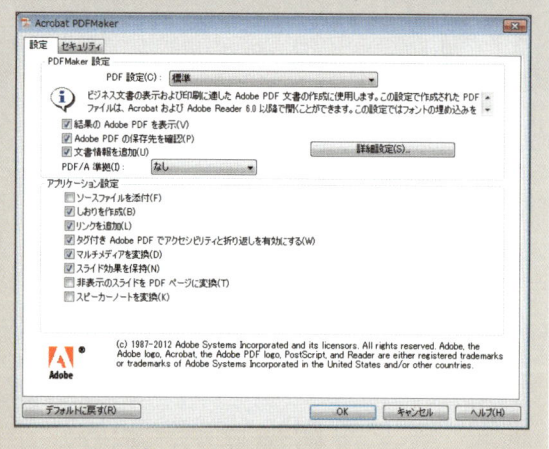

「セキュリティ」タブでは、文書を開くパスワードや権限パスワードが設定できます。

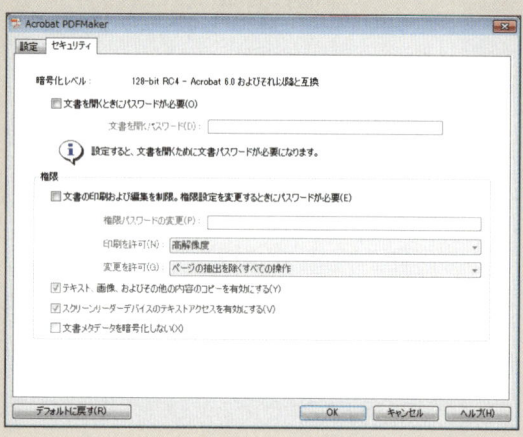

MEMO PowerPoint 2010以降では、Acrobatを利用せずに、PowerPoint文書を「名前を付けて保存」をする際にPDF形式で保存することもできます。

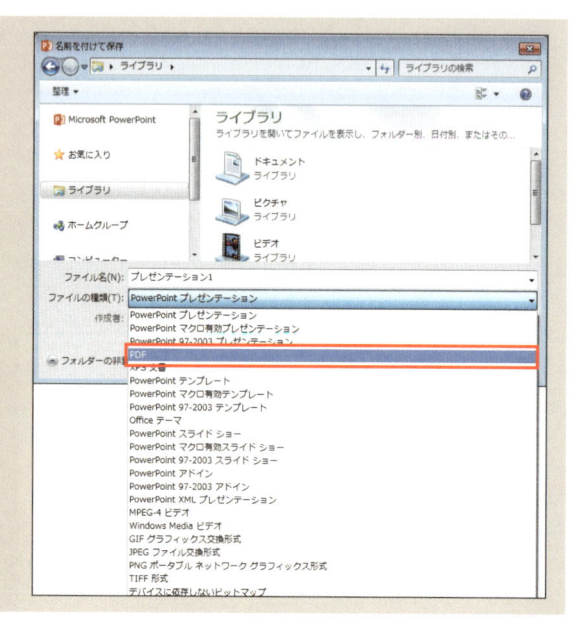

ビジテク 042 右クリックメニューからPDFを作成するには

XI Pro / XI Std / X Pro / X Std

ここが重要 Adobe PDF に変換

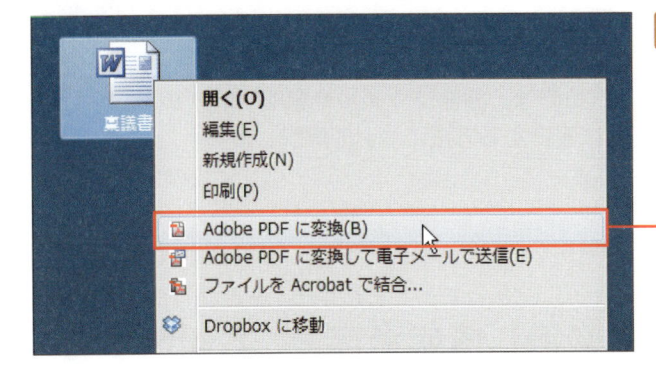

1. PDF に変換したいファイルを右クリックし「Adobe PDF に変換」を選択します。

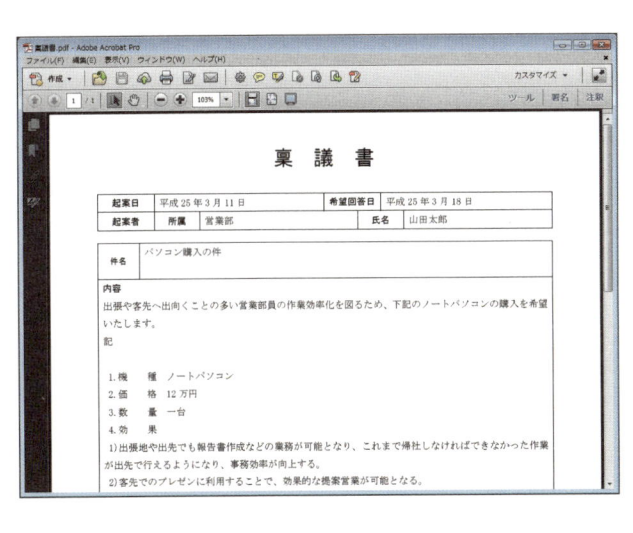

2. 保存ダイアログが表示されるので、保存場所を指定して「保存」をクリックします。

3. PDF が作成されました。

MEMO 右クリックから PDF を作成する場合も、そのファイルを作成したソフトウェアが PC にインストールされている必要があります。

ここがポイント 複数ファイルの選択時は結合か個別に変換するかを選べる

複数のファイルをまとめて選択し、PDF に変換することもできます。この場合「ファイルを Acrobat で結合」を選択すると、ひとつの PDF にまとめて出力できます。
「Adobe PDF に変換」を選択すると、ファイルごとに別々の PDF が出力されるので注意してください。

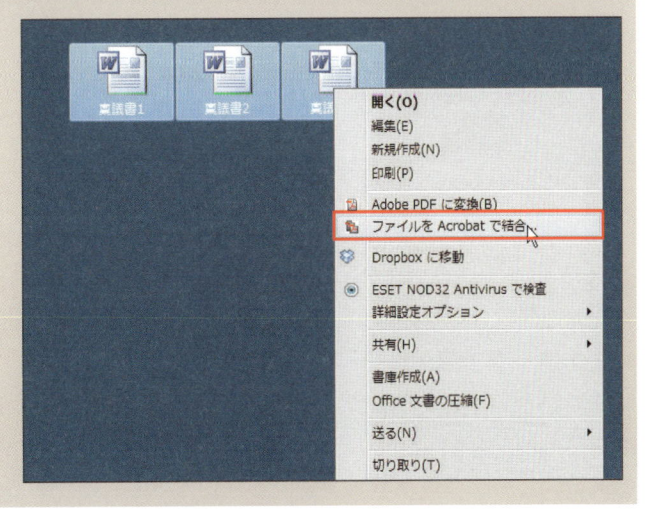

2-02 さまざまな形式のファイルをPDFに変換する

>> ビジテク

PDFに変換できるファイル形式は、Office文書やWebサイトだけに限りません。ここでは、画像ファイルや動画ファイル、さらには紙の書類をPDFに変換する方法について解説します。

▶ あらゆるデータをPDFに変換し情報資産として活用する

■ 印刷機能を使ってPDFを生成する

　Acrobatがあれば、Office文書やWebページに限らず、さまざまなファイルをPDFに変換できます。PDFに変換してフォーマットを統一することにより、あらゆる情報を資産として活用できるようになります。元のフォーマットのままではスマートフォンやタブレットで表示できない場合も、PDFに変換することでレイアウトを崩さずに表示できるようになります。

　Office文書やWebページのPDF変換では、ツールバーに表示されるボタンを用いるケースがありましたが、その他のファイルをPDFに変換する場合は、印刷機能を使うのが一般的です。AcrobatがインストールされたPCでは、利用できるプリンタのひとつとして「Adobe PDF」が表示されるようになります。これを選択して印刷を実行すると、PDFへの変換が実行されます。印刷機能を持ったソフトであれば原則としてどのソフトでも利用できるので、操作の手順も共通で、迷うことがありません ➡ ビジテク 043 。

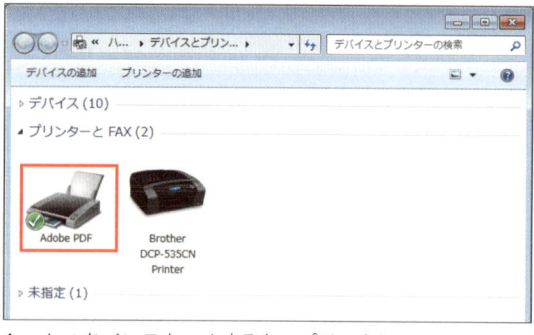

Acrobatをインストールすると、プリンタに「Adobe PDF」が追加される

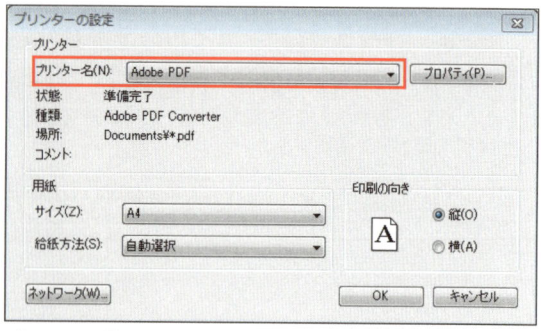

プリンタに「Adobe PDF」を指定して印刷を実行するとPDFへの変換が行われる

■ 右クリックでスピーディーに変換

　もうひとつ、右クリックメニューからPDF変換を行う方法もあります。この方法はOffice文書はもちろん、画像ファイル（JPEG、PNG、BMP形式）やテキストファイル（TXT形式）にも使える汎用的なテクニックです。

写真などの画像ファイルを PDF に変換する場合、サムネールを見ながら対象のファイルを選択できるので便利です →ビジテク 009。この場合、選択したファイルをひとつずつ別々の PDF に変換する方法と、ひとつの PDF に結合する方法との 2 種類があり、用途に応じて使い分けることができます。大量の画像資料をひとつのファイルとしてまとめたいときなど、順番を指定しながら PDF に結合できます。

Acrobat XI ではサムネールを見ながら画像ファイルを PDF に変換できる

■紙の文書もスキャンして PDF 化

Acrobat では、デジタルデータ化されていないアナログ資料、つまり紙の文書を、スキャナを用いて PDF に変換することもできます →ビジテク 045。TWAIN もしくは WIA に対応したスキャナであれば、Acrobat から直接スキャンを行うことができ、読み取りと同時に傾きの補正やテキスト認識といった処理を実行できます。

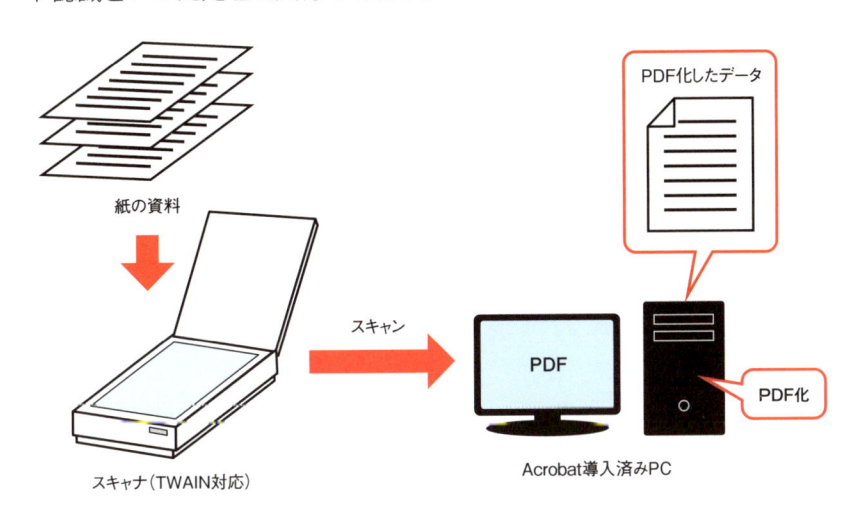

■動画ファイルやクリップボードデータの PDF 化

こうした例に加えて、動画ファイルを PDF に変換する方法 →ビジテク 047 や、クリップボードにコピーしたデータを PDF に変換する方法 →ビジテク 046 についても紹介します。前者は PDF への変換によって各シーンに注釈を入れられるようになるため校正用途に役立てることができ、後者はスクリーンショットを撮る際に重宝します。ぜひ活用してみてください。

また、これら PDF への変換の際にフォントを埋め込んでおけば、元文書を見た目を正確に再現できます。PDF に埋め込むフォントを指定する方法も併せて紹介します →ビジテク 048。

ビジテク 043 印刷メニューからPDFを作成するには

XI Pro / XI Std / X Pro / X Std

ここが重要 印刷 -Adobe PDF

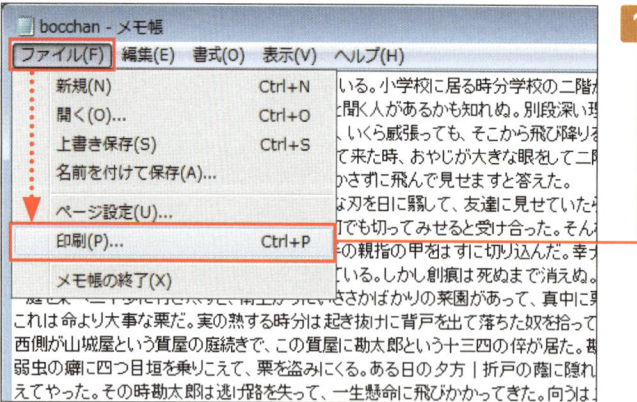

1 PDFに変換したいファイルを開いた状態で、ファイルメニューから「印刷」を開きます。

> **ここがポイント** 印刷機能があるソフトなら同じ操作で作成可能
>
> この方法は、Officeソフトに限らず、印刷機能を持つソフトであれば、同じ操作で利用できます。ここではメモ帳を使って、テキストファイルをPDFに変換しています。

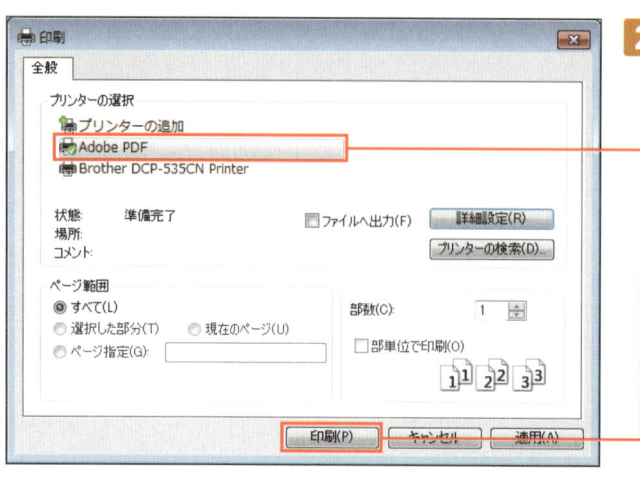

2 印刷を実行するプリンターとして「Adobe PDF」を選択し、「印刷」をクリックします。

3 PDFの作成が実行されます。

4 完了すると保存ダイアログが開くので、名前を付けて保存します。

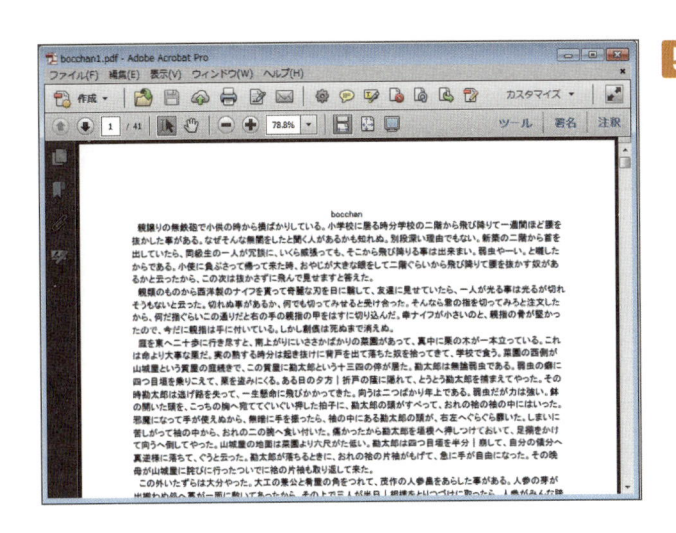

5 PDFへの変換が完了しました。

ここがポイント 2ページを1ページにまとめるには

Acrobatの印刷メニューでは、2ページ分を1ページにして新しいPDFを作成することができます。印刷の設定画面で「複数」ボタンをクリックし、「1枚あたりのページ数」を指定します。これで印刷を行うと2ページ分が1ページとして変換されます。設定次第で4ページを1ページにまとめるといったことも可能です。

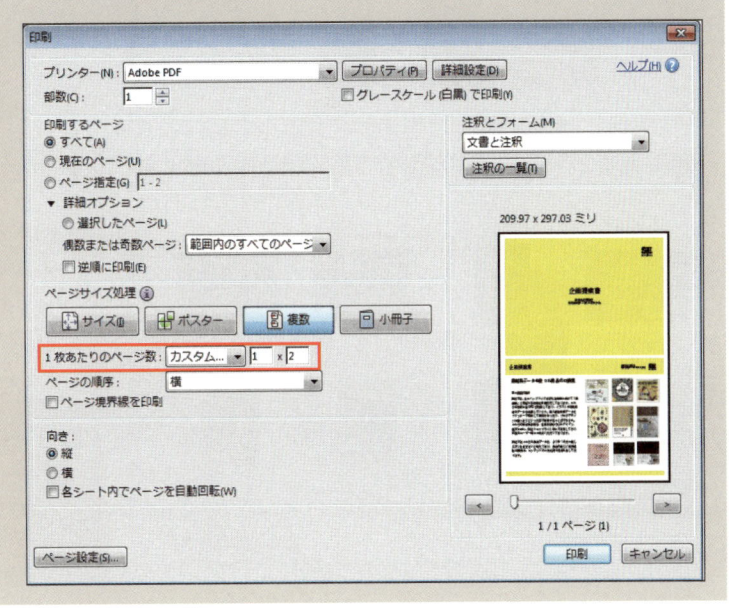

MEMO PDF設定のプリセットには、特定用途に特化した規格である「PDF/A」と「PDF/X」が含まれています。いずれもISOによって定められた国際標準規格です。これらの用途および一般的なPDFの違いは以下の通りです。

PDF/A	長期保存を目的としたPDFの国際規格です。電子文書としての互換性を高め、検索や再変換に制限を設けないことを目的としているため、暗号化や外部リンクなどの機能が利用できません。PDF/A-1aやPDF/A-1b、PDF/A-2などいくつかの種類があります。
PDF/X	印刷用途に特化したPDFの国際規格です。印刷物のデータ交換を容易とすることを目的にしており、フォントの埋め込みやCMYKカラーの採用など、印刷にまつわるさまざまな仕様が定義されています。PDF/X-1aのほか、RGBも使えるPDF/X-4など複数の種類があります。

044 JPEG画像からPDFを生成するには

XI Pro / XI Std / X Pro / X Std

ここが重要 ファイルをAcrobatで結合

1 PDF化したいJPEG画像をまとめて選択し、右クリックから「ファイルをAcrobatで結合」を選択します。

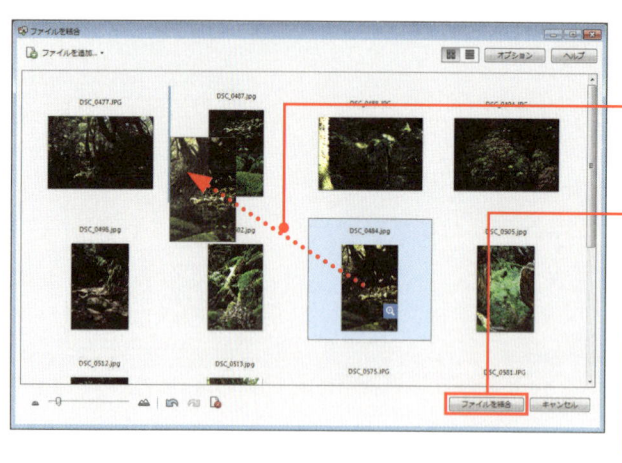

2 「ファイルを結合」ウィンドウが開き、JPEG画像の一覧が表示されます。

3 順序を確認し、入れ替えたい場合はファイルのサムネールをドラッグ＆ドロップして変更します。

4 右下の「ファイルを結合」をクリックします。

MEMO この画面では画像がサムネール表示されていますが、リストで表示することもできます。なお、サムネール表示に対応するのはAcrobat XIのみで、Acrobat Xではつねにリスト表示になります。

5 変換が開始されます。

MEMO 「ファイルを追加」ボタンから他の画像ファイルを選択することもできます。

6 変換が完了し、プレビューが表示されました。デフォルトでは「バインダー1.pdf」という名前になります。必要に応じてファイル名を付けて保存すれば完了です。

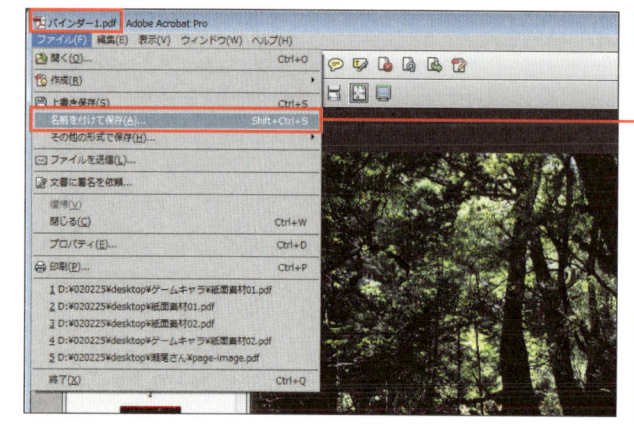

MEMO JPEG以外にも、PNGやBMPといった画像ファイルからPDFを生成することもできます。

ビジテク 045 紙の文書をPDFに変換するには

XI Pro / XI Std / X Pro / X Std / Reader

2-02 さまざまな形式のファイルをPDFに変換する

ここが重要 スキャナーから PDF

1. PCとスキャナを接続します（スキャナのドライバやユーティリティのインストールはあらかじめ完了し、スキャナが使える状態になっているものとします）。

2. スキャナの読み取り台に、PDF化したい原稿をセットします。

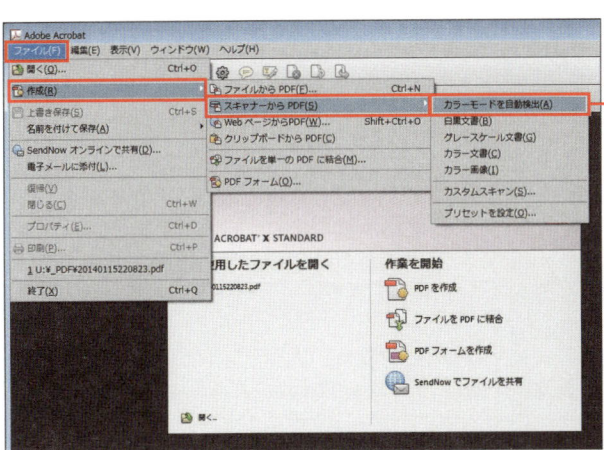

3. Acrobatの「ファイル」メニューから「作成」→「スキャナーからPDF」を選び、原稿の種類を選びます。とくに指定がなければ「カラーモードを自動検出」を選んでおきます。

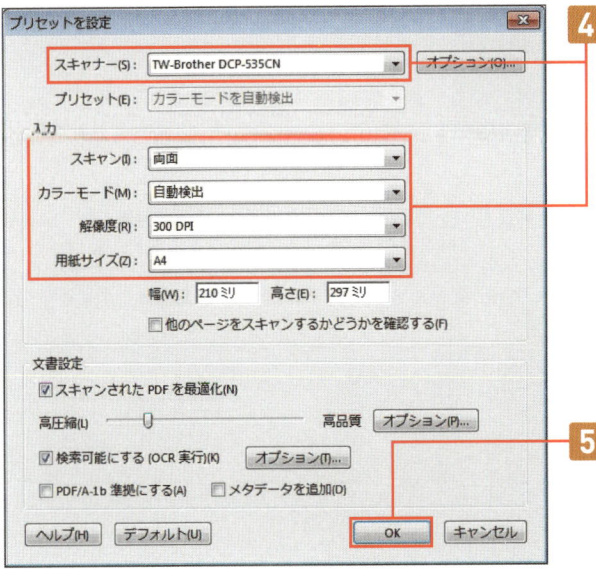

4. スキャナの設定画面が表示されるので、接続しているスキャナ名が正しく表示されていることを確認したのち、適切なカラーモードや解像度、用紙サイズをプルダウンメニューから選択します。

5. 「OK」ボタンをクリックしてスキャンを開始します。

044 JPEG画像からPDFを生成するには
045 紙の文書をPDFに変換するには

次ページへ続く

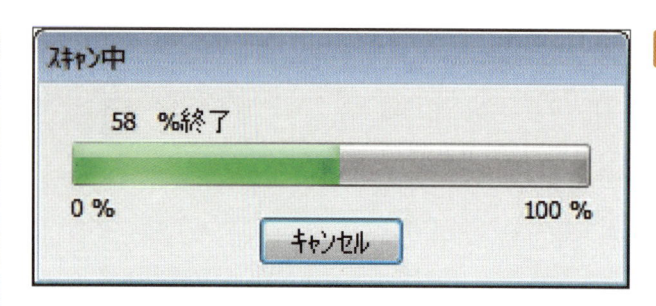

6 読み取りが始まります。読み取り中は進捗が表示されます。

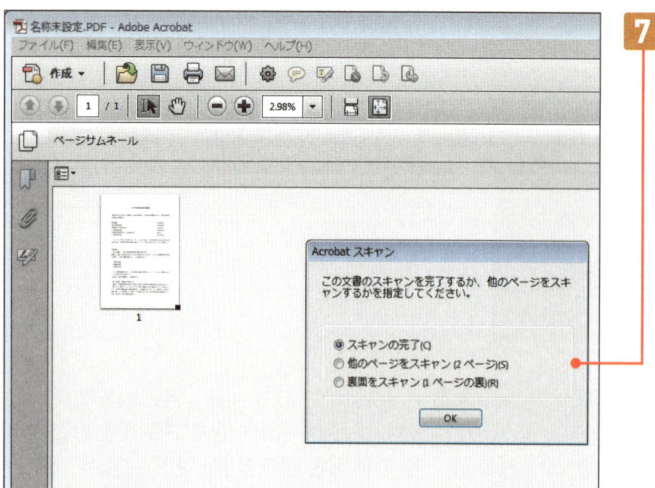

7 読み取りが終わると、続けて別の原稿をスキャンするか尋ねられます。続けてスキャンする場合は「他のページをスキャン」もしくは「裏面をスキャン」を選択して「OK」をクリックします。ほかになければ「スキャンの完了」を選択した状態で「OK」をクリックして終了します。

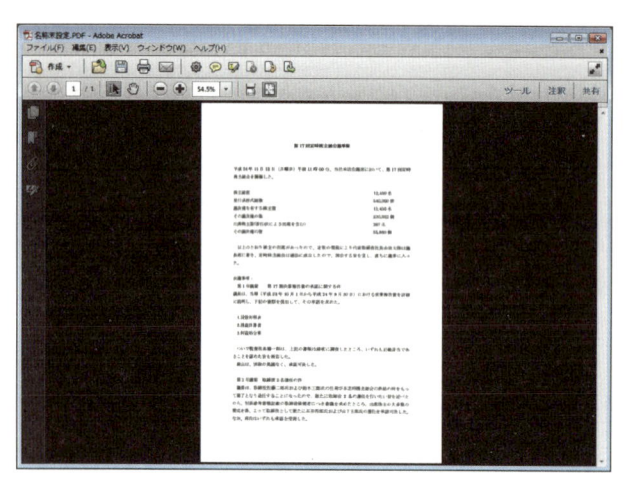

8 原稿を正しく読み取ることができました。この状態ではまだ保存されていないので、名前を付けて保存すれば完了です。

MEMO ここでは Adobe Acrobat を使ってスキャンを実行する方法を紹介していますが、スキャナ付属のユーティリティで取り込み、PDF で保存する方法もあります。なお、Adobe Acrobat から利用できるスキャナは TWAIN もしくは WIA という規格に準拠している製品に限られます。例えば PFU のドキュメントスキャナ「ScanSnap」は TWAIN および WIA に対応していませんので、Acrobat から直接取り込むことはできず、スキャンを行う場合は必ず製品付属の専用ユーティリティを使う必要があります。

ビジテク 046 クリップボード上のデータから PDF を作成するには

XI Pro / XI Std / X Pro / X Std

ここが重要 作成 - クリップボードから

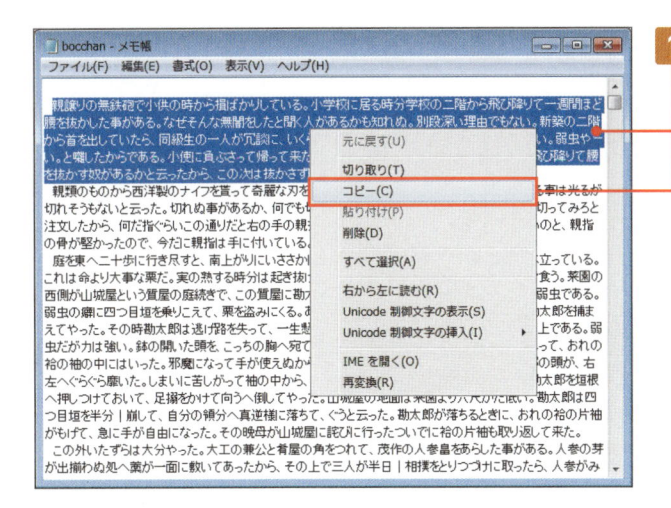

1. PDF に変換したいデータを開いたら、範囲選択し、コピーします。

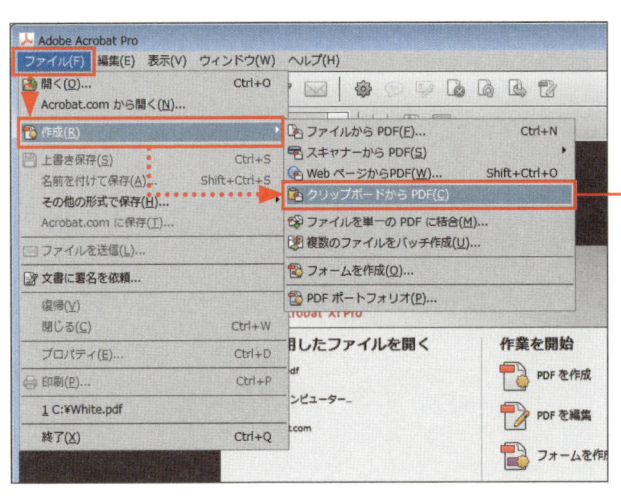

2. Acrobat を起動し、「ファイル」メニューから「作成」→「クリップボードから PDF」を選択します。

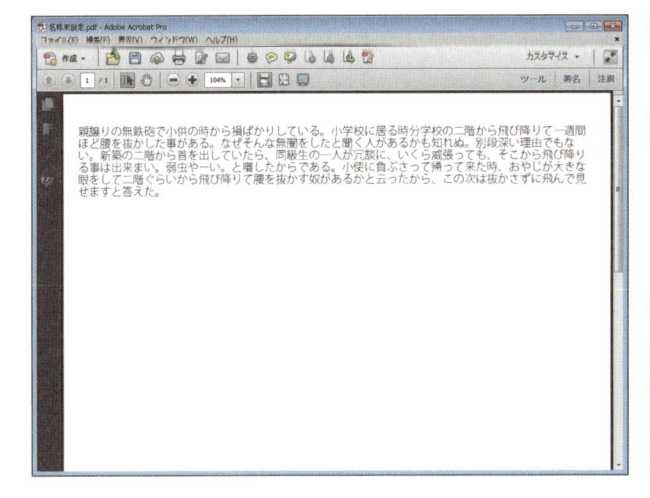

3. クリップボード内のデータが読み込まれ、新しい PDF が生成されました。

4. 保存すれば完了です。

MEMO テキストに限らず画像なども同じ方法で PDF に変換できます。Windows の「PrintScreen」キーでクリップボードに保存したスクリーンショットを PDF に変換して保存するといった使い方も可能です。

2-02 さまざまな形式のファイルを PDF に変換する

045 紙の文書を PDF に変換するには

046 クリップボード上のデータから PDF を作成するには

ビジテク 047 PDFに動画ファイルを貼り付けるには

XI Pro
X Pro

ここが重要　ビデオを追加

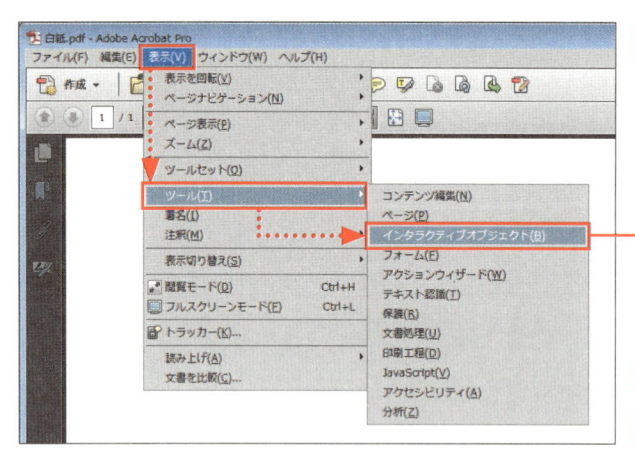

1 貼り付ける対象のPDFを開いた状態で、「表示」メニューから「ツール」→「インタラクティブオブジェクト」を開きます。

MEMO Acrobat Xでは「ツール」→「コンテンツ」を開きます。

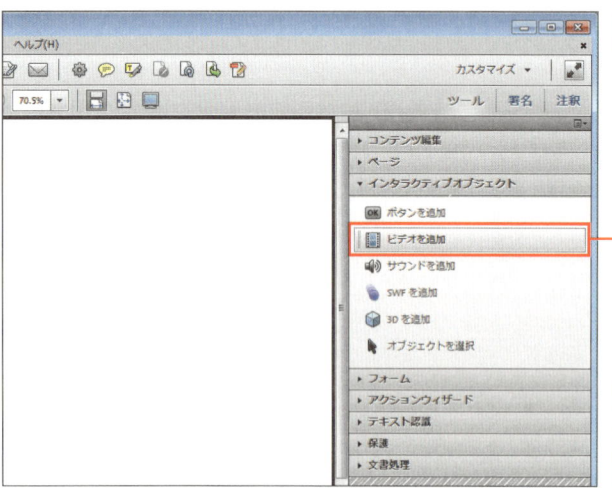

2 「ビデオを追加」をクリックします。

MEMO Acrobat Xでは「マルチメディア」のプルダウンメニューから「ビデオ」を選択します。

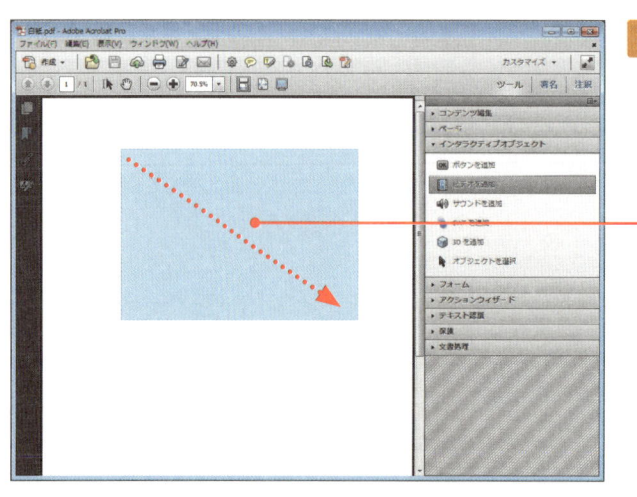

3 対角線をドラッグし、ビデオを貼り付ける領域を指定します。

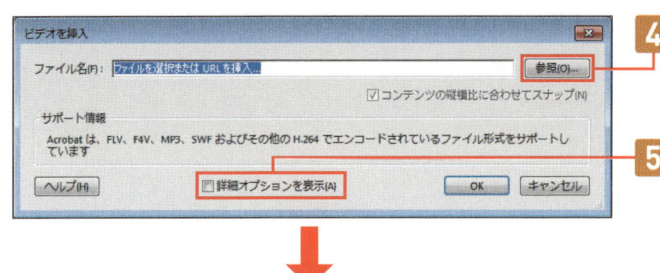

4 「ビデオを挿入」ダイアログが表示されるので、「参照」からファイルを指定します。

5 「詳細オプション」にチェックを入れると、ビデオを再生するタイミングやそのスタイル、コントロールの種類などを指定することもできます。

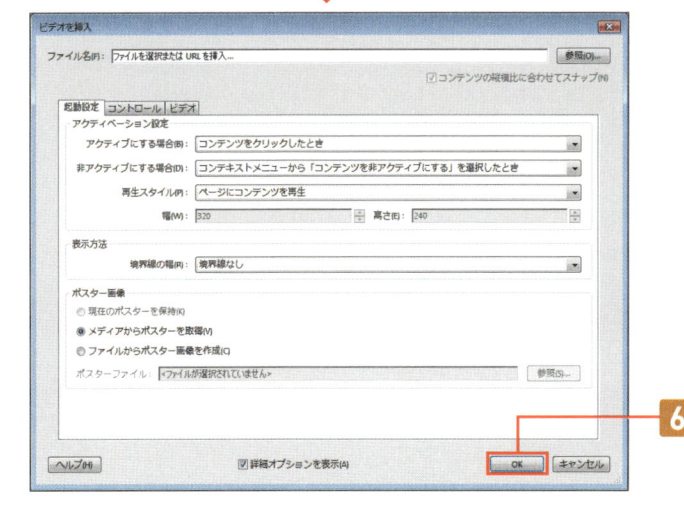

6 「OK」を2回クリックします。

7 PDFにビデオコンテンツが貼り付けられました。いったんクリックするとアクティベートされ再生が可能になります。

MEMO ビデオを一時停止させ、注釈ツールを使ってコメントを書き込むこともできます。これを活用すれば、Acrobatを「ビデオに注釈を入れるためのツール」として活用できます。詳しくは→ビジテク 118 を参照してください。

2-02 さまざまな形式のファイルをPDFに変換する

047 PDFに動画ファイルを貼り付けるには

ビジテク 048 PDFに埋め込むフォントを指定するには

XI Pro / XI Std / X Pro / X Std / Reader

ここが重要 PDF設定 - フォント

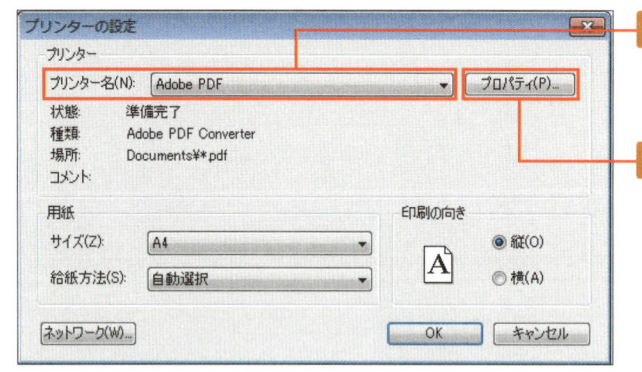

1. 各ソフトウェアの印刷メニューで、プリンター名で「Adobe PDF」を選択します。

2. 右横の「プロパティ」をクリックします。

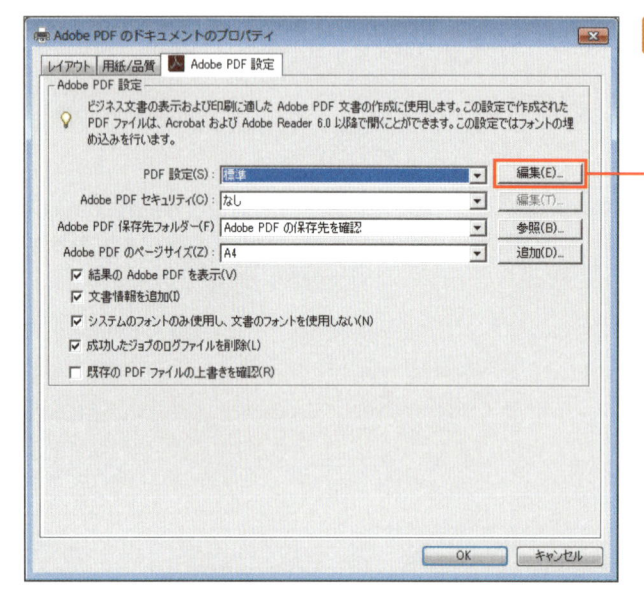

3. PDF設定の「編集」ボタンをクリックします。

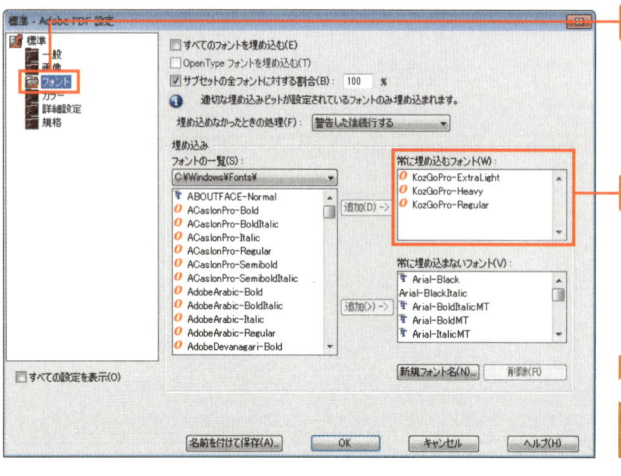

4. 「Adobe PDF設定」の画面で「フォント」をクリックすると、フォントの一覧が表示されます。

5. 「常に埋め込むフォント」に任意のフォントを追加します。

MEMO 「OK」ボタンからは、PDF作成の各種設定を「joboptions」という拡張子のファイルとして保存できます。

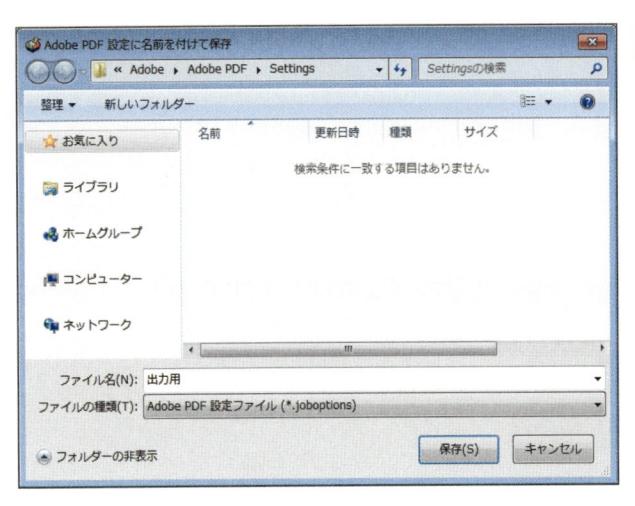

6 名前を付けて設定を保存します。

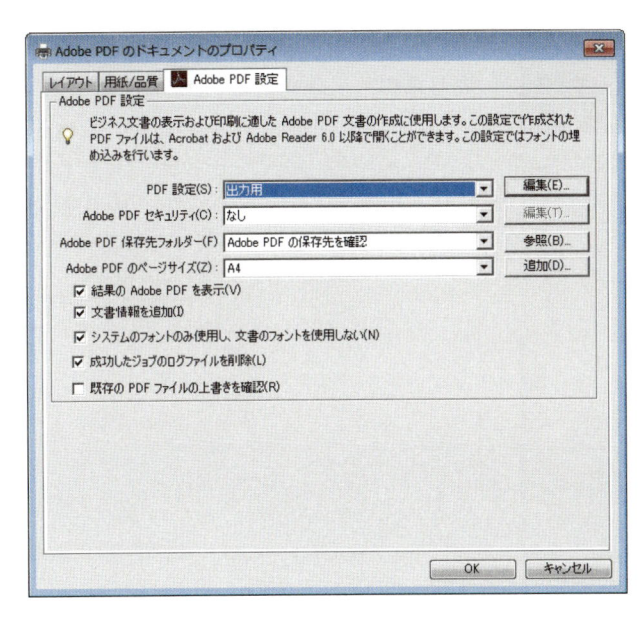

7 設定を保存すると、次回から設定ファイルを呼び出すだけで任意のフォントを埋め込んだ PDF の作成が可能になります。

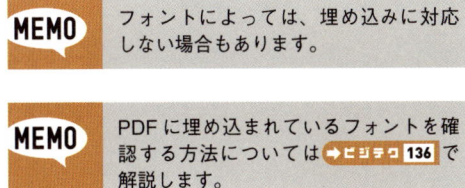

MEMO フォントによっては、埋め込みに対応しない場合もあります。

MEMO PDF に埋め込まれているフォントを確認する方法については →ビジテク 136 で解説します。

2-02 さまざまな形式のファイルを PDF に変換する

048 PDF に埋め込むフォントを指定するには

ビジテク 049 画像の圧縮率を変更して容量を減らすには

XI Pro / X Pro

ここが重要 PDFの最適化

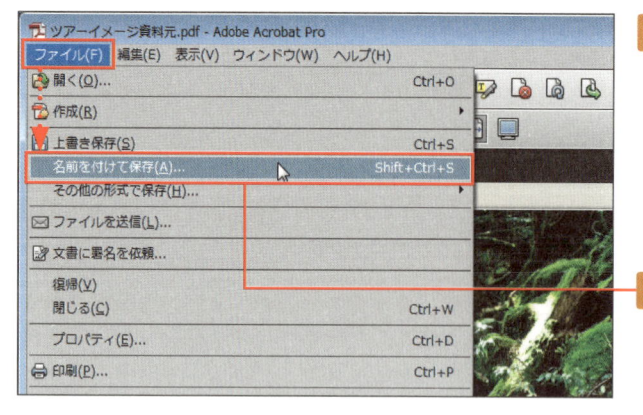

1. 写真を多数レイアウトしたPDFや、Adobe Illustratorなどのグラフィックソフトから作成したPDFは、ファイルサイズが膨大になってしまうことがあります。このファイルは120MBもあり、このままではWebで配布したりメールに添付するには不適切です。

2. 容量を小さくするには、まず「ファイル」メニューから「名前を付けて保存」を選択します。

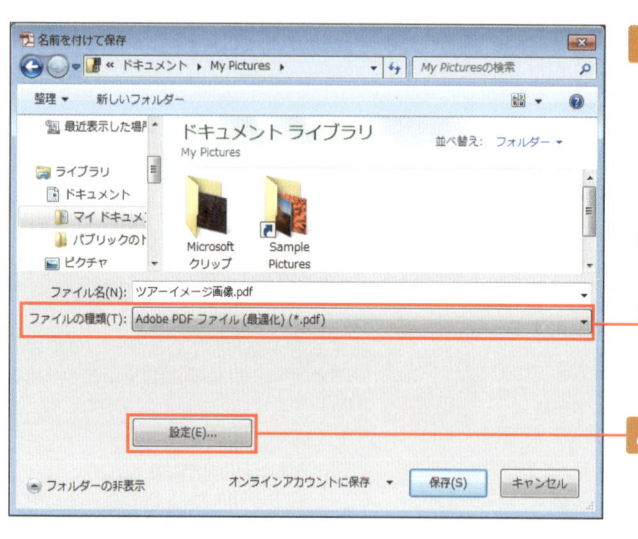

3. 保存場所を指定したら、「ファイルの種類」のプルダウンメニューから「Adobe PDFファイル(最適化)」を選択します。

4. 「設定」ボタンをクリックします。

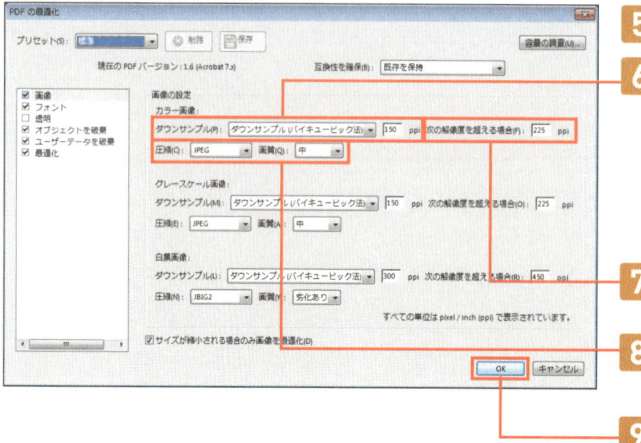

5. 「PDFの最適化」ウィンドウが開きます。

6. 「画像の設定」で、それぞれカラー画像、グレースケール画像、白黒画像をどのように圧縮するかを選択します。
このPDFではカラー画像をレイアウトしているので、「カラー画像」の「ダウンサンプル」を「150ppi」に設定します。

7. 「次の解像度を超える場合」を「225ppi」に設定します。

8. 「圧縮」を「JPEG」、「画質」を「中」に設定します。

9. 設定できたら「OK」をクリックします。

MEMO 「容量の調査」ボタンをクリックすると、現在のPDFで画像やフォントなどの要素がそれぞれどのくらいの容量を占めているか確認できます。

MEMO 画像の圧縮が必要なPDFをよく扱う場合は、圧縮の設定内容を保存しておくと便利です。「PDF」の最適化画面の「保存」ボタンから設定を保存できます。わかりやすい名前を付けておけば、次回からは「プリセット」画面から設定を簡単に呼び出せます。

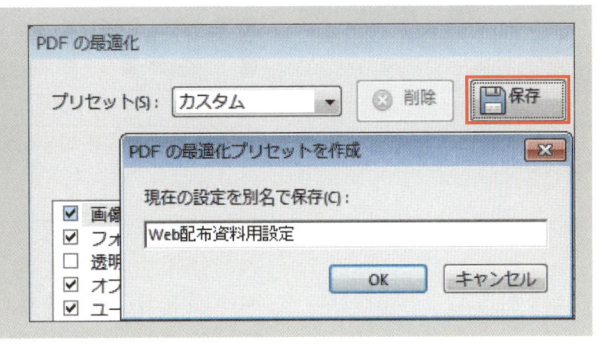

10 保存画面に戻り、任意の名前を付けて保存します。

MEMO 元の高画質PDFとは別に保存しておくと安心です。

11 保存が完了しました。表示してもほとんど元のPDFと変わらないように見えますが、120MBあったファイルの容量を2MBまで減らすことができました。

ここがポイント 容量と画質のバランスで設定を変える

ビットマップ画像は、ピクセルの集合によって表現されています。このピクセル数を減らすことでPDF全体の容量を減らすことができます。今回の設定は、225ppi以上ある画像だけを150ppiまでピクセル数を減らす、という内容です。このピクセル数を下げるほど容量は軽くなる反面、画像のきめ細やかさは失われます。また「画質」の設定でも見栄えは大きく左右されます。
別名で保存してみて、あまりにも画質が下がりすぎてしまったり、容量が思ったほど減らない場合は、この数値や「画質」の設定を調整するとよいでしょう。

元画像の拡大表示 　　解像度150ppi、画質中での拡大表示 　　解像度72ppi、画質中での拡大表示

03 WebページをPDFに変換する

>> ビジテク

情報収集において Web は必要不可欠なメディアとなりました。しかし情報が多すぎて必要なときに見つけられない、ページが更新されて情報が消えてしまった、といったことも起こりがちです。Webページを PDF に変換して保存しておけば、あとからでも必要な情報にアクセスできます。オフラインで閲覧したい場合にも適しています。

▶ WebページをPDFとして保存する

■ Web ページ上の情報を PDF 化する利点

　Web ページを PDF に変換するメリットはいろいろと考えられます。
　あるテーマに沿った情報を Web 上で収集する場合は、それぞれのページを PDF 化して保存しておけばページが更新されても閲覧できます。必要な数字や文言を引用する際にも役立つでしょう。Web 以外から収集したさまざまな形式の文書と合わせて、ひとつの PDF に情報を集約できるというのは大きな利点です。
　企業の Web 担当者がサイトに対して修正指示をする際、ページを PDF に変換すれば、注釈ツールを使って赤字を入れることができます。また、オフライン環境で Web ページの内容を参照するために、インターネット接続があるうちに PDF に保存しておくといった使い方もできます。

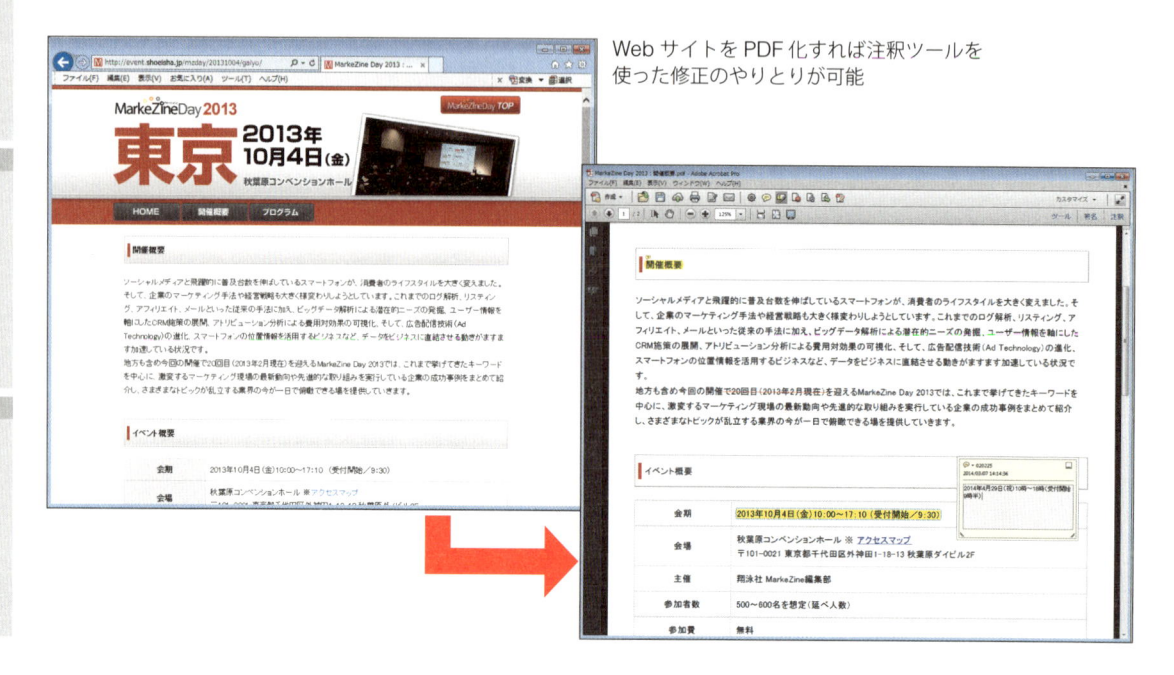

Web サイトを PDF 化すれば注釈ツールを使った修正のやりとりが可能

■ツールバーを使えば正確に保存できる

　WebページをPDFに変換する方法は、印刷メニューから「Adobe PDF」を選んで出力を実行する方法 ➡ビジテク 050 に加えて、Internet ExplorerやGoogle Chromeといったブラウザでは、PDFへの変換を行うツールバーが表示されるので、クリックすることで変換を行えます ➡ビジテク 051 。例えばInternet Explorerであれば、Acrobatをインストールすることで「Adobe Acrobat Create PDF Toolbar」というツールバーがインストールされます。

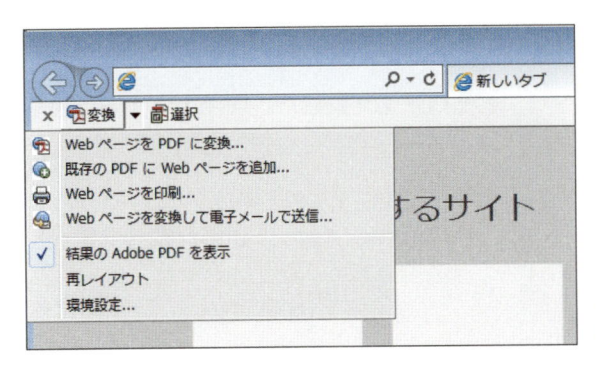

「Adobe Acrobat Create PDF Toolbar」はAcrobatをインストールするとInternet Explorerに自動的に追加される

　ツールバーを用いてPDFに変換すれば、ページ内のリンクはもちろん、Flashなどのマルチメディアコンテンツに至るまでオリジナルの内容がほぼ忠実に再現されるほか、PDFならではのしおりやタグも追加できます。Acrobatの「WebページからPDF」でも同様の結果が得られます ➡ビジテク 052 。印刷メニューからのPDF変換では、これらはほぼ不可能です。

　また、ページ内の特定のエリアだけを指定してPDF化することも可能です ➡ビジテク 053 ➡ビジテク 054 。不要なエリアを省いて必要な箇所だけをPDF化したい場合にも向いています。

■サイトごとひとつのPDFにアーカイブすることも可能

　また、Webページ単体ではなく、サイト全体をまるごとPDF化して保存することもできます。トップページからリンクをたどり、それぞれのWebページをPDFに変換した上で、リンクを張ってひとつのPDFにまとめることで、アーカイブを作ってしまうという方法です ➡ビジテク 055 。Acrobatを使ってサイト全体を保存すれば、見た目を極力保った上で、リンク関係ごとひとつのPDFにまとめて保存できるので、参照する場合はもちろんのこと、保存する場合にも重宝します。

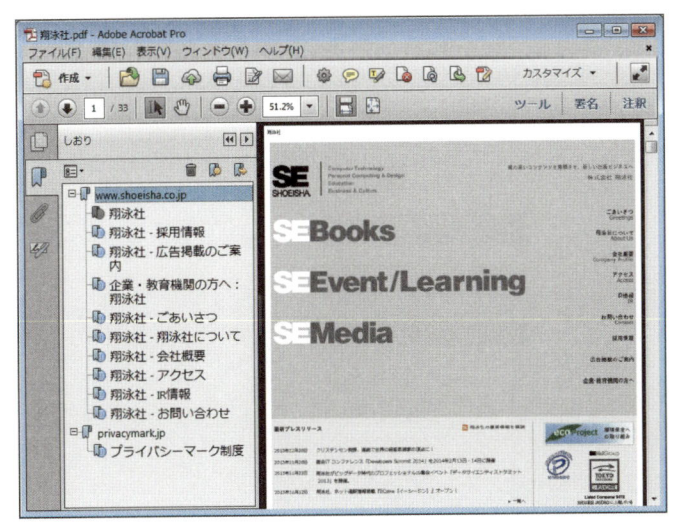

Webのツリー構造を備えたPDF

ビジテク 050 ブラウザの印刷メニューから PDFを出力するには

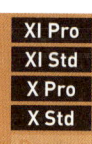

XI Pro / XI Std / X Pro / X Std

ここが重要 印刷 -Adobe PDF

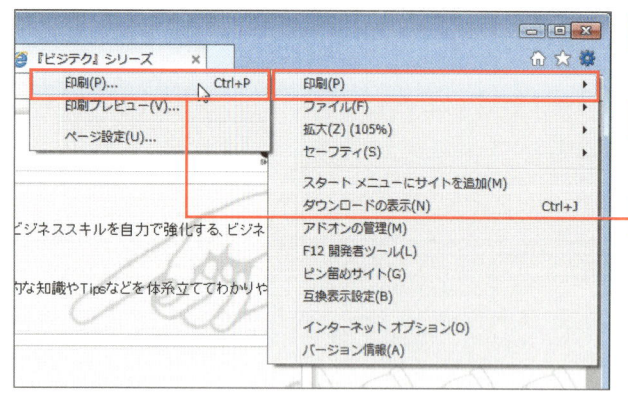

1. Internet Explorer を起動します。
2. PDF に変換したい Web サイトを開きます。
3. 紙に印刷するのと同じように、ブラウザの「印刷」メニューから「印刷」を選択します。
4. 仮想プリンタ「Adobe PDF」を選択します。 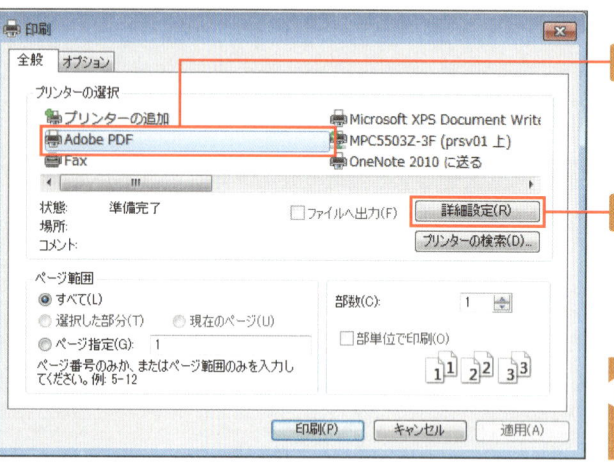
5. 「詳細設定」をクリックします。

MEMO ブラウザによってプリンタ名は異なります。例えば Google Chrome では「送信先」で「PDF に保存」を選択します。

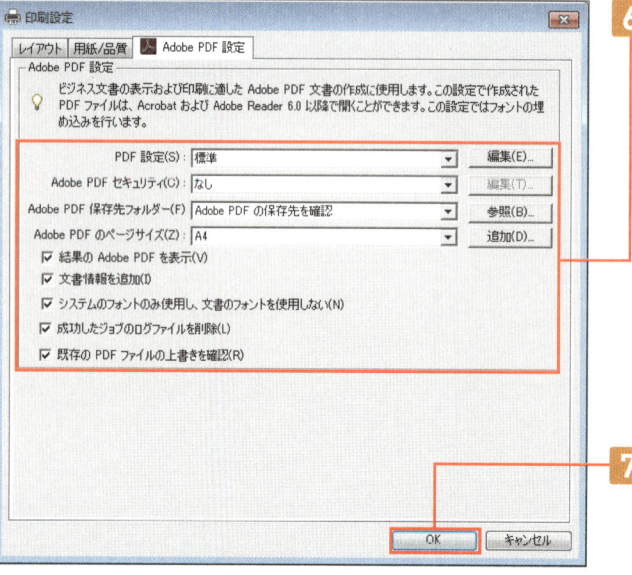

6. PDF のサイズやセキュリティ設定、フォント埋め込みの有無などを設定します。
7. 設定できたら「OK」をクリックします。

106

8 保存ウィンドウが開くので、名前を付けて任意の場所に保存します。

9 変換が終わると Acrobat が起動し、PDF が表示されます。

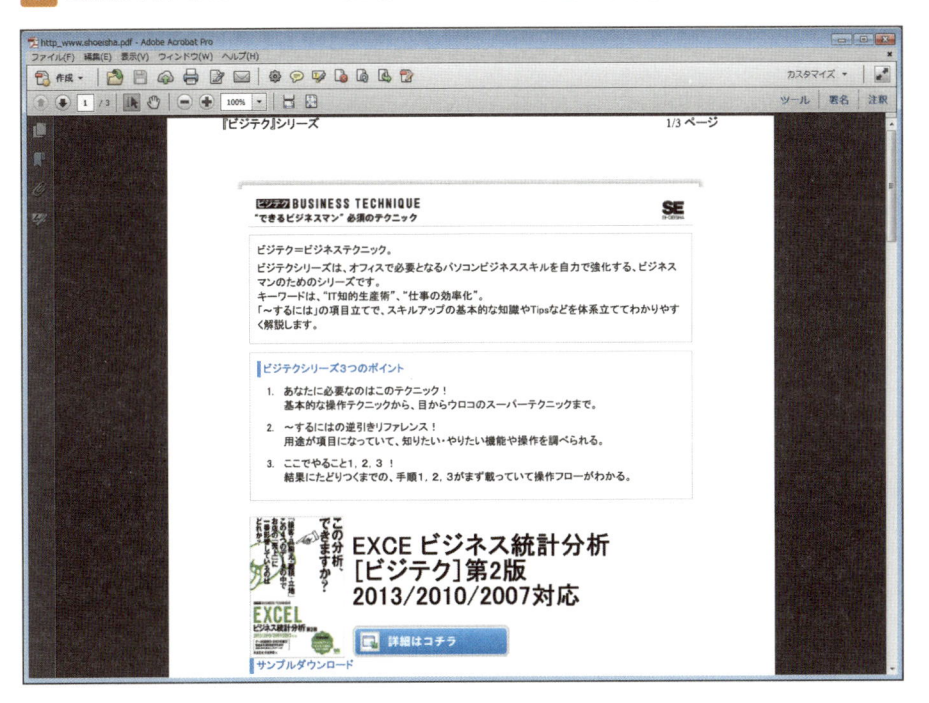

> **MEMO** この方法は印刷機能を持つソフトであれば、同じ操作で利用できます。さまざまな環境から PDF を出力している人にとっては操作手順が共通ということもあり分かりやすいでしょう。ただし、PDF ならではのしおりやタグの追加が行えないほか、Flash などマルチメディアコンテンツが空白になってしまう点は注意が必要です。またリンクがすべて無効化されるので、リンク先を参照したい場合、オリジナルのページを探す必要があります。

2-03 WebページをPDFに変換する

050 ブラウザの印刷メニューからPDFを出力するには

ビジテク 051 ブラウザの拡張機能を利用してPDFに変換するには

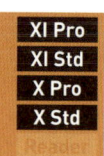

XI Pro / XI Std / X Pro / X Std

ここが重要 Adobe Acrobat Create PDF Toolbar

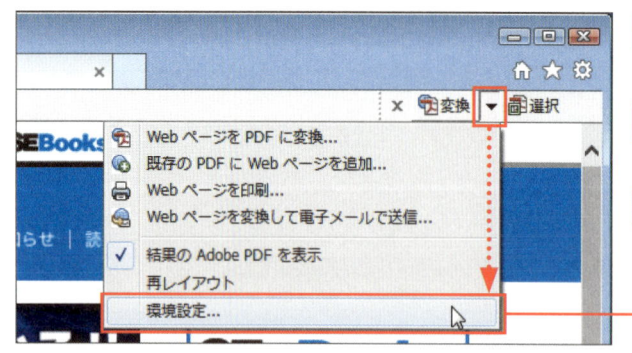

1. ブラウザを起動します。ここではInternet Explorerを例に説明します。
2. PDFに変換したいWebサイトを開きます。
3. 「Adobe Acrobat Create PDF Toolbar」の「変換」ボタン横にある▼をクリックし、「環境設定」を選択します。

MEMO Acrobatをインストールすることで「Adobe Acrobat Create PDF Toolbar」というツールバーがインストールされます。ツールバーが表示されない場合はInternet Explorerの表示メニューで、Adobe Acrobat Create PDF Toolbarを有効にします。

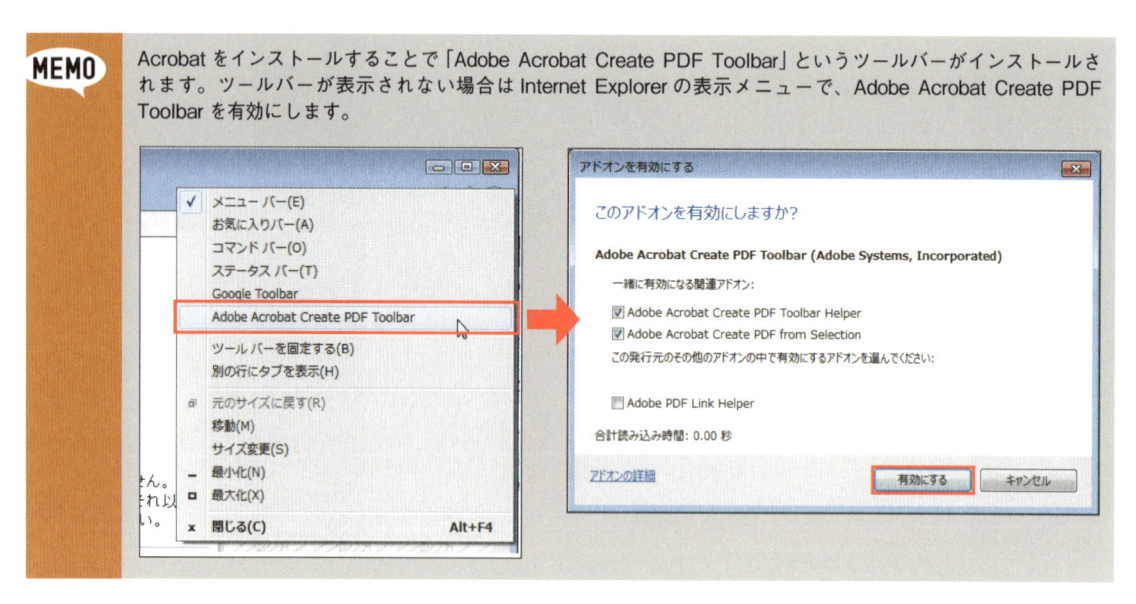

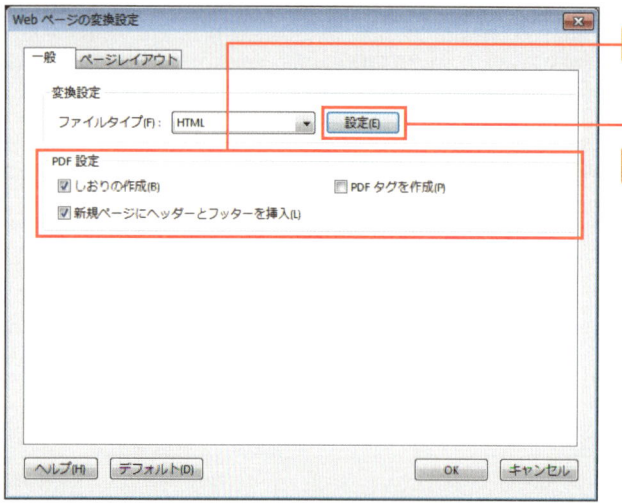

4. しおりやタグを追加できるほか、ヘッダーおよびフッターを入れるかどうかなどが設定できます。
5. 変換設定欄の「設定」ボタンをクリックします。

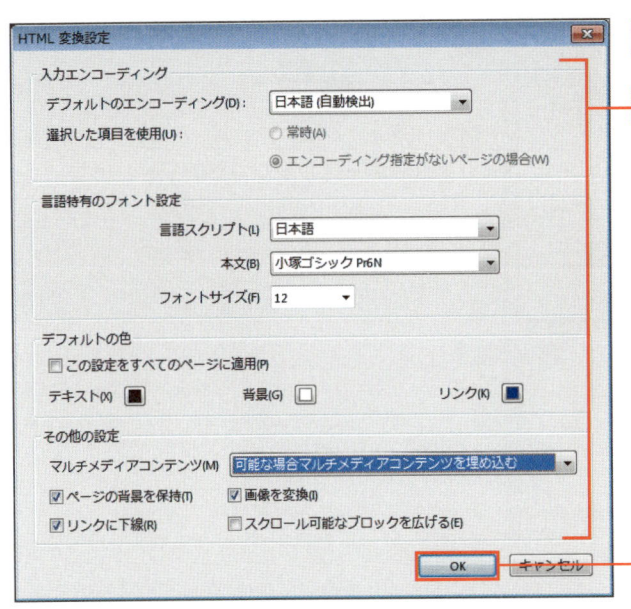

6 「HTML変換設定」画面が開きます。

7 Flashなどマルチメディアコンテンツを埋め込めるほか、リンクに下線を付けるか否か、背景色を何色にするかといった設定が行えます。

8 設定が完了したら「OK」ボタンをクリックします。

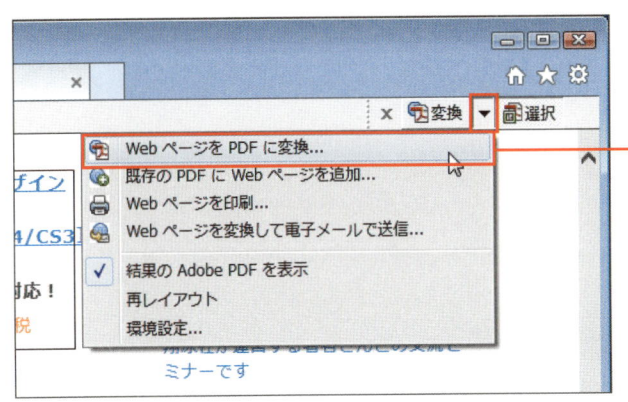

9 変換ボタン横にある▼をクリックし「WebページをPDFに変換」をクリックします。

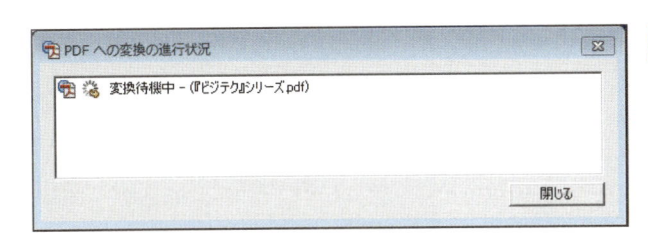

10 名前を付けて任意の場所に保存すると、PDFへの変換が開始されます。

次ページへ続く

11 変換が終わると Acrobat が起動し、PDF が表示されます。

12 URL リンクをクリックすると、ブラウザが起動してリンク先が表示されます。

➡ ここがポイント 拡張機能を使う利点

この方法ではページ内の URL リンクはもちろん、Flash などのマルチメディアコンテンツに至るまでオリジナルの内容がほぼ忠実に再現されるほか、PDF ならではのしおりやタグを追加することもできます。

➡ ここがポイント Google Chrome や Firefox でも利用可能

ここでは Internet Explorer を使った手順を解説しましたが、Acrobat XI の場合、Windows 環境であれば Firefox と Chrome、Mac 環境では Firefox でこの拡張機能を利用できます。
Chrome では「設定」画面の「拡張機能」から「Adobe Acrobat - PDF を作成」を「有効」にします。Firefox では、「アドオン」画面の「拡張機能」から「Adobe Acrobat Create PDF」を「有効化」します。

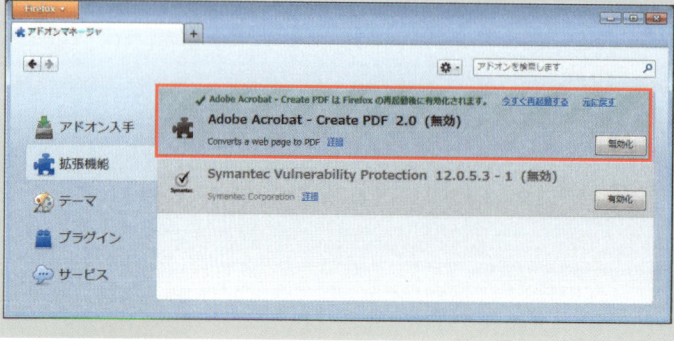

ビジテク 052 Acrobatの「WebページからPDF」でPDFに変換するには

XI Pro / XI Std / X Pro / X Std

ここが重要 Web ページから PDF

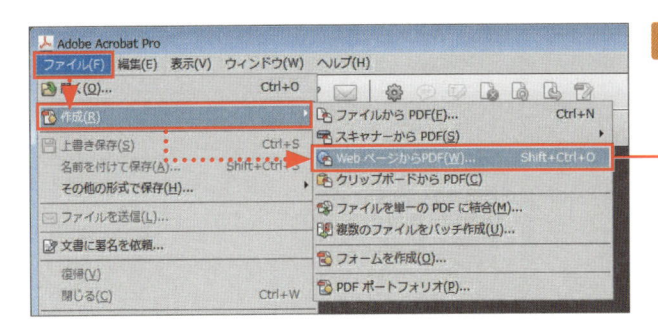

1. Acrobat の「ファイル」メニューから「作成」→「Web ページから PDF」を選択します。

2. ウィンドウが開くので PDF に変換したい Web サイトの URL を入力します。

3. 「設定」ボタンからはヘッダーとフッターを入れるか、しおりを付けるかなど、詳細な設定が行えます。

4. 設定が完了したら「作成」をクリックします。

5. Web からダウンロードが開始され PDF に変換されます。

➡ ここがポイント 認証が必要な Web ページも PDF 化できる

この方法の利点は、ID やパスワードの認証が必要な Web ページでも PDF 化が可能なことです。 ➡ビジテク050
➡ビジテク055 の方法ではうまく出力できなかった Web ページが、この方法であれば問題なく出力できる場合があるので、知っておくと役に立ちます。また単一のページではなく、サイト全体など、複数ページをまとめて PDF 化する機能もあります。詳しくは P115 を参照してください。

ビジテク 053 Webページの選択範囲だけをPDFに変換するには

XI Pro / XI Std / X Pro / X Std

ここが重要 WebページをPDFに変換

1. PDFに変換したいWebサイトをInternet Explorerで開きます。

2. 「Adobe Acrobat Create PDF Toolbar」の「選択」ボタンをクリックします。

3. PDFに変換したい範囲をクリックします。

4. 選択した範囲は罫線で囲まれます。

MEMO スタイルシートで定義された範囲をワンクリックで選択できます。

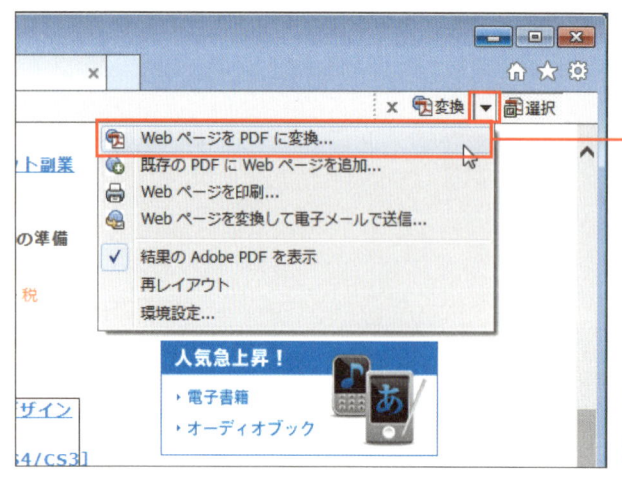

5. 変換ボタンの横にある▼をクリックし「WebページをPDFに変換」をクリックします。

MEMO 「再レイアウト」にチェックを入れておけば、PDF化される際にページの幅に合わせてレイアウトがリフローされます。

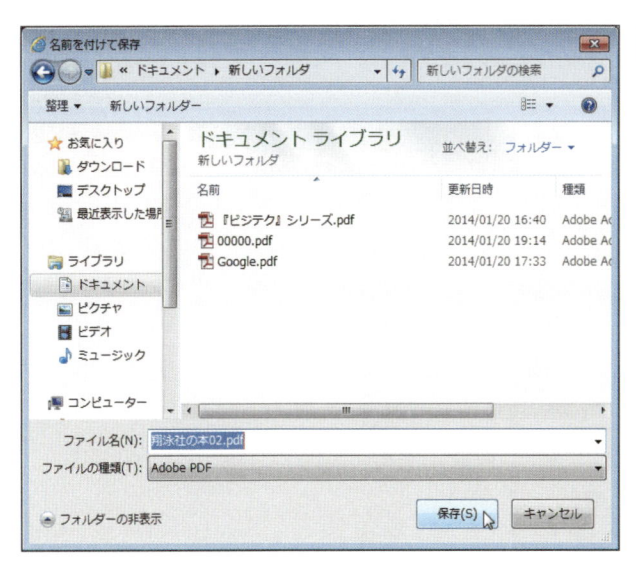

6 名前を付けて任意の場所に保存します。

7 選択した範囲だけが PDF に変換されました。

MEMO Web ページによっては思い通りに範囲の選択ができなかったり、範囲が選択できても不適切なレイアウトで変換されてしまう場合があります。その際は PDF の編集機能を用いれば不要な要素を除去するなどの整形が行えます。PDF の編集機能については ➡ビジテク 028 を参照してください。

ビジテク 054 Google ChromeでWebページの選択範囲だけをPDFに変換するには

XI Pro / XI Std / X Pro / X Std / Reader

ここが重要 印刷 -Adobe PDF

1. Google Chrome で Web ページを開き、保存したい範囲をドラッグして選択します。

2. 右クリックから「印刷」を実行します。

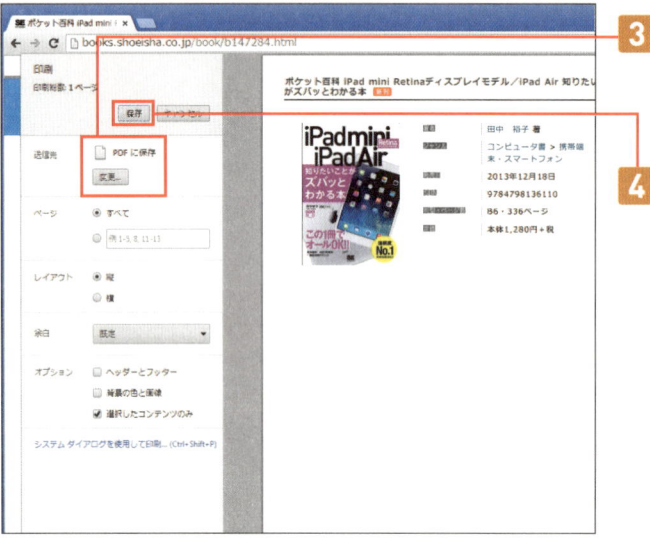

3. 印刷画面で「変更」ボタンをクリックし「Adobe PDF」を選択します。

4. 「保存」を実行し、任意の場所に保存します。

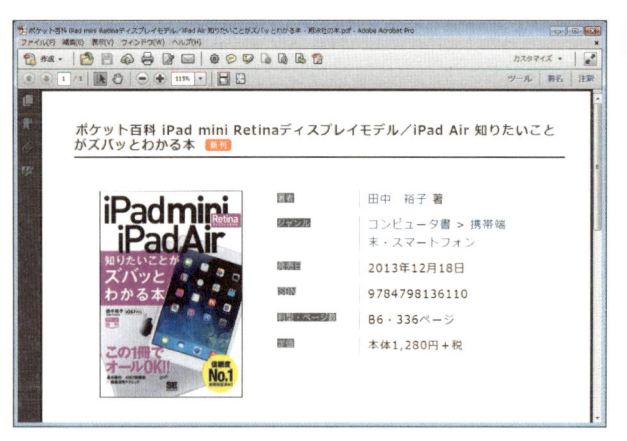

5. 選択範囲のみが PDF 化されました。

055 サイト全体をPDFに変換するには

XI Pro / XI Std / X Pro / X Std

ここが重要 Webページから PDF を作成

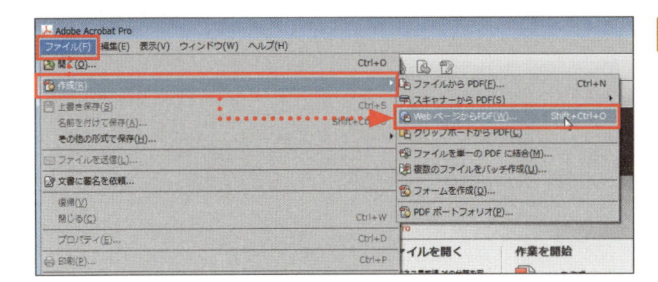

1. Acrobatの「ファイル」メニューから「作成」→「WebページからPDF」を選択します。

2. URLを入力したのち、左下の「複数レベルのキャプチャ」をクリックします。

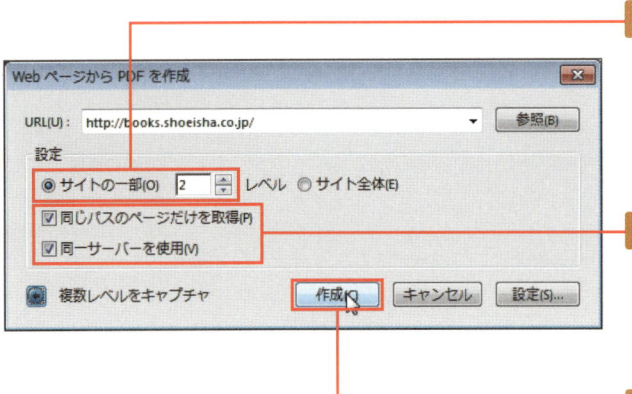

3. 保存対象として「サイト全体」を選択すると、負荷が重くなってしまう場合があります。まずは「サイトの一部」で、レベルを「2」程度で試してみましょう。

4. 「同じパスのページだけを取得」「同一サーバを使用」にてチェックを入れることで、むやみに不要なページを保存しなくて済みます。

5. 「作成」ボタンをクリックします。

MEMO 「設定」画面からは、ページの向きや幅、ヘッダーとフッターの挿入の有無などが指定できます。ページの背景を省いたり、マルチメディアコンテンツは埋め込まずに外部参照とすることも可能です。

次ページへ続く

6 ダウンロードが開始されます。ページ数が多い場合は時間がかかります。

7 PDF 化が完了しました。今回は 144 ページあるひとつの PDF ファイルにまとまりました。

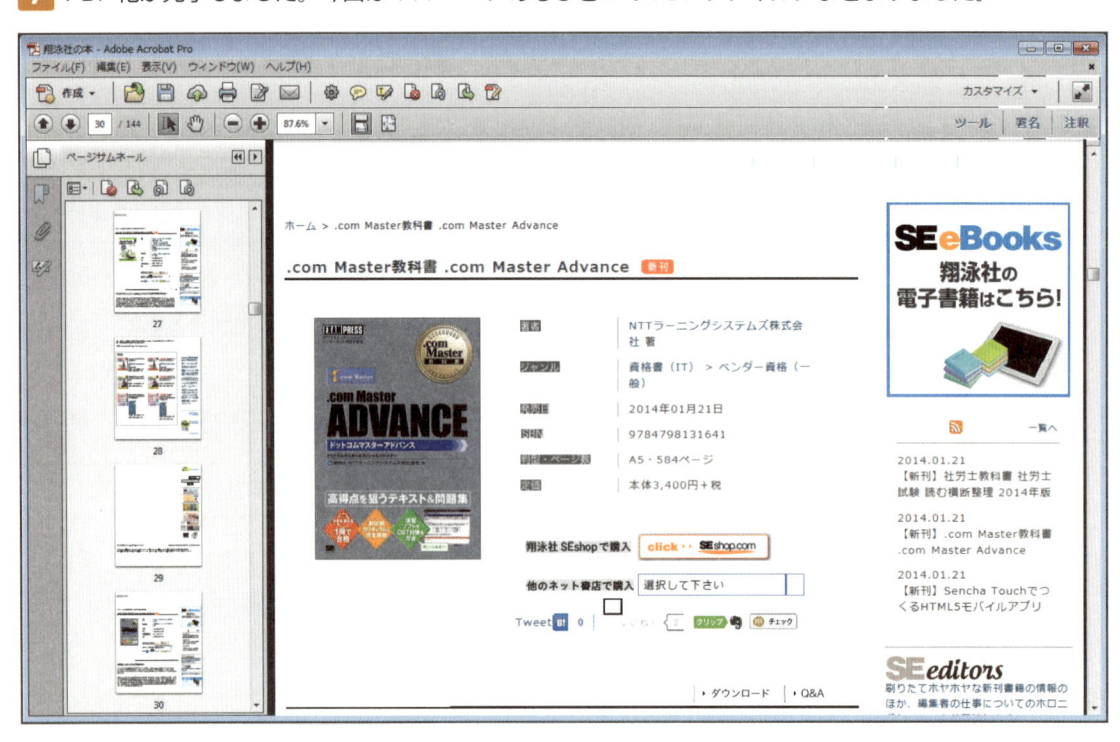

> **MEMO** ページ間はそれぞれリンクが張られているのでクリックすることで行き来ができます。

2-04 PDFの情報を書き出して再利用する

>> ビジテク

PDFにはさまざまなフォーマットへの書き出し機能が用意されており、必要に応じて別のフォーマットに書き出すことで、情報を幅広く活用できます。ここではさまざまフォーマットへの書き出し方法について解説します。

▶ PDFをアーカイブのツールとして利用する

■PDFから必要な情報を書き出して活用する

　PDFにはさまざまなフォーマットへ書き出すための機能が用意されています。PDFにまとめたデータを必要に応じて別のフォーマットに書き出すことにより、情報をよりいっそう活用できるようになります。PDFをいわばアーカイブのツールとして利用するわけです。このほか、Excelで作成した表組みのデータを、PDFを介してWordに変換するといった具合に、フォーマット間の橋渡しをする用途にも役立ちます。

　書き出し先のフォーマットとしては、Word や Excel、PowerPoint →ビジテク056 のほか、テキスト →ビジテク058 や画像 →ビジテク060 などの選択肢が用意されています。それぞれのフォーマットはさらに細かな形式を選ぶことができ、例えば画像であればJPEG以外にも、JPEG2000、TIFF、PNGを選択できます。このほか、スキャンして作成したPDFをいったん画像として出力し、画像処理ソフトで補正を行ってから再びPDFに戻すといった技も可能です。

PDFを中心としたデータの流れ

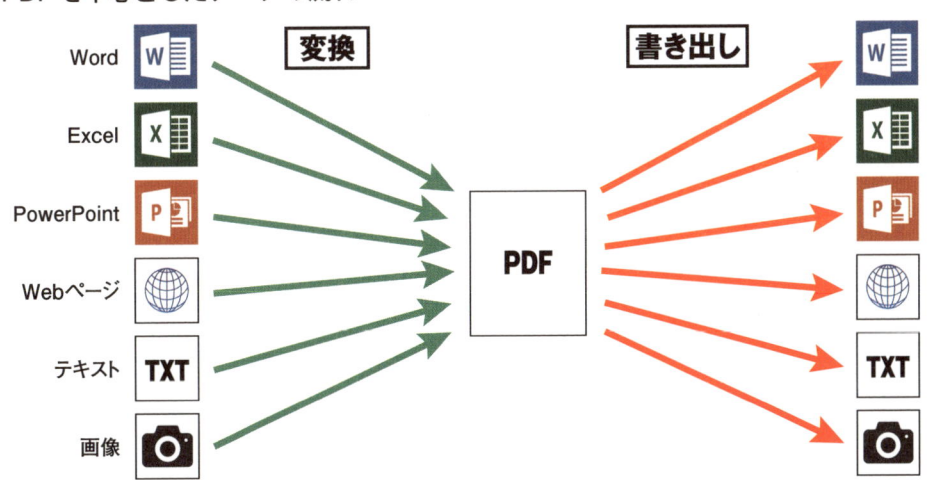

■ PDFの一部分だけを書き出すこともできる

　これら他のフォーマットへの書き出しでは、PDF全体を変換するだけでなく、部分的に書き出すことも可能です。例えばPDF内に含まれている表の部分だけをExcelに変換したり ➡ビジテク 057 、特定の画像だけを抜き出したり ➡ビジテク 061 といった具合です。PDFの範囲を指定してコピーするという、スクリーンショットを撮るのと似た「スナップショット」というツール ➡ビジテク 063 も用意されています。これらの機能を活用すれば、新しい企画書やプレゼン資料を作成する際、過去の資料から必要な箇所を手軽に流用できるので重宝します。

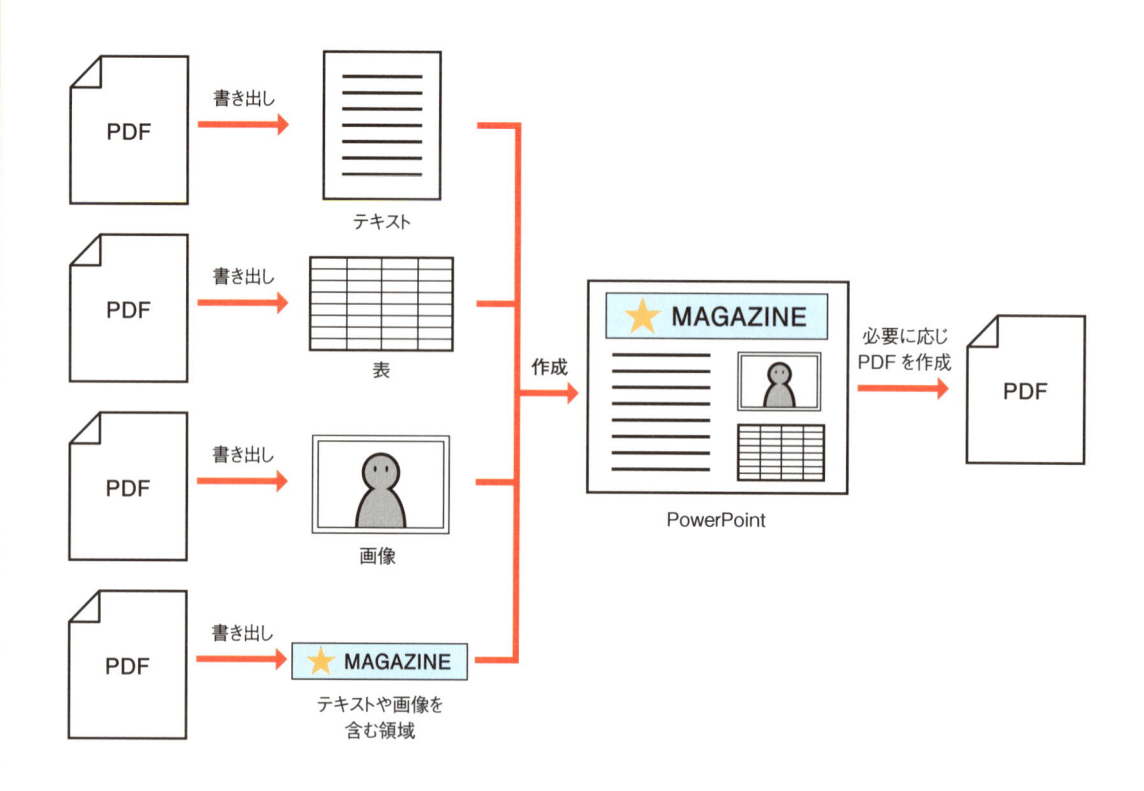

　少し変わったところでは、スキャンしたPDFデータからテキスト部分を抽出することもできます ➡ビジテク 059 。まずテキスト認識を行って対象のPDFの中にある文字をテキストデータに変換し、その後テキストの書き出しを実行することで、スキャンデータ内の文字がテキストファイルとして抽出できるというわけです。オフィスに眠っている過去の紙資料から新しい資料を作成したり、データを引用するのが容易になるのはもちろんのこと、翻訳ソフトを用いて翻訳を行う場合にも威力を発揮します。オフィスでAcrobatを使用するにあたっては、ぜひチェックしておきたい機能です。

ビジテク 056 PDFをWordやExcelに変換するには

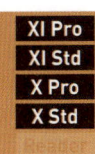

XI Pro / XI Std / X Pro / X Std

2-04 PDFの情報を書き出して再利用する

ここが重要 その他の形式で保存

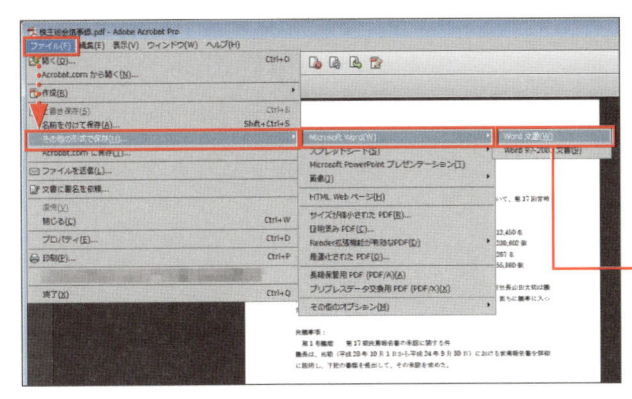

1 PDFを開いた状態で「ファイル」メニューから「その他の形式で保存」を選びます。

MEMO Acrobat Xでは「名前を付けて保存」を選びます。

2 Wordで保存する場合は「Microsoft Word」→「Word文書」、Excelで保存する場合は「スプレッドシート」→「Microsoft Excelブック」を選択します。

3 任意の名前を付けて保存します。

4 保存した文書をWordもしくはExcelで表示し、正しく変換されていることを確認します。

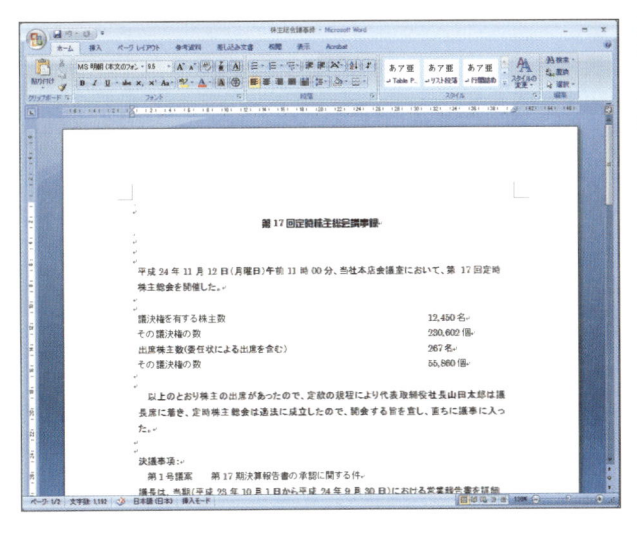

MEMO 上記に加え、Acrobat XI Proでは、PowerPoint形式で保存することもできます。

MEMO 同様の手順で、HTMLへの変換も行えます。レイアウトが複雑な場合はうまく変換できない場合もあるので、保存完了後は必ずチェックするようにしましょう。

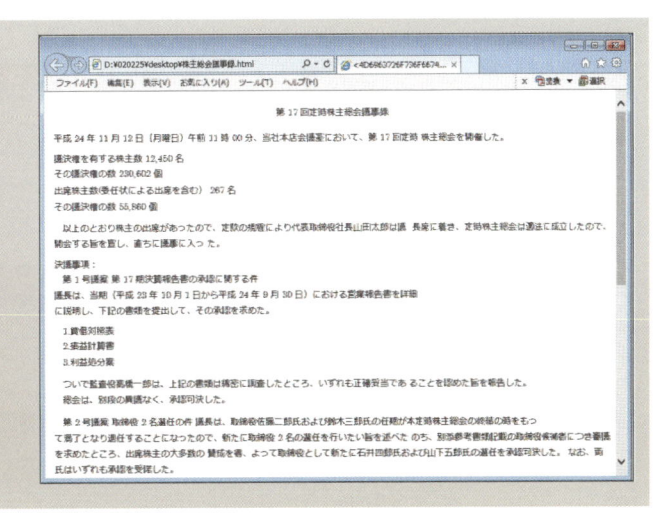

119

ビジテク 057 指定した表だけをExcelに書き出すには

XI Pro / XI Std / X Pro / X Std

ここが重要 書式設定を維持してコピー

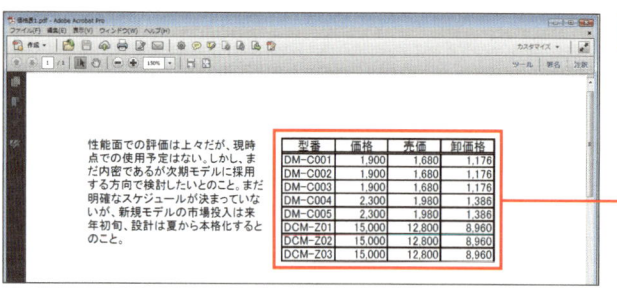

1. 例えばこのようなPDFファイルで、右側にある表だけを書き出したいとします。

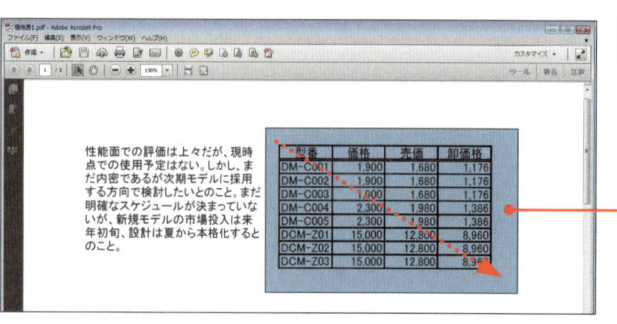

2. まずはマウスでドラッグし、表全体を選択します。

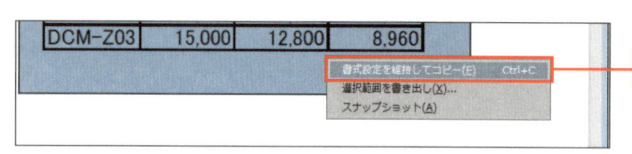

3. 右クリックして「書式設定を維持してコピー」を選択します。

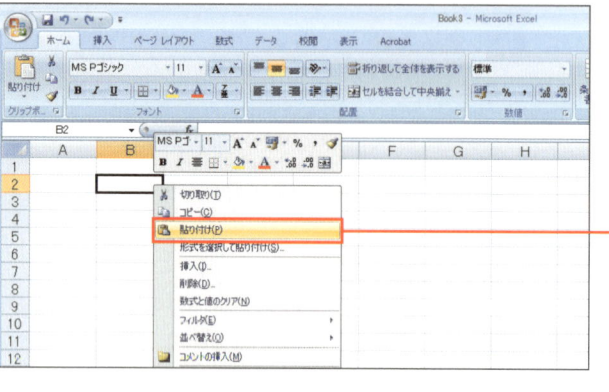

4. 続いてExcelを起動し、新規シートを表示します。

5. 貼り付けたい位置の左上のセルを右クリックし「貼り付け」を選択します。

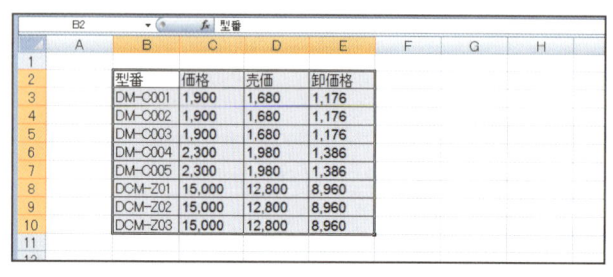

6. PDFからコピーした表が貼り付けられました。

MEMO Excelに貼り付けた表は再計算も行えるで、数値の検算を行うのにも便利です。

058 PDFからテキストを抜き出すには

XI Pro / XI Std / X Pro / X Std / Reader

ここが重要 その他の形式で保存

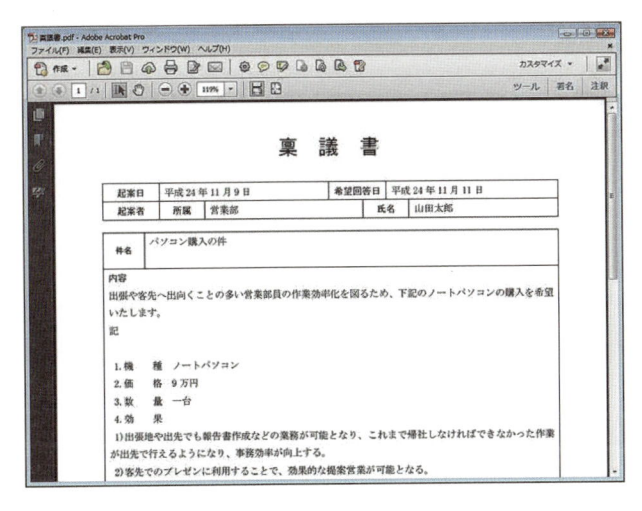

1. Acrobatでテキストを抜き出したいPDFを開きます。

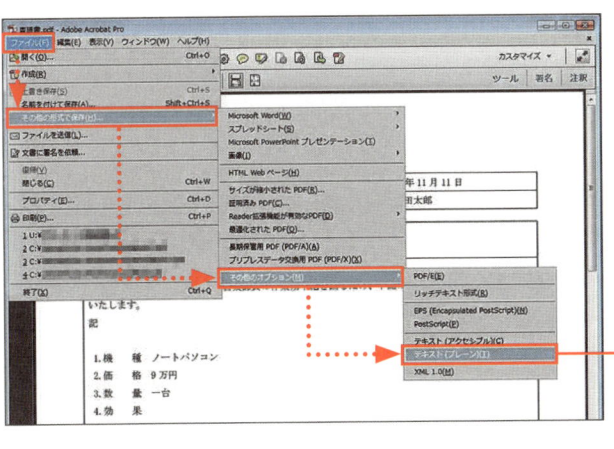

2. 「ファイル」メニューから「その他の形式で保存」→「その他のオプション」→「テキスト（プレーン）」を選択します。

MEMO Acrobat Xでは、「ファイル」メニューから「名前を付けて保存」を利用します。

MEMO ここで紹介している手順では、PDFに含まれるテキストが書式設定なしで書き出されます。書式設定を維持したままコピーしたい場合は、コピーしたいテキストの範囲をドラッグして選択し、右クリックから「書式設定を維持してコピー」を選択することで、不要な改行コードを含まずに別のソフトに貼り付けることができます。

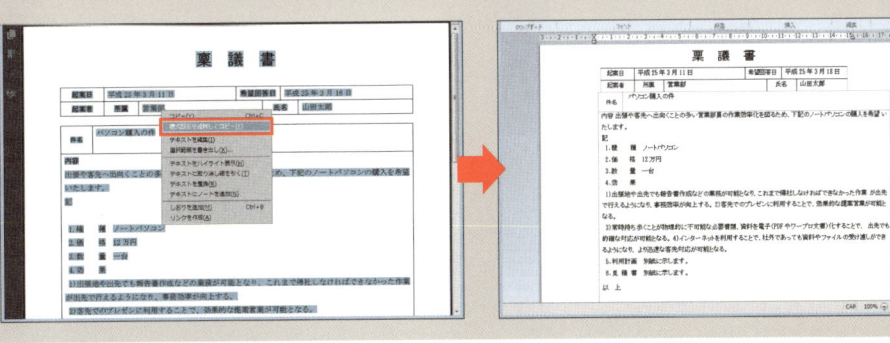

次ページへ続く

121

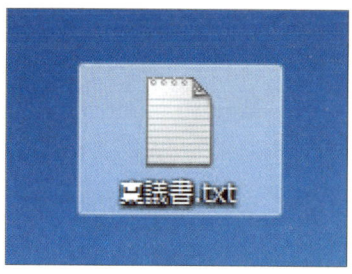

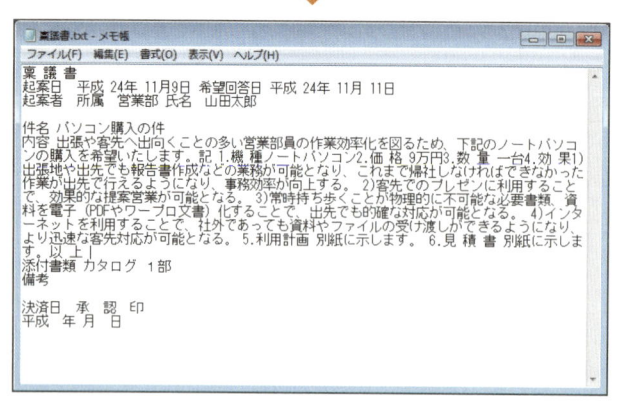

3 テキストファイルに書き出されます。

MEMO 上記の方法は Acrobat だけでなく Adobe Reader でも行えますが、Adobe Acrobat XI であれば、テキスト形式だけでなく Word 形式で直接書き出す機能も持っています。最終的に Word 文書として使用するのであればそちらの方法を使ったほうがよいでしょう。Word 形式に書き出す方法は、→ビジテク 056 を参照してください。

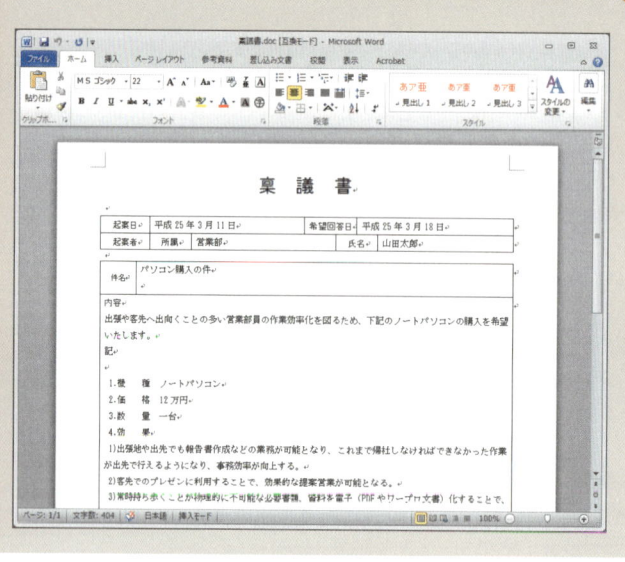

ビジテク 059 スキャンして作成したPDFから テキストを抜き出すには

XI Pro / XI Std / X Pro / X Std / Reader

ここが重要 テキスト認識

1 対象のPDFがスキャンした画像データだった場合や、テキスト入りの図などが中に含まれる場合、→ビジテク058 の方法だけではテキストを書き出すことができません。そんな場合はテキスト認識を行った上で書き出しを実行します。

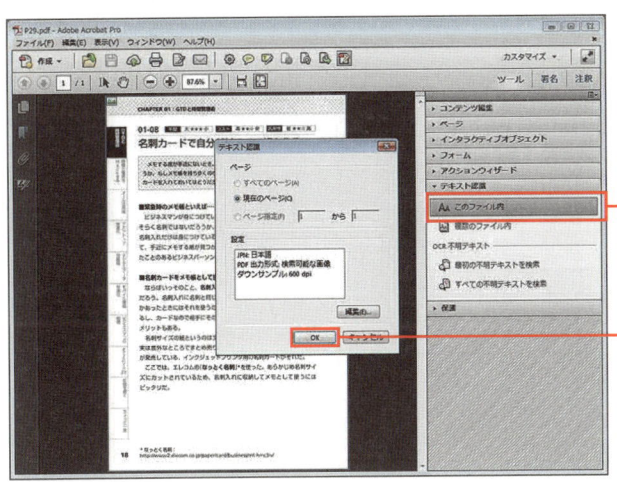

2 「表示」メニューから「ツール」→「テキスト認識」を選択します。

3 右側に「ツール」パネルが表示されるので「テキスト認識」の中にある「このファイル内」をクリックします。

4 ダイアログの内容を確認したら、「OK」をクリックしてテキスト認識を実行します。

MEMO Acrobatのデフォルト設定のまま直接スキャナから取り込んだPDFでは、すでにテキスト認識が完了しているので、このページで紹介している **2**〜**4** の手順は省略できます。

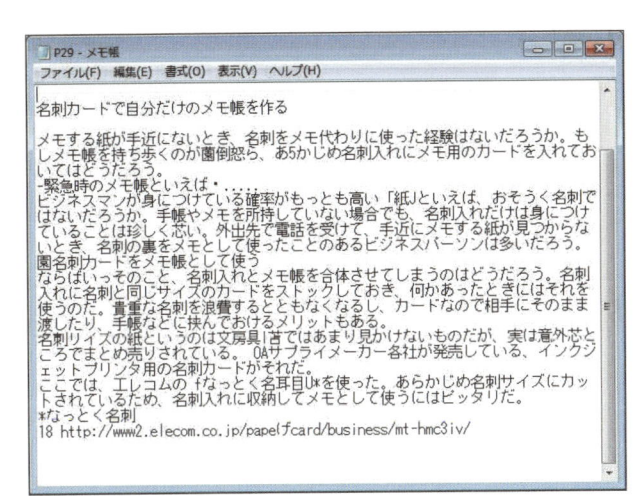

5 テキスト認識が終わったら、さきほどの →ビジテク058 と同じ手順でテキストを書き出します。

6 もともと画像だったデータからテキストの部分がプレーンテキストで書き出されました。これでほかの書類への流用も簡単に行えます。

MEMO Adobe Acrobat X以前のバージョンでも同様の機能が付いており、画像の中にあるテキストの保存が可能ですが、XIではOCR性能が向上し、精度が上がっています。

060 PDFの1ページをひとつの画像として書き出すには

XI Pro / XI Std / X Pro / X Std

ここが重要 その他の形式で保存

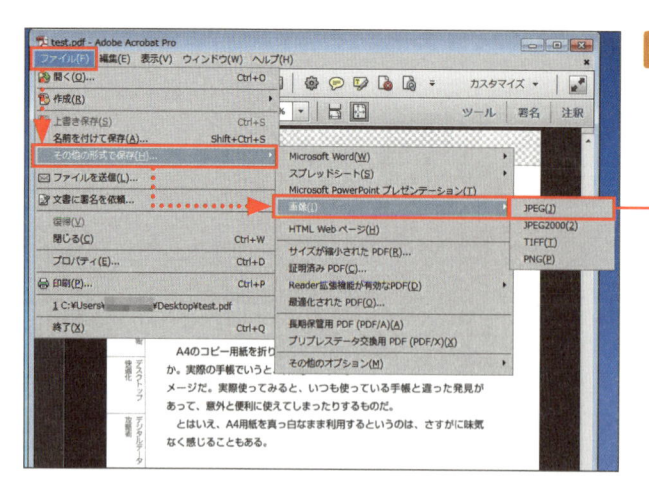

1. PDFを開いた状態で「ファイル」メニューから「その他の形式で保存」→「画像」→「JPEG」を選択します。

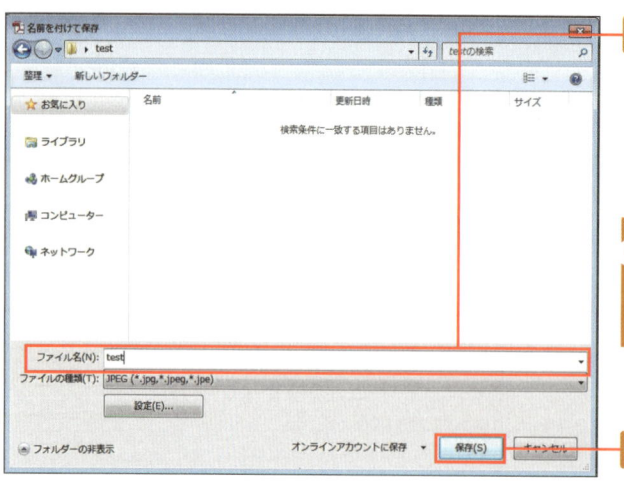

2. 保存先となる任意のフォルダーを選択したのち、ファイル名の先頭に付ける文字列を指定します。とくになければフォルダー名の文字列が、ファイル名の先頭にそのまま付与されます。

MEMO 手順2の書き出し前に左下の「設定」ボタンをクリックし、画像のカラーモードやフォーマットなどを細かく設定することもできます。

3. 「保存」をクリックします。

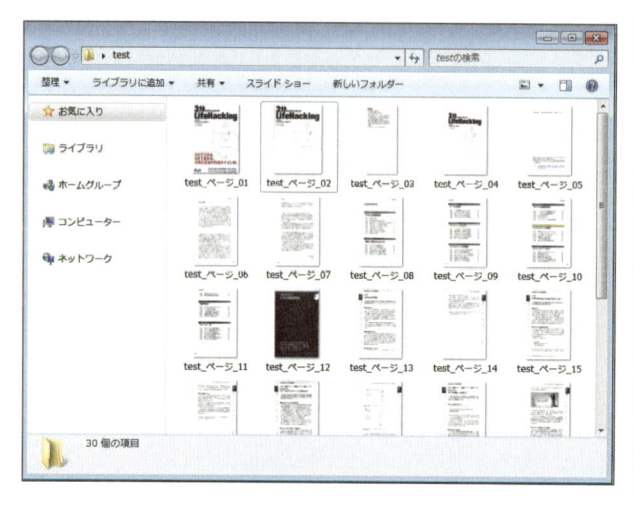

4. 指定のフォルダー内に画像が書き出されました。1ページが1つの画像ファイルとして書き出されていることが分かります。

MEMO この例ではスキャナで生成したPDFから書き出しを行っていますが、テキストファイルやOffice文書から変換したPDFのように、内部に画像を含まないPDFも同様に1ページをひとつの画像として書き出すことができます。

MEMO JPEG以外の形式で書き出す場合は、手順1の工程でそれらの画像形式を指定します。

061 PDFから画像をコピーして使うには

XI Pro
XI Std
X Pro

2-04 PDFの情報を書き出して再利用する

ここが重要 テキストと画像を編集

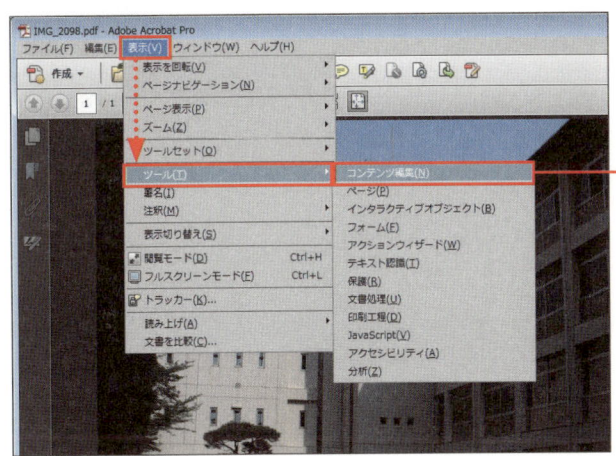

1. PDFを開いた状態で「表示」メニューから「ツール」→「コンテンツ編集」を選択します。

MEMO Acrobat X Pro では「表示」メニューから「ツール」→「コンテンツ」を選択します。

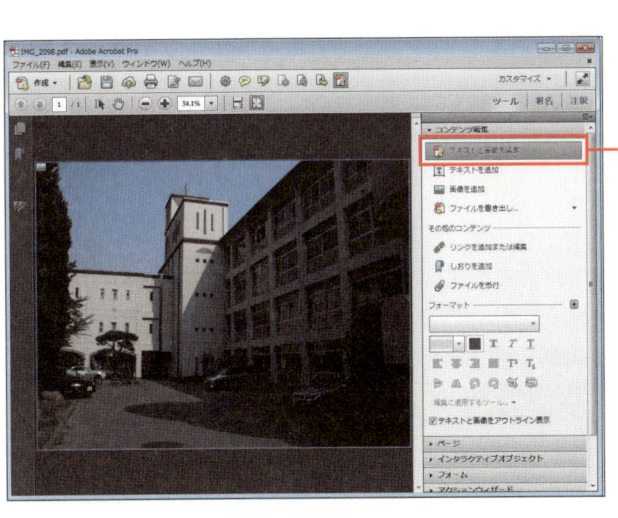

2. 画面右側に「ツール」パネルが表示されるので、「コンテンツ編集」の中にある「テキストと画像を編集」をクリックします。

MEMO Acrobat X Pro では「オブジェクトを編集」をクリックします。

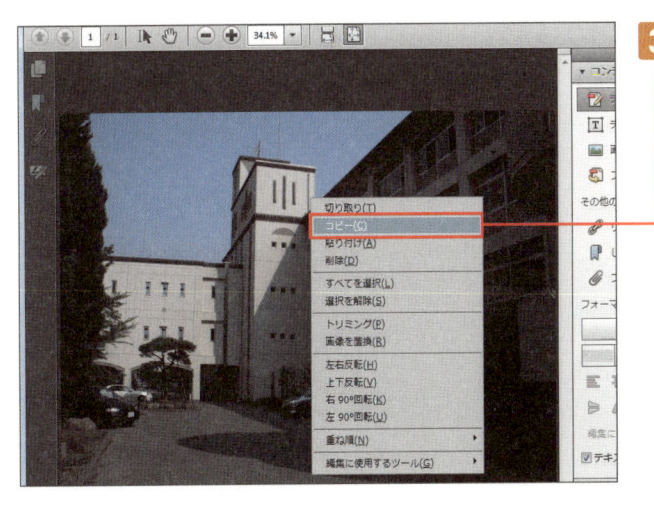

3. 画像が選択可能な状態になるので、右クリックして「コピー」を選択します。

次ページへ続く

060 PDFの1ページをひとつの画像として書き出すには

061 PDFから画像をコピーして使うには

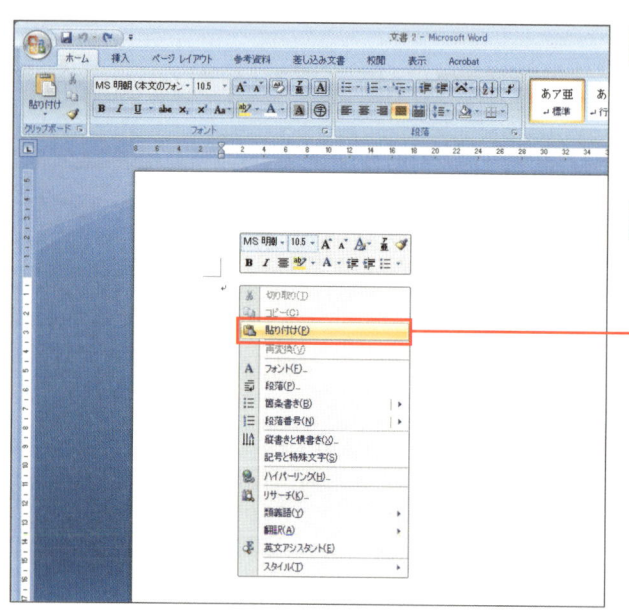

4 画像を貼り付けるソフトウェアを起動します。ここでは Microsoft Word に貼り付けるので、Word を起動して新規文書を開きます。

5 新規文書の画面を右クリックして「貼り付け」を選択します。

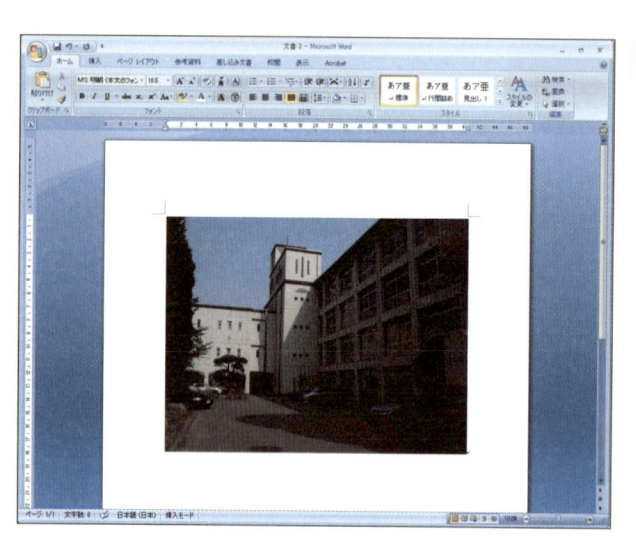

6 PDF から抜き出した画像が貼り付けられました。必要に応じ、四隅をドラッグして拡大縮小を行います。

MEMO この例では Word 文書に貼り付けていますが、画像編集ソフトに貼り付けて新規画像ファイルとして保存することもできます。また、Acrobat の「ファイル」メニューから「作成」→「クリップボードから PDF」を選択すると、対象の画像だけが貼り付けられた PDF を生成できます。クリップボード上のデータから PDF を作成する詳細な手順は、→ビジテク 046 を参照してください。

MEMO PDF に貼り付けられた画像とともに、テキストなどほかの要素もコピーしたい場合は、スナップショットツールを利用します（コピーした時点でテキストはビットマップ化されます）。スナップショットツールについては →ビジテク 063 を参照してください。

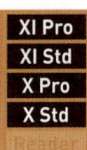

ビジテク 062 PDF内の画像をすべて書き出すには

XI Pro / XI Std / X Pro / X Std

2-04 PDFの情報を書き出して再利用する

ここが重要 すべての画像を書き出し

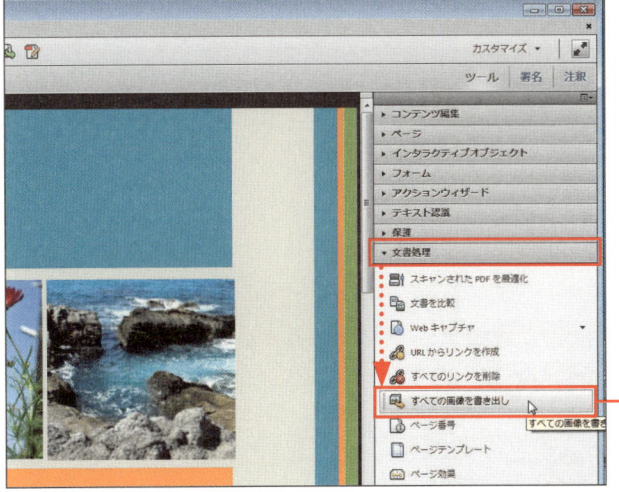

1. PDFを開いた状態で、「表示」メニューから「ツール」→「文書処理」を選択します。

2. 「文書処理」から「すべての画像を書き出し」を選択します。

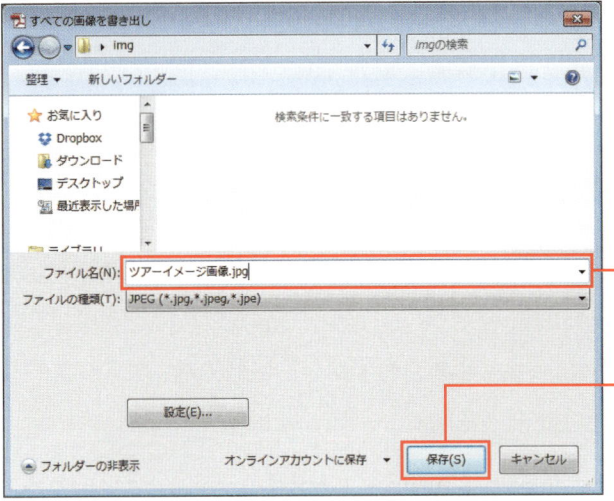

3. 書き出しウィンドウが開くのでファイル名を付けて「保存」をクリックします。

MEMO 「設定」ボタンからは画質やカラーモードを設定できます。

4. PDFに含まれるすべての画像が連番を付けられた形で保存されました。

MEMO 画像の枚数が多い場合は、あらかじめ格納するフォルダーを作ってから保存を実行したほうがよいでしょう。

061 PDFから画像をコピーして使うには

062 PDF内の画像をすべて書き出すには

063 スナップショットで部分的にコピーするには

XI Pro / XI Std / X Pro / X Std / Reader

ここが重要 スナップショット

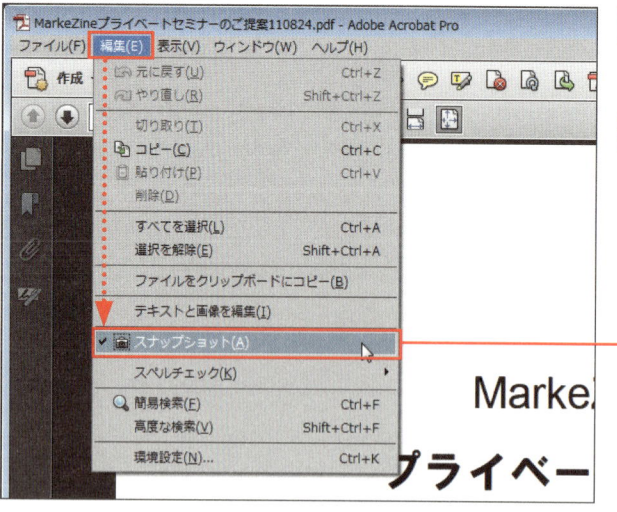

1. スナップショットを作成したい PDF ファイルを Acrobat で開きます。

2. 「編集」メニューから「スナップショット」を選択します。

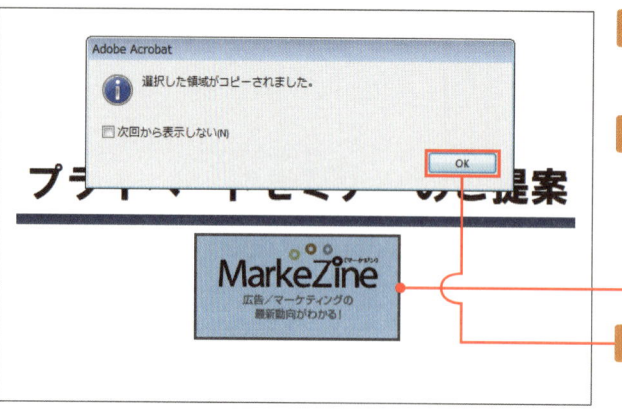

3. 今回は PDF の企画書からロゴマーク部分のスナップショットを作成してみます。

4. PDF 上をドラッグしてロゴマーク部分を囲むように範囲選択します。

5. これで囲んだ領域がコピーされるので「OK」をクリックします。

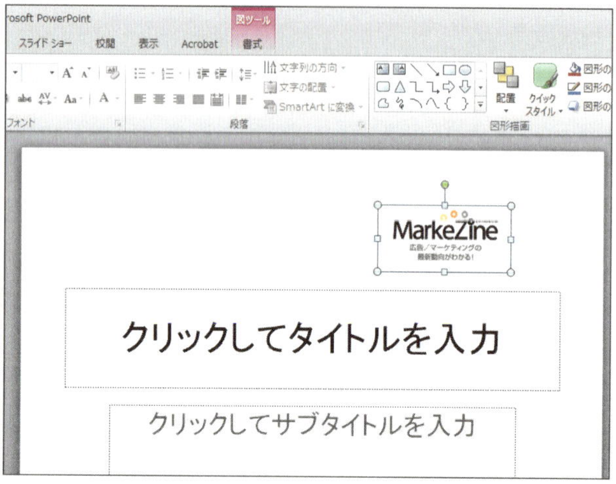

6. コピーしたスナップショットは他のアプリケーション上に貼り付けることができます。

7. 試しに PowerPoint を起動し、スライド上で [Ctrl] + [V] キーでペーストします。

8. スナップを撮ったロゴ部分が貼り付けられました。あとは場所を移動したり、拡大縮小して自由に使えます。

MEMO 手順5で領域をコピーする際、なるべく PDF の表示倍率を上げた状態でコピーを実行することで、高精細な画像を得ることができます。

第 3 章

PDF文書の管理・検索・回覧

この章では、紙の資料をスキャンして生成したPDFを有効活用するための補正やテキスト認識などの方法に始まり、Acrobatが備える3つの検索方法の使い方、さらには電子印鑑や電子署名によるPDFの閲覧・承認ワークフローについて解説します。

3-01 紙の情報資産をPDF化して活用する

>> ビジテク

オフィスにある膨大な紙の資料をPDF化すれば、置き場所が不要になるのはもちろんのこと、テキスト認識を行うことにより、検索性を向上させ、過去のデータを情報資産として活用することが可能になります。ここでは紙の資料をPDFに変換し、活用するためのテクニックや注意点について解説します。

▶ 紙資料をPDF化する利点

■保管コストとスペースの削減

　オフィスにはさまざまな紙の資料が眠っています。個人がキャビネット内に保管しているケースもあれば、ロッカーや倉庫にファイルやバインダーごとごっそりと置かれているケースもあることでしょう。法令によって決まった年数だけ保存しておかなくてはいけない資料を除けば、それらは単に場所を取っているだけで、どこにどんな資料が眠っているか明らかではないことも多いはずです。

　こうした場合、スキャナを用いて紙の資料をすべてデジタルデータ化してしまえば、置き場所が要らなくなり、オフィスがすっきりします。データ化が進むと、これまで狭いと感じていたオフィスがみちがえるように広く感じるようになります。キャビネットやロッカーが空っぽで、むしろ落ち着かない、そんな状態になるかもしれません。

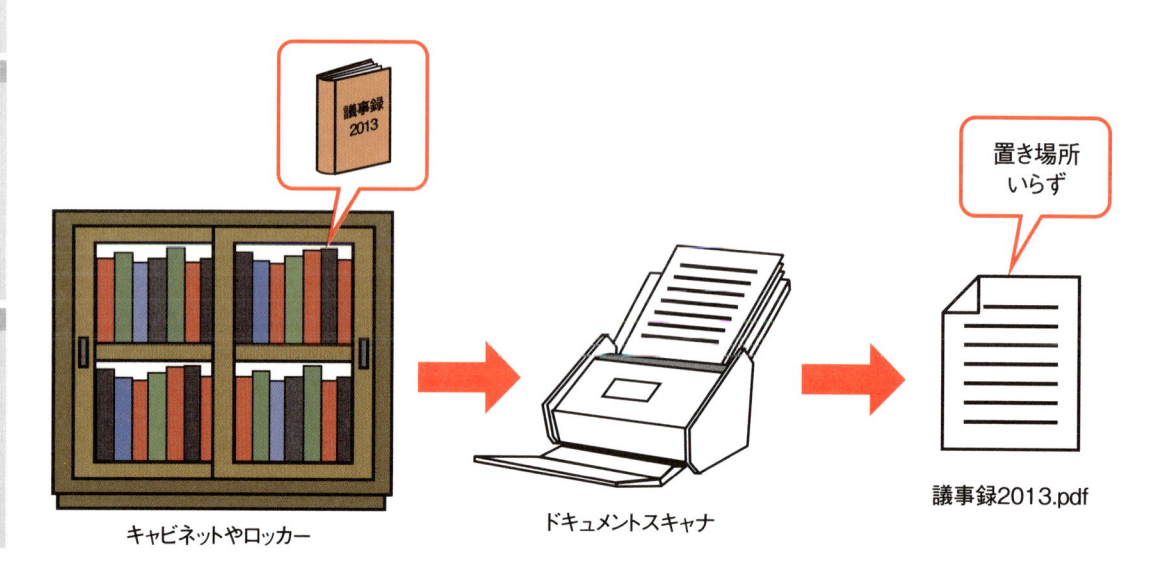

キャビネットやロッカー → ドキュメントスキャナ → 議事録2013.pdf（置き場所いらず）

単に置き場所をなくすだけなら、PDFという文書フォーマットにこだわらなくても、JPEGやPNGといった画像ファイルでも問題ありません。しかしPDFであれば、複数のページをひとつのファイルとして管理できるので、書類としての体裁を保ったままデジタルデータ化できます。PDFであれば、スマホやタブレットで参照するためのアプリも数多く存在しているので、幅広いプラットフォームで閲覧できるのも利点です。

■検索性の向上と情報の再利用

　また、フォーマットにPDFを選ぶ大きな利点として、キーワードによる検索が可能になることが挙げられます。PDFに対してテキスト認識（OCR処理）を実行すれば、本文の文字列がテキストデータ化されるので、PC上でキーワードを検索する際の対象に含めることができます →ビジテク 065 。目的の書類を探す際、これまでのように書類を綴ったバインダーを広げ、ページをめくって目視で探すという手間をかけることなく、キーワードが書かれたページに一発でアクセスできるのです（PDFの検索機能については、次の節で詳しく紹介します）。また、テキスト認識を行えば、それらテキストデータはコピーが可能になるので、新しい資料を作成する際に流用できるようになるほか、翻訳を行ったり、また音声による読み上げも容易になります。

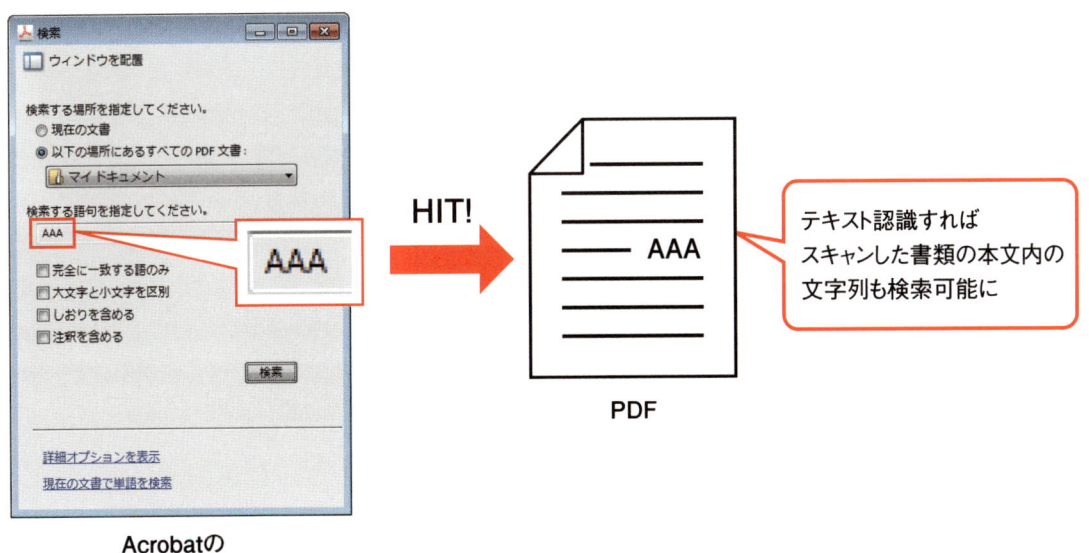

Acrobatの「高度な検索」

PDF

テキスト認識すればスキャンした書類の本文内の文字列も検索可能に

紙資料をデータ化するための機器

■スキャナの種類と特徴

　紙の資料をPDF化するための機器には、さまざまな種類があります。スキャナと名がつく機器だけでも、書類を1枚ずつうつぶせで読み取るフラットベッドスキャナのほか、書類を束ねてセットし表裏を同時に読み取るドキュメントスキャナなど、読み取り方式の異なる複数のタイプがあります。またオフィスでよく使われる、コピー機やFAXと一体化した複合機の多くには、書類を読み取ってPDF化する機能が備わっています。このほか、書画カメラのように、広げた書類を上から読み取るタイプの製品もあります。

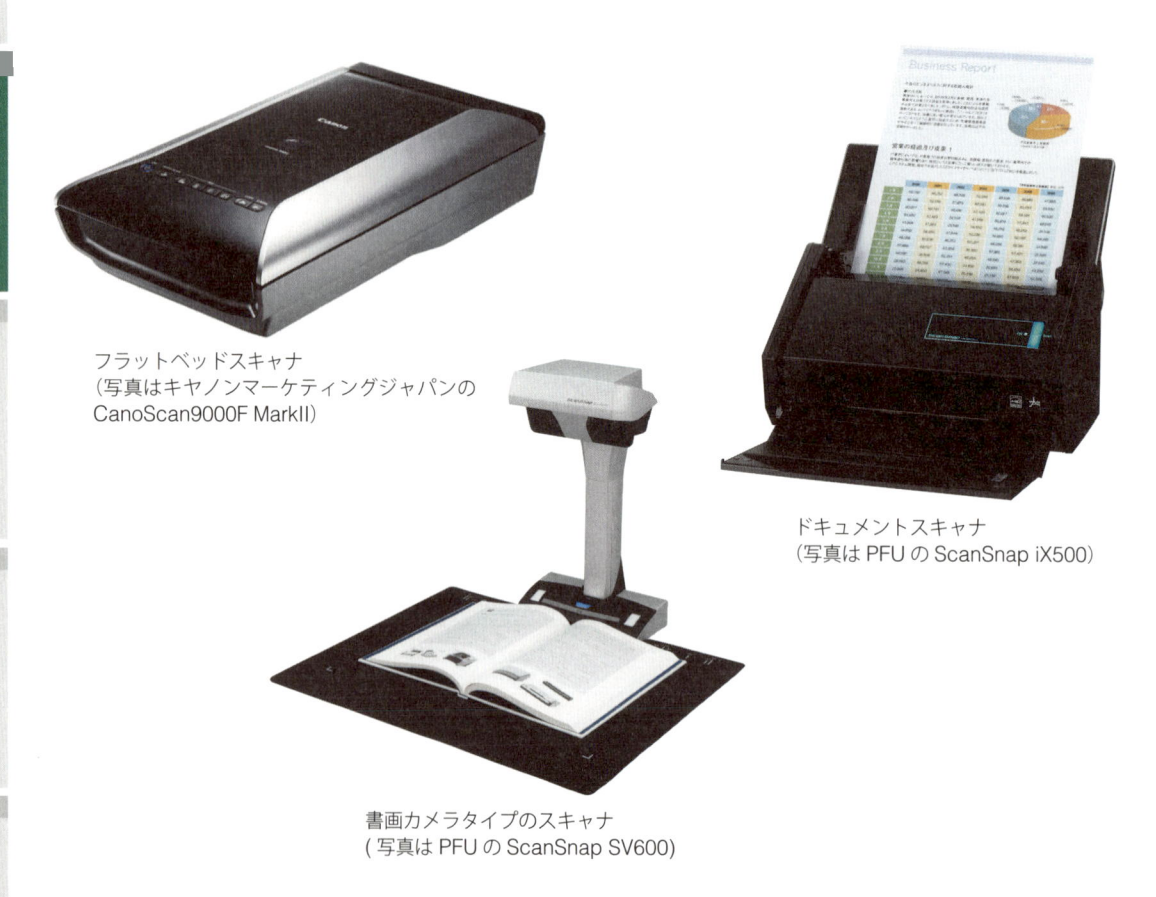

フラットベッドスキャナ
(写真はキヤノンマーケティングジャパンのCanoScan9000F MarkII)

ドキュメントスキャナ
(写真はPFUのScanSnap iX500)

書画カメラタイプのスキャナ
(写真はPFUのScanSnap SV600)

■大量の資料のデータ化にはドキュメントスキャナ

　このうち、大量の書類をスピーディーにPDF化するにあたってもっとも効率がよいのは、ドキュメントスキャナです。一度のスキャンで両面を同時に読み取れるので、フラットベッドスキャナのように両面に印刷された原稿を1枚ずつひっくり返す必要もなく、50枚程度の書類をまとめてセットし、ワンプッシュでPDFに変換できます。ただし書類が1ページずつばらばらに分離していないと、オートシートフィーダを通すことができないので、書類がステープラなどで綴じられていたり、製本されている場合には解体する必要があります。。とくに契約書など、ページをばらばらにすると書類としての価値を失う場合は、ドキュメントスキャナではなく、フラットベッドスキャナや書画カメラタイプのスキャナを利用したほうがよいでしょう。

ドキュメントスキャナは最大 50 枚程度の書類をまとめてセットできる（写真は PFU の ScanSnap iX500）

■ **スキャンした PDF の補正・加工**

スキャナを使って生成した PDF は、若干傾いていたり、あるいは 90 度単位で向きが回転している場合があります。Acrobat があれば、これらの修正も簡単に行えます ➡ビジテク 066 ➡ビジテク 067。また背景を除去したり、画像の解像度を下げることにより、ファイルサイズを小さくすることも可能です。

■ **スマートフォンによるデジタル化**

スキャナ以外で、書類をデジタルデータ化する手軽なツールとして近頃注目を集めているのが、スマートフォンです。内蔵のカメラで書類を撮影し、専用アプリで台形補正やコントラストの調整を行ったのち、PDF で保存することで、専用の機器を使わずにデジタルデータ化できてしまうというわけです。解像度は必ずしも高いとはいえ、とくに A4 程度のサイズになると文字がぼやけてしまい、テキスト認識がうまくいかない場合もよくありますが、名刺やハガキなどをデジタルデータ化するには手軽なツールとして重宝します。デジタルデータ化にあたっては、専用のスキャナにこだわらず、手間やコスト、書類の種類やサイズも考慮しつつ、適した機器を利用するとよいでしょう。

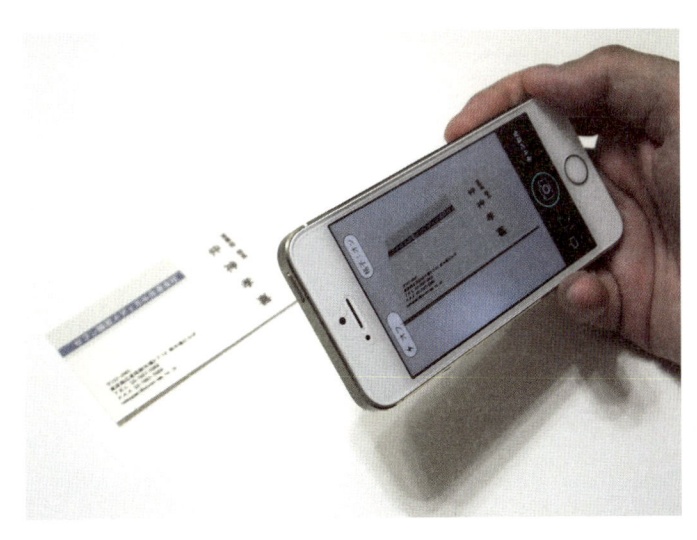

「CamScanner+」のように、スマートフォンのカメラで撮影した書類の形状を補正し、PDF で保存できるアプリは多い

▶ テキスト認識（OCR処理）の注意点

■ スキャナ付属のユーティリティの多くもテキスト認識機能を備える

　Acrobatにはスキャンデータにテキスト認識（OCR処理）を施す機能が搭載されています。バージョンXIでは認識の精度が上がり、従来よりも正確な認識ができるようになりました。この方法は→ビジテク065で解説しています。

　ただし多くのスキャナでは、付属のユーティリティもテキスト認識機能を備えています。これらの多くは、スキャンしながら同時にテキスト認識を実行できるため、スキャン完了後にAcrobatを用いてテキスト認識を実行するのに比べ、時間が短縮できるメリットがあります。

　認識率については元原稿の品質や読み取り解像度にも影響されるので、どのソフトがすぐれているとは一概に言えませんが、日本語と英語が混在したテキストや、縦書きのテキストの認識率などは、ソフト間の差がとくに出やすいポイントです。もし、限りなく正確なテキスト認識を求めるのであれば、同一の文書で比較してみることをおすすめします。

PFUのドキュメントスキャナ「ScanSnap」シリーズに付属するユーティリティ「ScanSnap Organizer」。スキャンと並行してテキスト認識を行える

　なお、ひとつ気を付けたいのは、これらスキャナに付属するユーテリティがテキスト認識を行えるのは、ほとんどの場合、そのスキャナで生成されたPDFだけだということです。ほかのスキャナで生成されたPDFをテキスト認識させようとしても、エラーが出て処理を実行できません。

　また、Acrobatでなんらかの編集を行うと、それ以降は付属のユーティリティでは編集を受け付けなくなることもよくあります。可能な処理はなるべく付属のユーティリティで済ませ、その後Acrobatで処理を行ったほうがよいでしょう。

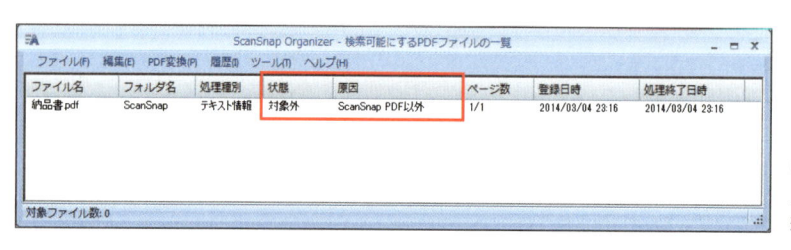

いったんAcrobatで編集を行うと、スキャナ付属のユーティリティでは編集できなくなる場合がある

064 スキャンした文書のファイルサイズを減らすには

対応: XI Pro / XI Std / X Pro / X Std

ここが重要 スキャンされた PDF を最適化

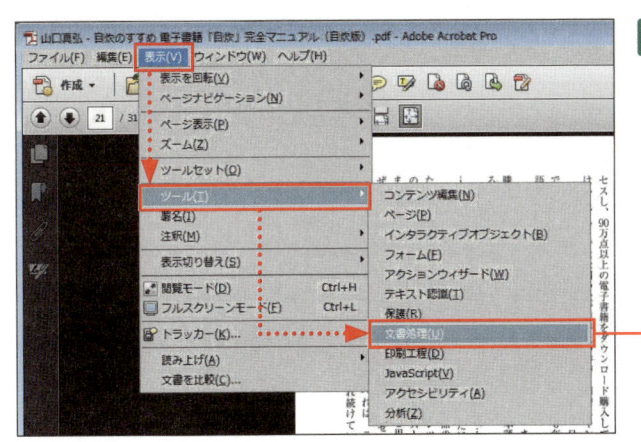

1. PDF を開いた状態で、「表示」メニューから「ツール」→「文書処理」で「ツール」パネルを開きます。

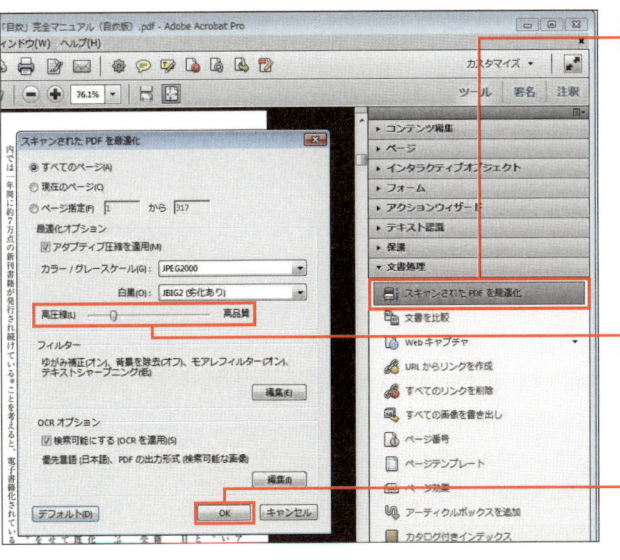

2. 「ツール」パネルが開くので「文書処理」の中にある[スキャンされた PDF を最適化]をクリックします。

3. 「最適化オプション」の項目でスライダーを調整します。高圧縮に近付けるほどファイルサイズは軽くなり、画質は低下します。

4. 「OK」をクリックすると最適化が実行されます。元のファイルサイズによっては時間がかかります。

MEMO どの程度の圧縮率が適切なのか、はじめに単ページの PDF でテストしてみるとよいでしょう。でき上がった PDF をオリジナルと見比べて、もし画質が低下しすぎていれば、設定を変更して、ファイルサイズとクオリティのバランスがよくなるように調整します。

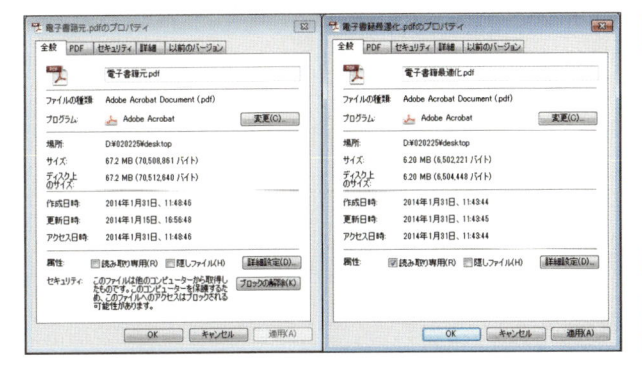

5. スキャナで読み取ったままで無加工のスキャン PDF が 67.2MB だったのに対し、最適化後は 6.2MB にまで縮小されました。

MEMO 最適化して容量を減らすことでスマートフォンやタブレットなどでも扱いやすくなるメリットがあります。

065 スキャンした文書をテキスト検索できるようにするには

ここが重要 テキスト認識

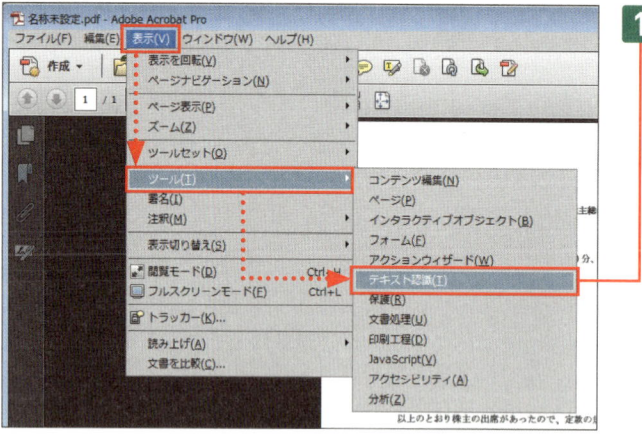

1. PDFを開いた状態で、「表示」メニューから「ツール」→「テキスト認識」をクリックします。

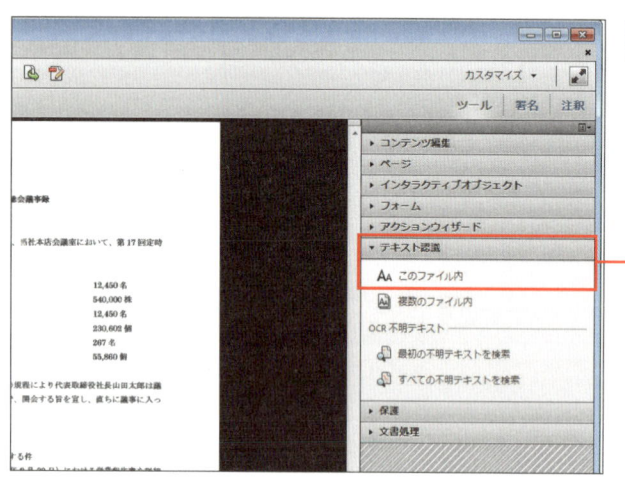

2. 「ツール」パネルが開くので、「テキスト認識」の中にある「このファイル内」をクリックします。

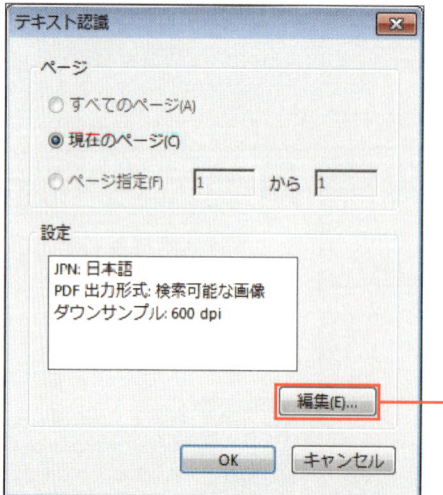

3. 「テキスト認識」の設定画面が表示されます。「編集」をクリックします。

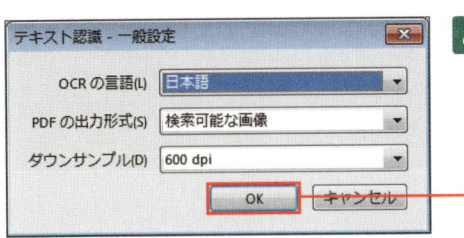

4 必要に応じて「OCRの言語」「PDFの出力形式」「ダウンサンプル」を変更し、「OK」をクリックして元の画面に戻ります。

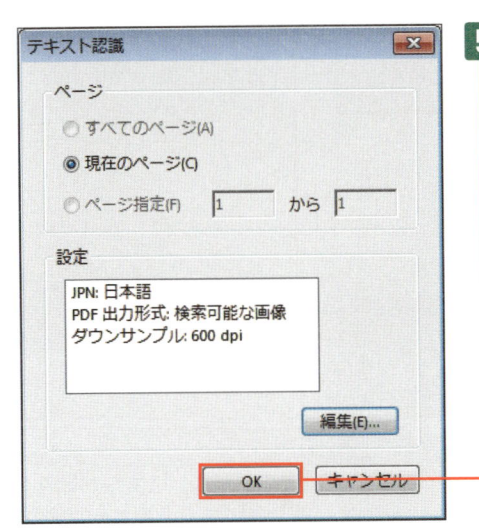

5 「OK」をクリックするとテキスト認識が実行されます。ページ数が多い場合など、しばらく時間がかかる場合があります。

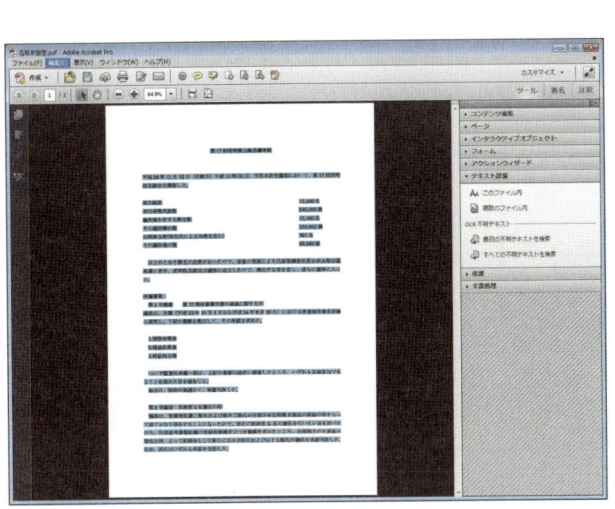

6 テキスト認識が完了しました。ページをドラッグすると、文字列が選択できるようになっていることが分かります。

> **MEMO** ここではAcrobatを用いたテキスト認識の手順を紹介していますが、スキャナに付属するユーティリティ以外でPDFを編集した場合、そのユーティリティではそれ以降の編集が行えなくなる場合があります。まず最初にスキャナに付属しているユーティリティでテキスト認識を行い、認識率などに不満がある場合のみ、今回紹介した手順でAcrobatによるテキスト認識をやり直したほうがよいでしょう。

> **MEMO** このほか、「表示」メニューから「ツール」→「文書処理」をクリックして表示される「スキャンされたPDFを最適化」でも、テキスト認識を行うことができます。こちらでは最適化が行われたのちテキスト認識が実行されるため、ここで紹介した方法とは認識結果が異なる場合があります。「スキャンされたPDFを最適化」については
> →ビジテク 064 を参照してください。

ビジテク 066 スキャンした文書の傾きを補正するには

XI Pro / XI Std / X Pro / X Std / Reader

ここが重要 スキャンされた文書を最適化

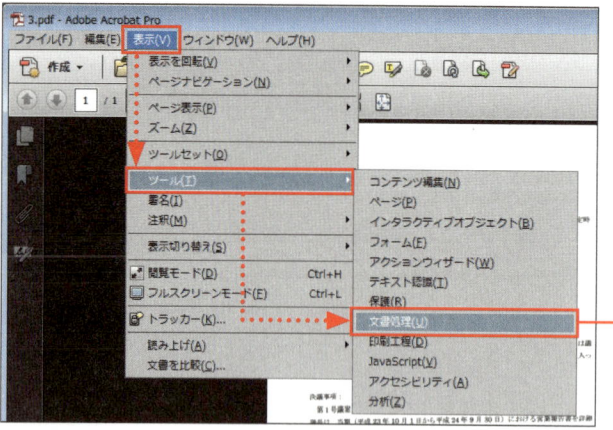

1. PDFを開いた状態で、「表示」メニューから「ツール」→「文書処理」をクリックします。

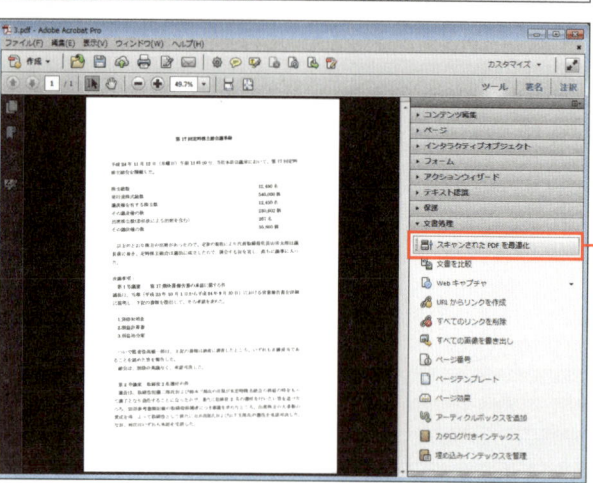

2. 「ツール」パネルが開くので、文書処理の中にある「スキャンされた文書を最適化」をクリックします。

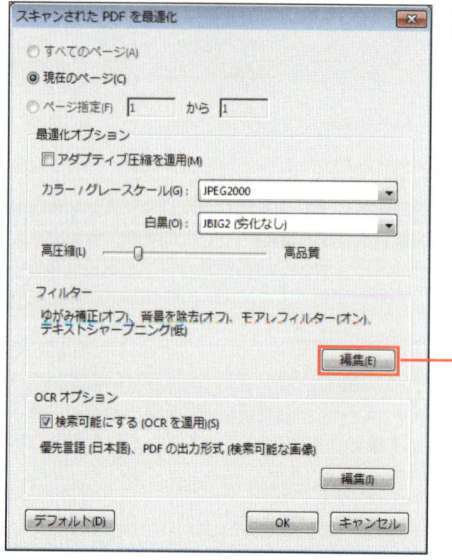

3. 設定画面が表示されるので、「フィルター」の右下にある「編集」をクリックします。

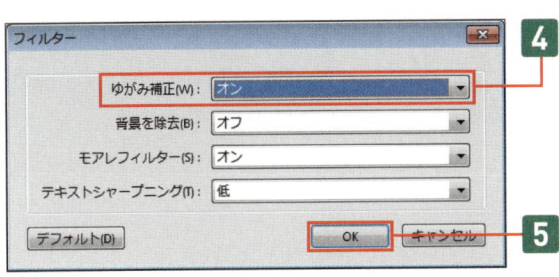

4 「ゆがみ補正」を「オン」にします。今回は傾きを補正するのが目的なので、その他の項目は、とくに必要がなければそのままにしておきます。

5 「OK」をクリックして元の画面に戻ります。

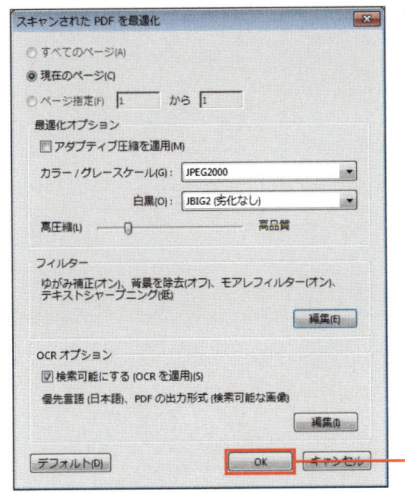

6 「OK」をクリックして実行します。

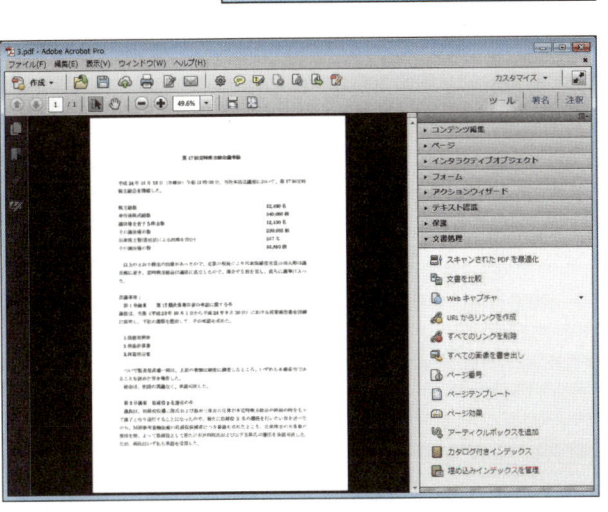

7 傾きが補正され、文字列が水平になりました。

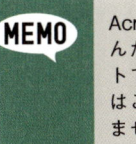

MEMO Acrobatを使ってスキャナーから取り込んだPDFでは、ゆがみ補正がデフォルトでオンに設定されているため、通常はここで挙げた処理を行う必要はありません。なお、OCRオプションがオンの場合とオフの場合とでは、ゆがみ補正の結果が異なる場合があります。

MEMO Acrobatでは、文書の傾きを手動で補正することはできません。自動補正がうまくいかず、手動で角度を調整したい場合は、スキャナ付属のユーティリティにその機能がないか確認してみましょう。例えばPFUのドキュメントスキャナ「ScanSnap」に付属するユーティリティ「ScanSnap Organizer ビューア」には補助線を見ながら傾きを手動で補正する機能が備わっています。

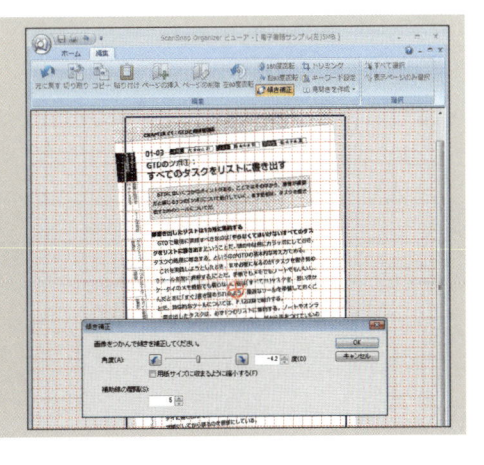

067 スキャンした文書の向きを回転するには

ここが重要 ページを回転

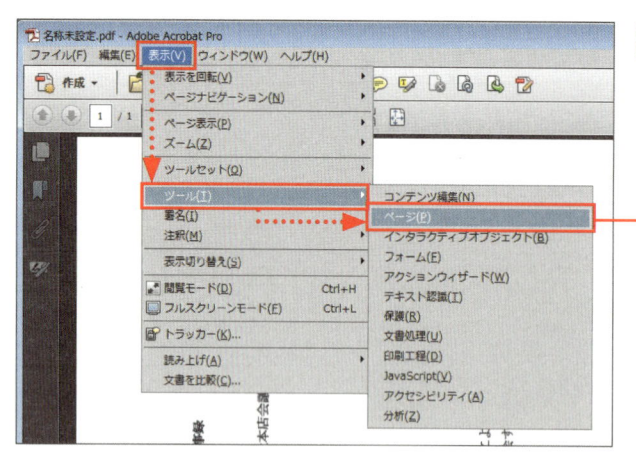

1. PDFを開いた状態で、表示メニューから「ツール」→「ページ」をクリックします。

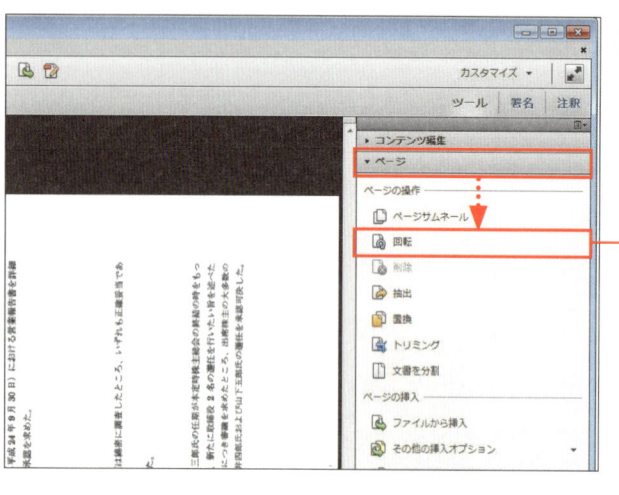

2. 「ツール」パネルが開くので、「ページ」メニューの中から「回転」をクリックします。

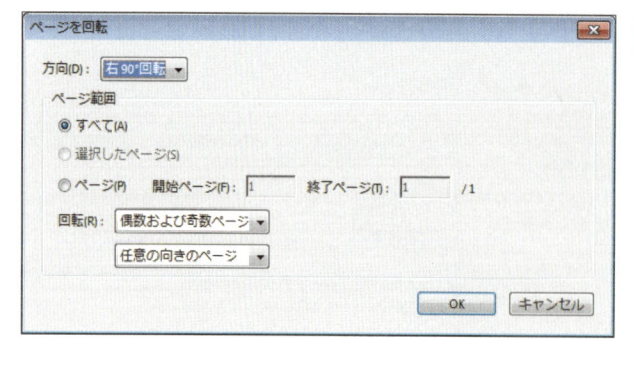

3. 設定画面が表示されるので、回転の方向、ページ範囲、対象のページを選択し、「OK」をクリックして実行します。

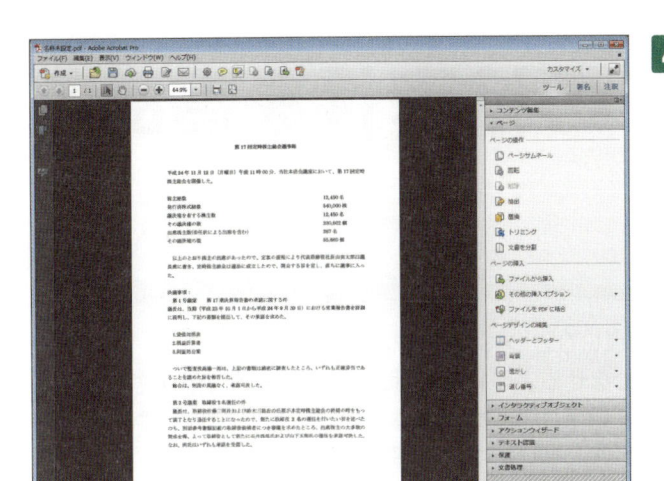

4 ページが正しい向きに修正されました。

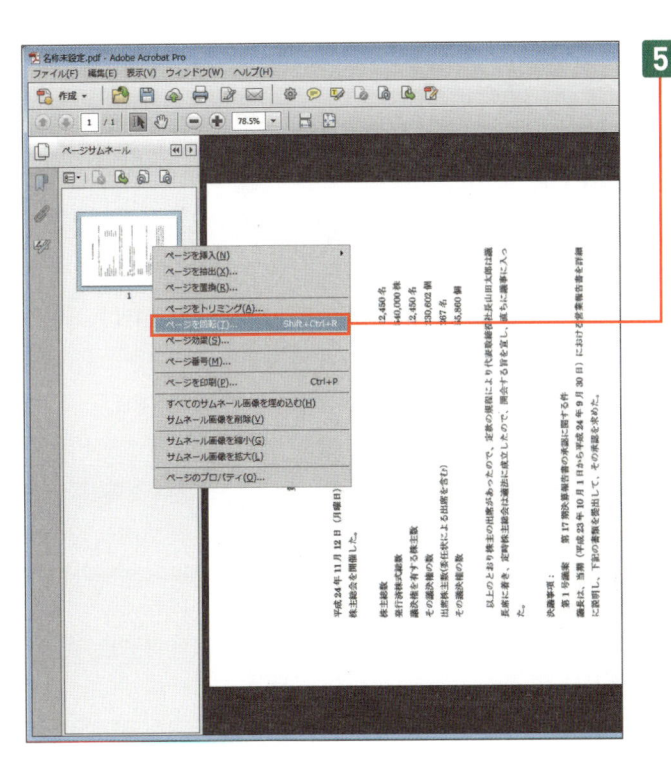

5 このほか、「ページサムネール」パネルで該当のページを選択した状態で右クリックし、「ページを回転」を選択して設定画面を表示することもできます。

> **MEMO** 表示メニューにもうひとつ「表示を回転」というメニューがありますが、こちらは名前の通り画面上の表示の向きだけを回転するため、いったんPDFを閉じて再度開くと、元の向きに戻ってしまいます。スキャン時に正しくない方向に回転してしまった場合は、上記の手順で修正します。

3-02 PDFの検索性を高める

>> ビジテク

PDFを使う利点のひとつに、強力な検索機能があります。検索機能を自在に使いこなせるようになれば、PDFの活用の幅がさらに広がります。ここではPDFが持つ3種類の検索方法の違いや、検索性を向上させるテクニックについて解説します。

> 検索性を高める文書保存方法

■さまざまな形式のファイルをPDFに集約する

　検索性の高さは、PDFのメリットのひとつです。PDFには複数の検索方法が用意されており、それぞれの違いと使い方をマスターすることで、目的のPDFをすばやく呼び出せるようになります。キーワードの設定や、スキャンデータのテキスト認識といったテクニックを併用すれば、その効率はさらに上がります。

　また、さまざまなファイル形式の文書をPDFというフォーマットに集約して保存すれば、これらの検索機能をすべての文書に対して使用できます。

　文書をPDF化しておくことは、文書単体の検索性を高めるとともに、含まれる情報を幅広く活用することにもつながるのです。

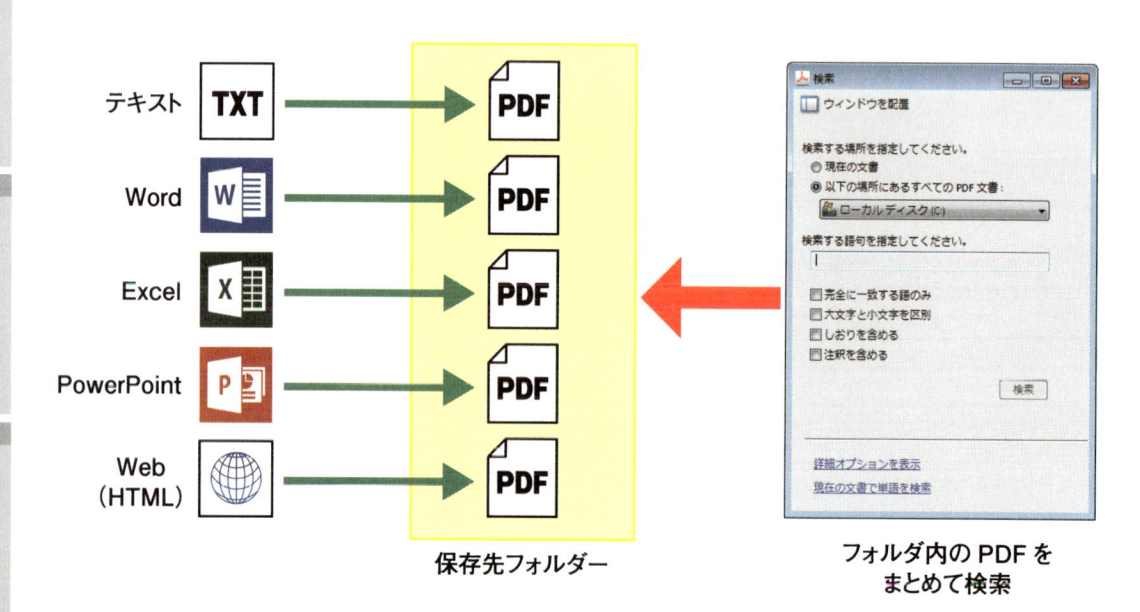

保存先フォルダー　　フォルダ内のPDFをまとめて検索

▶3種類の検索方法の違いを理解する

■ファイル内の単語を探す「簡易検索」

　最初に理解しておきたいのは、PDFが備える3種類の検索方法の違いです。まずひとつ目、ページ内の単語を検索する場合は、PDFを開いた状態で編集メニューの「簡易検索」をクリックするか、キーボードの Ctrl + F を押して検索ボックスを表示させ、単語を入力して「次へ」をクリックします →ビジテク 068 。とくにAcrobatに限った検索方法ではなく、多くのソフトで共通で用いられている、極めて一般的な検索方法です。Acrobat XIでは検索に加えて単語の置換を行うこともできます。

「簡易検索」では表示中のPDFから目的の単語を探すことができる

■フォルダー内のPDFを横断検索できる「高度な検索」

　もうひとつは、複数のPDFの中から、目的の単語を全文検索する方法です →ビジテク 069 。この場合は、対象となるすべてのPDFを開く必要はありません。編集メニューの「高度な検索」をクリックすると、検索ウィンドウが表示され、検索場所を選ぶメニューが表示されるので、そこでPDFが保存されているフォルダーを選んで検索を実行します。

　ただしこの方法では、フォルダ内にある複数のPDFを順番に検索していくため、PDFの数が多かったり、ページ数の多いPDFが含まれていると、かなりの時間がかかってしまいます。

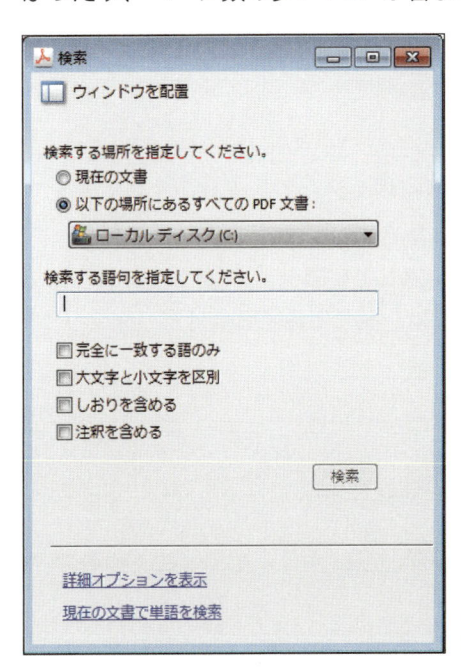

「高度な検索」では特定のフォルダなどを指定し、その中にあるPDFすべてに対して全文検索を行える

3-02 PDFの検索性を高める

■ インデックスを用いて大量の PDF も高速検索

　こうした場合に便利なのがインデックス検索です。複数の PDF ファイルを対象にあらかじめインデックス（索引のようなもの）を作成しておき、その中身だけを検索することで目的の単語を高速に検索することができます➡ビジテク070 ➡ビジテク071 。インデックスファイルはいったん作成すると手動でしか更新されないので、ひんぱんに PDF の内容を変更している場合や、PDF の保存先をこまめに変更している場合には向かず、長期保存を前提に、保存場所がすでに確定している PDF に対して使うのが一般的です。

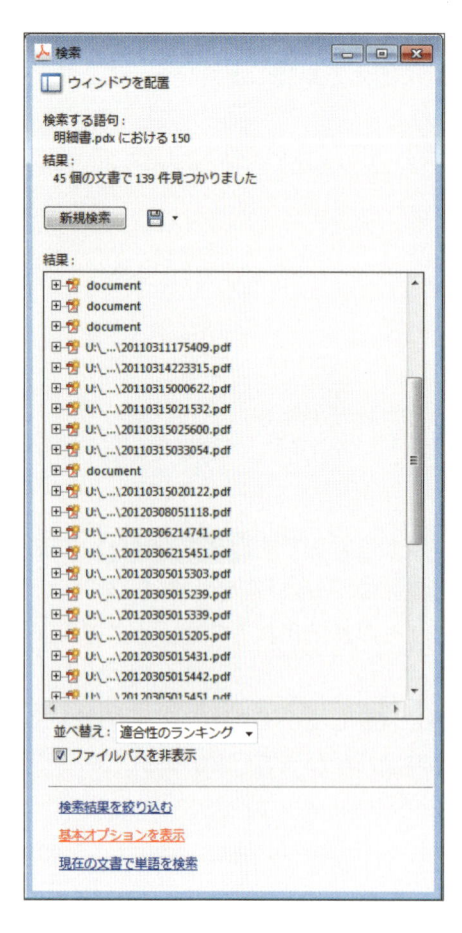

インデックスを利用すれば短い時間で
大量の PDF を検索できる

　一方、このインデックスファイルを PDF ごとに作成し、直接埋め込んでしまうこともできます➡ビジテク072 。見た目はふつうの PDF と変わらず、PDF 本体とインデックスファイルがひとつにまとまっているので、PDF をメールに添付して送る用途に適しています。ふつうに検索しただけで時間がかかってしまうほど容量の大きい PDF ファイルでは、試してみる価値はあります。

■キーワードの登録でさらに検索効率がアップ

　これらに関連して、検索のテクニックのひとつとして知っておきたいのが、キーワードの登録です。PDFのプロパティにある「キーワード」の欄に必要なキーワードを入力しておくことで、本文内にその単語がなくとも、検索でヒットするというものです →ビジテコ073 。

　例えばスキャナで生成したPDFは、テキスト認識をしない限り本文にテキストデータが含まれていないので、単語で検索してもヒットしませんが、このキーワード欄に必要な単語を入力しておくことにより、検索でヒットさせることが可能になります。テキスト認識の品質があまり高くない場合に、重要なキーワードだけを入力しておくことで、確実にヒットさせるようにするといった使い方が考えられます。

　このほか、例えば議事録のファイルを作成するにあたり、プロジェクト名や出席者名などをこのキーワード欄に登録しておくことで、プロジェクト別や出席者名別にPDFを検索できるようになるなど、タグクラウドのように利用することも可能です。

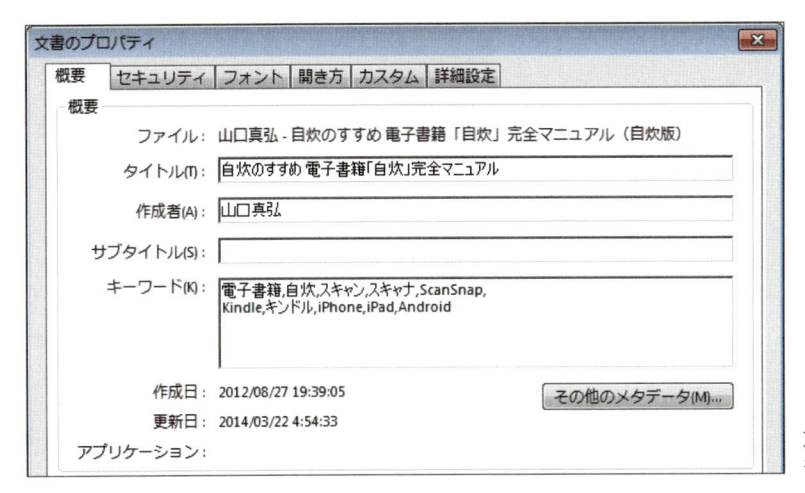

文書のプロパティ欄から書き込んだキーワードは検索の対象となる

→ここがポイント　PDFの保管場所はどこがいい？

PDFの検索性を高める上で、PDFの保管場所はなるべく絞っておくのが理想です。あるPDFはローカルフォルダ、あるPDFは社内ネットワーク上の共有フォルダーといった具合にあちこちに散逸していたり、ひんぱんに保管場所が変わるようであれば、インデックスを用いて検索効率を上げるにも限界があります。

個人ユーザであれば、クラウドサービスであるEvernoteに保存するのもひとつの手です。Evernoteは強力な検索機能を備えており、PDFの内部の単語についても検索の対象となります。また有料版のみの機能ですが、テキスト認識を行っていないスキャンデータについても、独自のテキスト認識機能により単語の検索が行えるので、PDFをすばやく呼び出すプラットフォームとして重宝します。

クラウドサービスということで企業での利用にあたってはデータ管理のルールに抵触しないよう注意が必要ですが、プライベートなPDFについては、必要な時にキーワードで検索して参照するという使い方を前提に、Evernoteにストックしていくのも賢い方法です。

ビジテク 068 PDF内の語句を検索・置換するには

XI Pro / XI Std / X Pro / X Std / Reader

ここが重要 簡易検索

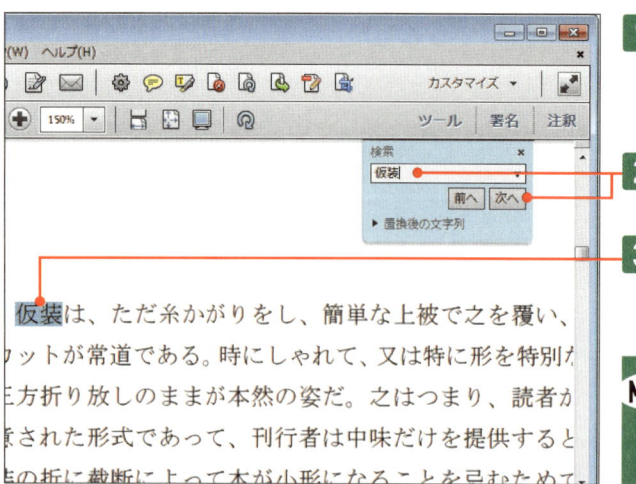

1 PDF のページ内に含まれる特定の語句を検索するには、[Ctrl] + [F] キーを押して検索ボックスを表示させます。

2 検索ボックスに探したい語句を入力し、「次へ」をクリックします。

3 該当する部分が強調表示されます。「次へ」をクリックするたびに次の候補へと移動します。

MEMO 「編集」メニューから「簡易検索」を選択しても表示できますが、たびたび使う場合はショートカットキーを覚えておくと便利です。

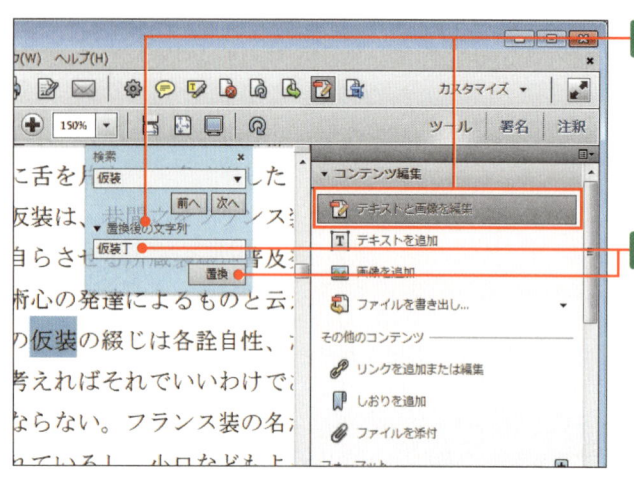

4 Acrobat XI では語句の置換も行えます。「置換後の文字列」と書かれた部分をクリックすると新しい入力ボックスが表示され、「テキストと画像を編集」ツールが自動で選択されます。

5 置き換えたい語句を下の入力ボックスに入力し、「置換」ボタンをクリックします。

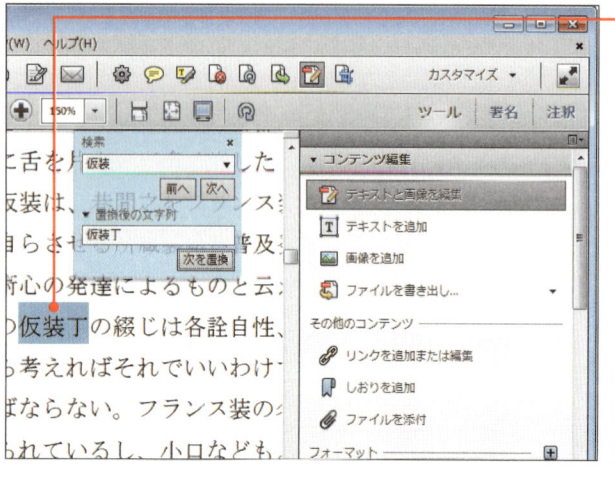

6 強調表示されていた部分が置き換えられます。

MEMO 手順 5 ～ 6 の置換は Acrobat XI のみ対応します。Acrobat X および Reader は対応しません。

ビジテク 069 複数のPDFファイルの中から目的の語句を検索するには

XI Pro / XI Std / X Pro / X Std / Reader

3-02 PDFの検索性を高める

ここが重要 高度な検索

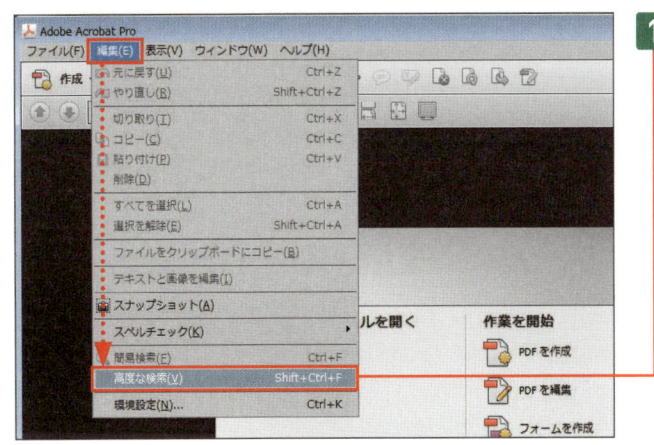

1. 「編集」メニューから「高度な検索」を開きます。

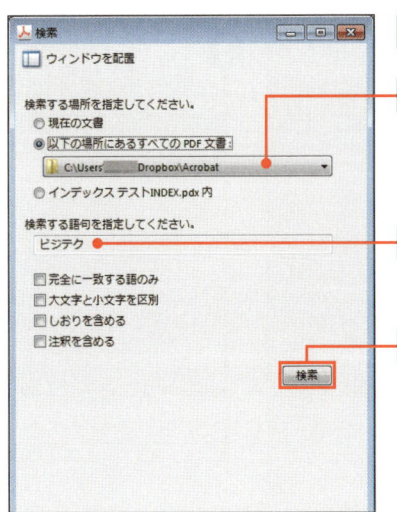

2. 「検索」ウィンドウが表示されます。

3. 検索場所を指定します。現在開いているPDFだけでなく、PDFが保存されているフォルダー全体を指定できます。

4. 検索する語句を指定します。

6. 必要に応じてオプションを選択したのち、「検索」ボタンをクリックします。

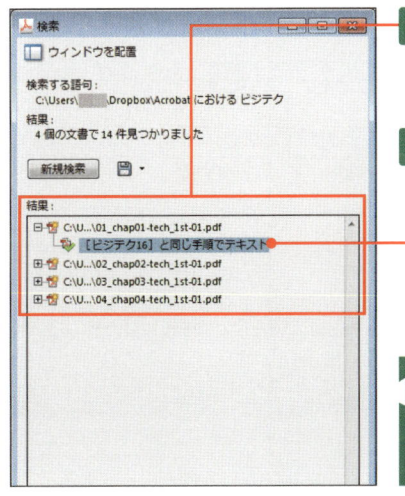

7. 指定した検索場所にあるPDFファイルの中に目的の語句が見つかると、リストで表示されます。

8. クリックするとどのような文脈で使われているかが表示されます。さらにクリックするとそれぞれのPDFファイルを表示することもできます。

MEMO あらかじめインデックスを作成しておけば、大量のPDFファイルがあっても高速に検索できます。→ビジテク 070 を参照してください。

070 すばやく検索するためのインデックスを作成するには

ここが重要 カタログ付きインデックス

XI Pro
XI Std
X Pro
X Std
Reader

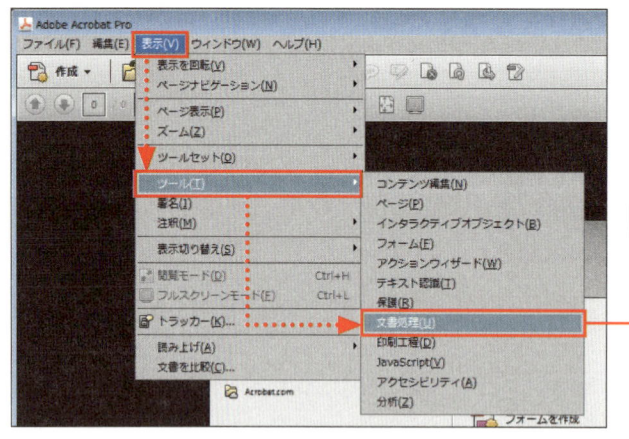

1. 大量のPDFを横断して検索する場合、検索に時間がかかりがちです。検索時間を短縮するには、あらかじめPDFのインデックスを作成しておきます。

2. 「表示」メニューから「ツール」→「文書処理」を開きます。

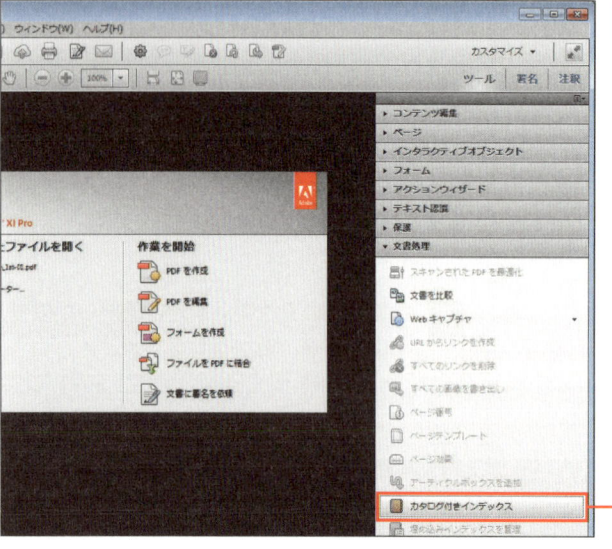

3. ツールパネルウィンドウが開くので、「文書処理」から「カタログ付きインデックス」をクリックします。

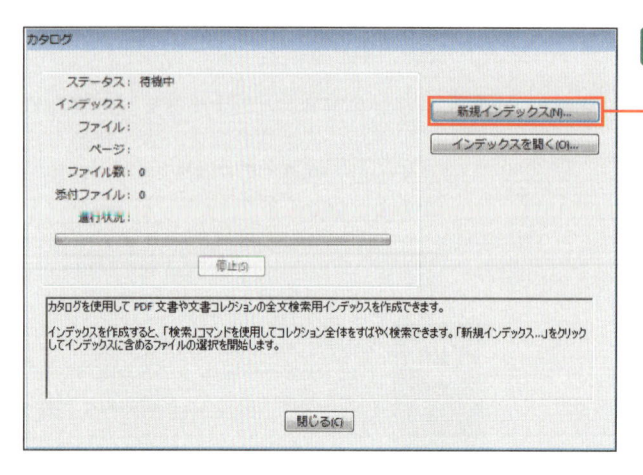

4. 「カタログ」ウィンドウが表示されるので「新規インデックス」をクリックします。

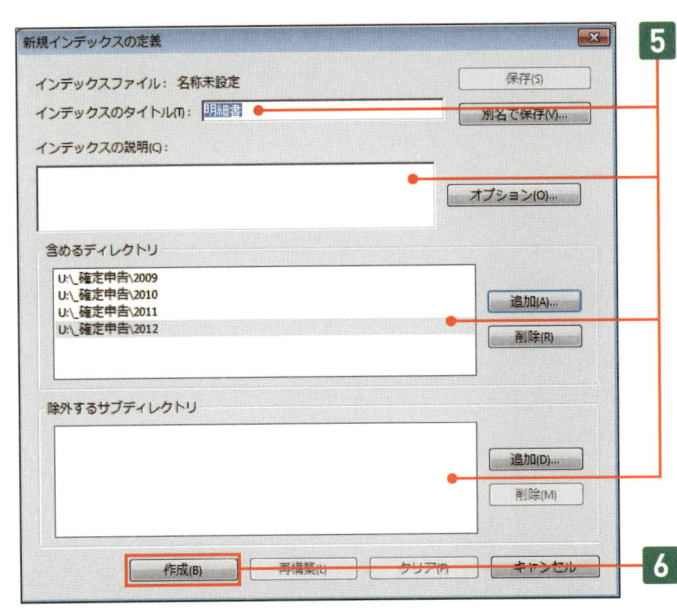

5 「新規インデックスの定義」ウィンドウが表示されるので、インデックスのタイトルと説明、検索対象に含めるディレクトリ、および除外するサブディレクトリを入力します。

6 「作成」をクリックします。

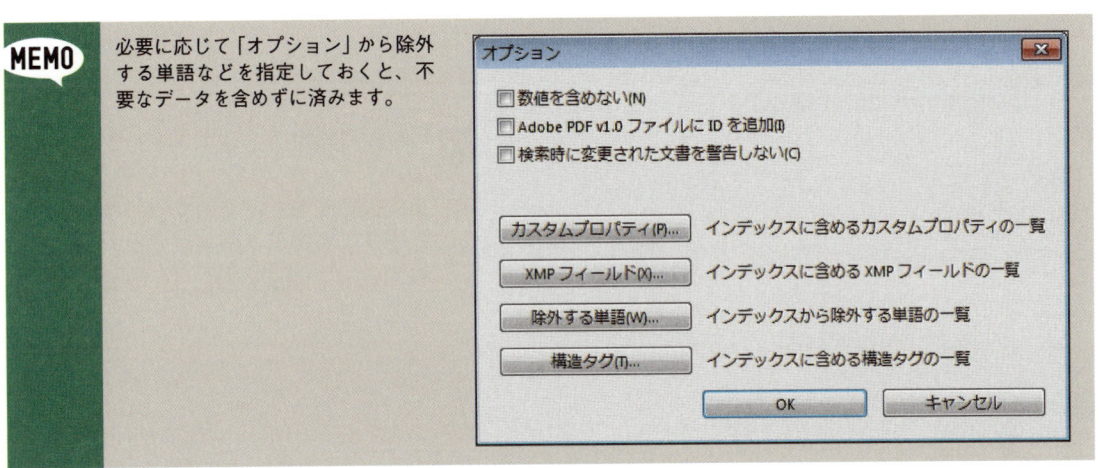

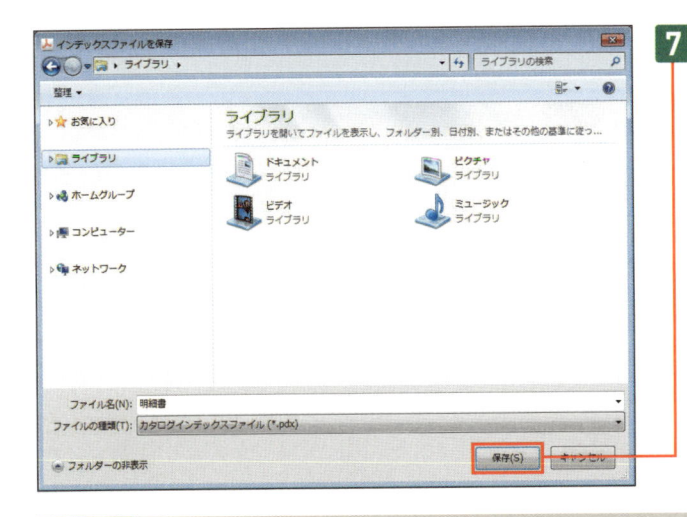

MEMO 必要に応じて「オプション」から除外する単語などを指定しておくと、不要なデータを含めずに済みます。

7 インデックスファイルの保存場所を選択して「保存」をクリックします。

MEMO インデックスファイルを複数作成する場合、異なるドライブに置くことはできません。過去にCドライブに保存したインデックスファイルがあれば、今回の保存先もCドライブ上になります。

070 すばやく検索するためのインデックスを作成するには

次ページへ続く

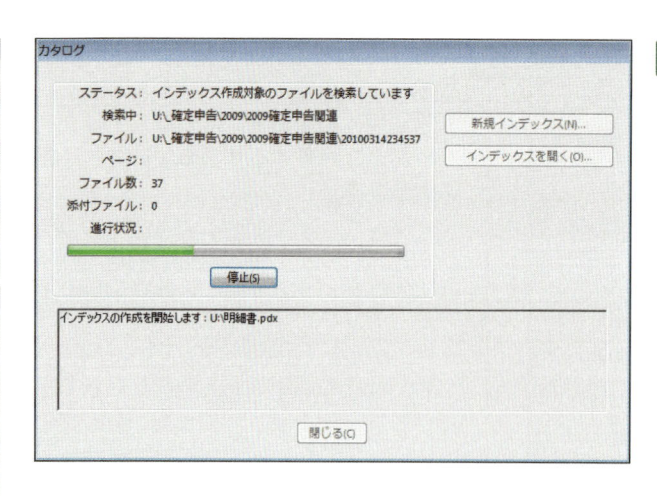

8 インデックスの作成が開始されます。PDFファイルの数やページ数が多いと時間がかかるので、しばらくそのまま待ちます。

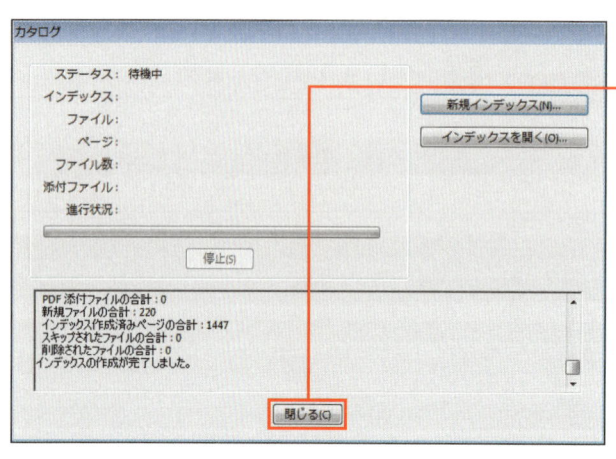

9 インデックスの作成が完了しました。

10 「閉じる」をクリックして画面を閉じます。

11 「高度な検索」から検索を実行する際、このインデックスファイルを指定すると、目的の語句をすばやく見つけることができます。インデックスファイルを使った検索方法は→ビジテク**071**を参照してください。

MEMO インデックスを利用すると複数のPDFファイルをすばやく検索できますが、PDFの内容が改変されてもインデックスの内容は自動的に書き替わらないので、ひんぱんに内容を変更するPDFに対して使う場合はインデックスの定期的な書き換えが必要になります。すでに編集が完了していて置き場所も変更されることがない保管文書などに対して利用したほうがよいでしょう。

MEMO PDFの改変や追加を行った場合は、手順の**4**での「インデックスを開く」からインデックスの再生成を実行します。

071 作成したインデックスを使って複数のPDFを高速検索するには

XI Pro / XI Std / X Pro / X Std / Reader

3-02 PDFの検索性を高める

ここが重要 インデックスを選択

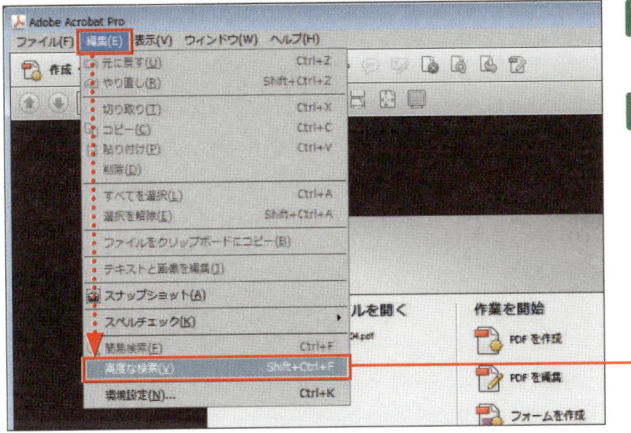

1. →ビジテク 070 の手順でインデックスを作成しておきます。

2. 「編集」メニューから「高度な検索」を開きます。

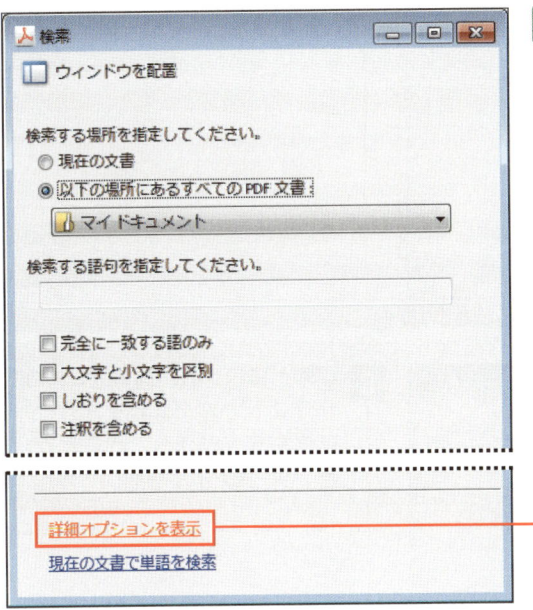

3. 検索ウィンドウが表示されるので、下段の「詳細オプションを表示」をクリックします。

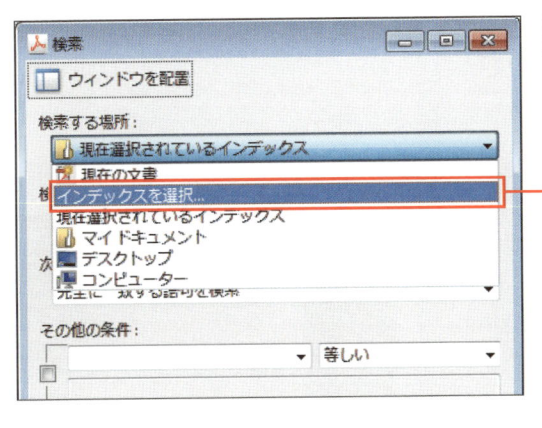

4. 詳細オプションが表示されるので、「検索する場所」をクリックして「インデックスを選択」を選びます。

---

070 すばやく検索するためのインデックスを作成する

071 作成したインデックスを使って複数のPDFを高速検索するには

次ページへ続く

151

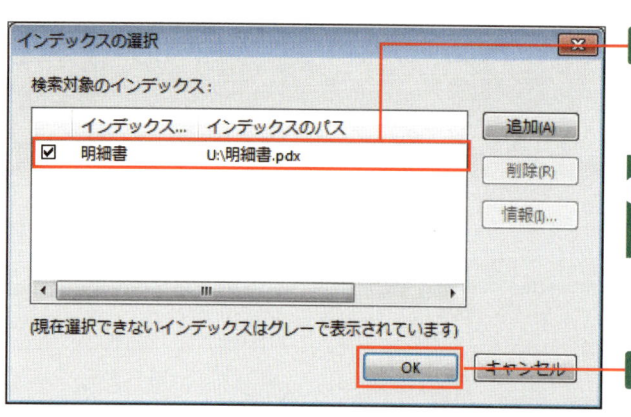

5 「インデックスを選択」画面で→ビジテク070の手順であらかじめ作成しておいたインデックスを選択します。

MEMO もしここに目的のインデックスが表示されていなければ、右側の「追加」をクリックして追加します。

6 「OK」をクリックします。

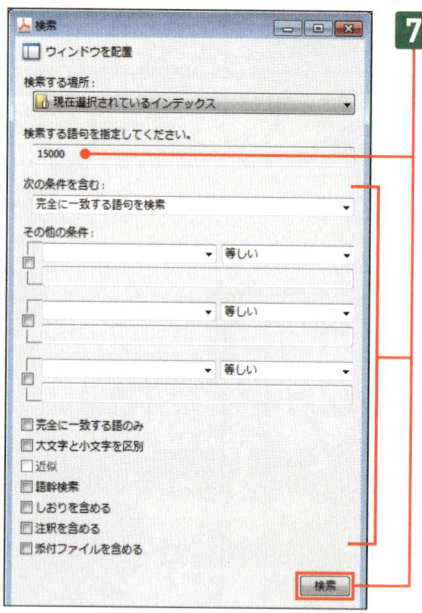

7 検索する語句を入力し、必要に応じてオプション項目にチェックを入れたのち「検索」をクリックします。

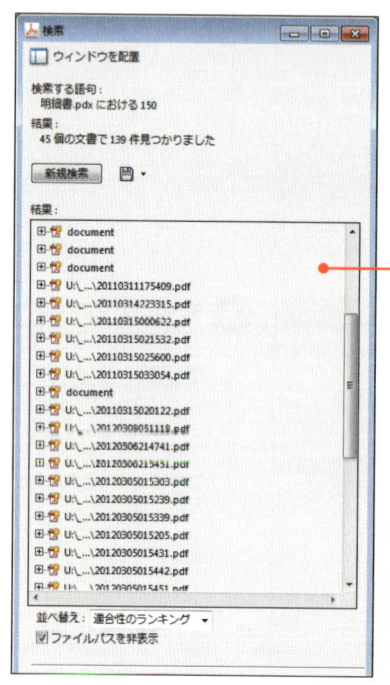

8 検索が実行され、該当するPDFファイルがリストで表示されます。クリックすれば詳細が表示され、さらにクリックするとPDFファイルを開いて参照できます。

MEMO インデックスを使って検索する場合、対象のフォルダーはあらかじめ定義しているフォルダーから変更できません。いったん検索したのち「その他の条件」を使って絞り込むとよいでしょう。

072 個別のPDFにインデックスを埋め込んで高速検索するには

XI Pro / XI Std / X Pro / X Std / Reader

3-02 PDFの検索性を高める

ここが重要 埋め込みインデックスを管理

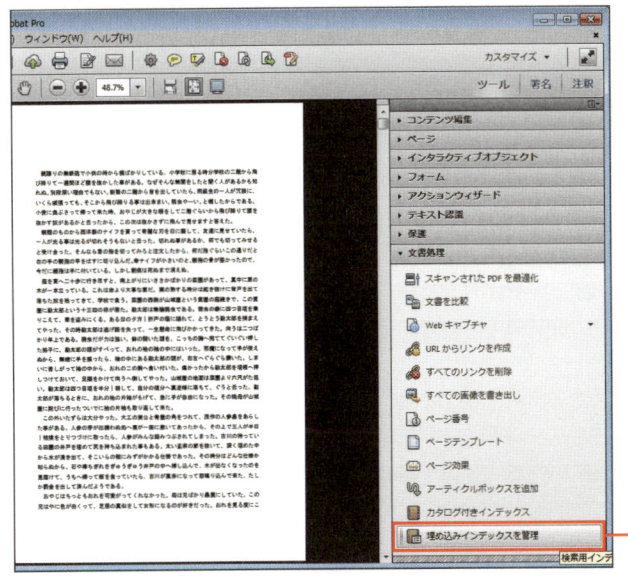

1. 「表示」メニューから「ツール」→「文書処理」を開きます。

2. ツールパネルウィンドウが開くので、「文書処理」から「埋め込みインデックスを管理」をクリックします。

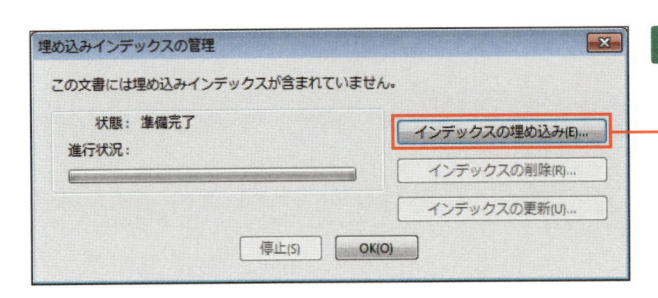

3. 「埋め込みインデックスを管理」ダイアログが表示されるので「インデックスの埋め込み」をクリックします。

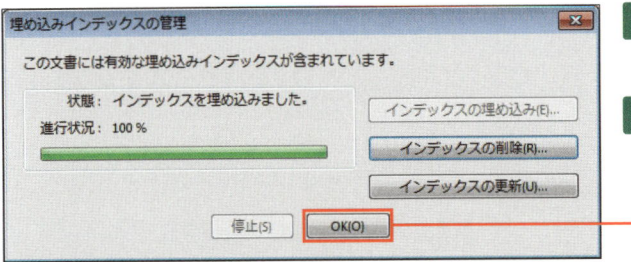

4. インデックスの埋め込みが実行され、保存されます。

5. 「OK」をクリックして終了します。

MEMO →ビジテク 070 の手順で作成したカタログ付きインデックスはPDFとは別のファイルとして作成されるため、PDFを配布するのに不向きでしたが、この手順を使えば個々のファイルにインデックスを埋め込めるので、配布先でもインデックスを使った高速検索が行えます。

073 PDFに検索用のキーワードを登録するには

XI Pro / XI Std / X Pro / X Std

ここが重要 キーワード

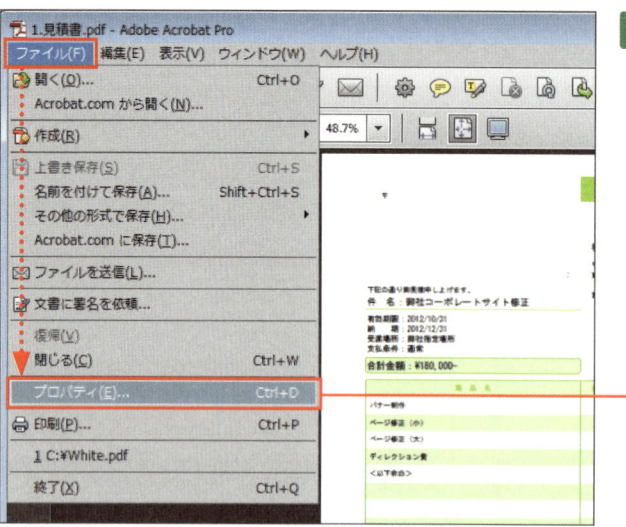

1. PDFを開いた状態で、「ファイル」メニューから「プロパティ」を開きます。

2. 「概要」タブにある「キーワード」に、任意のキーワードを入力します。
終わったら「OK」をクリックしてプロパティを閉じます。

3. ファイルを保存すれば完了です。

MEMO 入力したキーワードは「高度な検索」で検索の対象になります。PDF本文には書かれていない独自の分類や通し番号をここに入力しておくことで、目的のPDFをすばやく探せるようになります。検索方法は → ビジテク 071 を参照してください。

3-03 PDFによる回覧・承認ワークフローを構築する

>> ビジテク

PDFの電子印鑑を使えば、画面上での承認が手軽に行えます。さらにメールを用いた承認機能を組み合わせれば、紙を使った社内の回覧・承認フローをPDFに置き換えることができます。ここではPDFを用いた回覧・承認のワークフローのほか、PDFの改ざんが行われていないかをチェックするのに役立つ電子署名についても解説します。

電子印鑑と電子署名の違いを知って正しく利用する

■ 電子印鑑を使って紙の承認ワークフローをPDFに置き換える

PDFには「電子印鑑」と「電子署名」というよく似た名前の機能があります。これらは名前こそよく似ていますが、操作方法はもちろん役割も含めてまったく別物です。それぞれの具体的な用途について見ていきましょう。

電子印鑑は注釈ツールに含まれるスタンプの一種で、アナログの印鑑に近い外見を持った捺印をPDFに対して行えます ➡ ビジテク 074 。画面上で手軽に捺印できるので、わざわざ紙に印刷して捺印を行い、再度PDFに変換する手間がかかりません。担当者名はもちろんのこと、日時も印字できるので、あとから捺印日を特定するのも容易です。また、オリジナルの図版を取り込んで利用することも可能です ➡ ビジテク 075 。

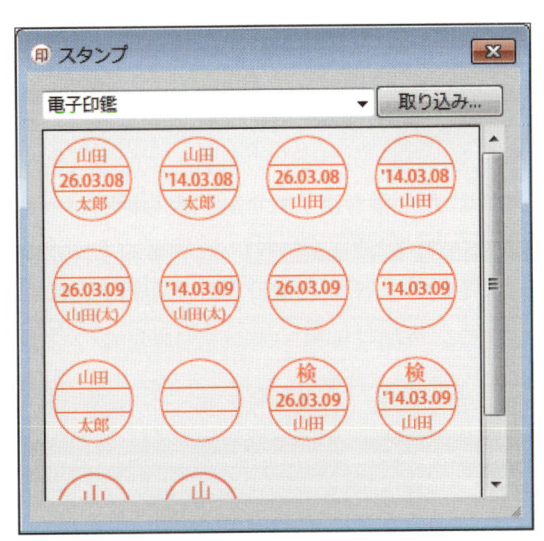

電子印鑑。さまざまな印字パターンが用意されている

この電子印鑑と、メールを用いた Acrobat の承認機能を組み合わせれば、紙を使った社内の回覧・承認フローを PDF に置き換えることができます ➡ビジテク 076 。紙の承認フローの場合、書類を物理的に届ける必要があるため時間のロスが生じがちですが、PDF を使えばメールベースで回覧が行えるので瞬時に次の承認者に転送でき、遠隔地の支店も含めてスムーズなやりとりが可能になります。

　なお、Acrobat Pro で承認プロセスをスタートすれば、以降のユーザは Adobe Reader さえあれば承認作業が行えるので、それぞれの承認者ごとに Acrobat を用意する必要もありません。回覧・承認がどこまで進んでいるのか確認するのも容易です。

■PDF 改ざんのチェックに役立つ電子署名

　電子署名は、その PDF が第三者によって改ざんされていないかを検証する機能です。電子署名を行うと固有の情報が暗号化され、PDF に埋め込まれます。電子署名された PDF を受け取った側はあらかじめ相手から受領していた証明書を用い、その文書が本物かどうか、また改ざんが行われていないかを検証します。外見上の証明でしかないアナログの印鑑や手書きのサインに比べて、偽造は極めて困難です。

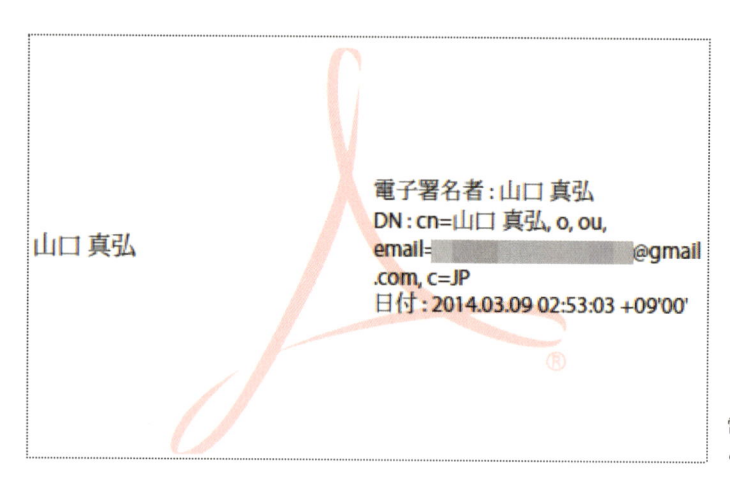

電子署名。手持ちの画像を印影として用いることもできる

　電子署名を利用するには、まず Acrobat を使ってデジタル ID を登録したのち、署名を実行します ➡ビジテク 077 。デジタル ID には秘密鍵と公開鍵が含まれており、PDF の署名および暗号化が行えます。また、受信する側はあらかじめこのデジタル ID から書き出された証明書を相手から受け取っておき、復号化および検証に利用します ➡ビジテク 078 ➡ビジテク 079 。証明書は Acrobat もしくは Reader の信頼済み証明書のリストに追加されるので、PDF をやりとりする相手との間で証明書を交わしておけば、受け取った PDF を開こうとするたびに電子署名が有効かどうかをチェックできるようになります。

074 PDF上で捺印するには

XI Pro / XI Std / X Pro / X Std / Reader

3-03 PDFによる回覧・承認ワークフローを構築する

ここが重要 電子印鑑

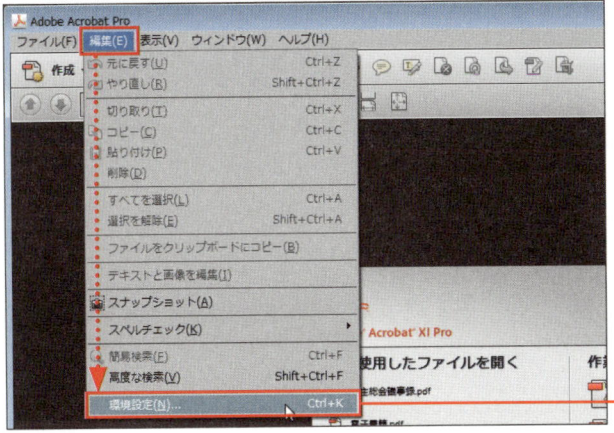

1. PDFで電子印鑑を使うには、まずユーザー情報を登録します。

2. 「編集」メニューから「環境設定」でウィンドウを開き、「ユーザー情報」を選択します。

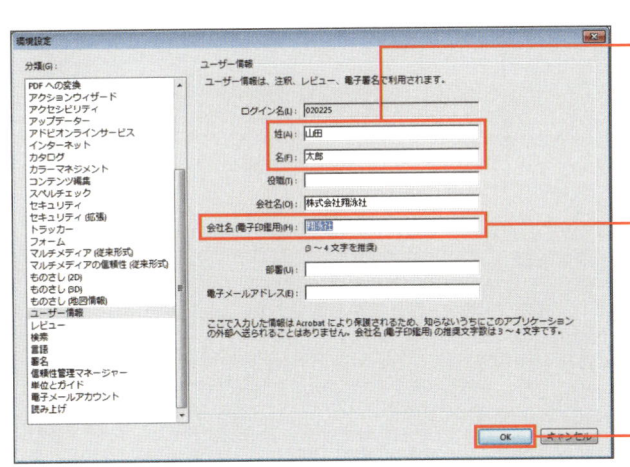

3. 電子印鑑に使いたい姓と名を入力します。

4. 会社名の入った電子印鑑を使用したい場合は、「会社名（電子印鑑用）」に会社名を入力します。

MEMO 会社名は3～4文字程度が推奨されています。長すぎると文字が小さく見づらくなってしまいます。

5. 入力できたら「OK」をクリックします。

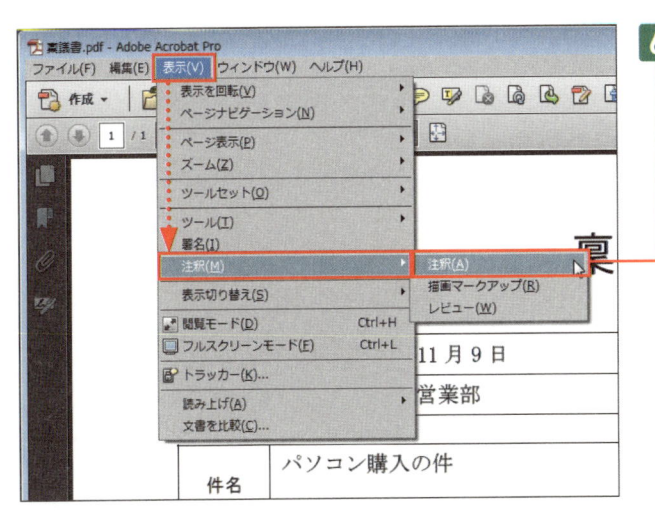

6. 捺印したいPDFを開き、「表示」メニューから「注釈」→「注釈」を選択します。

次ページへ続く

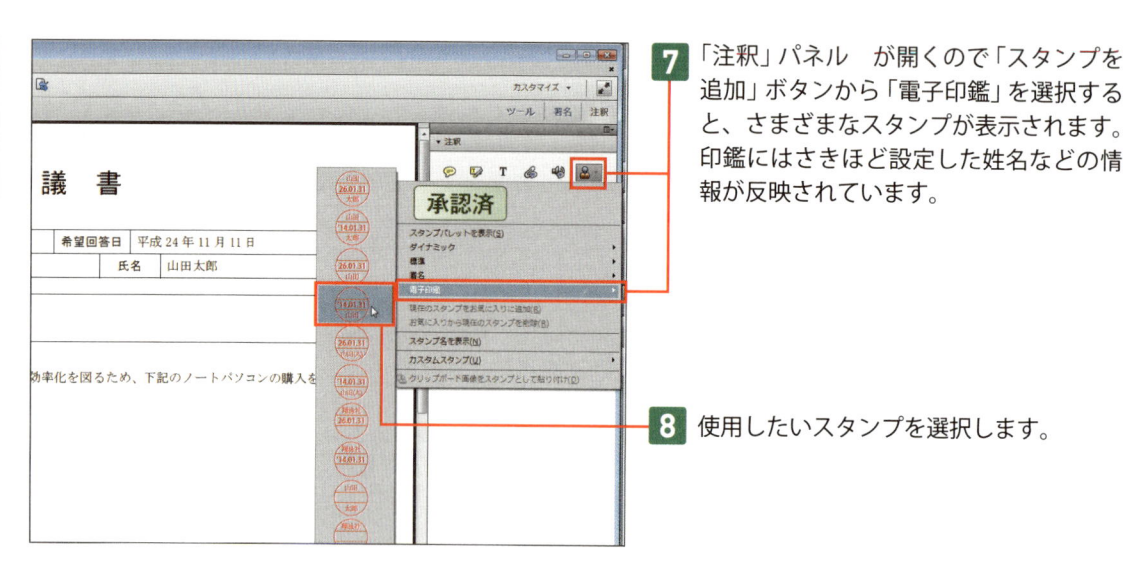

7 「注釈」パネルが開くので「スタンプを追加」ボタンから「電子印鑑」を選択すると、さまざまなスタンプが表示されます。印鑑にはさきほど設定した姓名などの情報が反映されています。

8 使用したいスタンプを選択します。

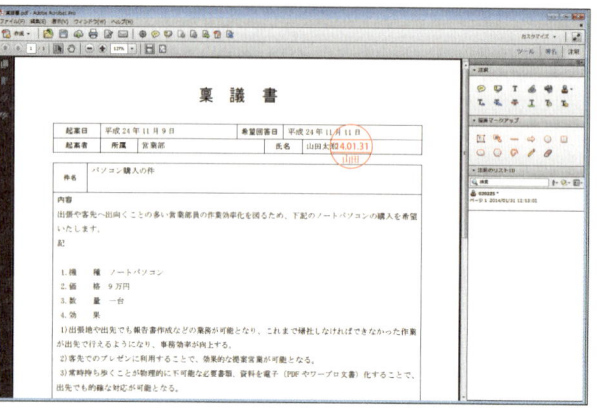

9 捺印したい場所をクリックすることで押印できます。

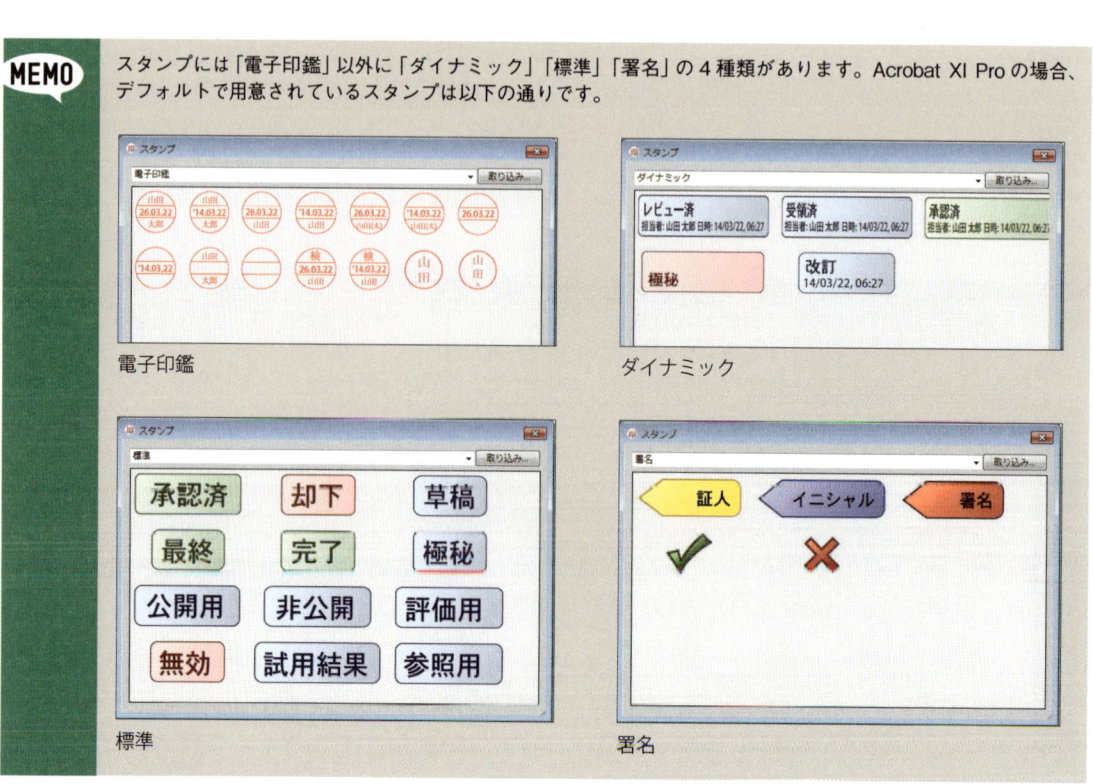

> **MEMO** スタンプには「電子印鑑」以外に「ダイナミック」「標準」「署名」の4種類があります。Acrobat XI Proの場合、デフォルトで用意されているスタンプは以下の通りです。
>
> 電子印鑑
>
> ダイナミック
>
> 標準
>
> 署名

075 オリジナルの印鑑を登録するには

XI Pro / XI Std / X Pro / X Std / Reader

3-03 PDFによる回覧・承認ワークフローを構築する

ここが重要 カスタムスタンプを作成

1. よりリアルな電子印鑑を使いたい場合は、本物の印鑑を紙に押し、スキャナで取り込みます。スキャン手順は →ビジテク 045 を参考にしてください。

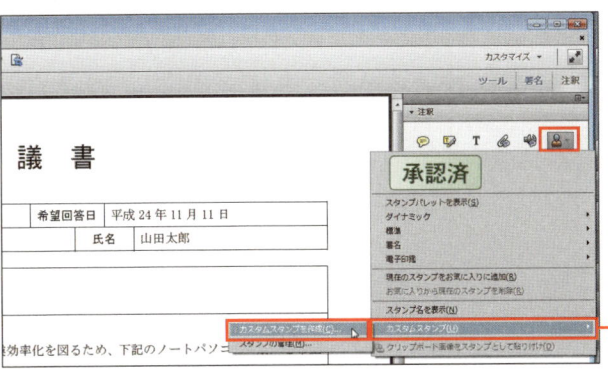

2. PDFを開いた状態で、「表示」メニューから「注釈」→「注釈」を選択し「注釈」パネルを開きます。

3. 「スタンプを追加」ボタンをクリックし、「カスタムスタンプ」→「カスタムスタンプを作成」を選択します。

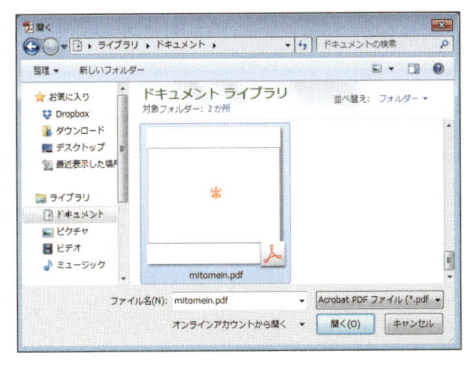

4. スキャナで取り込んだ印影のPDFを開きます。

5. プレビューを確認して「OK」をクリックします。画面内に小さく印影がある状態で構いません。

次ページへ続く

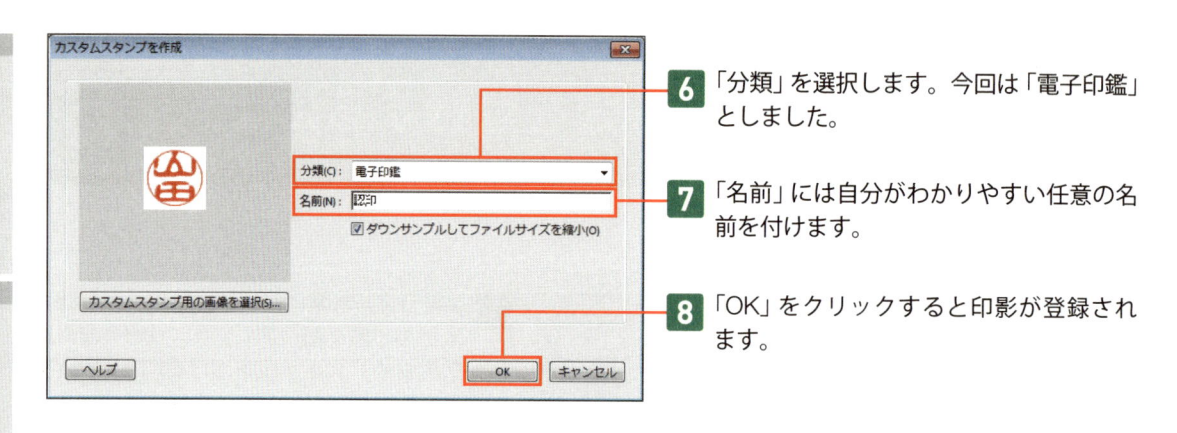

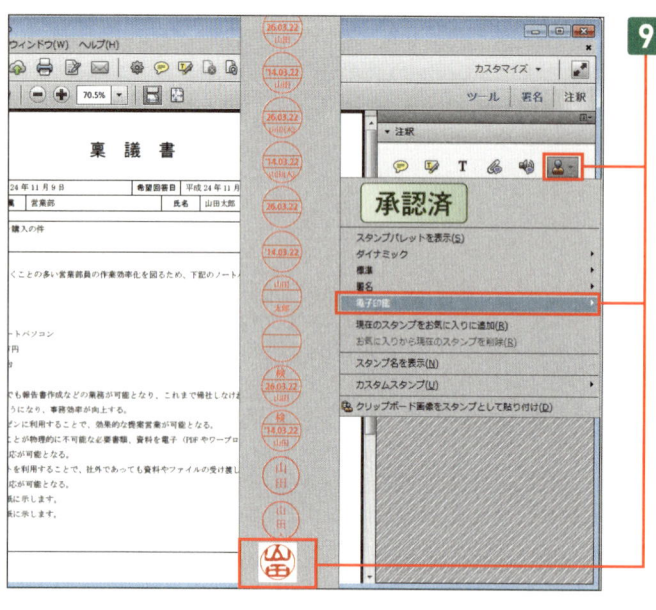

6 「分類」を選択します。今回は「電子印鑑」としました。

7 「名前」には自分がわかりやすい任意の名前を付けます。

8 「OK」をクリックすると印影が登録されます。

9 「スタンプを追加」ボタンから「電子印鑑」を選ぶと先ほど登録した印影が表示されるので選択します。

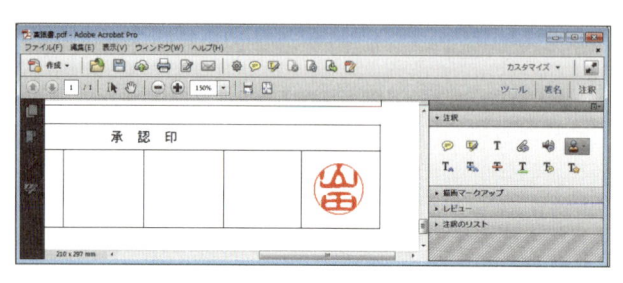

10 あとは印鑑を押したい場所をクリックすれば完了です。

MEMO 今回は背景を透明化せずにそのまま取り込んだため、文字や罫線の上に印鑑を押すと背景が隠れてしまいます。これを防ぐにはスキャナから取り込んだ画像をいったんPhotoshopなどの画像処理ソフトで開き、背景を切り抜いて透明化したのちカスタムスタンプとして取り込みます。

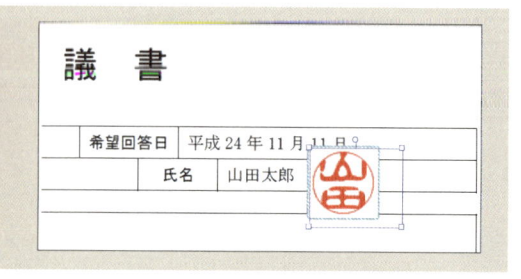

ビジテク 076 回覧・承認フローをPDFで行うには

XI Pro / XI Std / X Pro / X Std / Reader

3-03 PDFによる回覧・承認ワークフローを構築する

> **ここが重要** 承認用に電子メールで送信

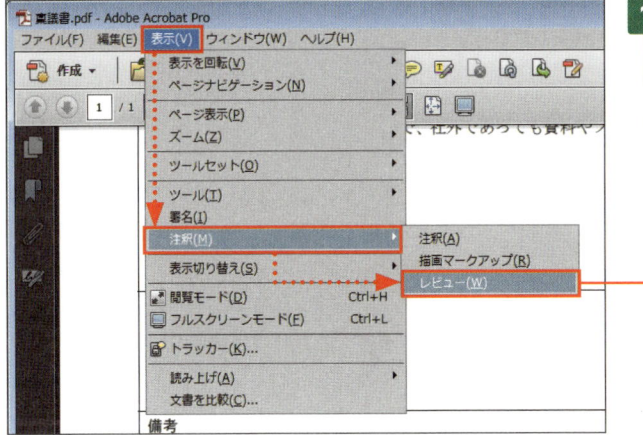

1 回覧したいPDFを開いた状態で、表示メニューから「注釈」→「レビュー」を開きます。

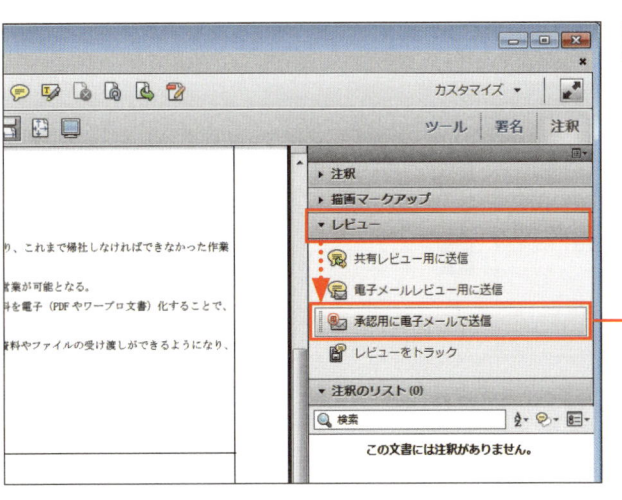

2 「注釈」パネルのの「レビュー」の中にある「承認用に電子メールで送信」を選択します。

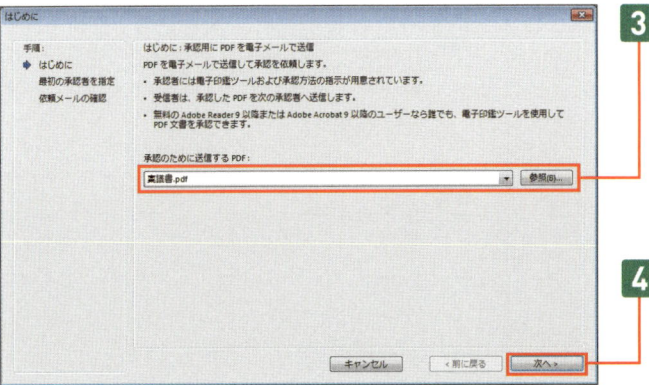

3 「はじめに」という画面が表示され、承認のために送信するPDFのファイル名が表示されるので、正しいPDFが選択されていることを確認します。

4 「次へ」をクリックします。

次ページへ続く

075 オリジナルの印鑑を登録するには
076 回覧・承認フローをPDFで行うには

5 最初に承認を求めるユーザのメールアドレスを記入します。

6 「次へ」をクリックします。

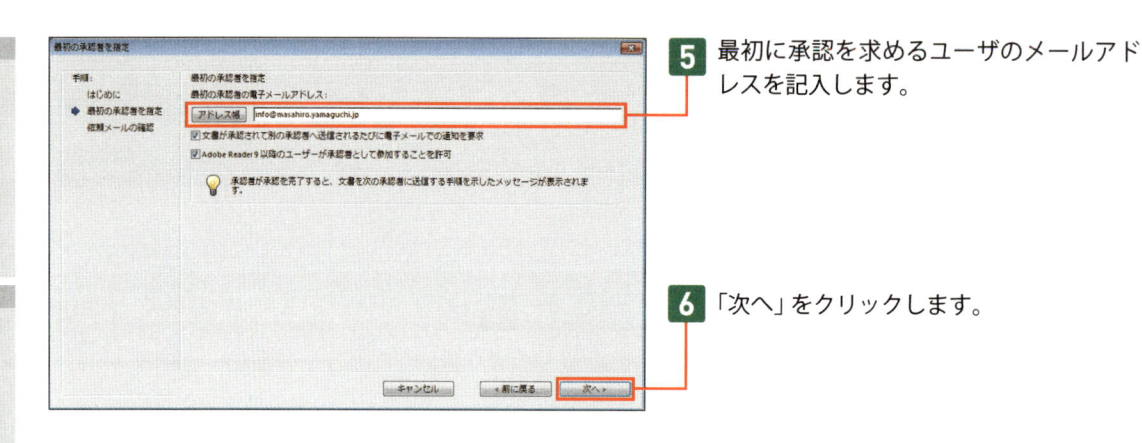

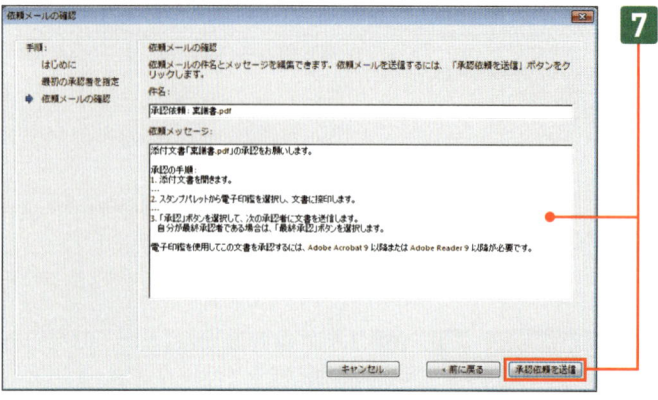

7 依頼メールの文面が表示されます。必要に応じて加筆したのち「承認依頼を送信」をクリックしてメールを送信します。

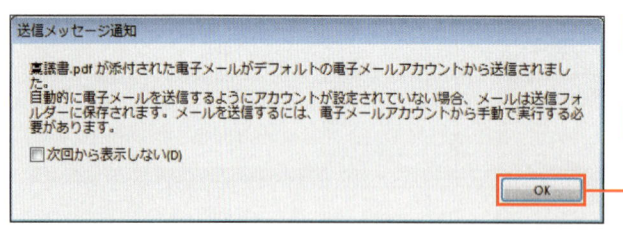

8 デフォルトの電子メールアカウントから送信されたことが通知されます。

9 「OK」をクリックして画面を閉じます。

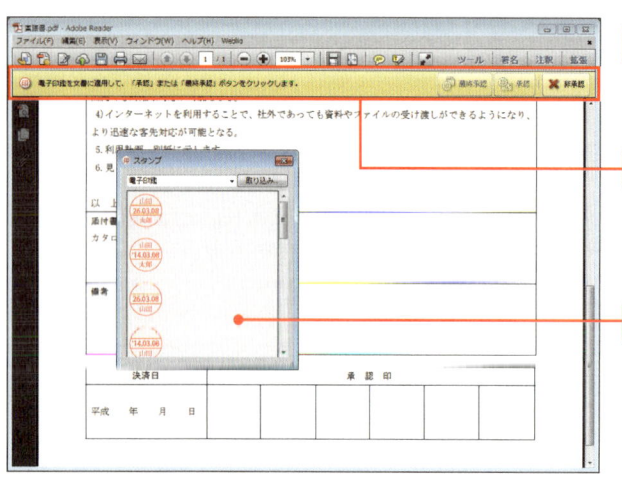

10 承認者は、メールが届いたらPDFをダウンロードし、AcrobatもしくはReaderで開きます。

11 PDFが表示され、ページの上部に「電子印鑑を文書に適用して、「承認」または「最終承認」ボタンをクリックします。」と表示されます。

12 スタンプが並んだウィンドウが同時に表示されます。

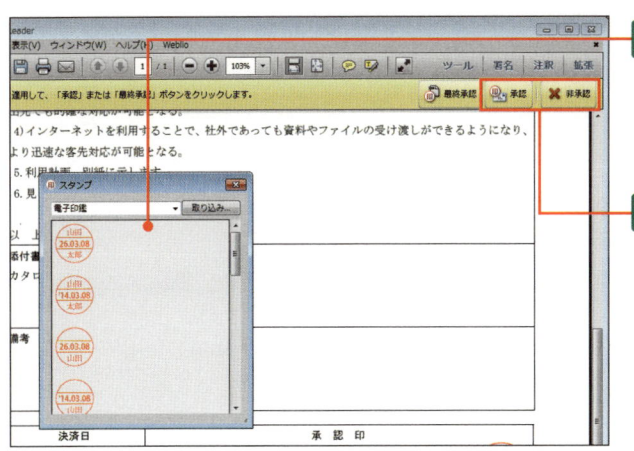

13 スタンプをクリックして選択し、PDF 上の任意の場所をクリックして捺印を実行します。

14 ページ上部の「承認」または「非承認」をクリックします。

15 PDF を送信するためのウィンドウが表示されます。次の承認者のメールアドレスを入力して送信を実行します。次の承認者は同様の手順で承認（または非承認）を行います。

16 最後のユーザが「最終承認」を行うと、発信元に PDF が戻され、承認フローが完了します。

> **MEMO** 回覧時、前の承認者の電子捺印はロックされているので、ほかのユーザが編集することはできません。

3-03 PDFによる回覧・承認ワークフローを構築する

076 回覧・承認フローをPDFで行うには

077 電子署名を作成するには

XI Pro / XI Std / X Pro / X Std / Reader

ここが重要 デジタルIDを追加

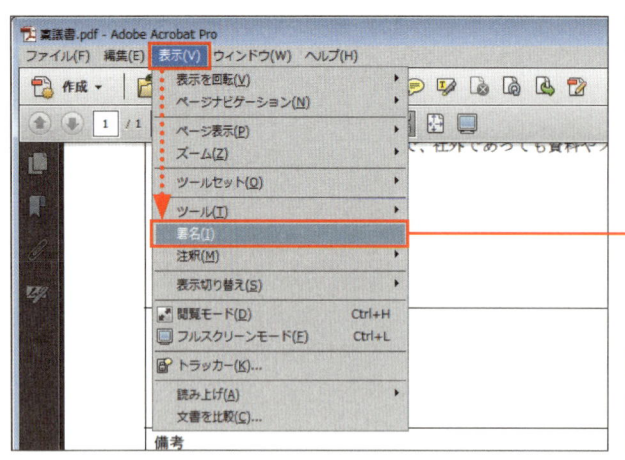

1 PDFを開いた状態で、表示メニューから「署名」を開きます。

MEMO Acrobat X Standard では「表示」メニューから「ツール」→「電子署名」を開きます。

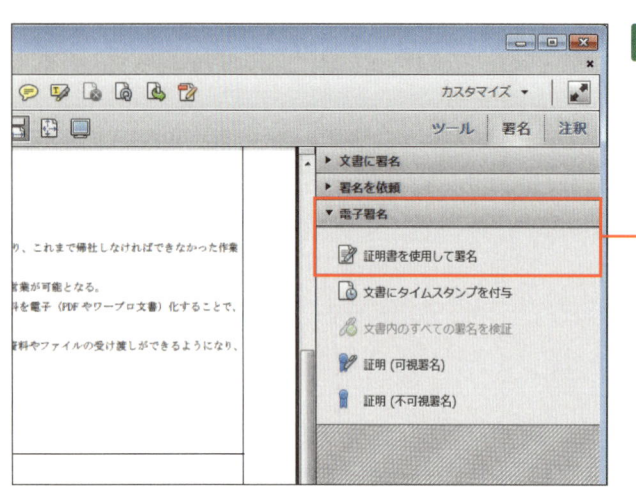

2 「署名」パネルが開くので「電子書名」から「証明書を使用して署名」をクリックします。

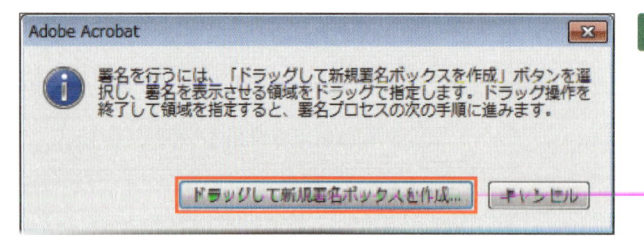

3 署名ボックスの新規作成方法についてのメッセージが表示されるので「ドラッグして新規署名ボックスを作成」をクリックします。

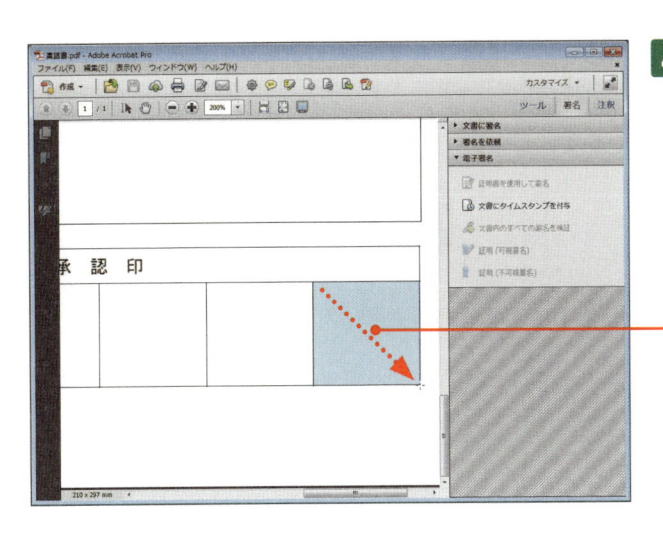

4 PDFで署名を記入したいエリアを対角線上にドラッグして範囲を指定します。

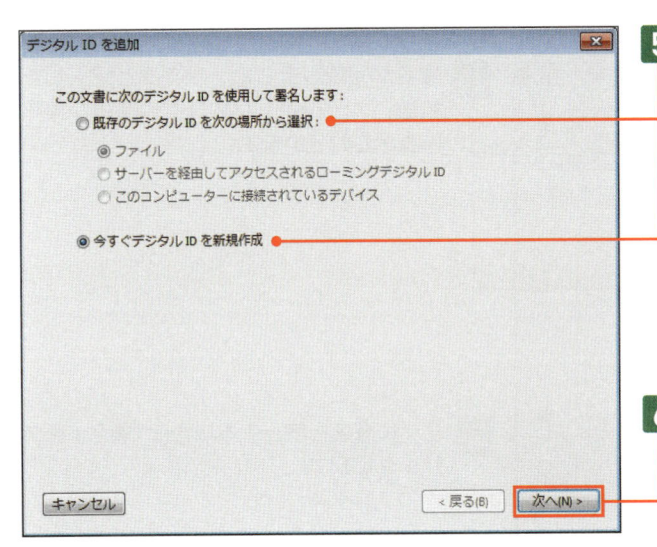

5 既存のデジタルIDを選択するか、もしくは新規に作成するかを選択する画面が表示されます。初めてデジタルIDを利用する場合は「今すぐデジタルIDを新規作成」を選びます。

6 「次へ」をクリックします。

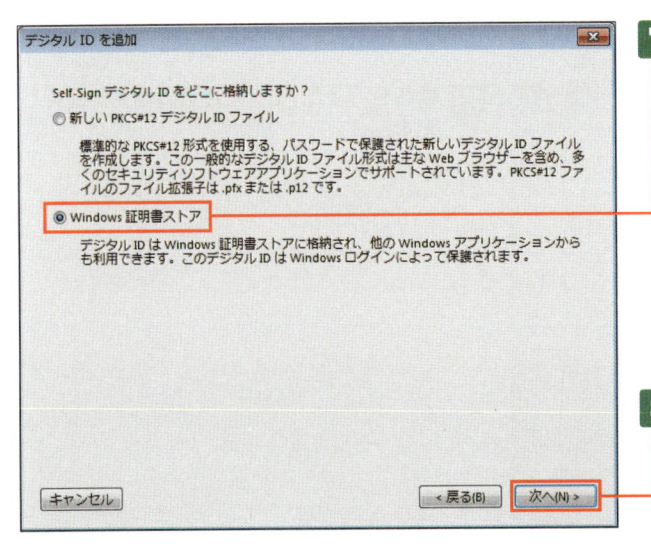

7 作成するデジタルIDをどこに格納するかを選択します。今回は「Windows証明書ストア」を選びます。

8 「次へ」をクリックします。

次ページへ続く

3-03 PDFによる回覧・承認ワークフローを構築する

077 電子署名を作成するには

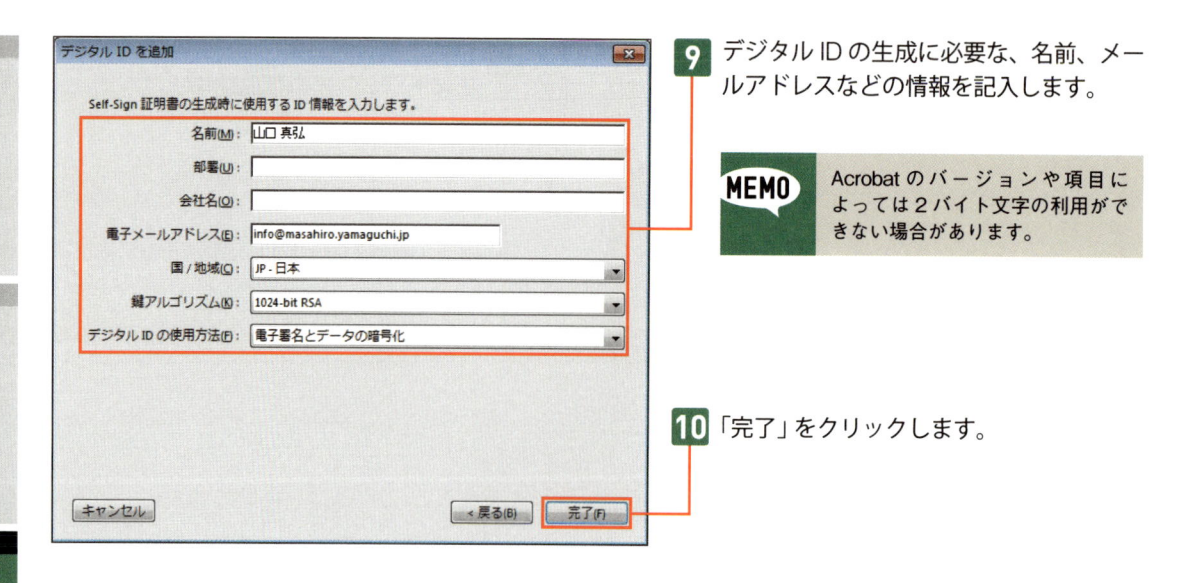

9 デジタル ID の生成に必要な、名前、メールアドレスなどの情報を記入します。

> **MEMO** Acrobat のバージョンや項目によっては 2 バイト文字の利用ができない場合があります。

10 「完了」をクリックします。

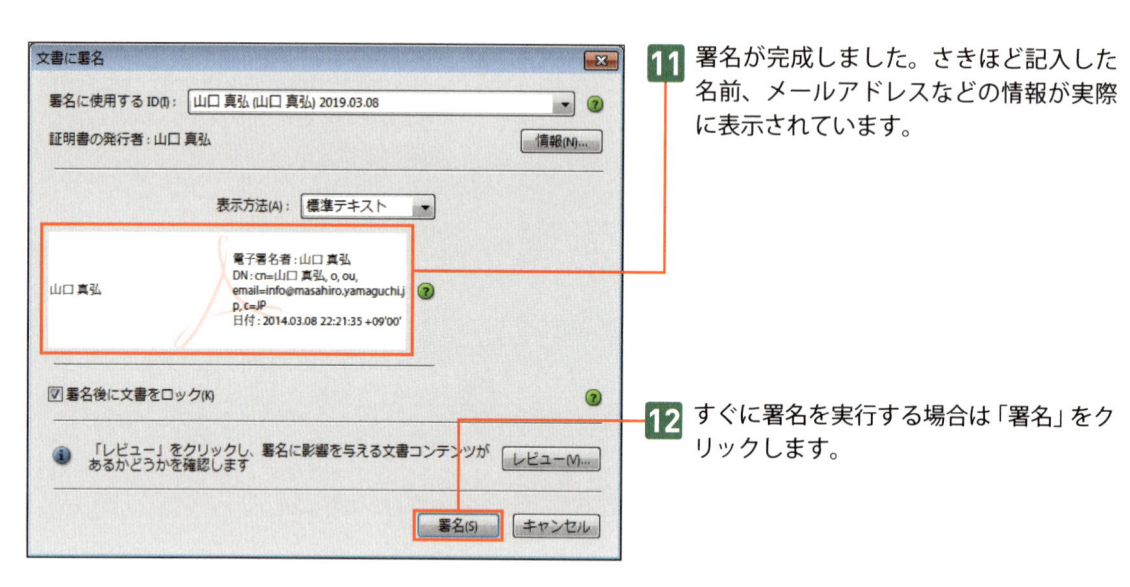

11 署名が完成しました。さきほど記入した名前、メールアドレスなどの情報が実際に表示されています。

12 すぐに署名を実行する場合は「署名」をクリックします。

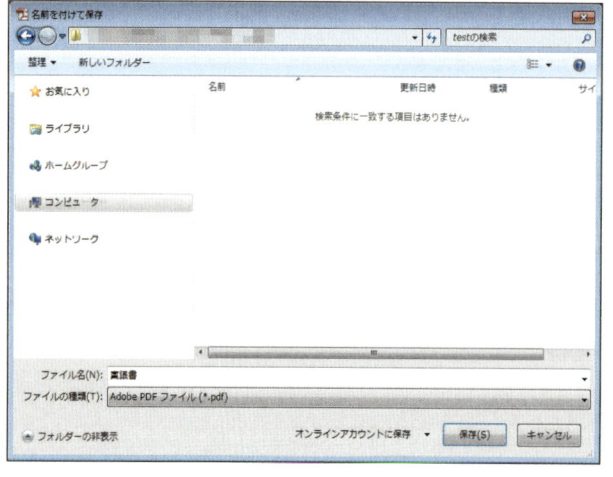

13 署名を行った PDF を任意の場所に保存します。

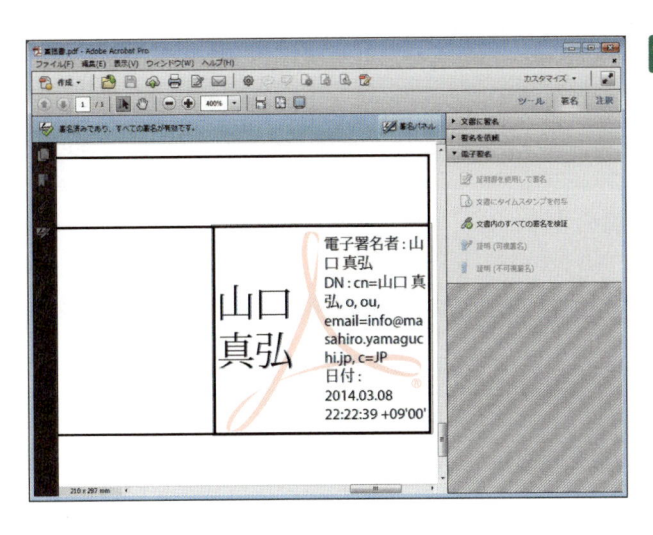

14 PDF に署名が追加されました。以上で署名は完了です。

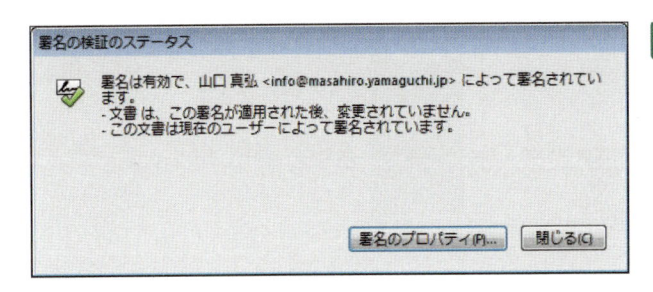

15 署名をクリックすると署名の検証が行われ、その結果が表示されます。

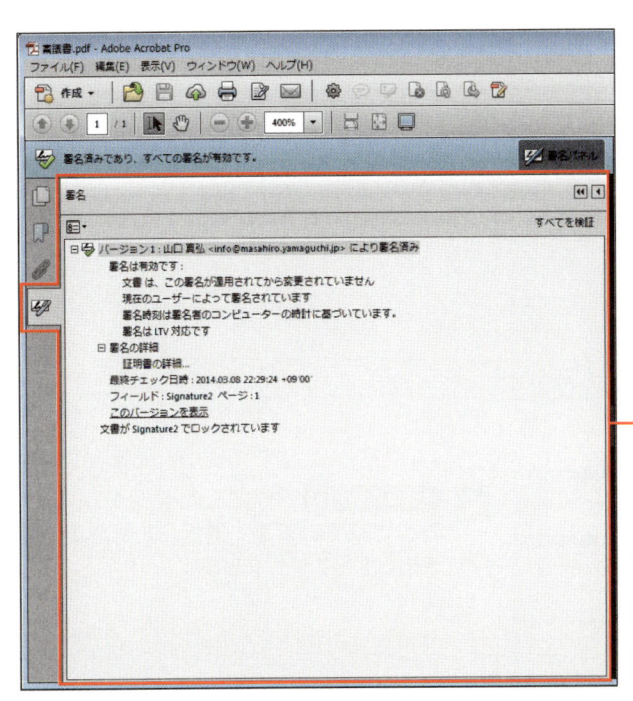

16 署名パネルを開くとさらに詳しい情報を表示できます。

> **MEMO** 署名はテキスト以外に、任意の画像を取り込んで使用することもできます。会社のロゴや印影、手書きのサインなども貼り付けられます。

3-03 PDFによる回覧・承認ワークフローを構築する

077 電子署名を作成するには

ビジテク 078 電子署名の書き出しを行うには

XI Pro / XI Std / X Pro / X Std / Reader

ここが重要 デジタルIDと信頼済み証明書の設定

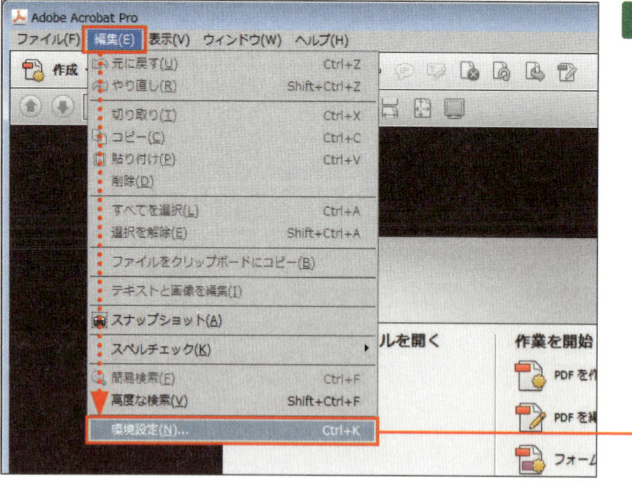

[1] 編集メニューから「環境設定」を開きます。

MEMO Acrobat Xでは「表示」メニューの「ツール」→「電子署名」を開き、「その他の電子署名」にある「セキュリティ設定」を選択し、「デジタルID」を選択することで、以下の手順[4]の画面が表示されます。

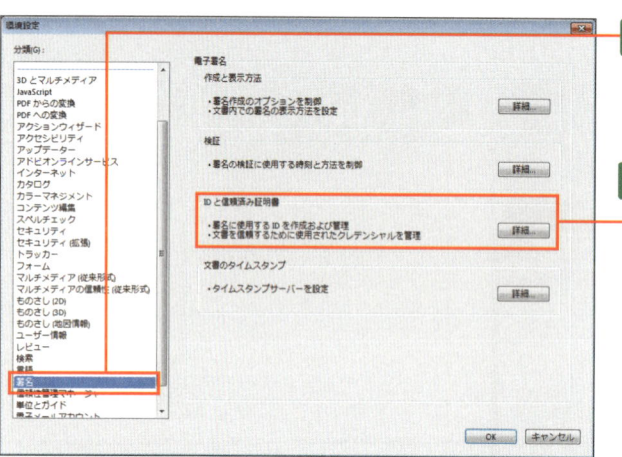

[2] 左列の分類で「署名」を選択します。

[3] 「IDと信頼済み証明書」をクリックします。

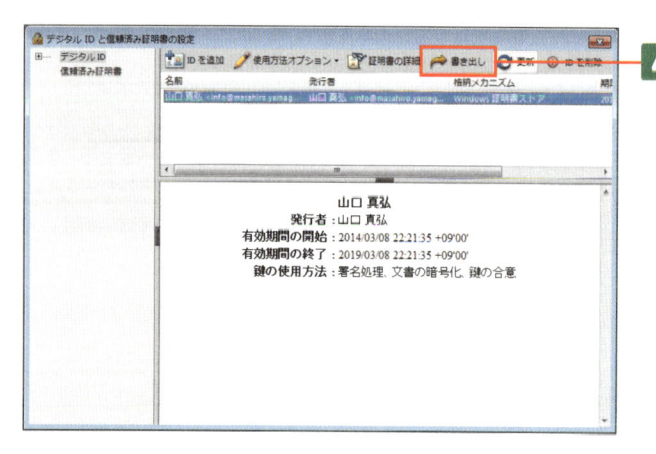

[4] →ビジテク077 で作成したデジタルIDが表示されています。選択した状態で「書き出し」をクリックします。

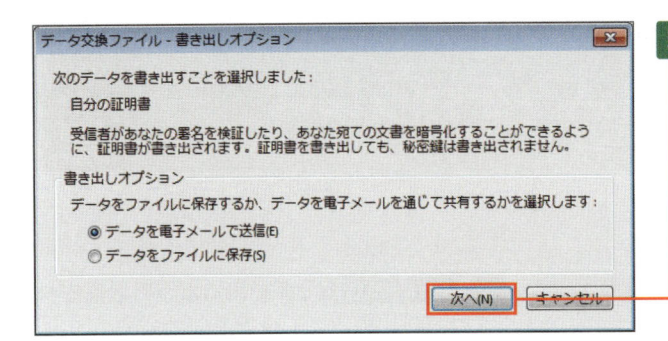

5 書き出したデータをメールで送信するか、いったんファイルに保存するかを選択します。ここでは「データを電子メールで送信」を選択します。

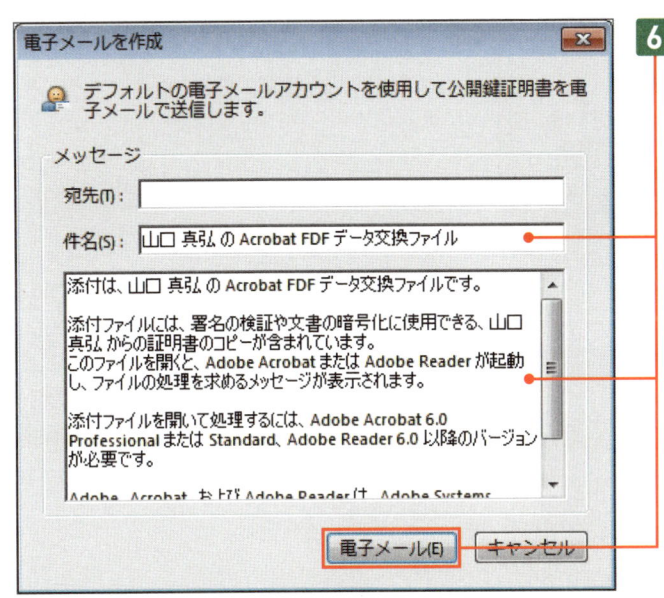

6 電子メールの作成画面が表示されます。送信先のメールアドレスを入力し、必要に応じて件名や本文を修正した上で「電子メール」をクリックして送信を実行します。

> **MEMO** 送信を実行したあと、メールアカウントによっては下書きの状態のまま保存されてしまうことがあるので、標準で使用しているメールアカウントの送信済みボックスを確認しておきましょう。

→ ここがポイント 電子署名の書き出しは何のため？

電子署名は、そもそも相手が検証できないようでは意味がありません。検証が行えるようにするためには、あらかじめ自分の証明書を相手に渡し、信頼済みの証明書として Acrobat もしくは Reader に取り込んでおいてもらう必要があります。これにより、受領した PDF に含まれる電子署名が確かにその人によって行われたものかどうか、相手が検証できるようになるというわけです。

ここで紹介している手順は、相手に証明書を渡すための書き出しのプロセスです。もらった証明書を Acrobat もしくは Reader で取り込むプロセスについては、次の →ビジテク 080 で解説します。

079 電子署名の取り込みを行うには

XI Pro / XI Std / X Pro / X Std / Reader

ここが重要 連作先設定を取り込み

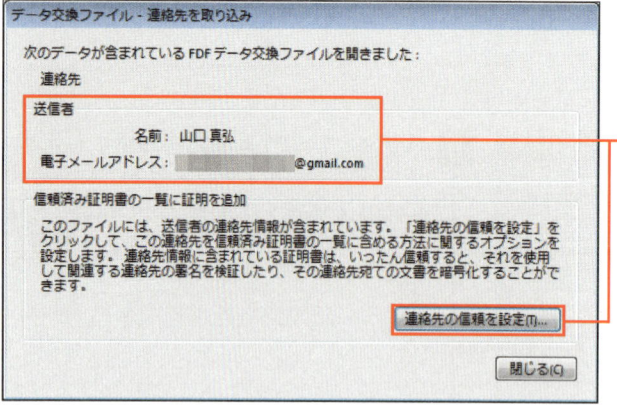

1 ➡ビジテク078 でメールによって送信された証明書ファイルを Acrobat もしくは Reader で開きます。

2 証明書を取り込む画面が表示されます。名前と電子メールアドレスを確認したのち「連絡先の信頼を設定」をクリックします。

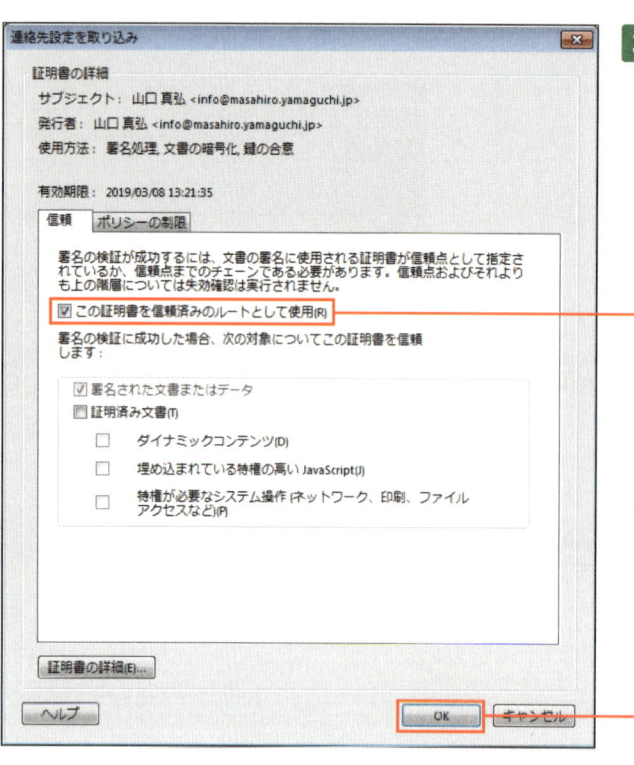

3 信頼のレベルを設定します。ここでは「この証明書を信頼済みのルートとして使用」にチェックを入れ「OK」をクリックします。

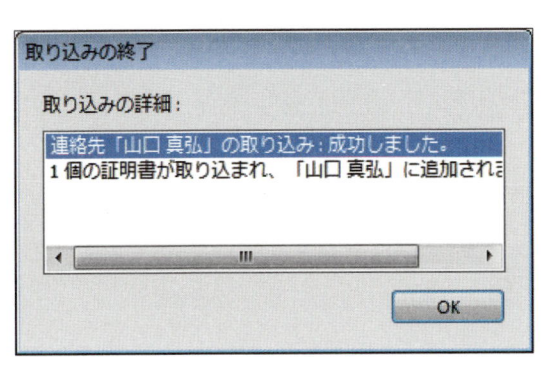

4 証明書の取り込みに成功したことが表示されます。以上で取り込みは完了です。

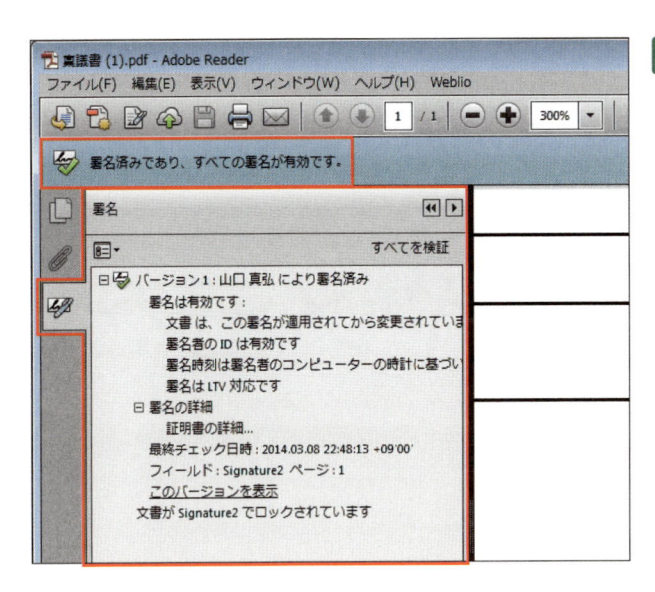

5 電子署名付きの PDF を開いた際、取り込み済みの証明書と一致していれば、ページの上部に「署名済みであり、すべての署名が有効です。」というメッセージが表示されます。また、署名パネルを開くと、それらの詳細情報が表示されます。

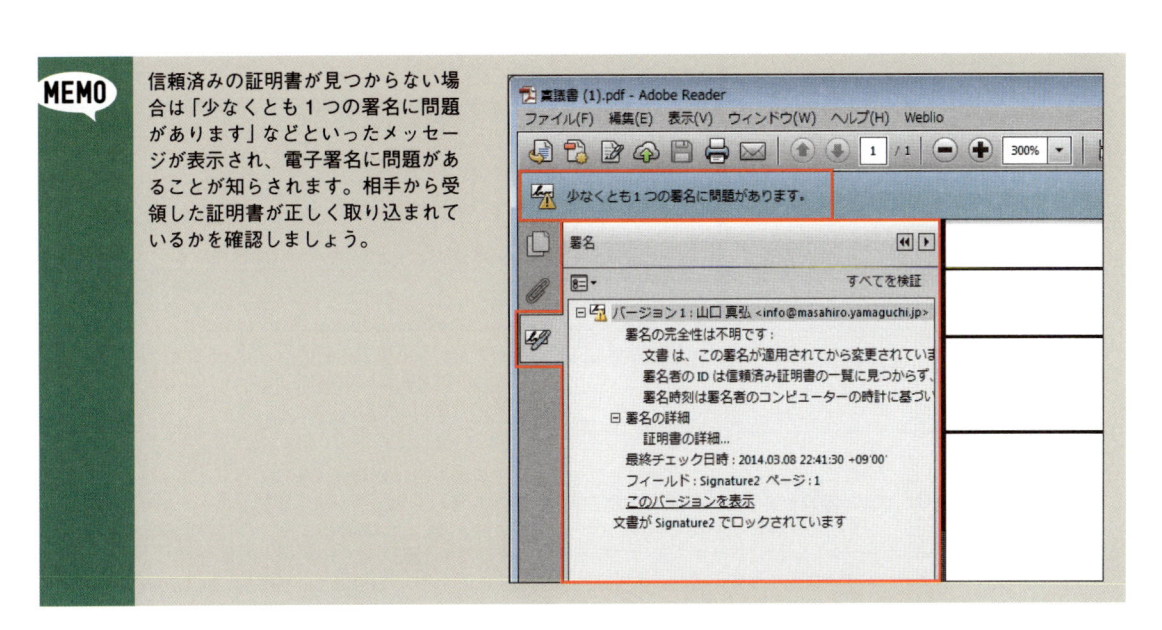

> **MEMO** 信頼済みの証明書が見つからない場合は「少なくとも1つの署名に問題があります」などといったメッセージが表示され、電子署名に問題があることが知らされます。相手から受領した証明書が正しく取り込まれているかを確認しましょう。

3-03 PDFによる回覧・承認ワークフローを構築する

079 電子署名の取り込みを行うには

➡ ここがポイント ClearScanとは？

紙の資料をスキャンして取り込んだPDFをAcrobatでテキスト認識する際、出力形式に「ClearScan」という選択肢があります。ClearScanは、スキャンして読み取った文字をAcrobat Xでは「表示」メニューの「ツール」→「電子署名」を開き、「その他の電子署名」にある「セキュリティ設定」を選択し、「デジタルID」を選択することで、以下の手順[4]の画面が表示されます。なるべく形状が近い既存のフォントに置き換えて表示する技術です。

スキャンして生成したPDFの中身はビットマップデータなので、拡大すると粗くなり、とくに文字の部分は粒子がはっきりと見えてしまいます。テキスト認識の際にこのClearScanをオンにしておくと、ビットマップデータがベクターデータに置き換えられるため、拡大表示しても粒子のザラザラ感がなくなります。スキャンして生成した資料を等倍以下に縮小して表示する場合はそれほど見た目が変わるわけではありませんが、部分的にズームアップする場合などに威力を発揮します。

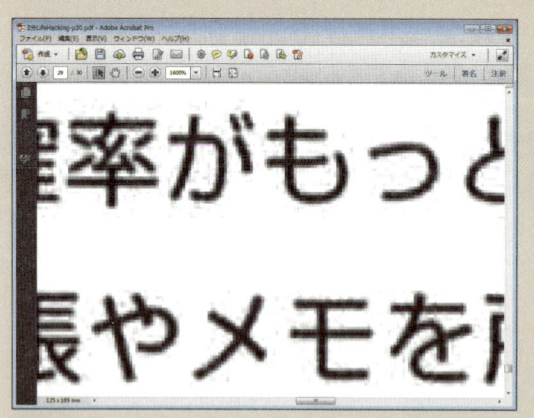

「ClearScan」オフでテキスト認識を行った状態。粒子感が強い

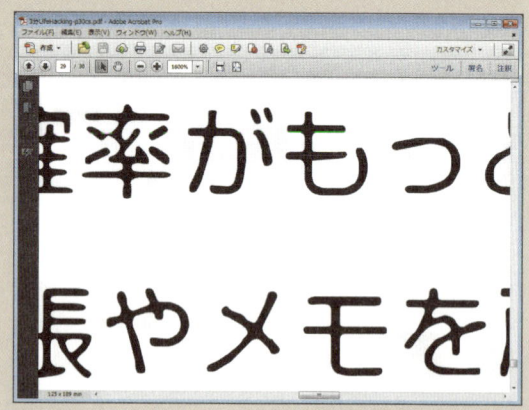

「ClearScan」オンでテキスト認識を行った状態。テキストがベクターデータ化されたため粒子感がなくなっている

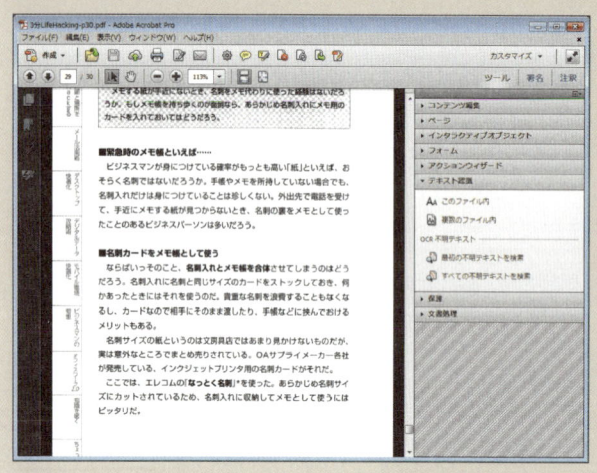

ClearScanは「テキスト認識」や「スキャンされたPDFを最適化」で利用できる

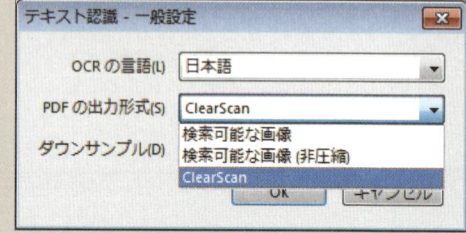

デフォルトで選択されている「検索可能な画像」を切り替えるだけ。プルダウンメニューの中に隠れているので見つかりにくい

ClearScanでテキスト認識を行うと、デフォルトの設定のままテキスト認識を行った場合に比べ、ファイルサイズも平均して2～3割程度は小さくなる傾向があります。また、欧文および数字を含む文章でテキスト認識を行った箇所をドラッグして文字列を選択すると、文字の手前に不必要な半角スペースが挿入されることがありますが、このClearScanをオンにしてテキスト認識を行うと、きれいに選択できるようになる場合もあります。画面上でスキャンPDFを美しく表示したい場合はもちろん、ファイルサイズを小さくしたい、文字列を正確にコピーしたい場合にも、積極的に試してみるとよいでしょう。

なお、ClearScanを使用しない通常の出力形式（検索可能な画像）でテキスト認識を行った場合にも言えることですが、背景に薄い色やパターンがついている場合は、それらも文字の一部とみなして処理されてしまうことで、思ったような効果が得られないことがあります。同様に、縦書きのテキストや、文字の形状そのものが判別しにくい低解像度のデータについても、効果は得にくいようです。向き不向きがあることは、知っておいたほうがよいでしょう。

第 4 章

PDF文書の保護・配布・フォーム

この章では、PDFを対外配布する際に重要となるパスワードや墨消しなどのセキュリティ機能のほか、プレゼンテーションや会議で役立つPDF配布時のテクニック、さらにPDFフォームを用いたデータの集計や活用の方法について解説します。

4-01 PDFのセキュリティを高める

>> ビジテク

PDFはAcrobatがあれば自由に編集が可能です。それゆえ、改ざんを防ぐためにはセキュリティの設定を行う必要があります。またPDF内に含まれる不要な情報は、対外的に公開する前にあらかじめ削除しておくと安心です。ここでは、これらPDFのセキュリティ設定の方法について解説します。

▶ PDFから情報が漏洩するケース

■「PDFは編集できない」という迷信

PDFについていまだに広く信じられている迷信のひとつに「PDFは編集できない」というものがあります。確かに無料で入手できる「Adobe Reader」は閲覧のみで編集は不可能ですし、Macのビューアなどでもそれは同様ですが、AcrobatなどのPDF編集ソフトがあれば既存のPDFをいくらでも編集できてしまうことは、ここまで本書をお読みの方はすでにご存知の通りです。適切な制限をかけなければ、公開文書が改ざんされて再配布されるような事態もありえるのです。

■非表示情報からの漏洩

見た目には非表示になっていても、内部にデータはそのまま残っていたがゆえに、情報の漏洩につながるケースもあります。数年前にニュースになったのが、ある自治体がWebに掲載していたPDFファイルで、個人情報の黒塗りが編集ソフトによって除去され、情報が漏洩したという事件です。報じられた内容を見る限りでは、どうやら描画マークアップツールの長方形を黒く塗りつぶし、個人情報の文字列の上に貼り付けただけというお粗末な処理をしていたようです。

本来は後述する「墨消し」ツールと、「非表示情報を検索して削除」機能を利用するべきところ、誤ったツールを使ってしまったことで、大きな事故につながったというわけです。PDFへの理解不足が生んだ悲劇といえるでしょう。

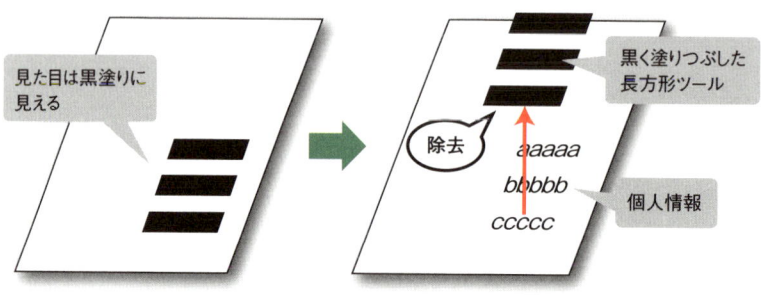

誤った非表示設定の例

Acrobat XI では、左下のようなケースで適切でないツールを使用すると、このような警告が表示される

■公開書類はメタデータにも留意する

　ここまでクリティカルな事故でなくとも、クライアントに渡した提案書のプロパティ欄に、他のクライアント向けに作成したことを示すファイル名が残っていて心証を害するといった、ビジネス的には致命傷になりうるミスは起こりえますし、会社のホームページに掲載した PDF に作成者名が残っているといった、あまり格好のよくないケースもあります。こうした「どこに情報が残っている可能性があるのか」「対外的に公開する PDF から不要な情報を除去するにはどのようにすればよいのか」は、Acrobat を用いて PDF を作成するユーザとして、しっかりと理解しておく必要があるでしょう。

▶ PDFのセキュリティにまつわる3段階の考え方

■(1) 文書の利用範囲を明示する

　PDF のセキュリティは、おおむね 3 段階程度に分けて考えることができます。
　ひとつは「社外秘」「Confidential」などの透かしなどを入れることで、利用範囲を明示する方法です。ファイルそのものの暗号化や不可視といった技術的な効果はありませんが、カジュアルコピーの抑止として機能します。おもに社内もしくは関係者単位で使われる方法です。➡ビジテク 082 で解説します。

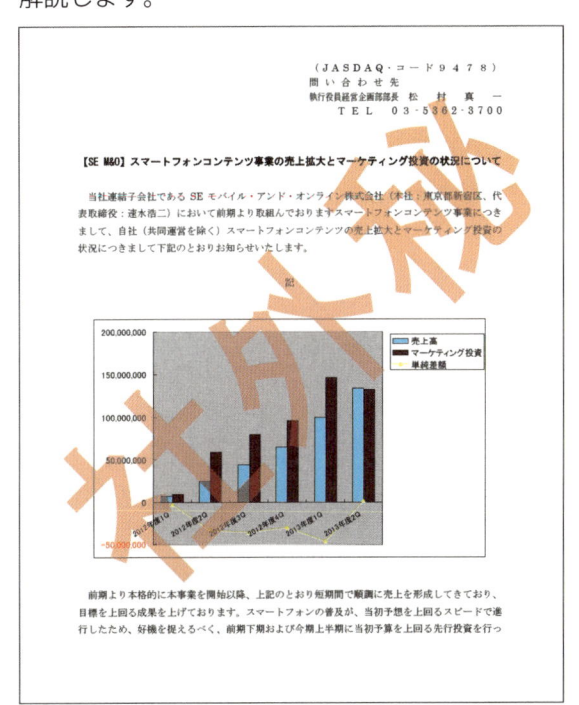

「社外秘」の透かしを入れた PDF の例。Acrobat 以外に、複写機などでも同様の機能を持った製品がある

4-01 PDFのセキュリティを高める

■(2) 不要な情報を確実に除去する

　冒頭の事例でも述べたように、不要な情報を削除する配慮が必要です。PDF には、元ファイルのタイトルや作成者名などの情報のほか、トリミング機能を使って非表示にしたエリアなど、表からは見えないだけで残存している情報が多数あります。これらの情報は見えなくてもデータ上には残っているため、処理を行って確実に消してやる必要があります。どのような情報が残っているかを参照する方法は→ビジテク086　→ビジテク087で、削除方法は→ビジテク088で解説します。

■(3) PDF 操作に制限をかける

　もうひとつは、閲覧パスワードをかけたり、文字列のコピーや印刷を禁止するといった、PDF の操作に制限を加える方法です。透かしを挿入しただけでは、ファイルが相手に渡ってしまえばいくらでも閲覧されてしまいますが、この方法ではたとえ PDF 自体が流出してもパスワードさえ知られなければ、制限の範囲内でしか利用できません。対外的に公開する PDF で積極的に用いるべき方法だといえます。→ビジテク080　→ビジテク081　→ビジテク084で解説します。

対策	利用する機能	効果
(1) 利用範囲の明示	透かし	カジュアルコピーの防止
(2) 不要な情報の除去	墨消し、非表示情報の削除	墨消しを行った箇所の情報、作成者名などメタ情報の流出
(3) パスワードを用いた制限	文書を開くパスワード、権限パスワード	文書閲覧や印刷、テキストコピー、編集の抑止

セキュリティ対策をルール化する

■セキュリティポリシーを設定する

　前述した PDF に対する制限には、閲覧、印刷、編集、テキストコピーの禁止などの種類があります。これらの制限を組み合わせて「セキュリティポリシー」としてプリセット化しておくと、簡単な操作で同じ制限を繰り返し適用できます。設定ミスの防止や、作業の効率化にも大いに役立ちます。「Web 掲載用」「セミナー配布用」など、さまざまなケースごとに用意しておくと便利です。ポリシーの設定は→ビジテク083で解説します。

■文書管理のガイドラインを決める

　このほか、本稿では直接取り上げませんが、PDF ファイルを保管する共有フォルダーにアクセス権限を正しく設定したり、対外的にメールで PDF ファイルを送る場合は ZIP 圧縮してパスワードをかけるなど、保管場所や経路のセキュリティについても配慮する必要があります。いくら PDF にセキュリティを正しく設定していても、変換前のオフィス文書が同じ共有フォルダー上に保管されていたとしたら「どうぞ見てください」といっているのと変わりません。

　こうした文書保管および送受信のガイドラインは、PDF そのものに対するセキュリティと同様に、部署単位もしくは法人単位で策定しておくとよいでしょう。

080 文書を開くパスワードを設定して第三者の閲覧を防ぐには

XI Pro / XI Std / X Pro / X Std

4-01 PDFのセキュリティを高める

ここが重要　文書を開くパスワード

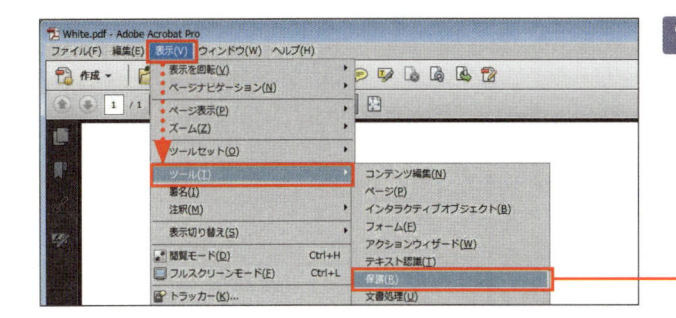

1 PDFを表示した状態で、「表示」メニューから「ツール」→「保護」を選択します。

2 「ツール」パネルが表示されるので、「保護」の中にある「暗号化」をクリックし、「パスワードによる暗号化」を選択します。

3 「文書を開くときにパスワードが必要」にチェックを入れます。

4 パスワードを入力して「OK」をクリックします。確認のためにパスワードをもう一度入力したのち保存します。

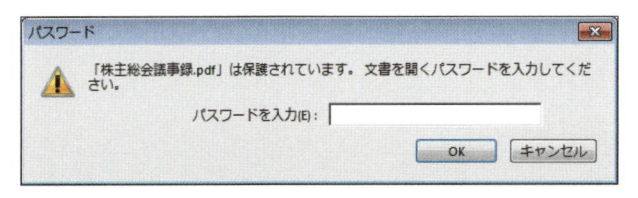

5 次回PDFを開こうとすると、パスワード入力のダイアログが表示されます。これでパスワードを知らない第三者の閲覧を防ぐことができます。

> **MEMO** 大量のPDFや、それ以外の文書も含めて配布資料にパスワードを設定したければ、PDFにではなくそれらを圧縮したZIPファイルにパスワードを設定する方法もあります。PDFそのものに手を加えたくない場合は、こちらの方法もおすすめです。

081 印刷されて不特定多数に配られるのを防ぐには

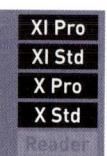

XI Pro / XI Std / X Pro / X Std / Reader

ここが重要 権限パスワード

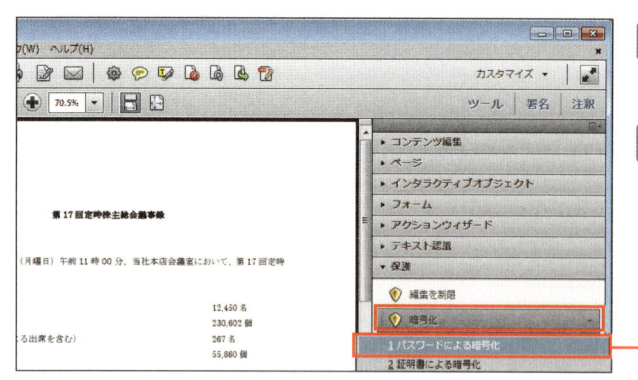

1. PDFを開いた状態で「表示」メニューから「ツール」→「保護」を選択します。

2. 「ツール」パネルが表示されるので、「保護」の中にある「暗号化」→「パスワードによる暗号化」を選択します。

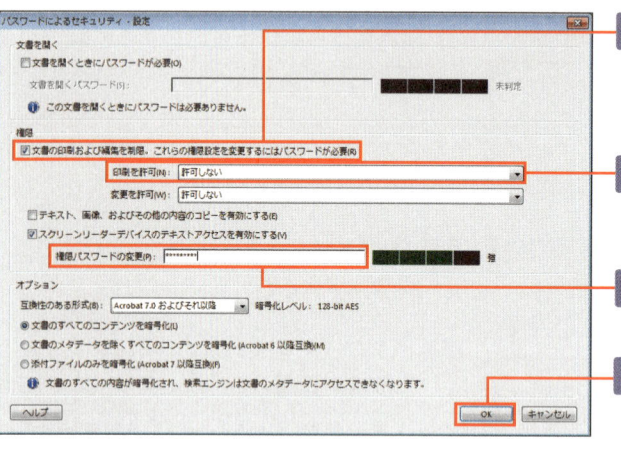

3. 設定画面が表示されるので、「文書の印刷および編集を制限。これらの権限設定を変更するにはパスワードが必要」にチェックを入れます。

4. 「印刷を許可」を「許可しない」に設定します。

5. 続いて下段の「権限パスワードの変更」にパスワードを入力します。

6. 「OK」をクリックします。パスワードを確認する画面が表示されるので、パスワードをもう一度入力したあと保存します。

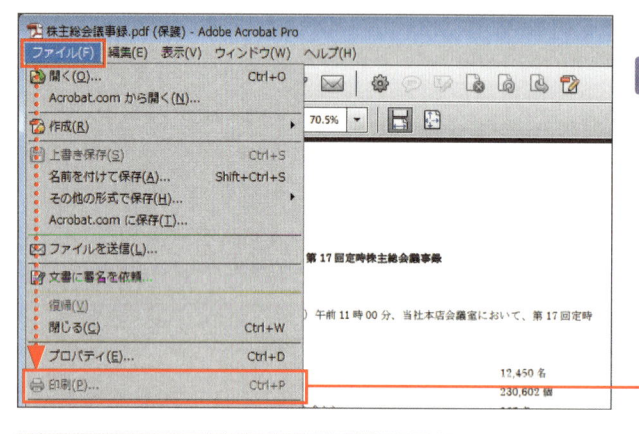

7. 「ファイル」メニューの「印刷」がグレーアウトし、印刷機能そのものが選択できなくなりました。

➡ ここがポイント　開く際のパスワードと権限パスワード

PDFに設定できるパスワードには、前回「PDFにパスワードを設定して第三者に見られるのを防ぐ」で紹介したファイルを開く際に要求するパスワードと、機能を制限するための権限パスワード、大きく分けて2種類があり、今回紹介したのは後者の権限パスワードに相当します。同じパスワード絡みの機能で混同されがちですが、目的がまったく異なりますので、両者の違いを知って使いこなせるようにしておくとよいでしょう。

082 「社外秘」「禁複写」などの透かしを入れるには

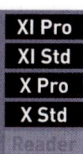

XI Pro / XI Std / X Pro / X Std

ここが重要 透かし

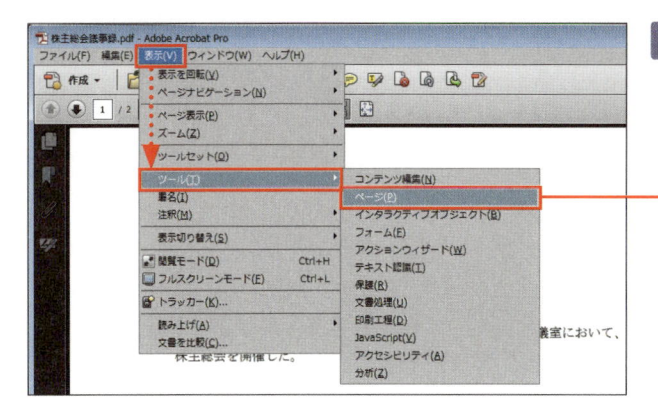

1. PDFを開いた状態で「表示」メニューから「ツール」→「ページ」を選択します。

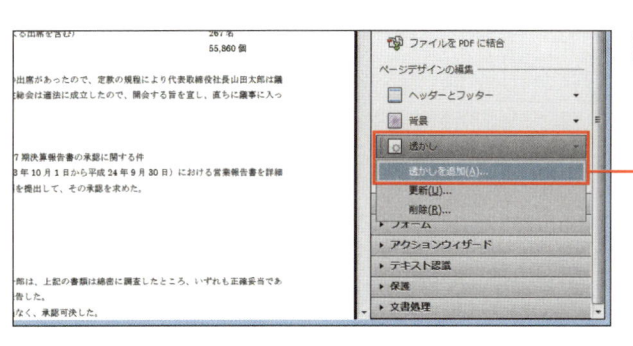

2. 「ツール」パネルが表示されるので、「ページ」の中にある「透かし」をクリックし、プルダウンメニューから「透かしを追加」を選択します。

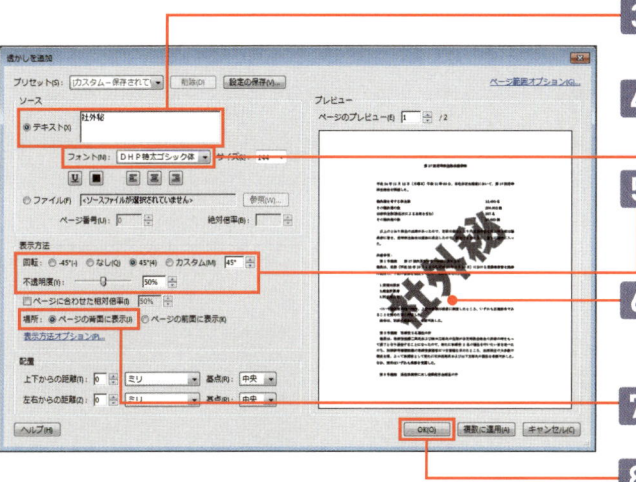

3. 設定画面が表示されます。ここでは「社外秘」というテキストを入力します。

4. やや太めのゴシックのフォントを指定します。

5. 角度は45度、不透明度は50%を指定します。

6. 右側にプレビューが表示されるので、本文が読みづらくならないよう不透明度などを調整します。

7. 「ページの背面に表示」を選択します。

8. 「OK」をクリックします。

次ページへ続く

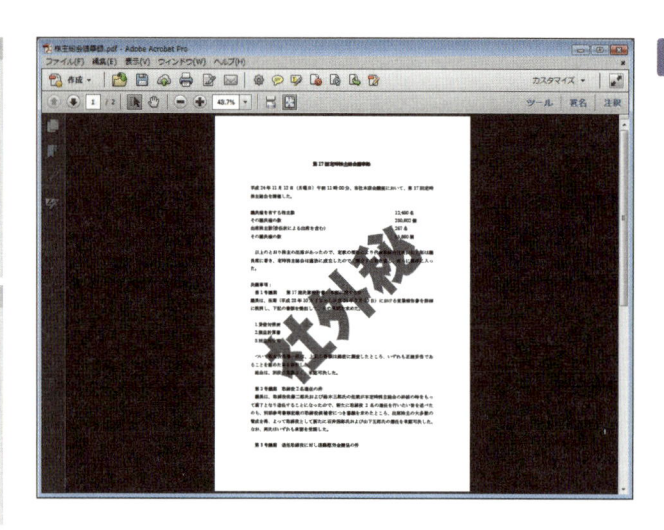

9 PDFに透かしが挿入されました。
ただしこのまま保存しただけでは、編集機能を使うことで透かしを削除できてしまうので、変更を許可しないようセキュリティの設定を行います。

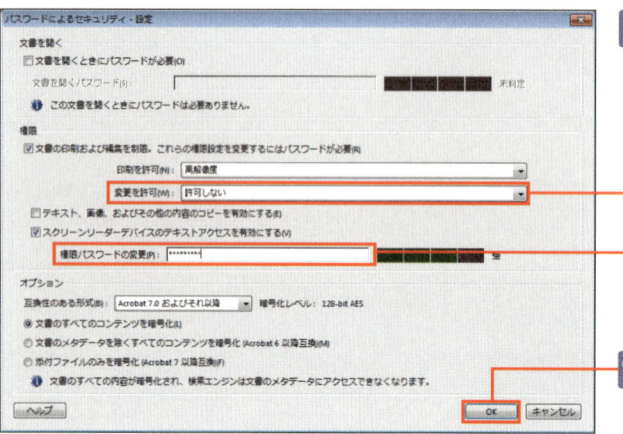

10 「ファイル」メニューから「プロパティ」を開き、セキュリティを「パスワードによるセキュリティ」に変更したのち、「権限」にある「変更を許可」を「許可しない」に変更して、パスワードを入力します。

11 「OK」をクリックしたのち、保存を実行すれば完了です。

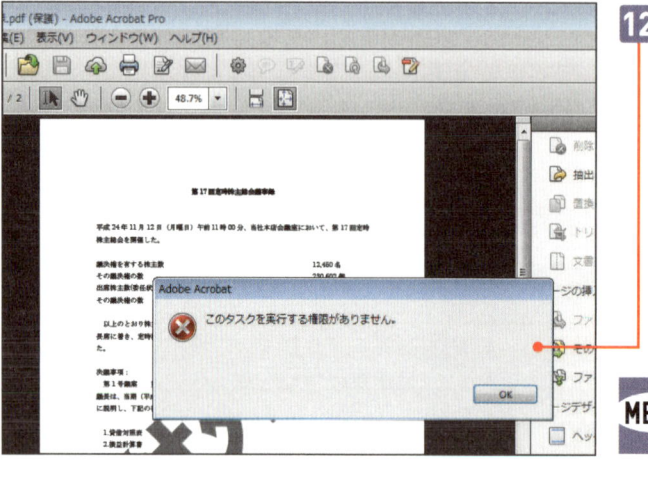

12 変更が許可されていない状態で透かしを削除しようとすると、権限がないことを知らせるアラートが表示されます。

MEMO パスワードを入力すれば透かしの編集が可能になります。

➡ ここが ポイント 画像やロゴも挿入可能

透かしはテキストだけではなく、ビットマップやJPEGなどの画像、さらにはほかのPDFファイルも挿入できます。企業のロゴを入れるなどの応用が可能なので、自社で定番のフォーマットを定めておくとよいでしょう。

083 同じセキュリティ設定を複数ファイルに繰り返し適用するには

XI Pro / XI Std / X Pro / X Std

ここが重要 セキュリティポリシー

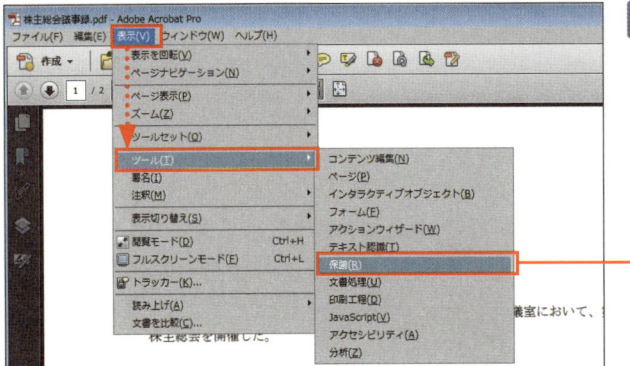

1. 「表示」メニューから「ツール」→「保護」を選択します。

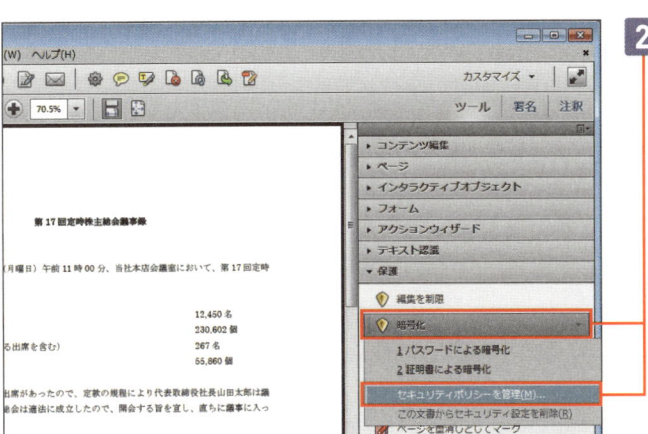

2. 「ツール」パネルが表示されるので、「保護」の中にある「暗号化」→「セキュリティポリシーを管理」を選択します。

MEMO Acrobat X では「管理」を選択します。

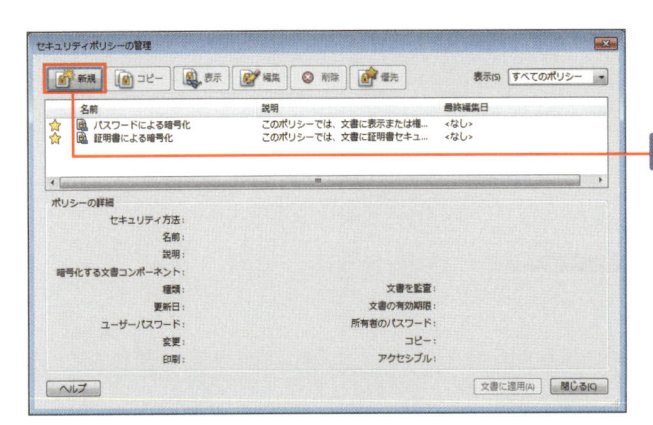

3. セキュリティポリシーの管理画面で「新規」をクリックします。

次ページへ続く

4-01 PDFのセキュリティを高める

082 「社外秘」「禁複写」などの透かしを入れるには

083 同じセキュリティ設定を複数ファイルに繰り返し適用するには

181

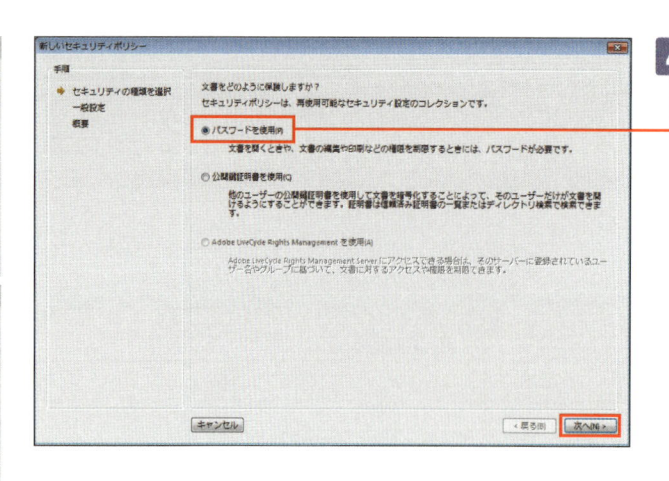

4 新しいセキュリティポリシーの作成画面で「パスワードを使用」を選択し次に進みます。

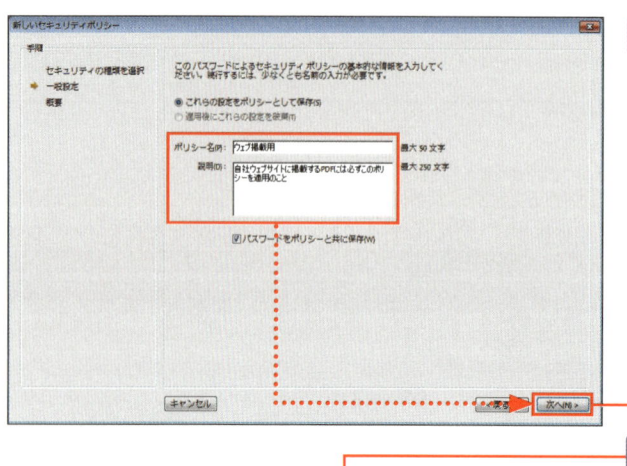

5 新しく作成するポリシーの名前と説明を記入します。今回は「ウェブ掲載用」と記入した上で説明も追加し、次に進みます。

6 パスワードによるセキュリティ設定画面が表示されるので、印刷や変更、コピーなどの制限を必要に応じて設定します。

7 パスワードを入力します。

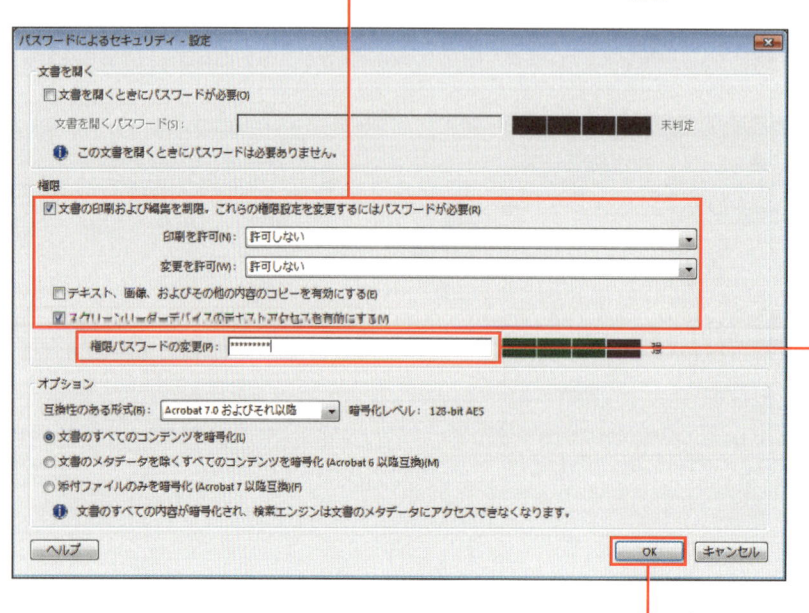

8 「OK」をクリックします。

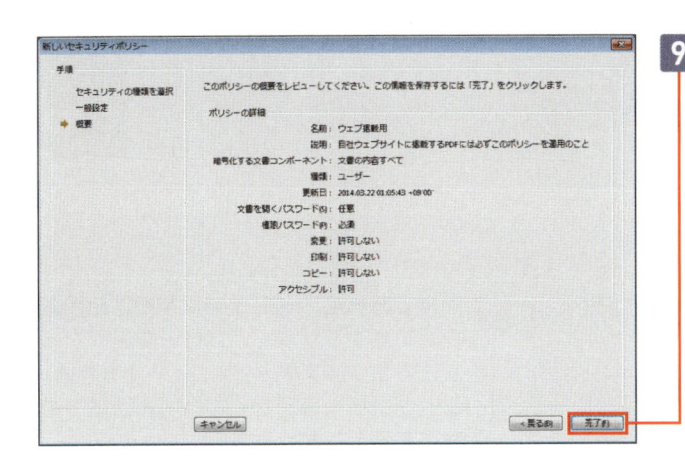

9 これで新しいセキュリティポリシーが作成されました。「完了」をクリックして終了します。

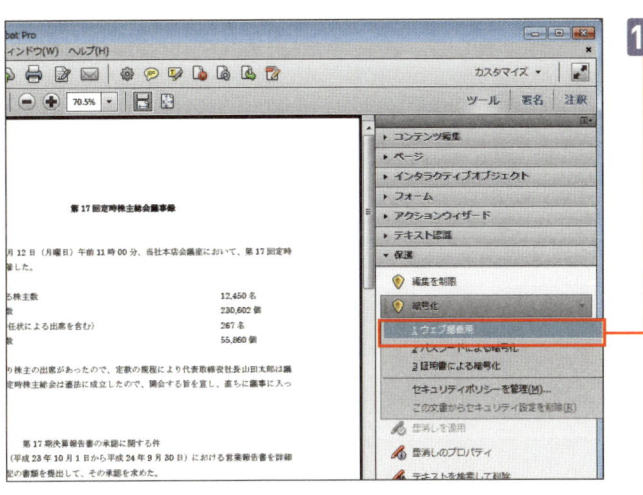

10 次回からは対象の PDF を表示した状態で、先ほど設定したセキュリティポリシー名をクリックするだけでセキュリティの設定が行えるようになります。

MEMO この方法を使うと、常に同じセキュリティ設定が適用されるので、設定ミスを防止できるのはもちろん、作業の効率化にも大いに役立ちます。対外的に PDF を公開する際の窓口となっている担当者や、複数の PDF ファイルに繰り返し同じセキュリティ設定を適用することが多い人は、ぜひ知っておきたいテクニックです。

MEMO 既存のセキュリティポリシーをコピーし、一部を修正して新しいセキュリティポリシーを作ることもできます。

ビジテク 084 文字列のコピーや文書の編集を行えなくするには

XI Pro / XI Std / X Pro / X Std / Reader

ここが重要 権限パスワード

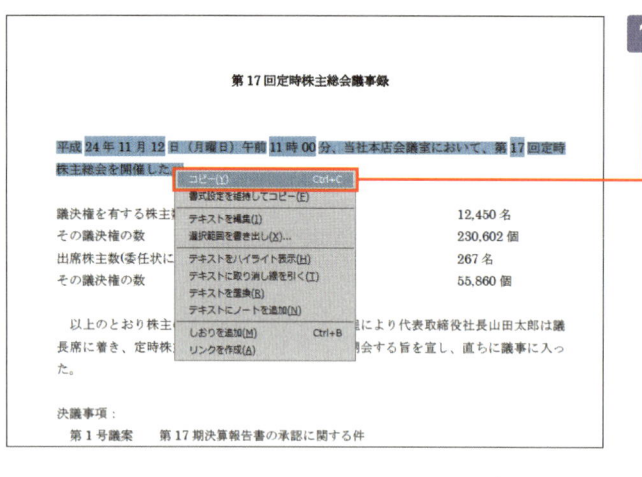

1 通常であれば、PDF上の文字列は範囲選択して右クリックし、コピーを選択することでクリップボードにコピーできます。これをコピーさせたくない場合は以下の方法で設定します。

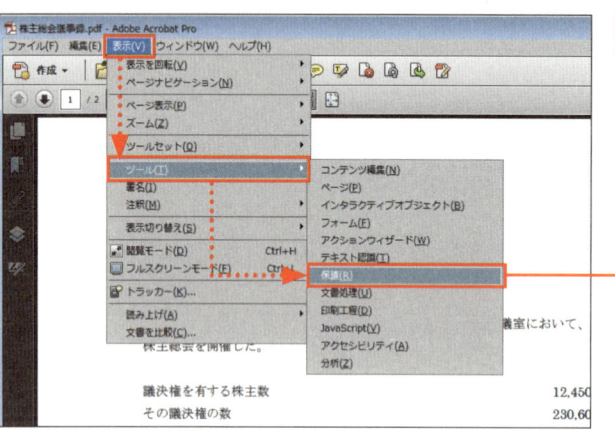

2 「表示」メニューから「ツール」→「保護」を選択します。

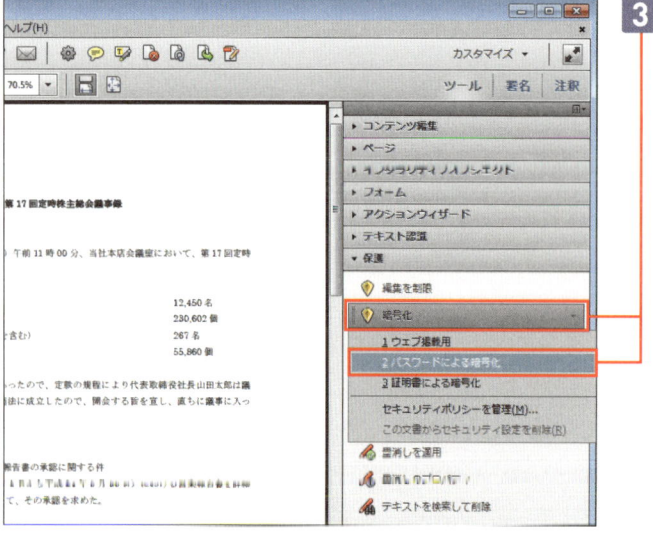

3 ツールパネルウィンドウが開くので、「保護」の中にある「暗号化」をクリックし「パスワードによる暗号化」を選択します。

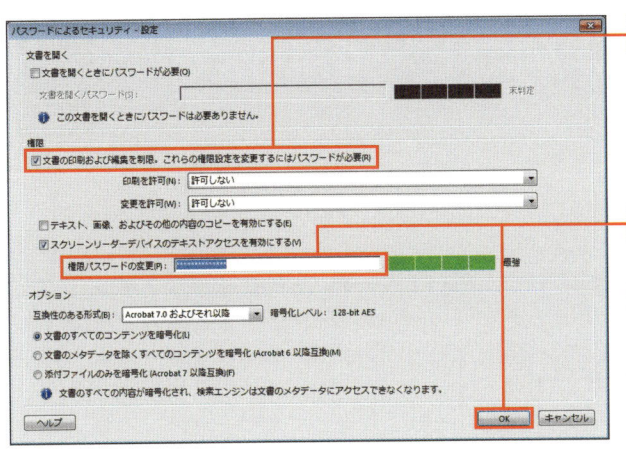

4 「パスワードによるセキュリティ」の設定画面が表示されるので、「文書の印刷および編集を制限。これらの権限設定を変更するにはパスワードが必要」にチェックを入れます。

5 「権限パスワードの変更」に、パスワードを入力し、「OK」をクリックします。

> **MEMO** 上記の方法では、文字列のコピーや編集だけでなく、印刷についても行えない設定になっています。印刷を許可する場合は、手順 **5** で「印刷を許可」を「許可しない」以外の選択肢に変更します。

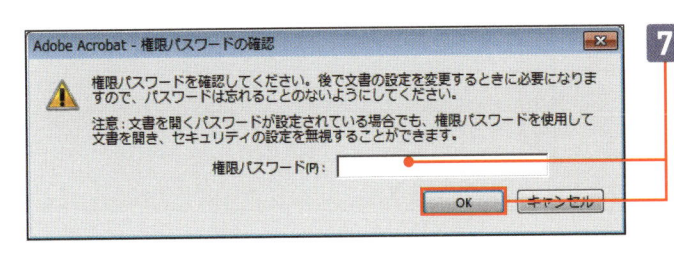

7 「権限パスワードの確認」ダイアログが表示されるので、さきほど設定した権限パスワードを再度入力し、「OK」をクリックして画面を閉じます。

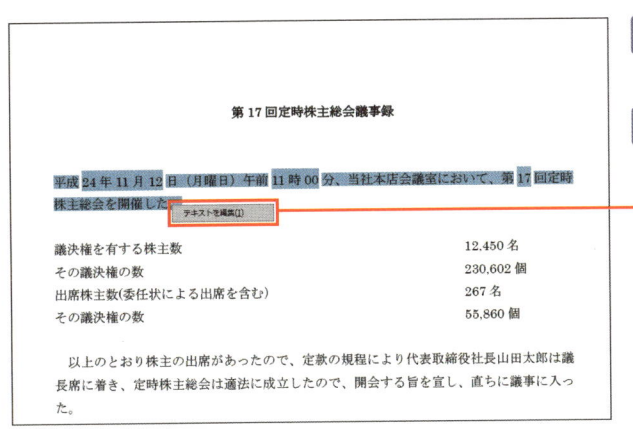

8 PDFをいったん閉じ、再度開き直します。

9 さきほどのように文字列を範囲選択して右クリックしても、メニューの中に「コピー」が表示されなくなりました。

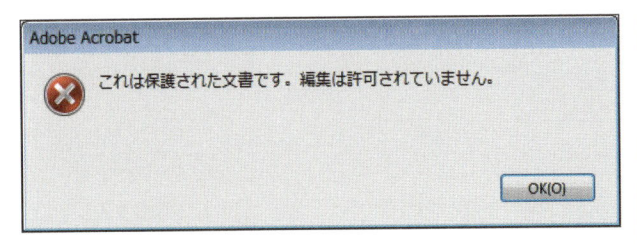

10 「テキストの編集」をクリックしても、編集は許可されていないことを知らせるアラートが表示されます。

> **MEMO** 編集は許可しないが文字列のコピーは許可したい場合、手順 **4** で「テキスト、画像、およびその他の内容のコピーを有効にする」にチェックを入れます。

4-01 PDFのセキュリティを高める

084 文字列のコピーや文書の編集を行えなくするには

ビジテク 085 印刷や編集、文字列コピーの制限を解除するには

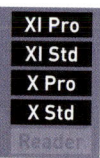

XI Pro / XI Std / X Pro / X Std

ここが重要 権限パスワード

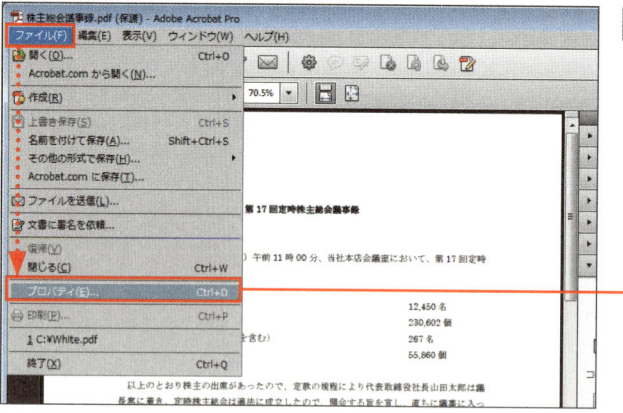

1. PDFを開いた状態で、「ファイル」メニューから「プロパティ」をクリックします。

2. 「文書のプロパティ」が表示されるので、「セキュリティ」タブを開きます。「セキュリティ方法」の「パスワードによるセキュリティ」を「セキュリティなし」に変更します。

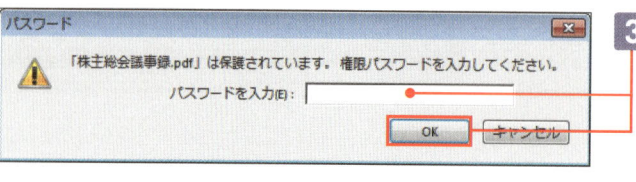

3. 制限をかける際に使った権限パスワードを入力し、「OK」をクリックします。

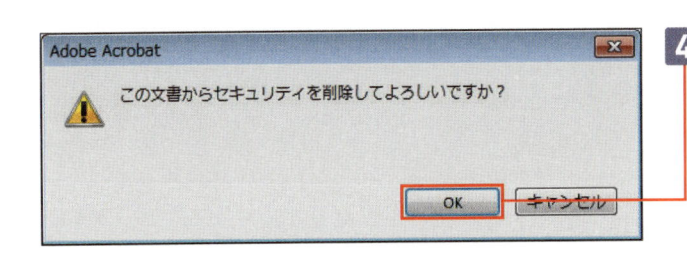

4 確認のメッセージが表示されるので「OK」をクリックします。

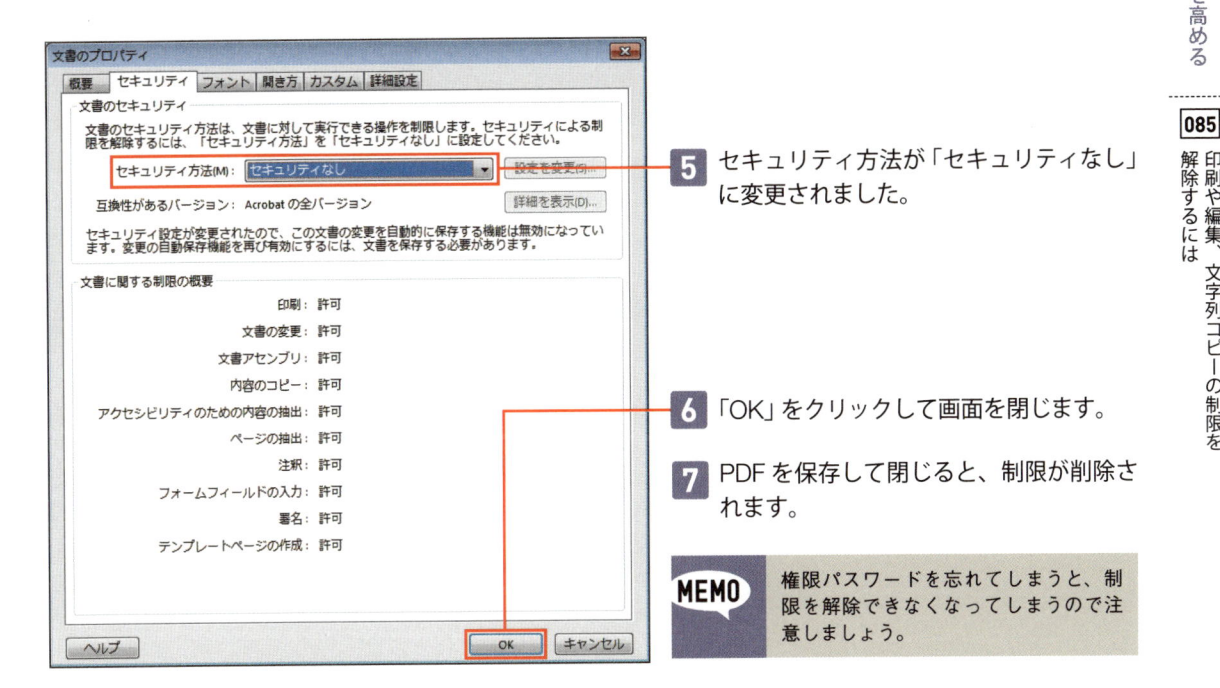

5 セキュリティ方法が「セキュリティなし」に変更されました。

6 「OK」をクリックして画面を閉じます。

7 PDFを保存して閉じると、制限が削除されます。

MEMO 権限パスワードを忘れてしまうと、制限を解除できなくなってしまうので注意しましょう。

➡ ここがポイント　2種類のパスワードを同じにすることはできない

➡ビジテク 080 で設定した「文書を開くパスワード」と、➡ビジテク 081 ➡ビジテク 084 で設定した「権限パスワード」を同時に設定する場合、それぞれ異なるパスワードを設定する必要があります。同じパスワードを設定しようとすると、以下のようなエラー画面が表示され、再入力を促されます。

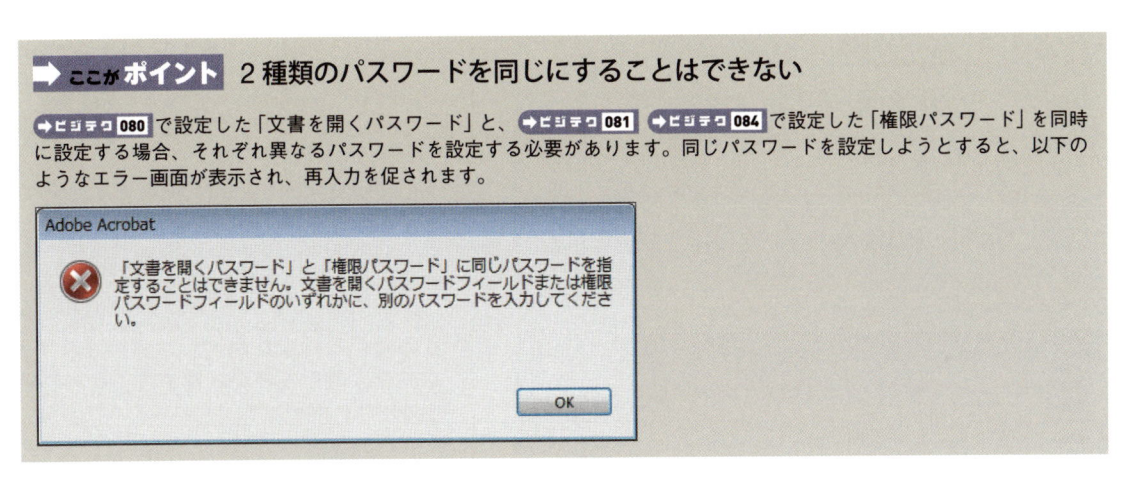

4-01 PDFのセキュリティを高める

085 印刷や編集、文字列コピーの制限を解除するには

ビジテク 086 見られるとまずい箇所を塗りつぶすには

XI Pro
X Pro

ここが重要　墨消し

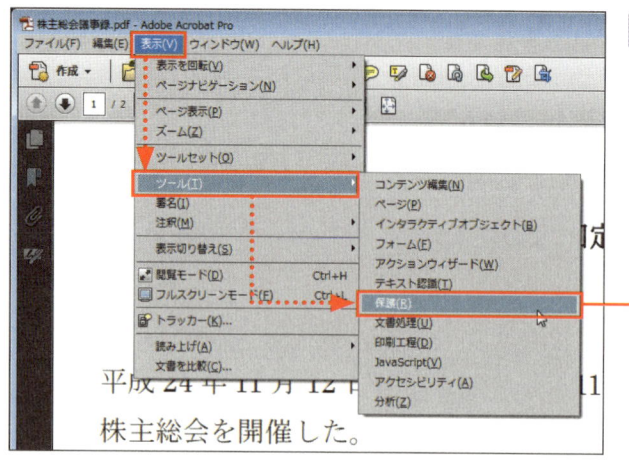

1. 「表示」メニューから「ツール」→「保護」をクリックします。

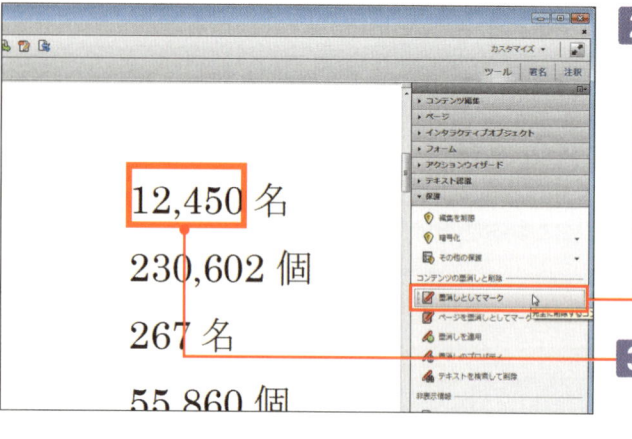

2. 「ツール」パネルが表示されるので、「保護」の中にある「墨消しとしてマーク」をクリックします。

3. 消したい文字列を範囲選択します。デフォルトの設定では赤い罫線で囲まれます。

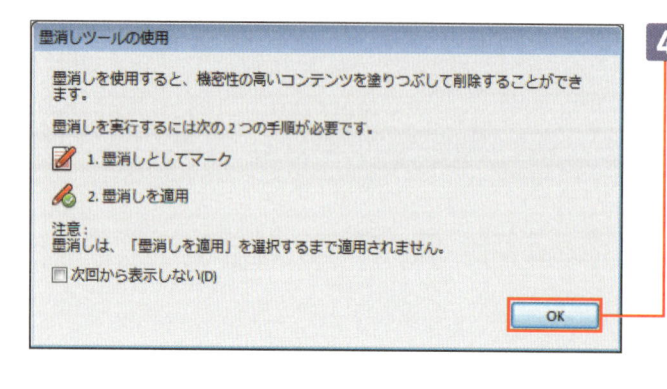

4. この時点ではまだ墨消しは実行されず、マークされただけの状態です。「OK」をクリックします。

5 ほかにも墨消ししたい箇所があれば同様の手順で選択します。

6 選択し終えたら「墨消しを適用」をクリックします。

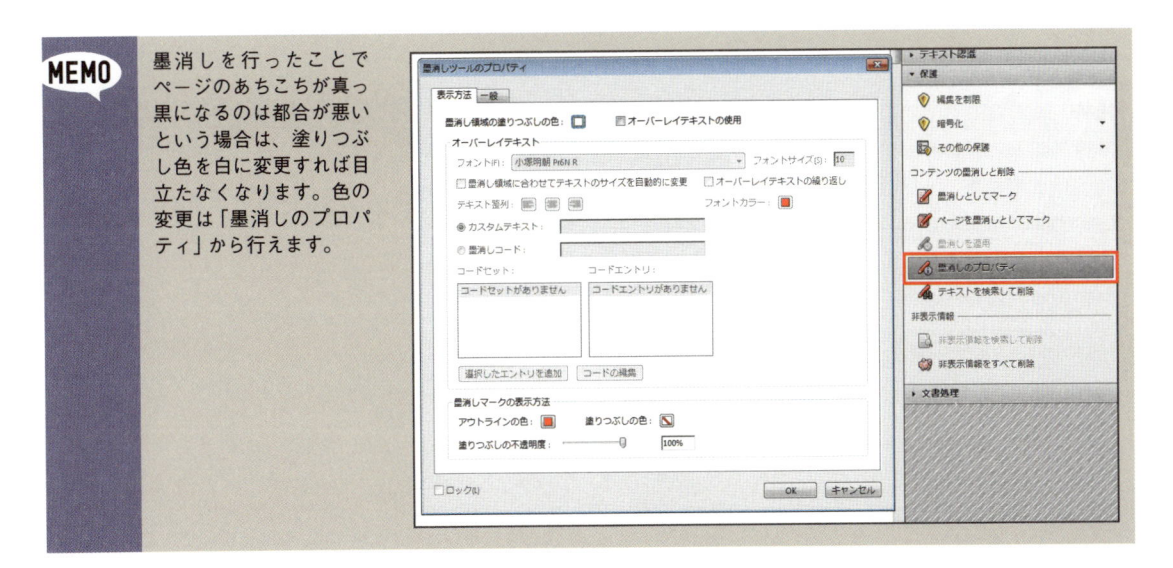

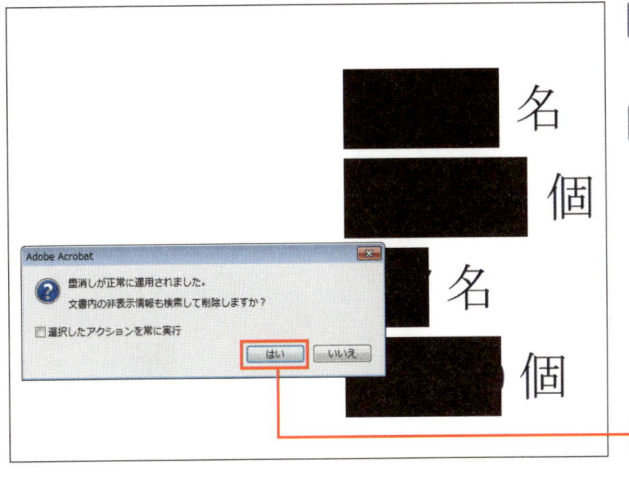

MEMO 墨消しを行ったことでページのあちこちが真っ黒になるのは都合が悪いという場合は、塗りつぶし色を白に変更すれば目立たなくなります。色の変更は「墨消しのプロパティ」から行えます。

7 墨消しが適用され、文字列が黒く塗りつぶされました。

8 ただし、PDFによっては目に見えないだけで同じ情報がインデックス化されている場合もあるので、非表示情報がないか検索を行います。

9 「はい」をクリックします。

4-01 PDFのセキュリティを高める

086 見られるとまずい箇所を塗りつぶすには

次ページへ続く

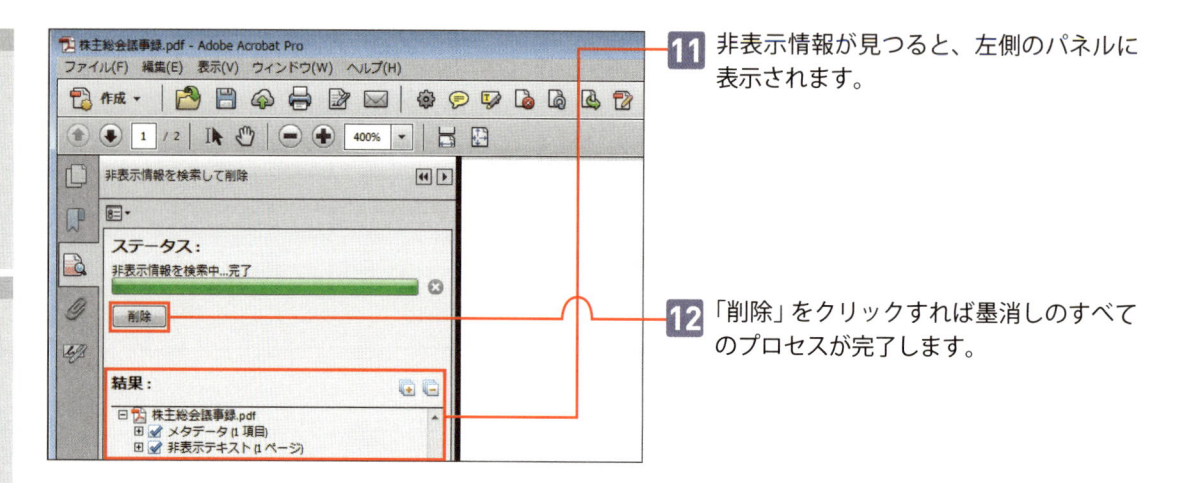

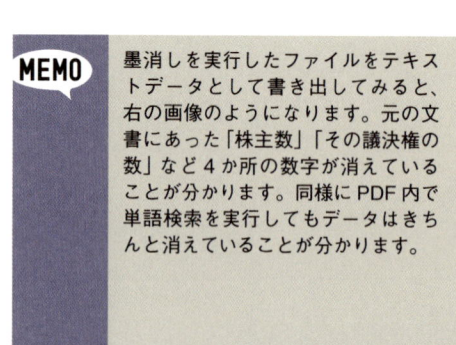

11 非表示情報が見つかると、左側のパネルに表示されます。

12 「削除」をクリックすれば墨消しのすべてのプロセスが完了します。

MEMO 墨消しを実行したファイルをテキストデータとして書き出してみると、右の画像のようになります。元の文書にあった「株主数」「その議決権の数」など4か所の数字が消えていることが分かります。同様にPDF内で単語検索を実行してもデータはきちんと消えていることが分かります。

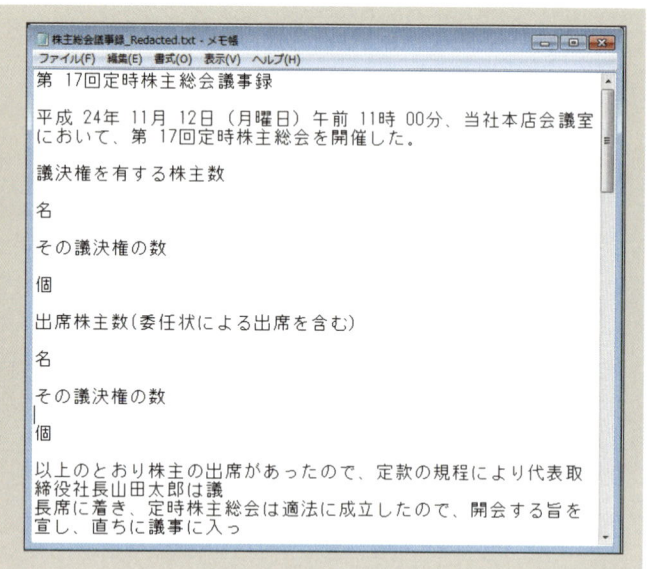

MEMO 墨消しには「カスタムテキスト」という機能があります。これを使えば、墨消しで塗りつぶした位置に「社外秘」など既定のテキストを表示することができます。カスタムテキストの設定は、「墨消しのプロパティ」から行います。

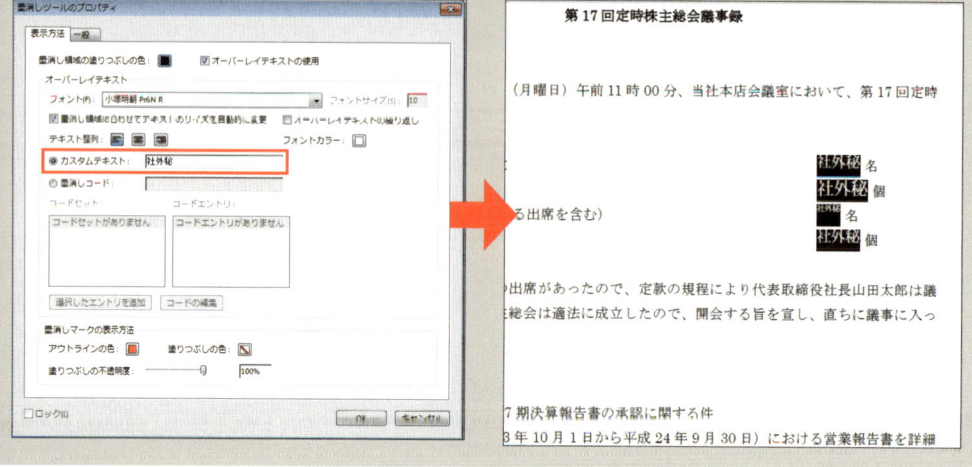

ビジテク 087 作成者名などの情報を確認／変更するには

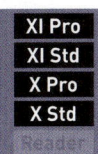

XI Pro / XI Std / X Pro / X Std / Reader

ここが重要 プロパティ

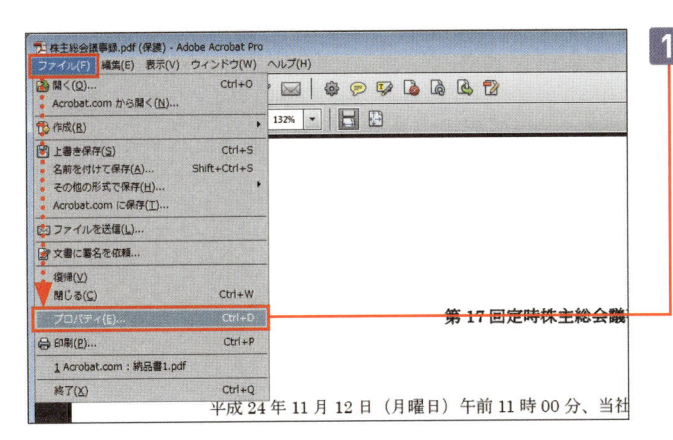

1. PDFを開いた状態で、「ファイル」メニューから「プロパティ」をクリックします。

2. 「概要」タブをクリックすると、タイトルや作成者名、サブタイトル、キーワードに設定されている情報が表示されます。

3. 必要に応じて書き替えを行ったのち「OK」をクリックすれば情報が置き換わります。

4. 「その他のメタデータ」をクリックします。

5. さらに詳細な情報が表示されるので、同様の手順で書き替えを行います。

6. 書き替えが終わったら保存して完了です。

MEMO PDFにセキュリティが設定されている場合は書き替えが行えません。→ビジテク 085 の手順であらかじめ解除しておきます。

次ページへ続く

ビジテク 088 PDFに埋め込まれた非表示情報を削除するには

XI Pro / XI Std / X Pro / X Std

ここが重要 非表示情報を検索して削除

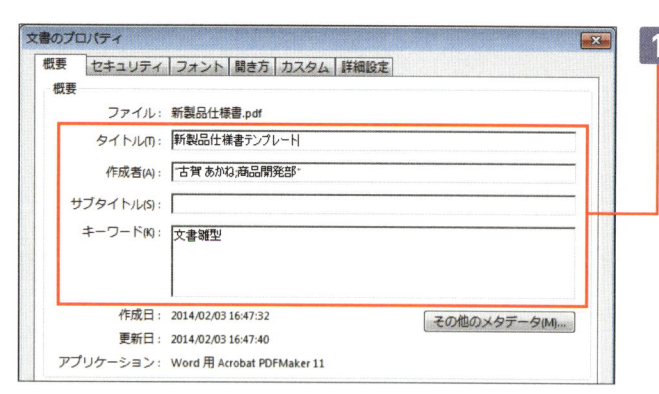

1. PDFのプロパティを表示すると、タイトルや作成者の欄に、外部に見られるのが好ましくない情報が埋め込まれている場合があります。また、これ以外にも目視では見つけにくいメタデータが埋め込まれている可能性もあります。

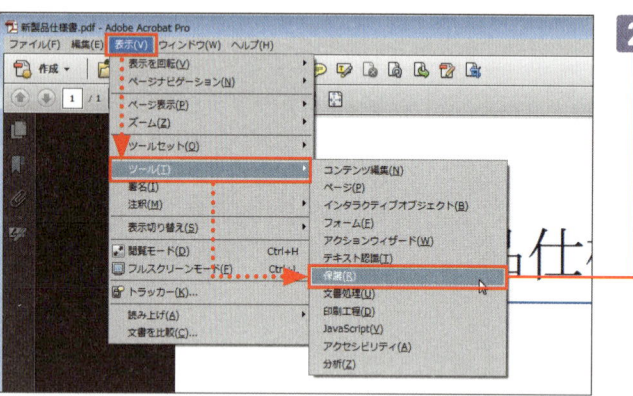

2. こうしたデータを削除するには、まず「表示」メニューから「ツール」→「保護」で開きます。

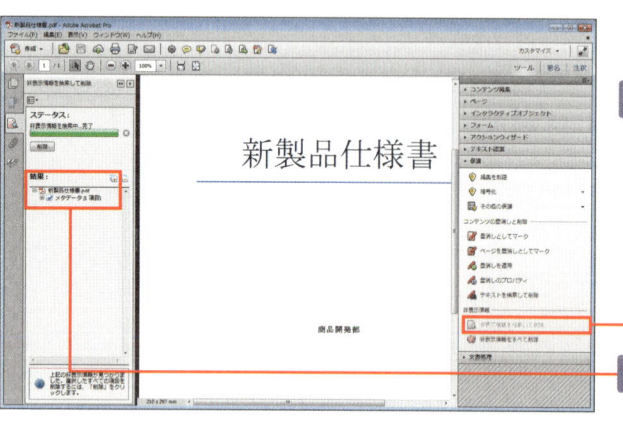

3. ツールパネルウィンドウが開くので、「保護」の中にある「非表示情報を検索して削除」をクリックします。

4. 検索が行われ、残存している非表示情報がリストアップされます。

ここがポイント 非表示情報をすべて削除で一括削除

検索をかけずにワンクリックですべての非表示情報を削除したいときは「非表示情報をすべて削除」ボタンをクリックします。検索で見つけられずに残ってしまった情報も一発で削除できます。

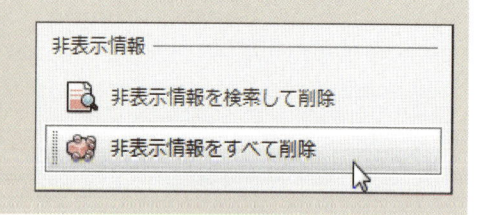

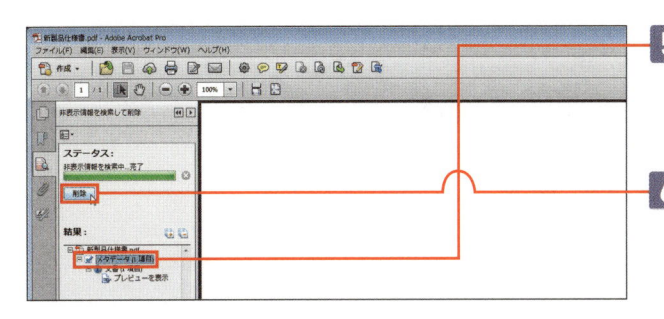

5 それぞれの項目を展開すると情報の詳細が確認できるので、削除したい項目にチェックを入れます。

6 「削除」ボタンをクリックします。

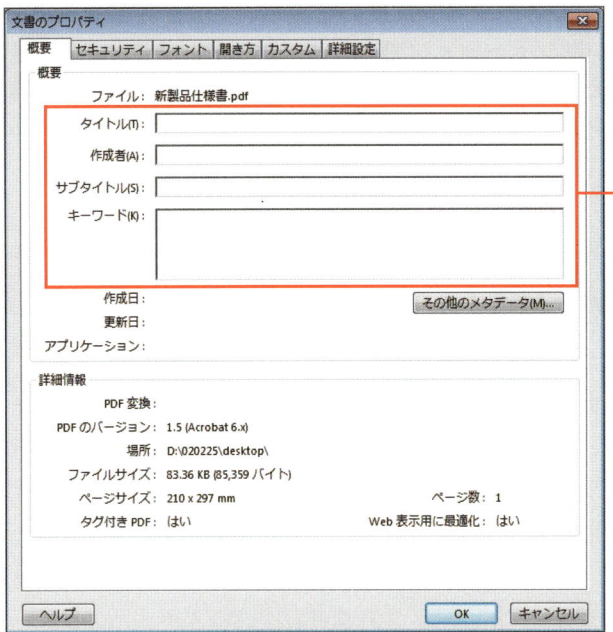

7 削除完了後にプロパティを表示すると、タイトルや作成者といったメタデータが削除されていることが分かります。

8 以上で非表示情報の削除は完了ですが、対外的にPDFを公開することが多い場合は、PDFファイルを閉じるたびに自動的にメタデータを削除するよう設定をしておきましょう。

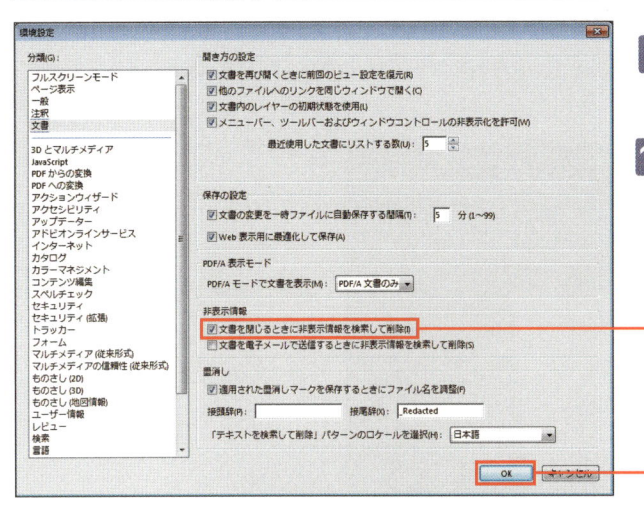

9 「編集」メニューから「環境設定」を開き、「文書」を選択します。

10 「文書を閉じるときに非表示情報を検索して削除」の項目にチェックを入れて「OK」をクリックします。

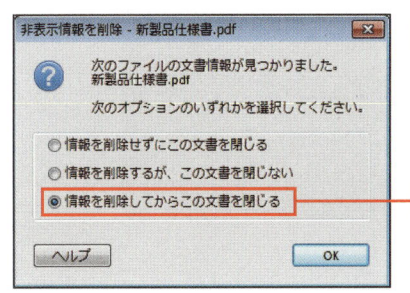

11 この設定をしておくことで、非表示情報が残存していると、PDFファイルを閉じるたびにアラートが表示されるようになります。

12 「情報を削除してからこの文書を閉じる」を選ぶことで削除を実行できます。

4-01 PDFのセキュリティを高める

088 PDFに埋め込まれた非表示情報を削除するには

4-02 PDFをプレゼンで活用する

>> ビジテク

PDFにはプレゼンテーション向けの機能もいくつか搭載されており、簡易なプレゼンテーションであれば問題なく行うことができます。ここではそれらの機能の紹介のほか、プレゼンで使える便利なテクニックについても併せて解説します。

▶ 実はプレゼンテーションに便利なPDF

■PDFによるプレゼンは表示のトラブルが発生しにくい

　プレゼンテーションといえばPowerPoint、というのがビジネス現場での常識ですが、PDFもプレゼンテーション向けの機能を多く備えています。PowerPointによるプレゼンでは、現地で借用したPCにPowerPointもしくはPowerPointビューアがインストールされておらず、直前になって慌てることがありますが、PDFであれば広く普及しているAdobe Readerさえあれば表示できるので、トラブルが発生するリスクも抑えられ、かつOSなどの環境の違いによる表示の乱れも最小限に留められます。またPDFであればiPadやAndroidタブレットを使ってプレゼンを行うこともできるますで、重いノートPCを持ち歩きたくないニーズにも適しています。

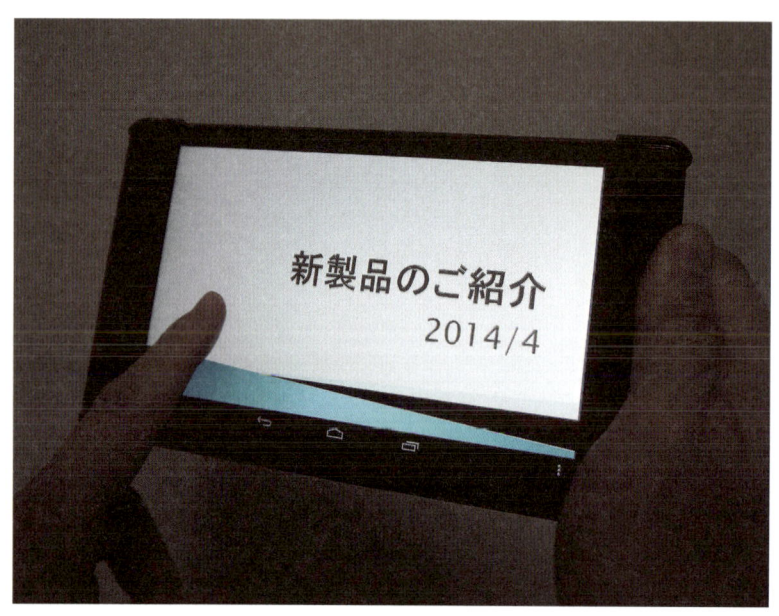

タブレットの外部出力機能を使えばPDFでのプレゼンも行える

■ プレゼンテーションに役立つ機能やテクニック

　PDFはフェードやモザイク、スライドインなどさまざまなページ切り替えの効果を設定できます➡ビジテク089。PowerPointのように、個々のテキストや図にアニメーション効果を設定することはできませんが、アイデア次第では遜色のないプレゼンテーションが行えます。

　具体的な例を挙げてみましょう。例えば3つの画像が並んだスライドがあった場合、これを3ページに分割し、1枚目のスライドには1枚目の画像、2枚目のスライドには1枚目と2枚目の画像、3枚目のスライドには1～3枚目すべての画像が並んだ状態にし、この3ページを順番にめくれば、画面上ではあたかもアニメーションで3枚の画像が次々と出現したかのように見えます。このように、見せ方をグレードアップさせる工夫も試してみてはいかがでしょう。

アニメーションで3枚の画像が順番に表示されていくように見えるが…

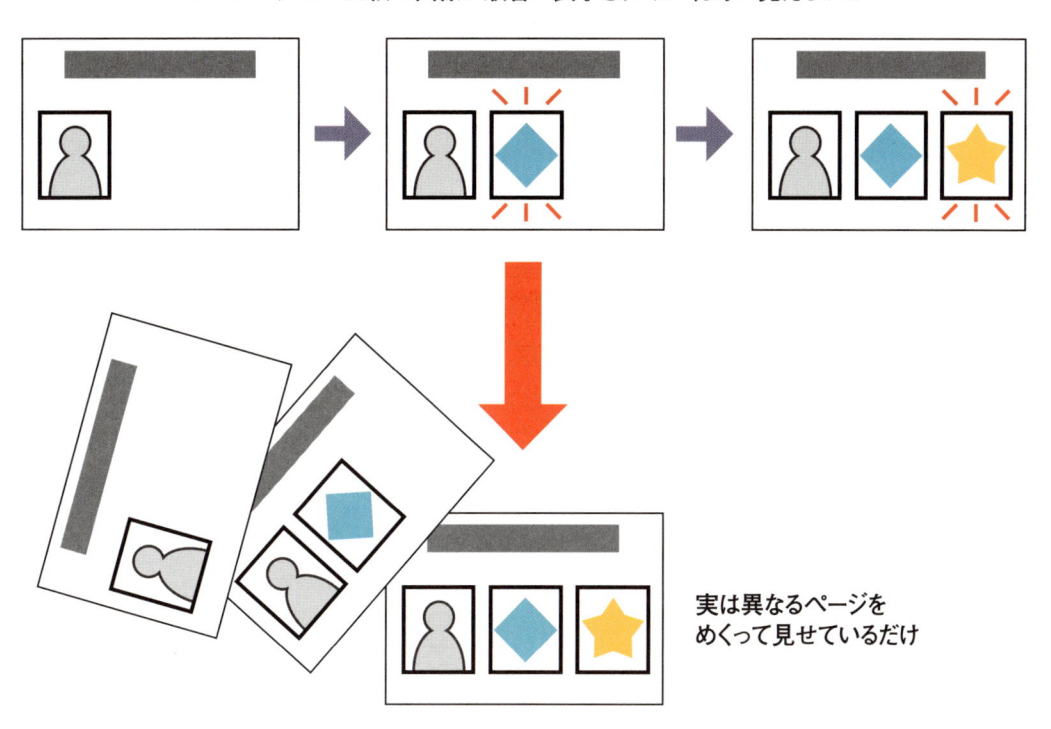

実は異なるページをめくって見せているだけ

　また、プレゼンを行うにあたって必ず利用するのが、フルスクリーンモードです。フルスクリーンモードは表示メニューからも切り替えられますが、ショートカットの Ctrl + L を使えばすばやく切り替えることができ、Esc キーで解除できます。これらをマスターしておけば、プレゼンの際にスピーディーに画面の切り替えが行えます➡ビジテク092。

　また、複数のファイルをひとつのPDFにまとめて持ち歩ける、ポートフォリオと呼ばれる機能も、プレゼンテーション向きです➡ビジテク090。PDFに限らずさまざまなファイルをひとつにまとめておき、自由に出し入れができるので、プレゼンを繰り返しつつ内容をブラッシュアップしていくのも容易です。

ビジテク 089 プレゼンに適したページ切り替えの効果を設定するには

XI Pro / XI Std / X Pro / X Std / Reader

ここが重要 デフォルトの効果

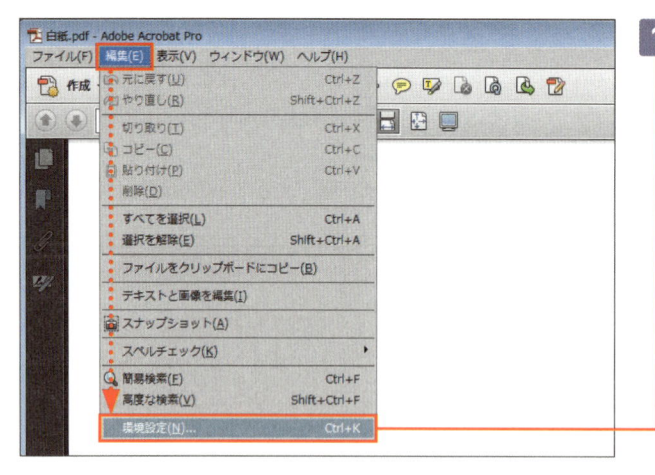

1. 「編集」メニューから「環境設定」をクリックします。

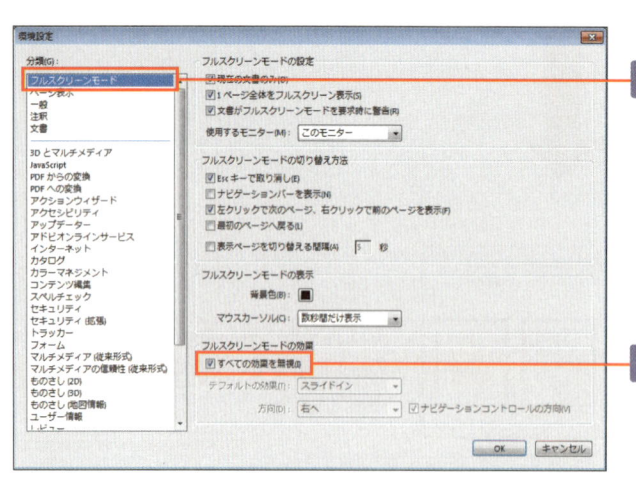

2. 左側の分類から「フルスクリーンモード」を選択します。

3. 「すべての効果を無視」のチェックを外します。

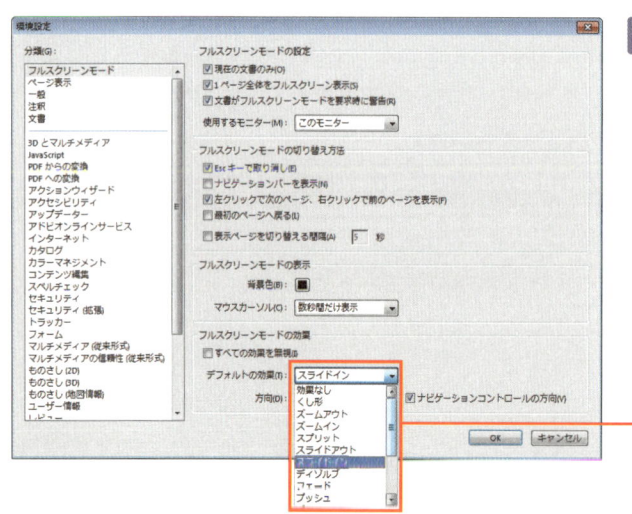

4. 「デフォルトの効果」で好きな効果を設定します。「フェード」や「モザイク」など、さまざまな効果が用意されています。

MEMO　「フェード」では左下の画像のようにページの表示が徐々に薄くなり次のページに移行します。「モザイク」では画面表示が小さなタイル状に変化します。実際にフルスクリーンモードで確認して、目的に合った効果を選択してください。

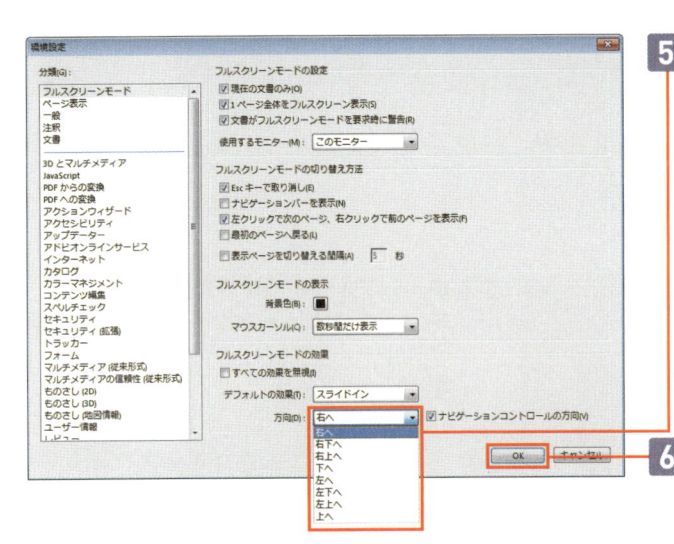

5 「方向」でスライドを移動させる方向を設定します。効果によっては移動方向を設定できない場合もあります。

6 「OK」をクリックして閉じます。

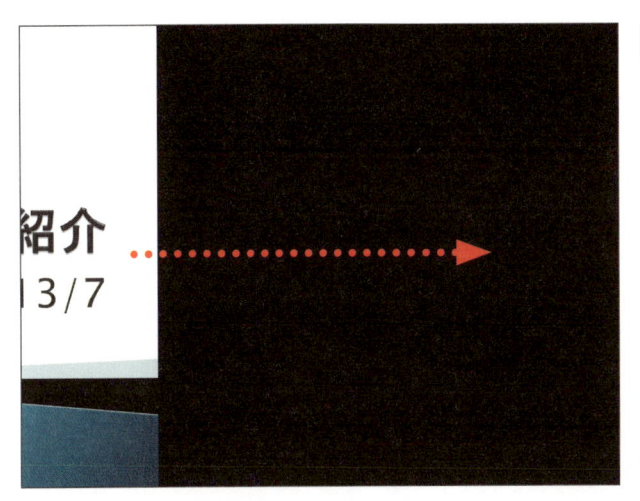

7 フルスクリーンモードに切り替えると、ページを切り替えるたびに上記の手順で設定した効果が適用されます。

MEMO　フルスクリーンモードへの切り替えは→ビジテク092を参照してください。

MEMO　ここで紹介した方法は、AcrobatもしくはAdobe Readerで開くすべてのPDFに対して適用されます。個々のPDFごとに、もしくは一部のページにだけページ切り替えの効果を設定するには、表示メニューから「ツール」→「文書処理」を選択し、「ページ効果」をクリックして設定を行います。

ビジテク 090 PDFポートフォリオで関連資料をひとつのファイルにまとめるには

XI Pro / XI Std / X Pro / X Std / Reader

ここが重要　**PDF ポートフォリオ**

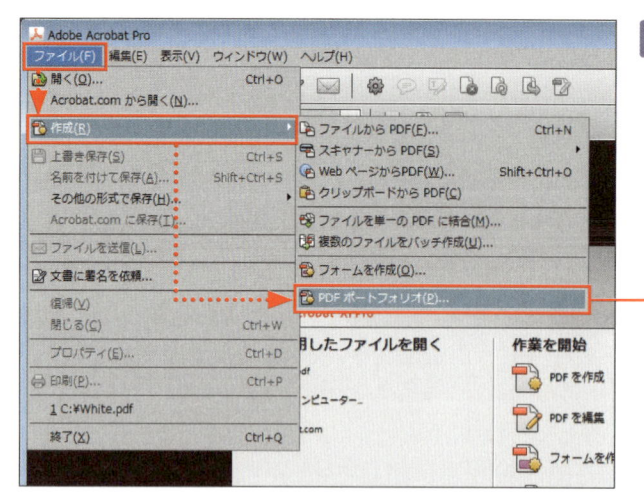

1 「ファイル」メニューから「作成」→「PDF ポートフォリオ」を選択します。

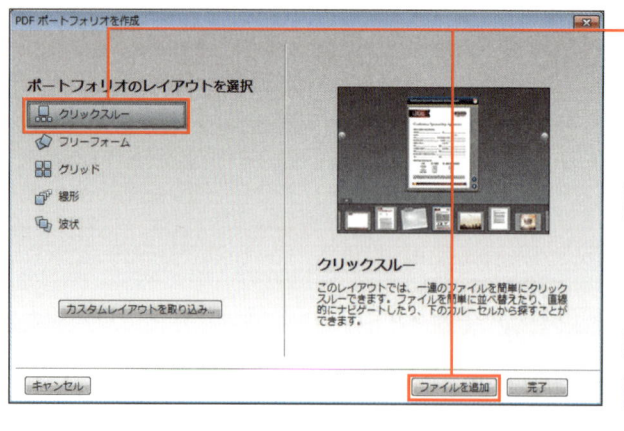

2 ポートフォリオの作成画面が表示されます。ここではレイアウトのうち「クリックスルー」を選択し、「ファイルを追加」をクリックします。

3 ファイルの選択画面が表示されるので、必要なファイルを複数選び「開く」をクリックします。

MEMO PDF 以外の Office 文書なども追加できます。

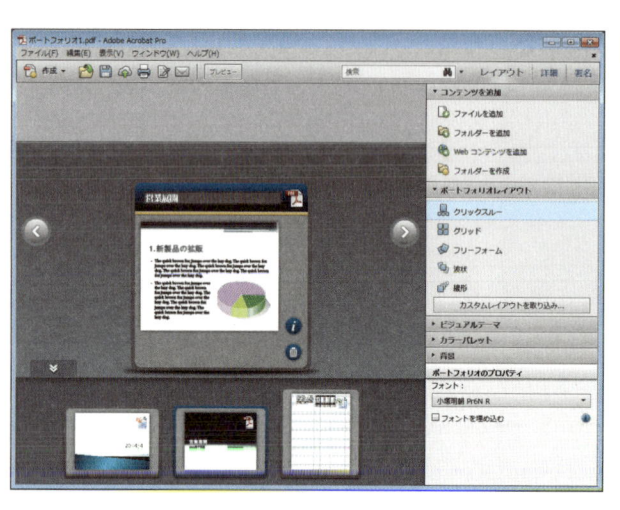

4 PDF ポートフォリオが作成されました。保存を実行すると、PDF ポートフォリオがひとつの PDF ファイルとして保存されます。作成作業はひとまずここで完了です。

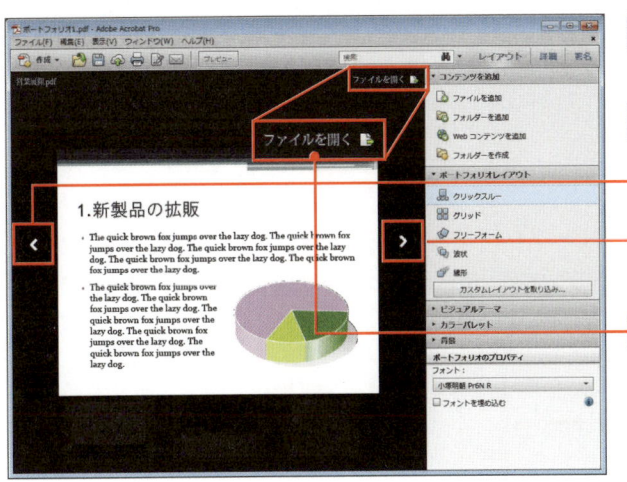

5 ファイルの表示部分をダブルクリックするとプレビューが表示されます。

6 左右の矢印をクリックするとファイルが切り替わります。

7 「ファイルを開く」をクリックすると個々のファイルが表示されます。このように、複数のPDFファイルを束ねて自由に呼び出せるのがPDFポートフォリオの特徴です。

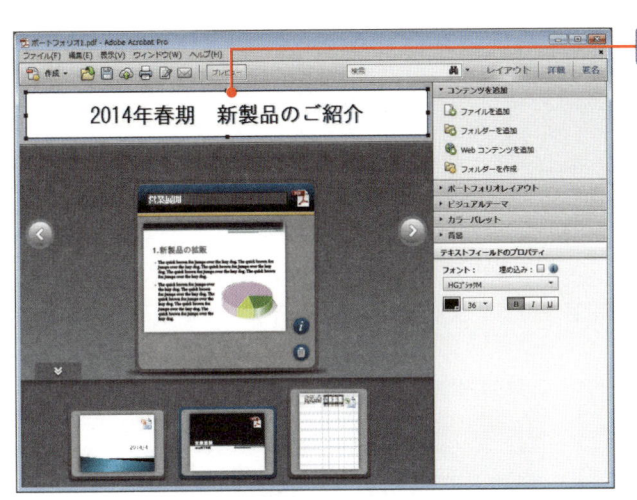

8 編集画面でファイルが表示されている上の空欄部分をクリックすると「ヘッダーのプロパティ」が表示され、テキストやロゴを追加できます。

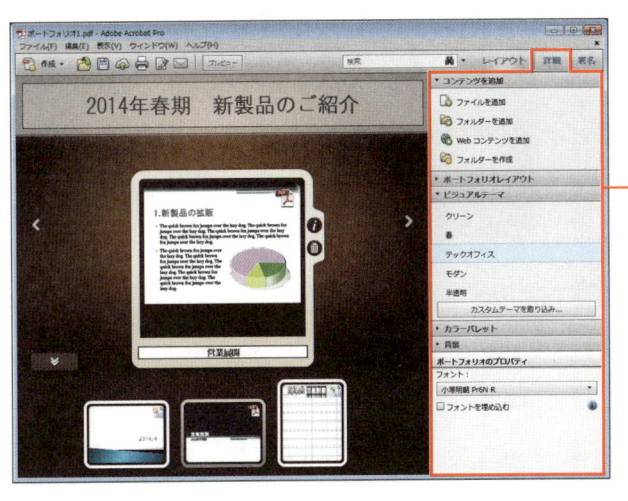

9 編集画面で「詳細」パネルウィンドウに切り替えると、各ファイルの説明などを追加できます。表示する列は自由に設定できます。

MEMO 作成したPDFポートフォリオは、後からファイルやフォルダを追加・削除することもできます。

ビジテク 091 PDFポートフォリオのデザインを編集するには

XI Pro / XI Std / X Pro / X Std / Reader

ここが重要 PDFポートフォリオ

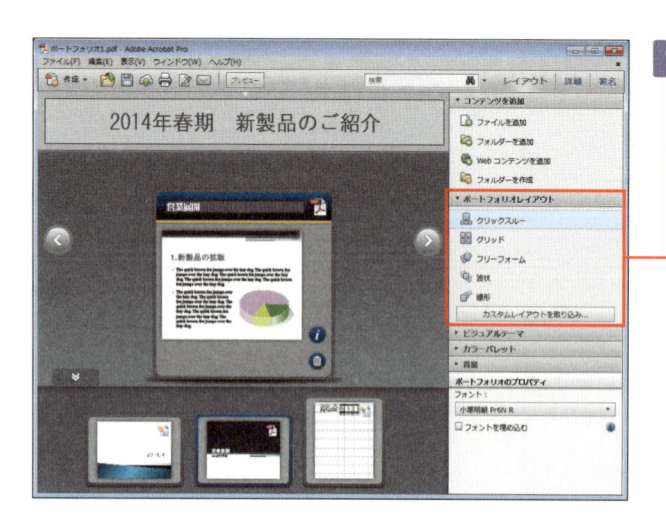

1 PDFポートフォリオを開いた状態で、「レイアウトパネル」ウィンドウから「ポートフォリオレイアウト」を開きます。

2 クリックすることでレイアウトを切り替えることができます。「クリックスルー」以外に「グリッド」「フリーフォーム」「波状」「線形」の計5種類が用意されています。カスタムレイアウトを読み込むことも可能です。

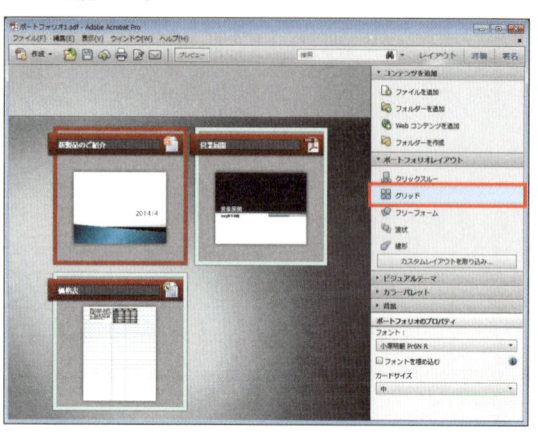

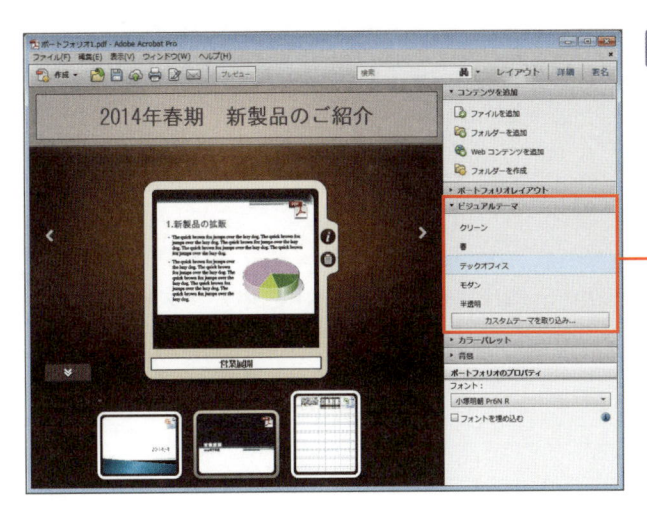

3 「ビジュアルテーマ」を利用し、さまざまなテーマに切り替えることができます。カスタムテーマを読み込むことも可能です。

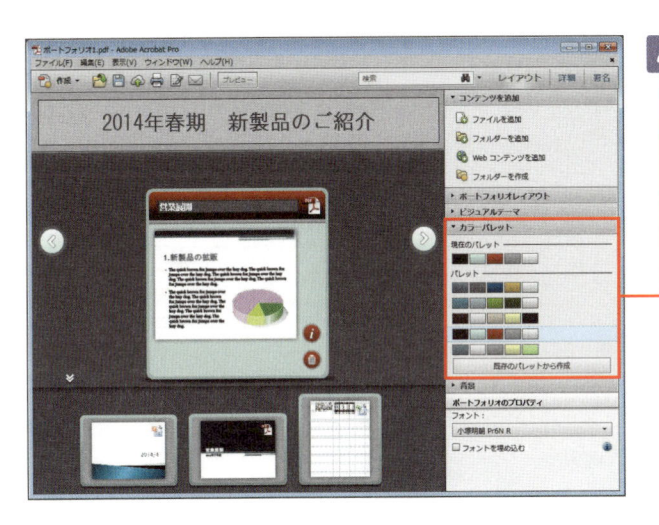

4 「カラーパレット」を利用し、さまざまな色の組み合わせを選択することができます。既存のパレットから任意の色を追加し、カスタムパレットとして保存することも可能です。

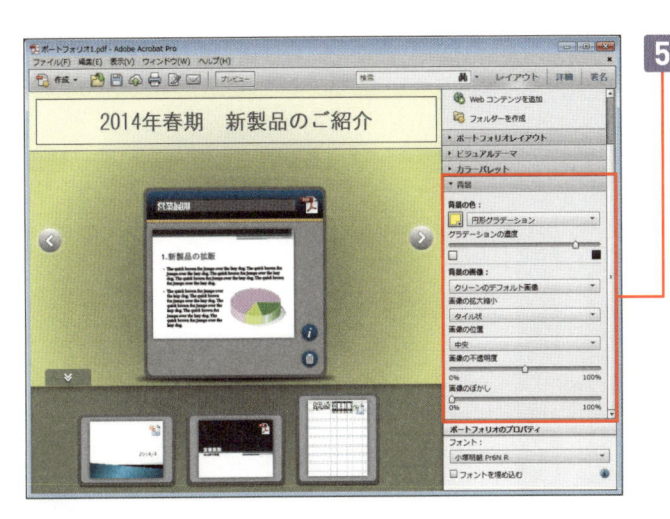

5 「背景」を利用し、背景色や画像を調整することができます。

MEMO 自社独自のPDFポートフォリオのデザインを作成しておき、プレゼンテーションの資料は必ずそのデザインを利用することで、ブランディングの向上に役立ちます。また、別々の担当者が作ったためにそれぞれフォーマットが異なるファイルでも、PDFポートフォリオにまとめることで統一感が出ます。

ビジテク 092 プレゼン時にフルスクリーンモードにすばやく切り替えるには

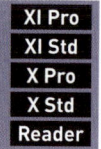

XI Pro / XI Std / X Pro / X Std / Reader

ここが重要 「フルスクリーンモード」アイコン

1 「表示」メニューから「表示切り替え」→「ツールバー項目」→「ページ表示」を選び、「フルスクリーンモード」をクリックします。

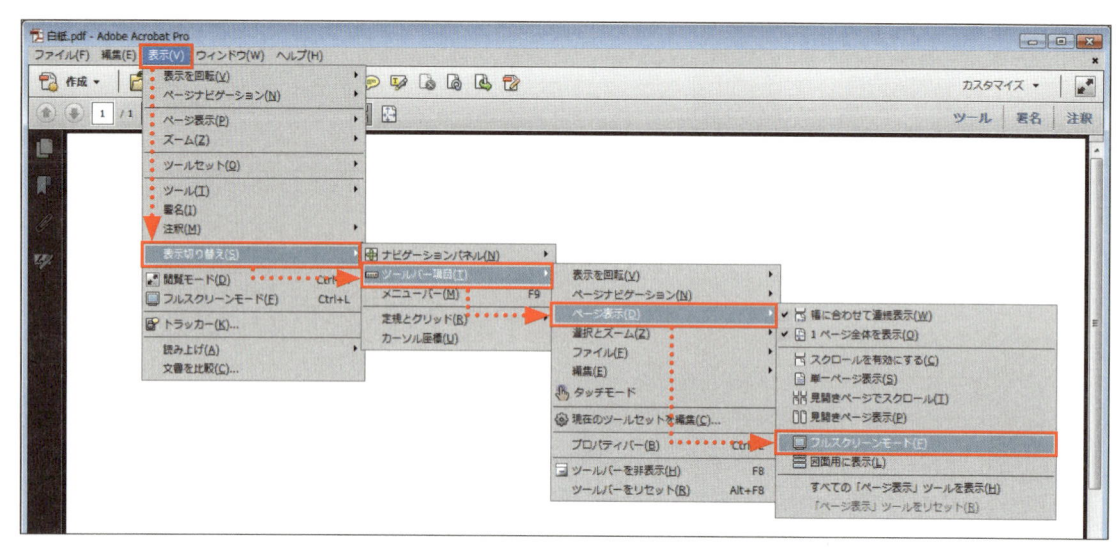

2 新たに「フルスクリーンモード」のアイコンがツールバーに追加されました。

3 プレゼンテーションを行う時は、アイコンをクリックすればすぐにフルスクリーンモードに切り替わります。

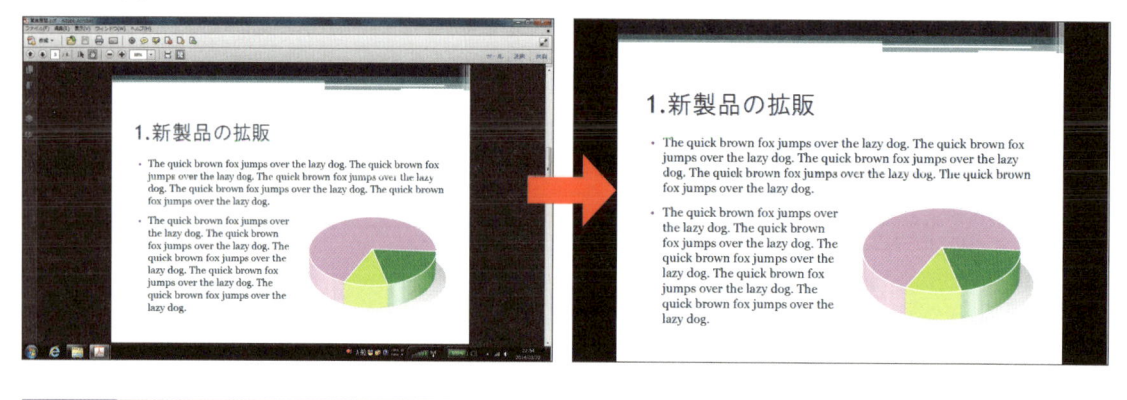

MEMO フルスクリーンモードに切り替えるには、これ以外にも Ctrl + L のショートカットを使う方法もあります。

4-03 PDFを会議やセミナーで活用する

>> ビジテク

PDFを活用すれば、会議やセミナーにおけるペーパーレス環境が簡単に実現できます。ここではその考え方やメリットのほか、会議やセミナーでの資料配布にあたって役に立つAcrobatの機能について解説します。

▶ PDFを活用してペーパーレス会議やセミナーを実現

■ PDFで資料を配布するメリットとは

　会議やセミナーの資料は、紙に印刷して配られることもいまだありますが、これからはデータのまま配布する形態が主流になっていくのは間違いありません。共有サーバーやオンラインストレージから資料をダウンロードし、ノートPCやタブレットでそれらを参照しながらセミナーを受講するといったスタイルは、すでにあちこちで見られます。

　PDFのまま配布すれば、主催者側も事前に印刷する手間がかからず、参加者の人数に合わせて印刷部数を調整する必要もありません。テレビ会議システム経由で出席している遠隔地のメンバーにはオンラインで送付すれば済むため、資料が行き渡っておらず会議が始められないといった段取りの悪さもなくせます。

　また資料の作成者は、Acrobatがあれば PDFを直接編集できるので、直前になって資料に誤りが見つかった場合でも、編集機能で PDFを直接修正できます ➡ ビジテク 023 。配布直前まで資料の加筆修正が行えるのは、会議やセミナーの配布に PDFを採用する利点のひとつだと言えます。

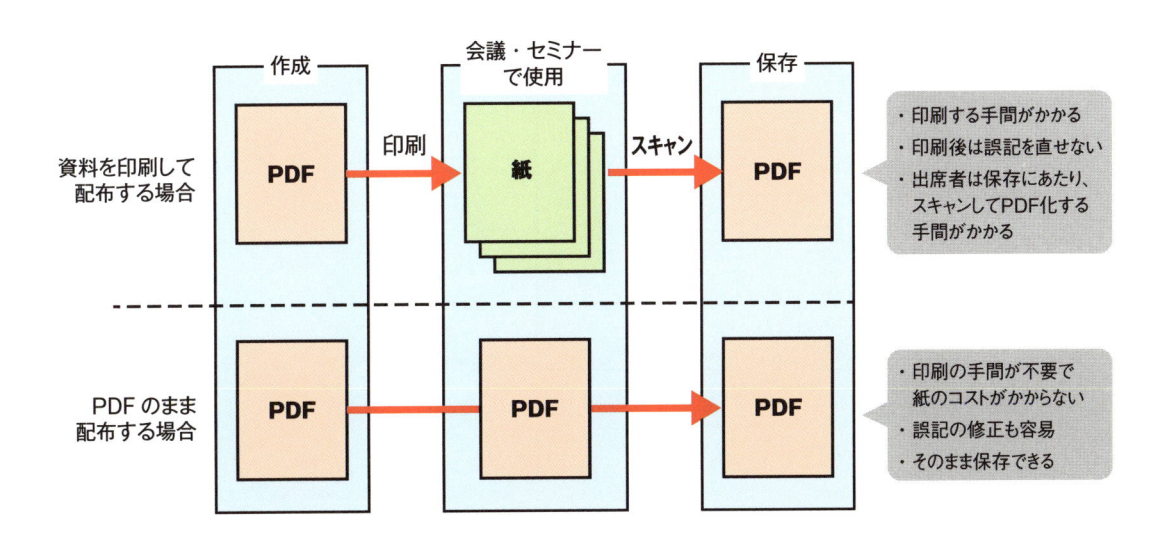

【資料を印刷して配布する場合】
PDF → 印刷 → 紙 → スキャン → PDF
・印刷する手間がかかる
・印刷後は誤記を直せない
・出席者は保存にあたり、スキャンしてPDF化する手間がかかる

【PDFのまま配布する場合】
PDF → PDF → PDF
・印刷の手間が不要で紙のコストがかからない
・誤記の修正も容易
・そのまま保存できる

092 プレゼン時にフルスクリーンモードにすばやく切り替えるには

さて、これら会議やセミナーで PDF を配布するにあたり、複数の資料があるようなら、さきほども紹介したポートフォリオ機能か、あるいは単一の PDF への結合機能 ➡ビジテク 093 を用いてひとつの PDF にまとめてから配布するのが理想です。ひとつのファイルにまとまっていることでダウンロードも容易になり、終了後に保存もしやすくなります。

配布にあたっては、社内であれば共有サーバー、社外であればオンラインストレージを利用する方法が一般的ですが、身近なところでは Facebook にアップロードするのも便利な方法です ➡ビジテク 094 。Facebook アプリ「Docs」を使えば PDF 形式のファイルを Facebook にアップロードできますので、セミナーや勉強会などで、参加者の募集も含めて Facebook 上で行っている場合は、試してみる価値はありそうです。

■ ペーパーレスゆえセキュリティには配慮が必要

資料を PDF のまま配布するにあたっては、主催側が意図しない改変が行われることがないか、また資料の中にうっかり不要な情報が含まれていて流出することがないか、じゅうぶんに注意する必要があります。印刷やテキストコピーを制限するパスワードの設定方法は第 3 章で解説した通りですが、このほかにも墨消し機能や「非表示情報の削除」を用いて、PDF から不要な情報を削除する配慮が必要です。

ペーパーレス化の波に乗り、PDF を印刷せずにそのままの形で配布するケースは、今後ますます増えていくと考えられます。こうした場合に、ペーパーレスのメリットばかりに目を向けず、紙に印刷して配布していた時には考えられなかったセキュリティ上のリスクがないか、逐一チェックしていくことが求められます。

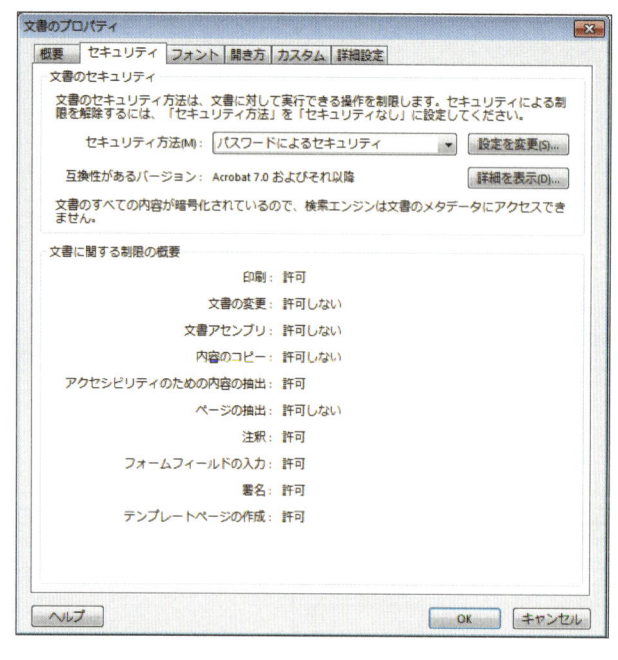

文書の編集やテキストのコピーなどに制限をかけた PDF の例

ビジテク 093 配布資料をひとつのPDFに まとめるには

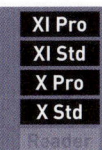

XI Pro / XI Std / X Pro / X Std

ここが重要 ファイルを単一の PDF に結合

[1] PowerPoint だけでなく動画ファイルや音声ファイル、画像ファイルなどを配布する場合、Acrobat を利用すると簡単にひとつの PDF にまとめることができます。

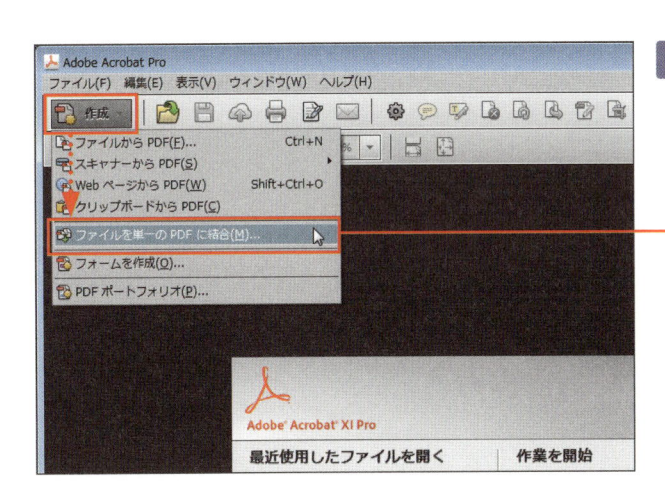

[2] Acrobat 画面上部の「作成」をクリックし「ファイルを単一の PDF に結合」を選択します。

[3] ファイルを結合するためのウィンドウが開きます。

次ページへ続く

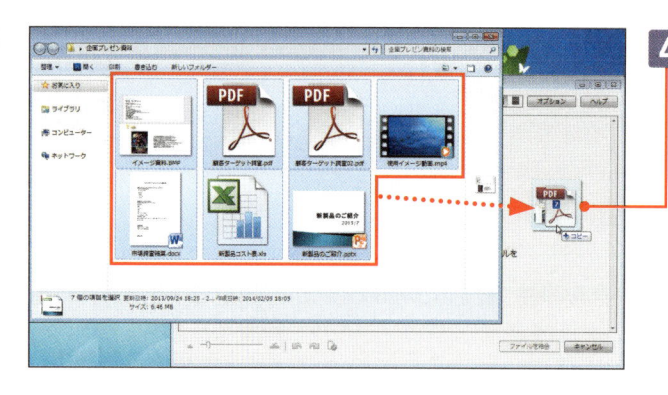

4 結合したい複数のファイルをウィンドウにドラッグ＆ドロップします。

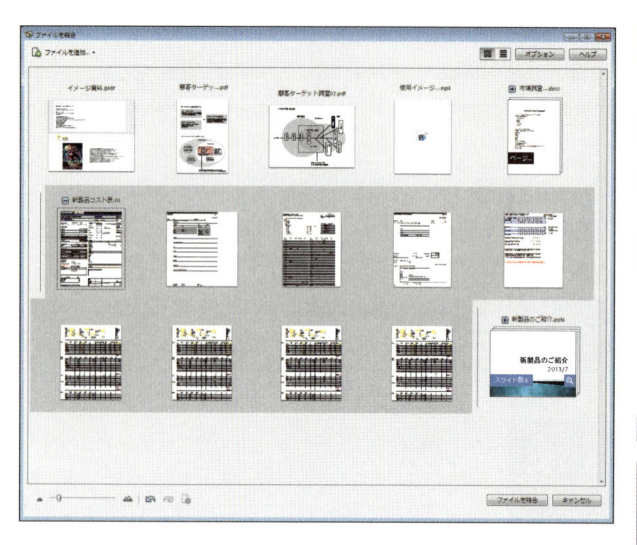

5 複数ファイルのサムネールが表示されます。

MEMO Acrobat X ではリスト表示のみで、サムネール表示はできません。

6 2ページ以上あるファイルは、サムネールをダブルクリックするとすべてのページが表示されます。サムネールをドラッグすればページの並び順を変更できます。

MEMO Acrobat XI では、10 ページある PDF ファイルを 5 ページごとに 2 つに分けて、間に 2 ページの PowerPoint ファイルを挿入するといった編集も可能です。

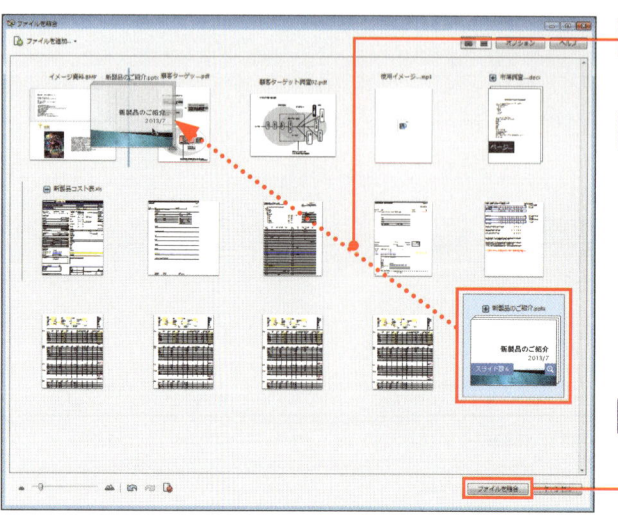

7 サムネールをドラッグして、表示させたい順番に入れ替えます。

8 ウィンドウ内にファイルアイコンをドラッグさせれば後からでもファイルの追加が行えます。

9 内容と順番が決まったら「ファイルを結合」をクリックします。

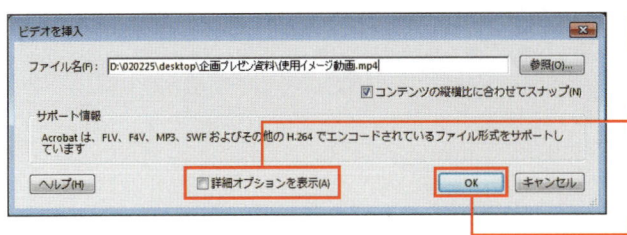

10 動画ファイルを結合する場合は「ビデオを挿入」ウィンドウが表示されます。

11 「詳細オプションを表示」にチェックを入れると、どのように再生させるかなどの詳細設定を行えます。

12 設定できたら「OK」をクリックします。

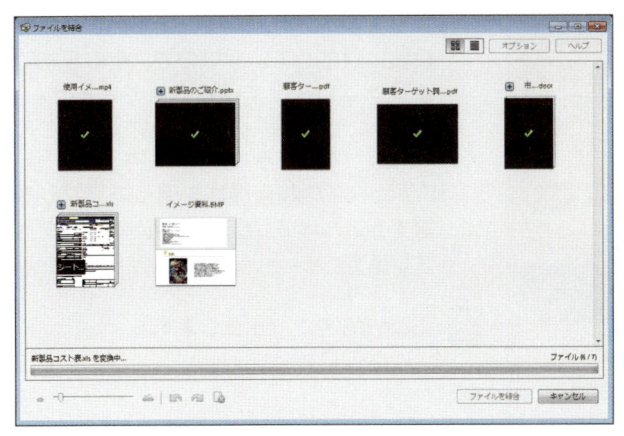

13 ファイルを PDF に変換する作業が始まります。

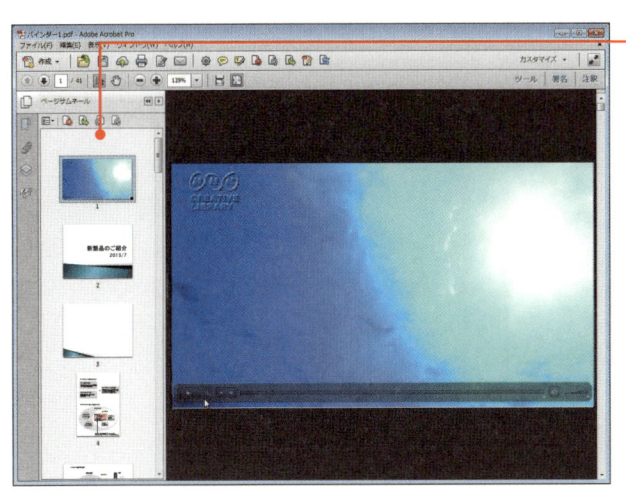

14 異なる形式のファイルが指定した順番でひとつの PDF にまとめられました。

15 PC に Flash Player がインストールされていれば、Acrobat 上で動画ファイルを再生することも可能です。

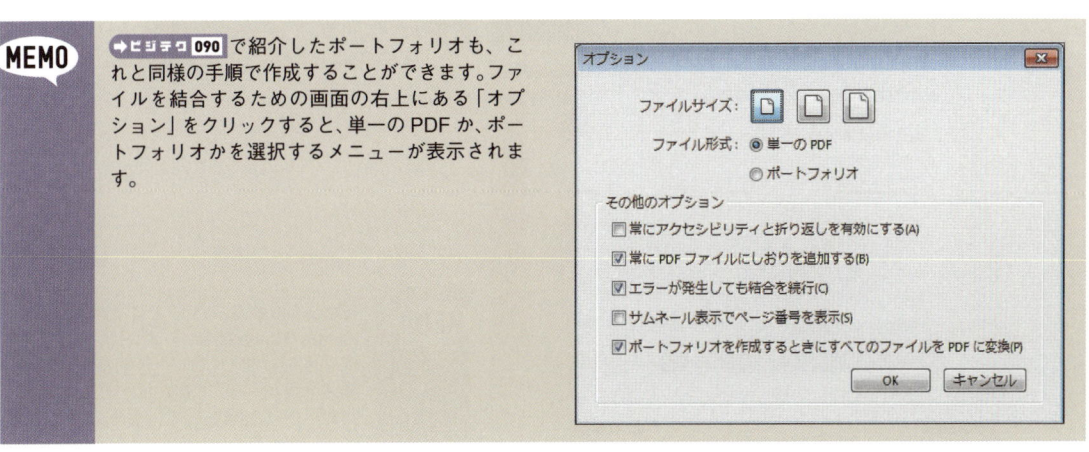

MEMO →ビジテク 090 で紹介したポートフォリオも、これと同様の手順で作成することができます。ファイルを結合するための画面の右上にある「オプション」をクリックすると、単一の PDF か、ポートフォリオかを選択するメニューが表示されます。

4-03 PDFを会議やセミナーで活用する

093 セミナーやプレゼン向けに複数の文書をまとめるには

ビジテク 094 FacebookにPDFをアップロードして共有したい場合は

ここが重要 Facebookアプリ「Docs」

1 手元にあるPDFを、Facebookのウォールに投稿して皆に見てもらいたい場合があります。しかしFacebookはPDFの投稿に対応していないので、そのままではアップロードすることができません。こうした場合はFacebookアプリの「Docs」を使うとよいでしょう。Facebookの検索機能を使ってアプリを探すか、「http://docs.com/」にアクセスします。

2 「Sign In」をクリックします。

3 Facebookアカウントにログインします。

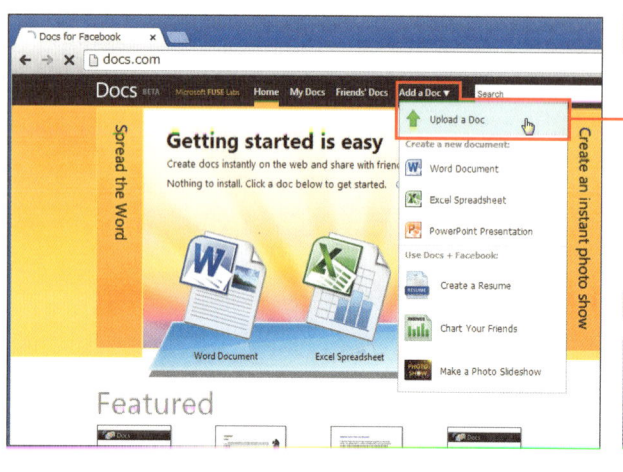

4 ログインできたら「Add a Doc」から「Upload a Doc」を選択します。

MEMO 「Docs」は本来、PDFではなくWordやExcel、PowerPointをオンラインで作成したり、アップロードするために開発されたサービスですが、PDFのアップロードにも対応しています。

5 「ファイルを選択」から共有したいPDFファイルを選択します。

6 共有範囲を「All my friends（友だち全員）」「Group（特定グループ）」「Everyone（全員）」「Only Me（自分のみ）」「Individual friends（特定の相手のみ）」から選択します。

7 「Upload」ボタンをクリックします。

MEMO オプションからはダウンロードを可能にするかどうかも設定できます。

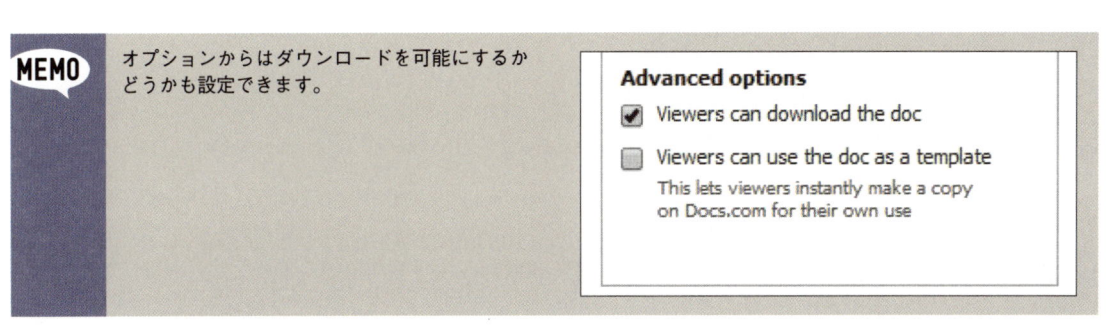

8 「Docs」とFacebookを連携させる確認画面が表示されたら「OK」をクリックします。

次ページへ続く

9 設定した公開範囲がリンクをシェアする形でタイムラインに表示されます。

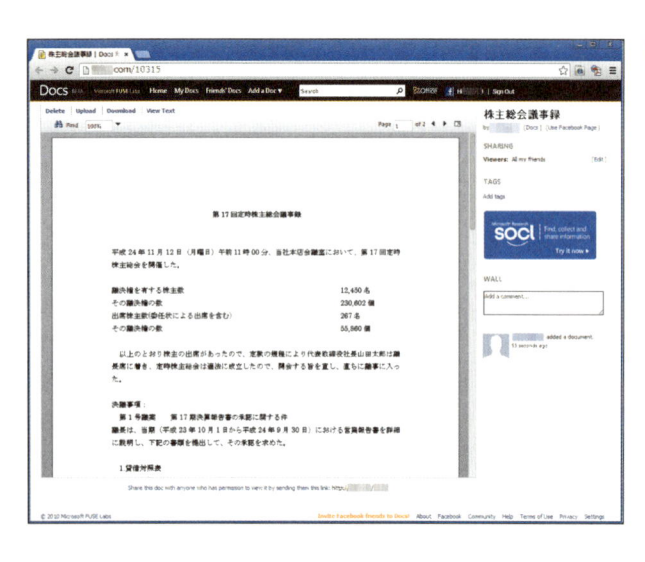

10 サムネールをクリックするとプレビュー表示も可能です。画面上でページをめくったり、含まれているテキストデータを抽出表示することもできます。

> **MEMO** Facebookと連携して利用できるPDF共有アプリはほかにもいくつかあります。例えばEvernoteなどの外部サービスにPDFをアップロードして共有URLを取得し投稿するといった方法です。ただしサムネールが表示されなかったり、ダウンロードしなければ閲覧できなかったりと機能面で不足を感じることがあります。配布なのか、それとも閲覧なのかといった目的によっても向き不向きがあるので、上記を基本としつつ、いくつかの方法を使い比べてみるとよいでしょう。

4-04 PDFフォームを用いて データを集計・活用する

>> ビジテク

PDFに用意されたフォーム機能なら、アンケートなどの入力もオフラインでじっくりと行えるほか、入力されたデータを自動的に集計することもできます。ここではフォームの作成や配布、集計の手順について解説します。

▶ PDFフォームの特徴を知って使いこなす

■Webベースのフォームにはない PDFフォームならではのメリットとは

　PDFで利用できる便利な機能のひとつに、見積書や請求書、アンケートなどを作成できるフォーム機能があります。フォームといえばHTMLで作るWebベースのフォームが一般的ですが、PDFのフォームであれば、インターネットから切断したオフラインの状態でじっくり時間をかけて記入し、かつそのままローカルに保存しておける利点があります。また配布する側にとっては、印刷用と配信用で同じフォームが利用できるほか、オンラインで返信された回答は自動的に集計することができるので、セミナーやイベントのアンケートや、登録／注文のフォームとして活用できます。

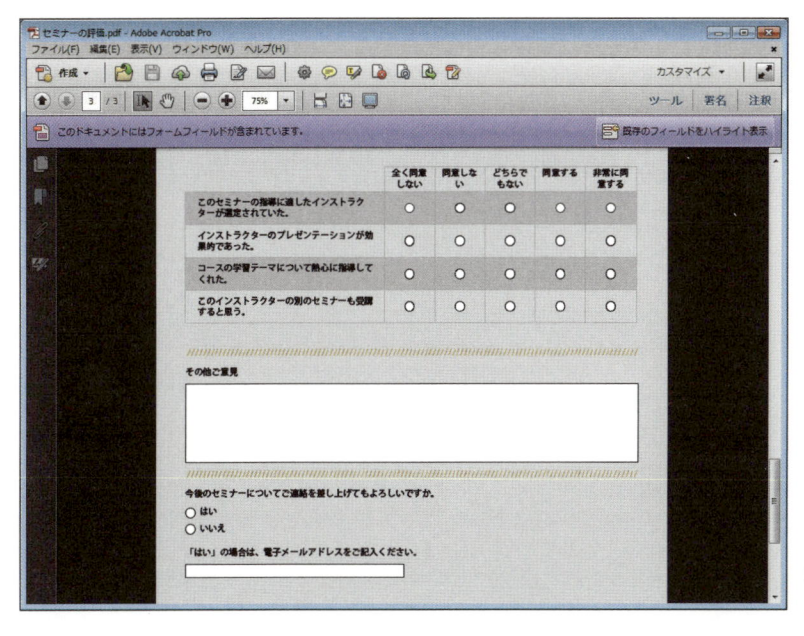

PDFを用いたアンケートフォームの例

フォームはテキストボックスやラジオボタン、チェックボックスなど、HTML のフォームと同等のパーツが用意されており、自由に組み合わせて作成できます。もっとも、いきなり複雑なフォームを作るのはハードルが高い上、また自動集計の仕組みなどは実際に完成したフォームで挙動を把握していないと、うまく動作しない場合の原因の特定が大変です。

利用している Acrobat のバージョンが XI Pro であれば、まずは Adobe の専用サイト「Adobe FormsCentral」に用意されている豊富なテンプレートを使ってフォームを作成し、PDF フォームならではの挙動や自動集計のフローを把握したうえで、次のステップでオリジナルのフォームを自作するとよいでしょう。Adobe FormsCentral は無料アカウントを作成することで 1 件のフォームおよび 50 件未満の返答について無料で利用できるので、フォームの挙動を試すにはぴったりです→ビジテク 095。

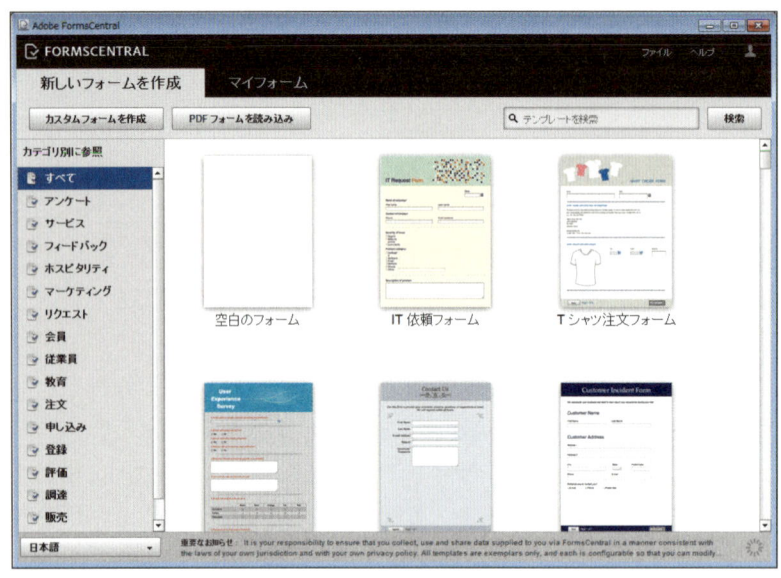

Adobe FormsCentral

それ以外の Acrobat のバージョンでフォームを作成する場合も、Excel で作ったフォームの原本を読み込んで変換したり、あるいは既存の紙のフォームをスキャンして新規フォームを作成することができます→ビジテク 096。まったく白紙の状態から作成するのに比べると難易度は低めです。最初はなるべくシンプルなフォームを作成し、フォームの編集→ビジテク 097、配布→ビジテク 098、記入と返信→ビジテク 099、集計→ビジテク 100 といったフローに慣れていくのが、PDF フォームを使いこなすコツだといえるでしょう。

→ここがポイント Adobe ID の作成

Adobe ID は Adobe Creative Cloud をはじめとした Adobe サービスを利用するためのアカウントです。無償でも作成できるので、必要事項を入力して登録を行いましょう。

095 Adobe FormsCentralを使って PDFフォームを作成・配布するには

ここが重要 Adobe FormsCentral

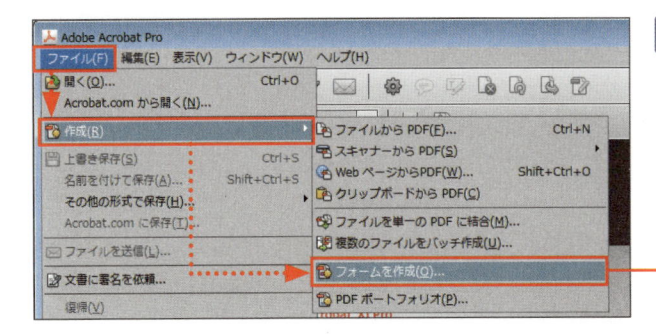

1 「ファイル」メニューから「作成」→「フォームの作成」を選択します。

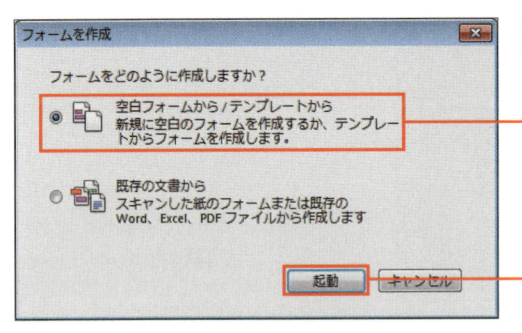

2 「フォームをどのように作成しますか？」と尋ねられるので、「空白フォームから／テンプレートから」を選択して「起動」をクリックします。

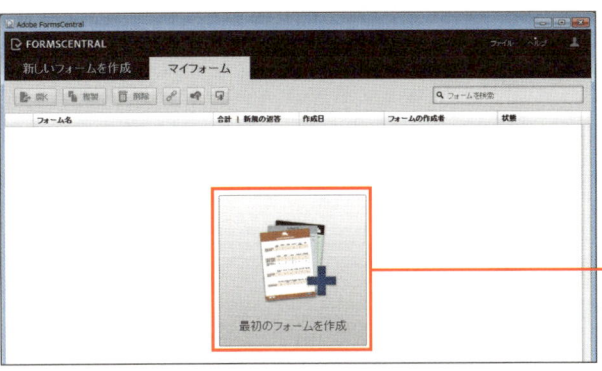

3 デスクトップアプリケーション「Adobe FormsCentral」が起動するので、「最初のフォームを作成」をクリックします。

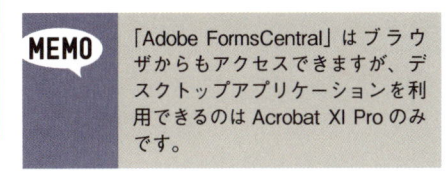

MEMO 「Adobe FormsCentral」はブラウザからもアクセスできますが、デスクトップアプリケーションを利用できるのはAcrobat XI Proのみです。

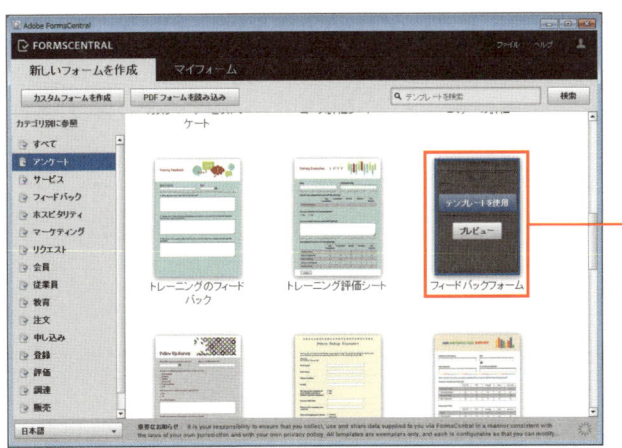

4 左側の一覧からカテゴリを選択し、目的に合ったテンプレートを選択します。ここでは「フィードバックフォーム」を選択します。

次ページへ続く

213

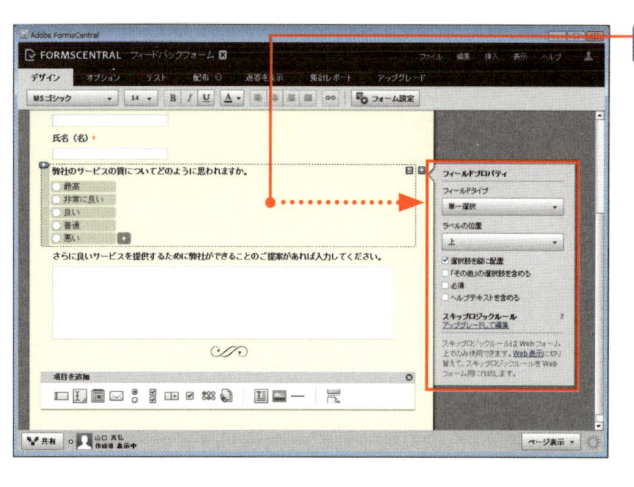

5 フィードバックフォームが表示されます。それぞれの項目をクリックすると右側にオプションが表示され編集が行えます。

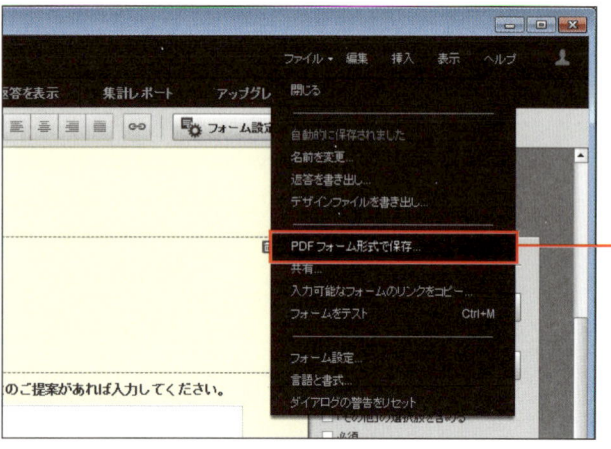

6 編集が終わったら「ファイル」メニューから「PDF フォーム形式で保存」をクリックします。

MEMO デスクトップアプリケーションを使わずにブラウザからアクセスした場合、作成したフォームを PDF としてローカルに保存することはできません。

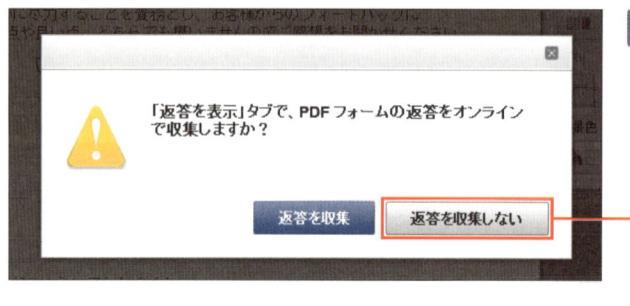

7 オンラインで返答を収集するか尋ねられます。今回は Adobe FormsCentral を経由せずにメールを使って返答を収集するので「返答を収集しない」をクリックしたのち、PDF フォームを保存します。

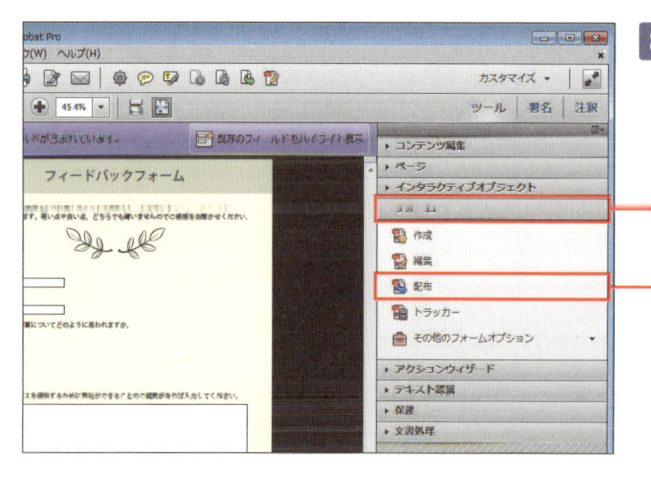

8 PDF フォームを開き、「ツール」パネルの「フォーム」の中にある「配布」をクリックします。

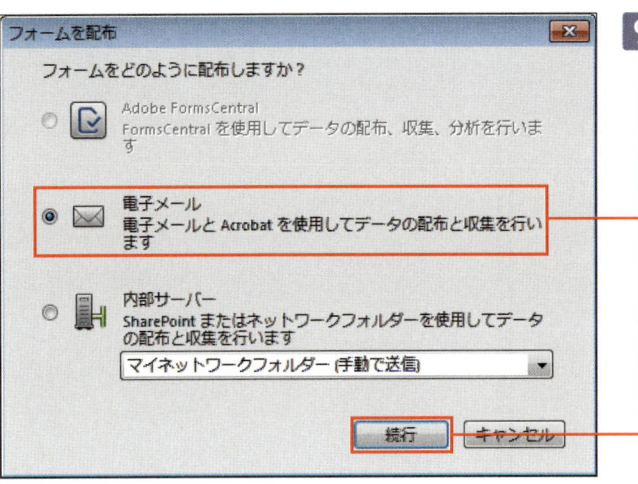

9 PDFフォームの配布方法を尋ねられます。今回はメールで配布するので「電子メール」を選んで「続行」をクリックします。

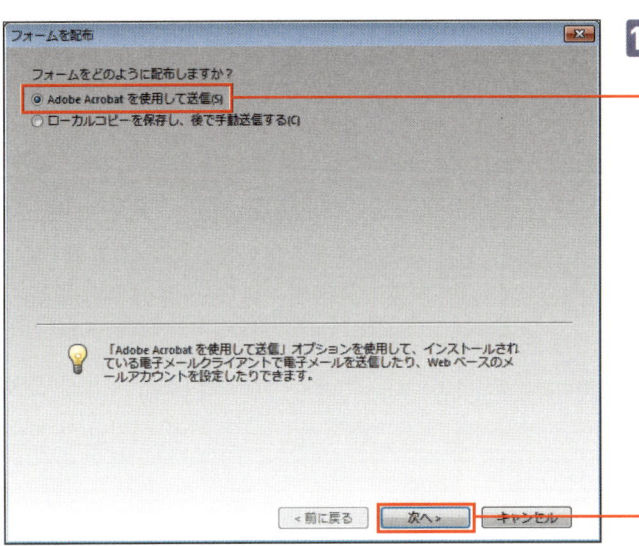

10 配布方法として「Adobe Acrobatを使用して送信」を選んで「次へ」をクリックします。

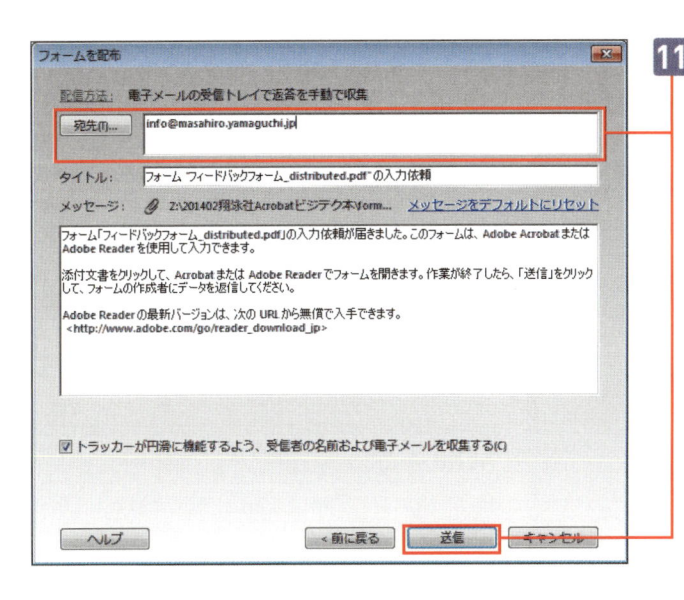

11 宛先を入力して「送信」をクリックします。これでPDFフォームの配布は完了です。

4-03 PDFフォームを用いてデータを集計・活用する

095 Adobe FormsCentralを使ってPDFフォームを作成、配布するには

次ページへ続く

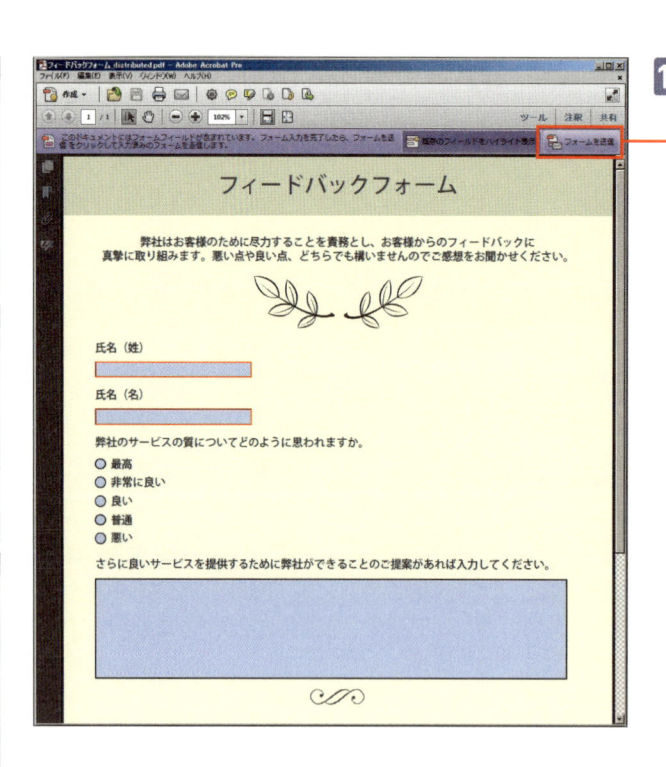

12 PDFフォームを受け取ったメンバーは、フォームの記入を終えたら右上に表示される「フォームを送信」ボタンをクリックし、PDFフォームをメールに添付して返送します。

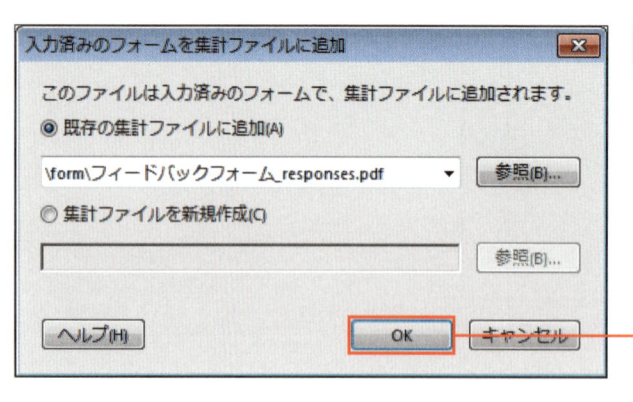

13 返送されてきたPDFフォームを開くと、フォームに記入されている内容を集計ファイルに追加するか尋ねられるので「OK」をクリックします。

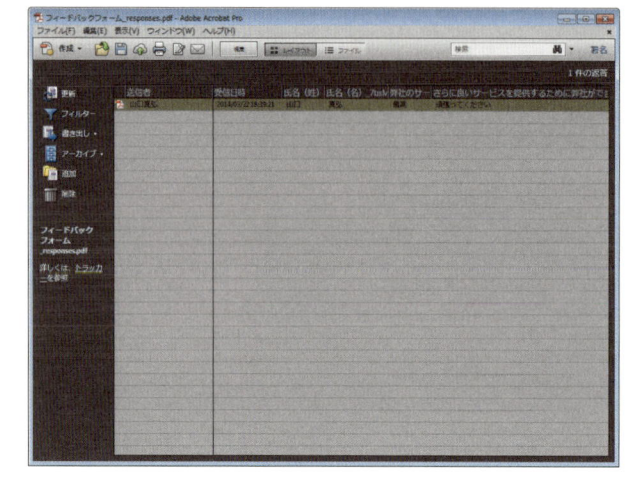

14 集計フォームが表示されました。メールで返送されてきたPDFフォームの入力内容が追加されています。同じ要領で、メンバーから返信されたPDFフォームを開くたびに、データが追加されます。

MEMO 「トラッカー」を使えば、フォームの返答状況を把握できます。トラッカーについては→ビジテク100でも紹介しています。

ビジテク 096 Excelファイルからフォームを作成するには

XI Pro / XI Std / X Pro / X Std

ここが重要 フォームを作成

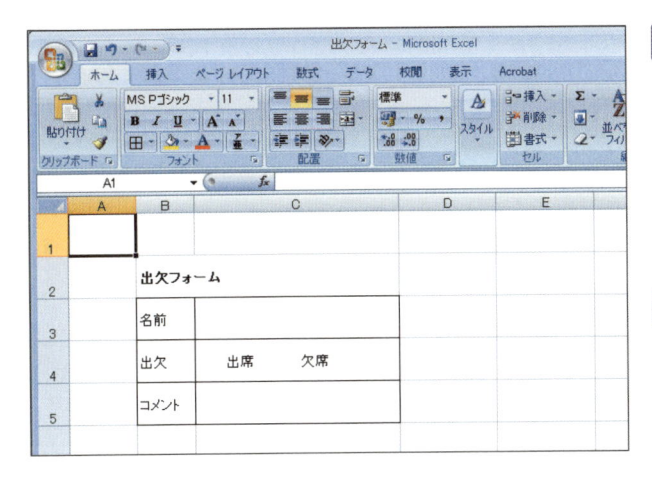

1 Excelを使ってフォームの下書きを作成します。テキストの位置や内容はあとで編集できるので、とりあえず必要な項目と、おおまかなレイアウトだけを決めておきます。ラジオボタンやチェックボックスを入れる位置は空白にしておきます。

2 作成できたら任意の名前を付けて保存します。

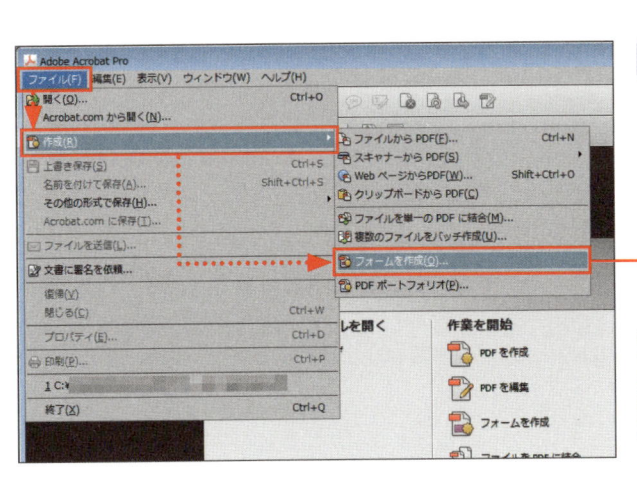

3 Acrobatで「ファイル」メニューから「作成」→「フォームを作成」を選択します。

MEMO Acrobat Xでは、「ファイル」メニューから「作成」→「PDFフォーム」を選択します。

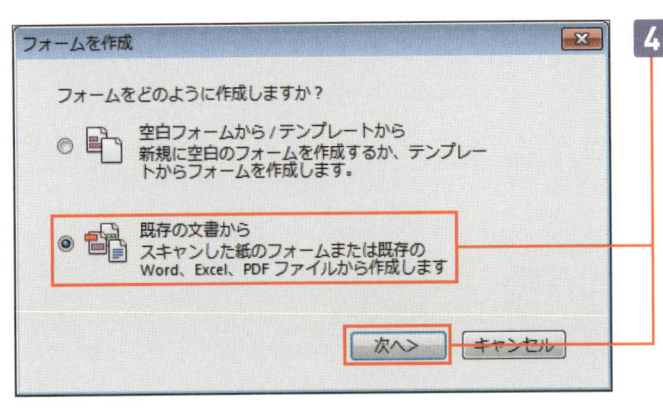

4 「フォームをどのように作成しますか？」と尋ねられるので、「既存の文書から」を選択して「次へ」をクリックします。

MEMO Acrobat Xでは「現在の文書を使用するかファイルを参照」を選択して「次へ」をクリックします。

次ページへ続く

5 「別のファイルを選択」を選び、さきほど作成したExcelファイルを指定します。

6 「続行」をクリックします。

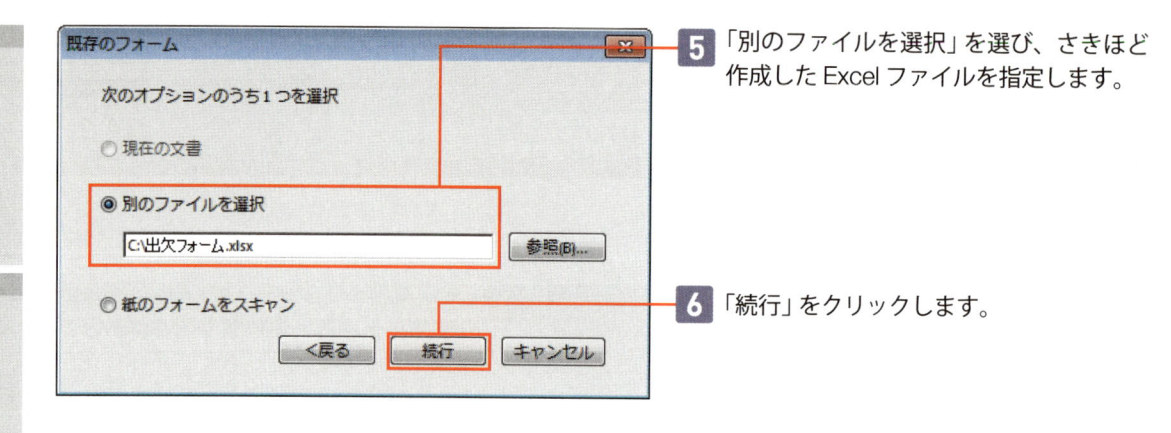

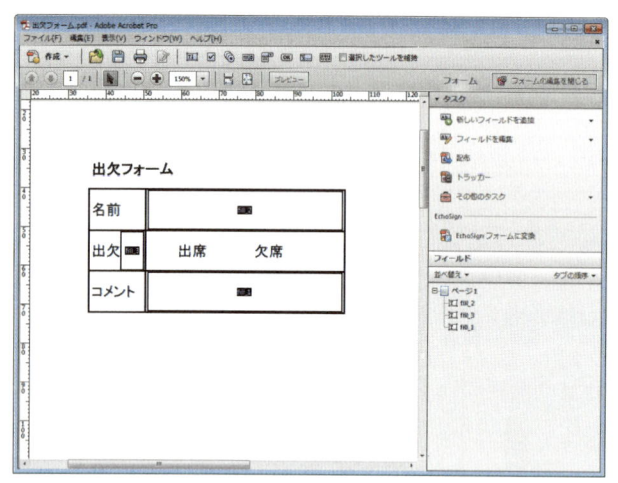

7 ExcelファイルがフォームにĘ変換され、Acrobat上で表示されました。

8 フォームの記入箇所が自動認識されています。この段階ではまだ適切でない場合がありますが、あとから修正できるので、いったんここで保存します。

MEMO 具体的な修正方法は次の →ビジテク 097 で解説します。

MEMO Excel以外に紙をスキャンしたフォームから作成することもできます。その場合、スキャナを選択してスキャンを実行するウィザードが表示されます。

ビジテク 097 フォームを編集・追加するには

XI Pro / XI Std / X Pro / X Std / Reader

4-03 PDFフォームを用いてデータを集計・活用する

ここが重要 フォームフィールド

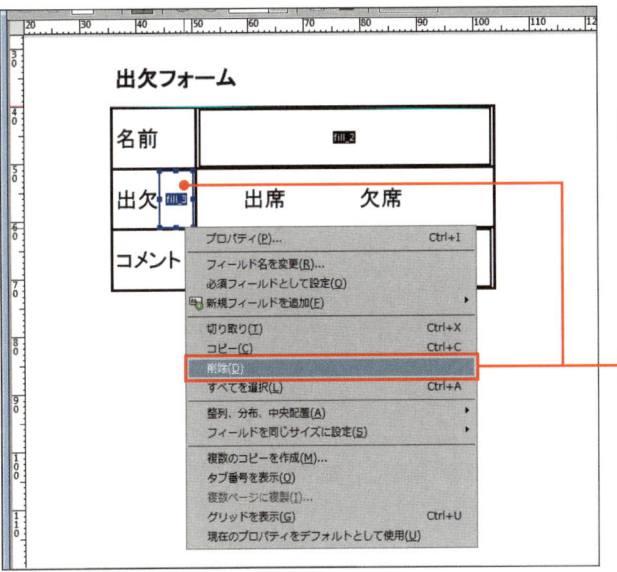

1. →ビジテク 096 で Excel から読み込んだ PDF フォームを Acrobat で表示します。

2. 自動検出されたフィールドをひとつずつ編集していきます。まず最初に、不必要なフィールドを削除してみましょう。

3. フィールドを右クリックして、「削除」を選択します。これで不要なフィールドが削除されます。

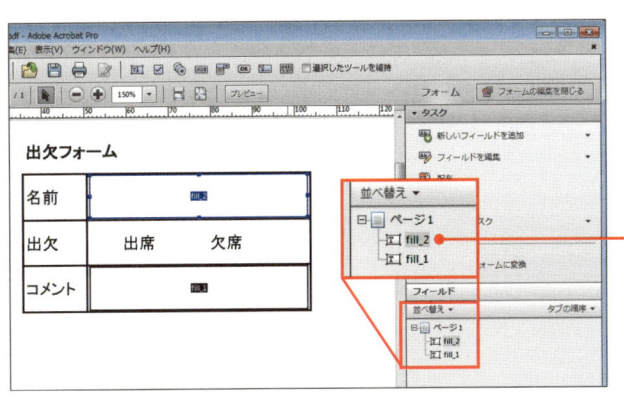

4. 続いて名前を入力させるためのフィールドを編集します。

5. フィールドをダブルクリックしてプロパティを表示させます。

6. 「テキストフィールドのプロパティ」が表示されます。

7. ここでは名前欄に「fill_2」、ツールヒントに「名前」と入っています。

MEMO 「名前」欄は、集計時に見出しとして扱われます。ほかの設問と見分けがつくよう、わかりやすい文字列を設定しておきましょう。「ツールヒント」欄はマウスオーバー時にポップアップする文字列ですので、ヒントなどを入力します。

096 フォームをExcelファイルから作成するには
097 フォームを編集・追加するには

次ページへ続く

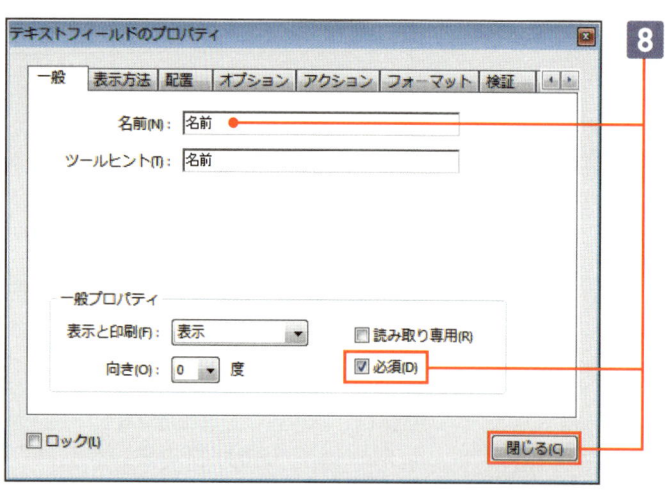

8 名前欄を「名前」に変更します。ツールヒントは今回はそのままにしておきます。下段の「必須」にチェックを入れ、「閉じる」をクリックしてプロパティを閉じます。

MEMO 「必須」にチェックを入れると、フォームを入力する際にこの項目の入力が必須になります。

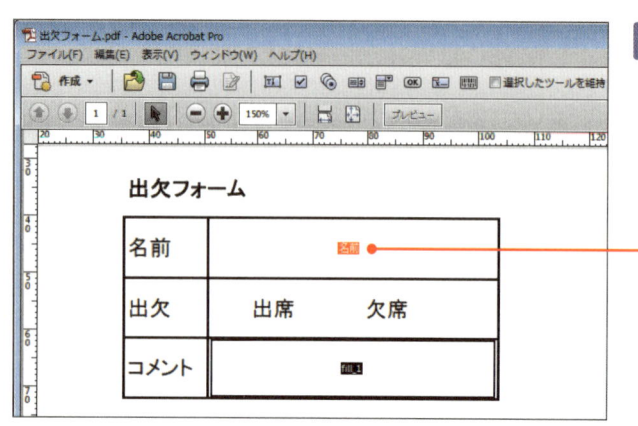

9 名前欄が「名前」に書き替わり、また必須にチェックを入れたことで、文字が赤く表示されるようになりました。

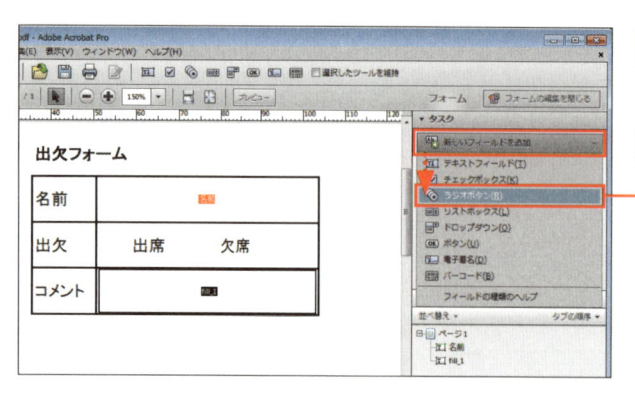

10 続けて出欠欄を編集します。ここでは新たにラジオボタンを追加してみます。

11 画面右側の「タスク」から「新しいフィールドを追加」をクリックして開き、「ラジオボタン」を選択します。

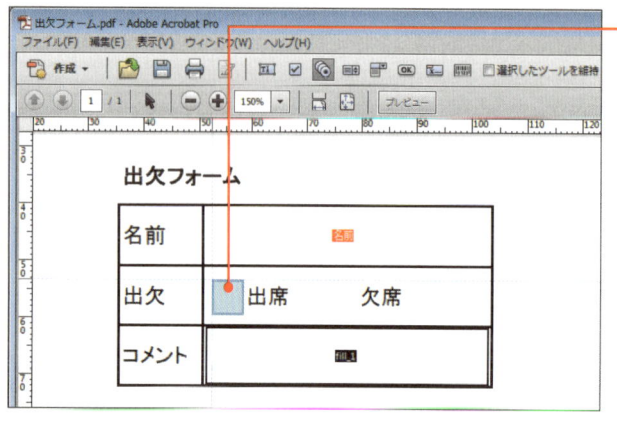

12 ラジオボタンを挿入したい位置をクリックします。ここでは「出席」という文字列の手前の位置をクリックします。

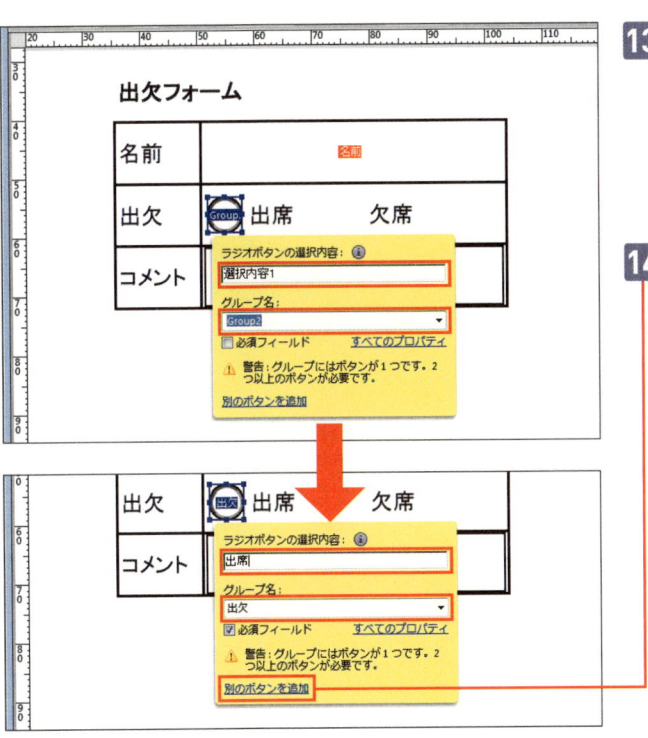

13 ラジオボタンが挿入され、プロパティが表示されます。

14 ラジオボタンの選択内容は「選択内容1」、グループ名は「Group2」となっていますが、前者を「出席」、後者を「出欠」に変更し、「必須フィールド」にチェックを入れます。終わったら左下の「別のボタンを追加」をクリックします。

15 次は「欠席」の文字列の手前をクリックしてラジオボタンを挿入し、同様の設定を行います。

16 ラジオボタンの選択内容はラベルの内容に従って「欠席」にし、グループ名は先ほどと同様に「出欠」にします。

17 選択肢はこの「出席」「欠席」の2つだけですので、終わったらプロパティの外をクリックしてプロパティを閉じます。

18 次に「コメント」欄のフィールドをダブルクリックしてプロパティを表示させます。

19 編集を行います。名前欄を「コメント」に変更します。この項目は記入必須ではないので、さきほどの名前フィールドと異なり「必須」のチェックは入れません。

次ページへ続く

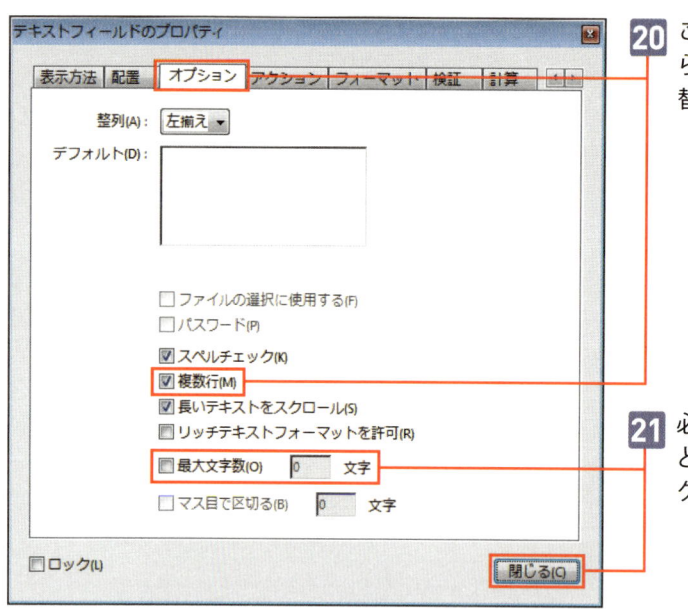

20 この項目は複数行を記入することも考えられるので、タブを「オプション」に切り替え、「複数行」にチェックを入れます。

21 必要に応じ「最大文字数」も設定しておくとよいでしょう。終わったら「閉じる」をクリックしてプロパティを閉じます。

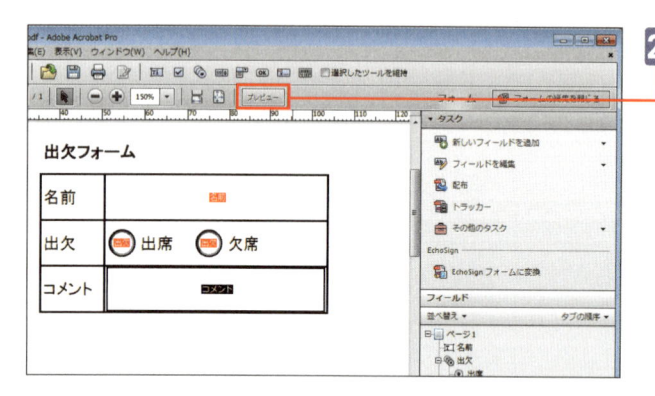

22 フォームの編集が完了しました。「プレビュー」ボタンをクリックします。

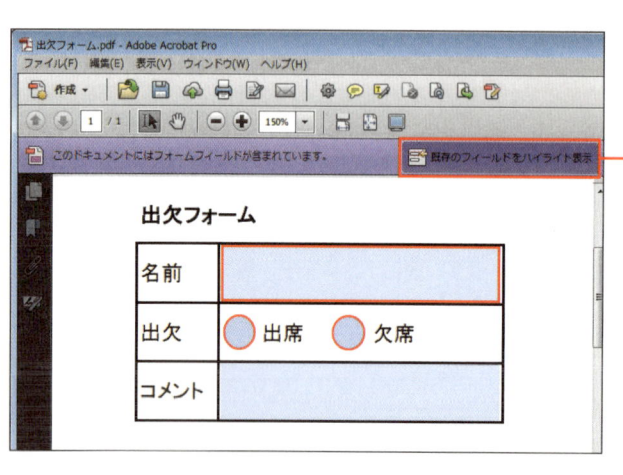

23 これでフォームが完成しました。画面上部の「既存のフィールドをハイライト表示」をクリックするとどの領域がフォームフィールドかを確認できます。問題がなければ保存を実行します。

MEMO ラジオボタンを配置する際などに、文字列と罫線の間隔が狭すぎてラジオボタンを挿入するスペースがない場合は、いったんフォームの編集画面を閉じた上で「表示」メニューの「ツール」→「コンテンツ編集」→「テキストと画像を編集」でテキストを編集可能な状態にし、テキストをドラッグして移動させます。テキスト自体の編集も可能です。

MEMO ここでは Excel から読み込んだフォームの編集手順を紹介していますが、新規にフォームを作成することもできます。フィールドの追加方法は、ここで紹介した手順と同様です。

098 フォームを配布して返答状況を確認するには

XI Pro / XI Std / X Pro / X Std

ここが重要 フォーム - 配布

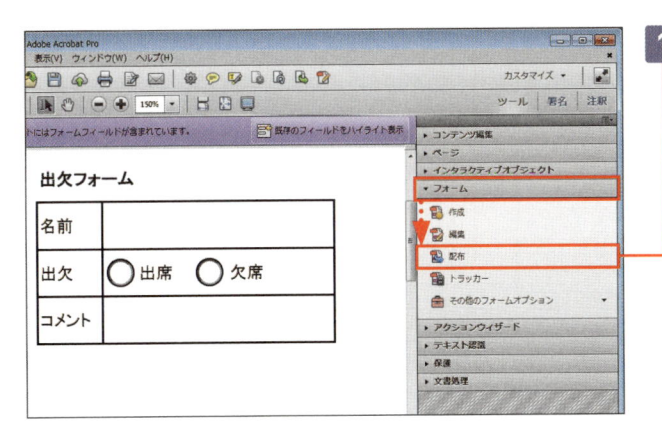

1 PDFフォームを開いた状態で、「ツール」パネルの「フォーム」から「配布」をクリックします。

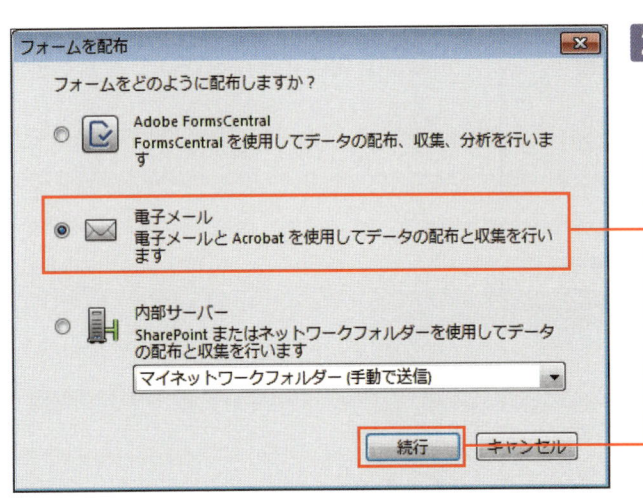

2 フォームの配布方法を選択します。ここでは「電子メール」を選択し、「続行」をクリックします。

MEMO Acrobat X では、プルダウンメニューから「電子メールの受信トレイで返答を手動で収集」を選択します。

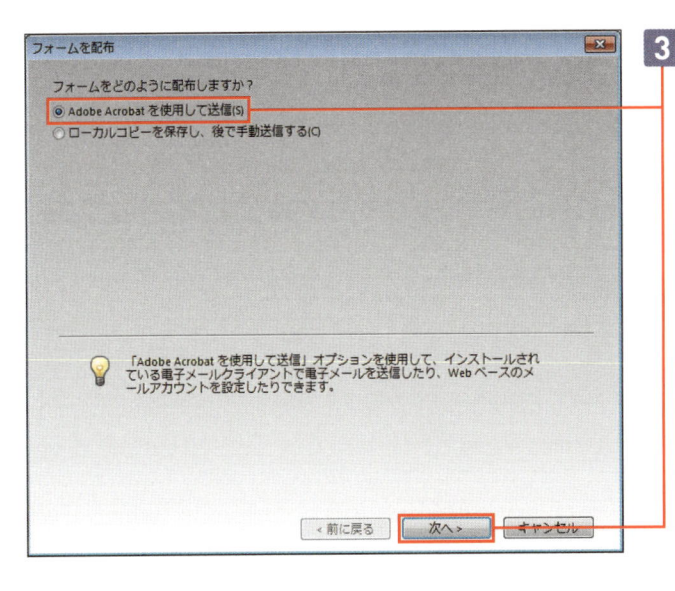

3 Acrobatを使用して送信するか、ローカルコピーを保存して手動で送信するかを選択します。ここでは前者を選択して「次へ」をクリックします。

次ページへ続く

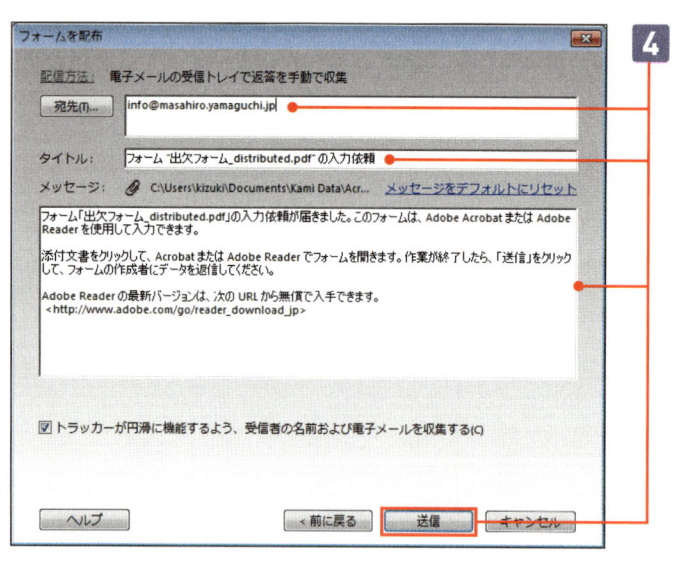

4 宛先欄に送信先のメールアドレスを記入し、必要に応じてタイトルおよび本文を編集したのち「送信」をクリックします。

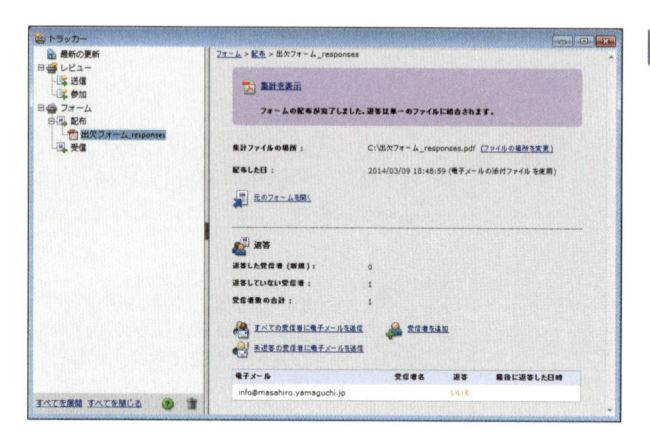

5 送信が実行され、完了すると「トラッカー」が表示されます。トラッカーを利用すると配布したフォームの返答状況が把握できるほか、返信のないメンバーに対して督促のメールを送ることもできます。

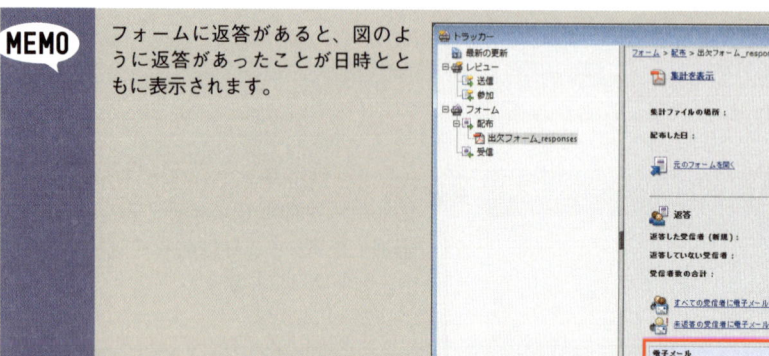

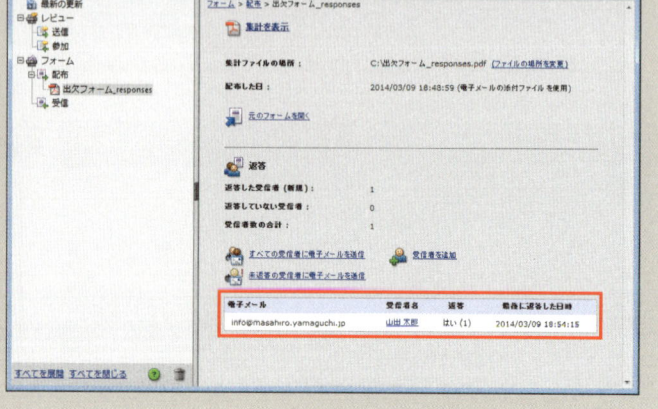

MEMO フォームに返答があると、図のように返答があったことが日時とともに表示されます。

MEMO 配布する PDF フォームは、元のファイル名の末尾に「_distributed」という名前がついたファイルになります。

099 フォームに記入して返信するには

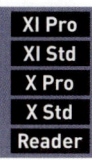

ここが重要 フォームを送信

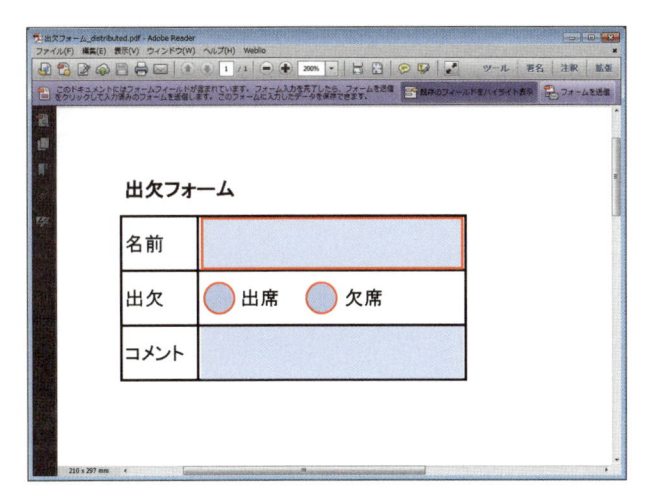

1. メールなどで受け取った PDF フォームを開きます。

2. フォームを記入し終えたら、右上の「フォームを送信」ボタンをクリックします。

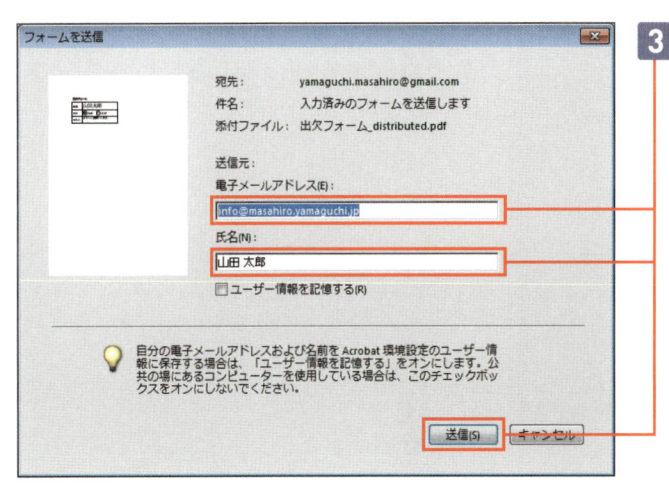

3. 送信元のメールアドレスおよび氏名を確認したのち「送信」をクリックして送信を実行します。これでフォームを送信した相手に返信が送られます。

> **MEMO** ここでは Adobe Reader XI で開いた場合の手順を紹介していますが、Acrobat でも手順は同様です。なお、記入した PDF フォームは書き込んだ内容を維持したまま、ローカルに保存しておくことができます。

ビジテク 100 受け取ったフォームに入力された データを集計するには

XI Pro / XI Std / X Pro / X Std / Reader

ここが重要 入力済みのフォームを集計ファイルに追加

1. 返信されたPDFフォームを開くと、入力されたデータを集計ファイルに追加するか尋ねられます。既存の集計ファイルを選択するか、もしくは新しい集計ファイルを作成し「OK」をクリックします。

2. フォームの集計が実行され、入力されたデータが集計ファイルに追加されたことが表示されます。

3. 中央下の「開始」をクリックして画面を閉じます。

4. 集計ファイルに、返信されてきたフォームの記入内容が表示されました。同じ要領で、返信されたPDFフォームを開くたびに、入力されたデータが追加されます。

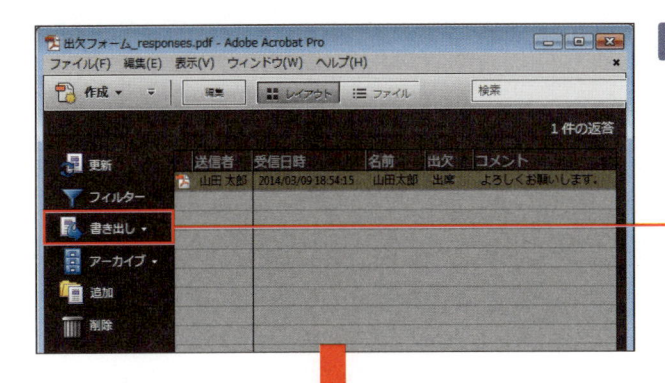

5 左列の「書き出し」→「すべてを書き出し」を選択すると、データを CSV ファイルに書き出すことができます。

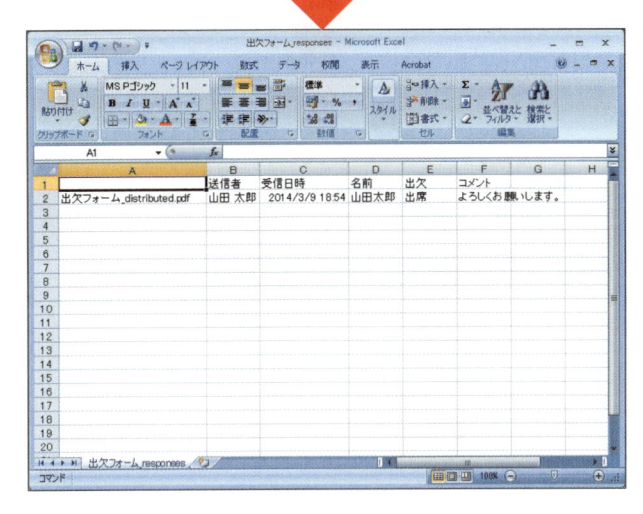

MEMO CSV ファイルは、配布した PDF フォームのファイル名の末尾に「_responses」という名前が付いたファイルになります。

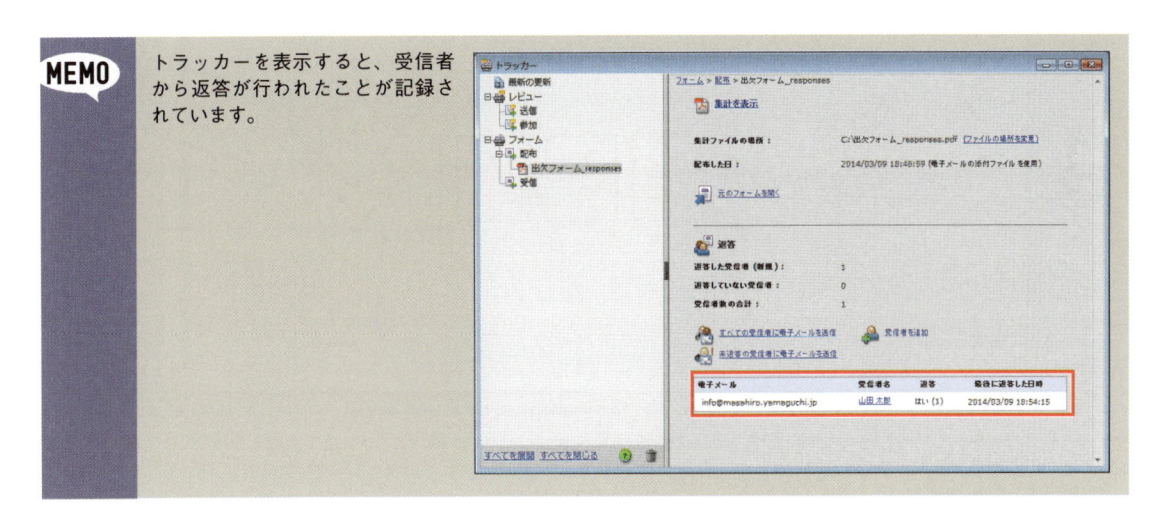

MEMO トラッカーを表示すると、受信者から返答が行われたことが記録されています。

➡ ここがポイント　アドビボリュームライセンスプログラムを活用しよう

Adobe Acrobat を法人でまとめて導入するにあたり、ひとつのハードルとなるのがその価格です。価格相応の価値があることは分かっていても、本数が多い場合、物品購入の予算の制限に引っ掛かって手が出せないケースもあるのではないでしょうか。

こうした場合に役立つのがボリュームディスカウント、つまりまとめ買いによる値引きです。アドビは「アドビボリュームライセンスプログラム」を提供しており、購入するライセンス数をポイントに換算して、その合計数で割引率が決定される仕組みになっています。部署全員に Acrobat を導入したいけど、店頭での販売価格に必要本数をかけたところけっこうな金額になったので泣く泣く導入本数を見直した……という場合も、このプログラムを適用することで、割引が発生する可能性があります。

具体的に何本買えば割引が発生するかは、アドビが公開しているオンラインフォーム「AVL 割引レベル自動計算表 (http://www.adobe.com/jp/volume-licensing/calculator.html)」を用いることで試算できます。例えば Windows 用の「Acrobat XI Standard」の新規購入の場合、34 本目から割引が発生する計算になります。もともとオープンプライスということもあり、具体的な販売価格については販売代理店に問い合わせる必要がありますが、ほかのアドビ製品についてもこのフォームでチェックできますので、このフォームで試してディスカウントレベルが基準を満たしているようなら、販売代理店に問い合わせてみてはいかがでしょうか。

ちなみにこのプログラム、手持ちのパッケージ製品のライセンスを移行することもできますので、ライセンスの一元管理という意味でもメリットがあります。すでに何本か導入している場合もチェックする価値はあるといえるでしょう。

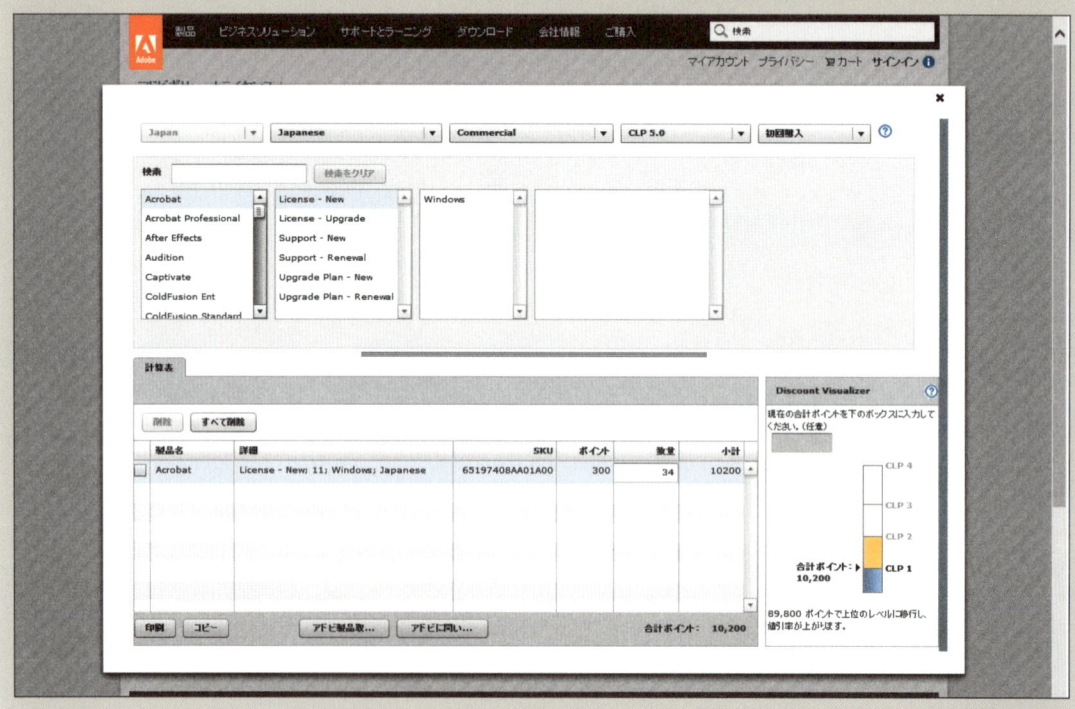

アドビのオンラインフォーム「AVL 割引レベル自動計算表 (http://www.adobe.com/jp/volume-licensing/calculator.html)」を使えば、何本の購入で割引対象となるか試算できる。Windows 用「Acrobat XI Standard」の新規購入の場合、34 本の購入で 1 万ポイントを超えて値引き率が上がることが分かる

第 5 章

PDF文書への注釈・レビュー

この章では、AcrobatやReaderを用いたPDFのさまざまな校正機能を基礎編と応用編に分けて紹介するほか、PDFを用いて複数メンバーで行う共有レビューのフローについても解説します。

5-01 PDFで校正を行う（基礎編）

>> ビジテク

PDFで広く使われる機能のひとつに、校正関連の機能があります。紙での校正に比べ、デジタルならではのさまざまなメリットがあるPDFでの校正について、ここでは具体的なコツや特徴のほか、ツールの基本的な使い方について解説します。

ますます広まりつつあるPDFによる校正

■PDFを使った校正のメリットを理解する

　PDFで広く使われる機能のひとつに、校正関連の機能があります。文書やWebページの誤記を指摘したり、具体的な修正内容を指示するのに、これまでは紙にプリントして赤ペンで直接書き込む方法で用いられてきました。しかし見落としが発生することも多く、また差し替えのテキストが記入されていた場合、受け取った側が手入力する必要がありました。さらに校正紙を相手に送る場合、宅配便を使うか、あるいはメールで送るにしてもいったんスキャンする必要があるなど、別のコストが生じたり、タイムラグが生まれることもありました。

　その点、Acrobatを用いてPDFに記入した注釈は、リストで管理されるので、受け取った側はそれらをひとつずつチェックしていけば、見落としが発生することもありません。差し替えのテキストも、書き込まれた内容をそのままコピー＆ペーストして対象のテキストと入れ替えられるので、手入力の手間が省け、誤字脱字の心配もなくなります。受け渡しもネット経由で行えるため、効率的なフローで作業が行えます。

　最近は大画面かつ高精細なディスプレイが普及し、A3に相当するサイズの原寸大表示も可能になったため、PDFによる校正はますます実用的になりつつあります。

手書きの校正紙

Acrobatでの校正画面

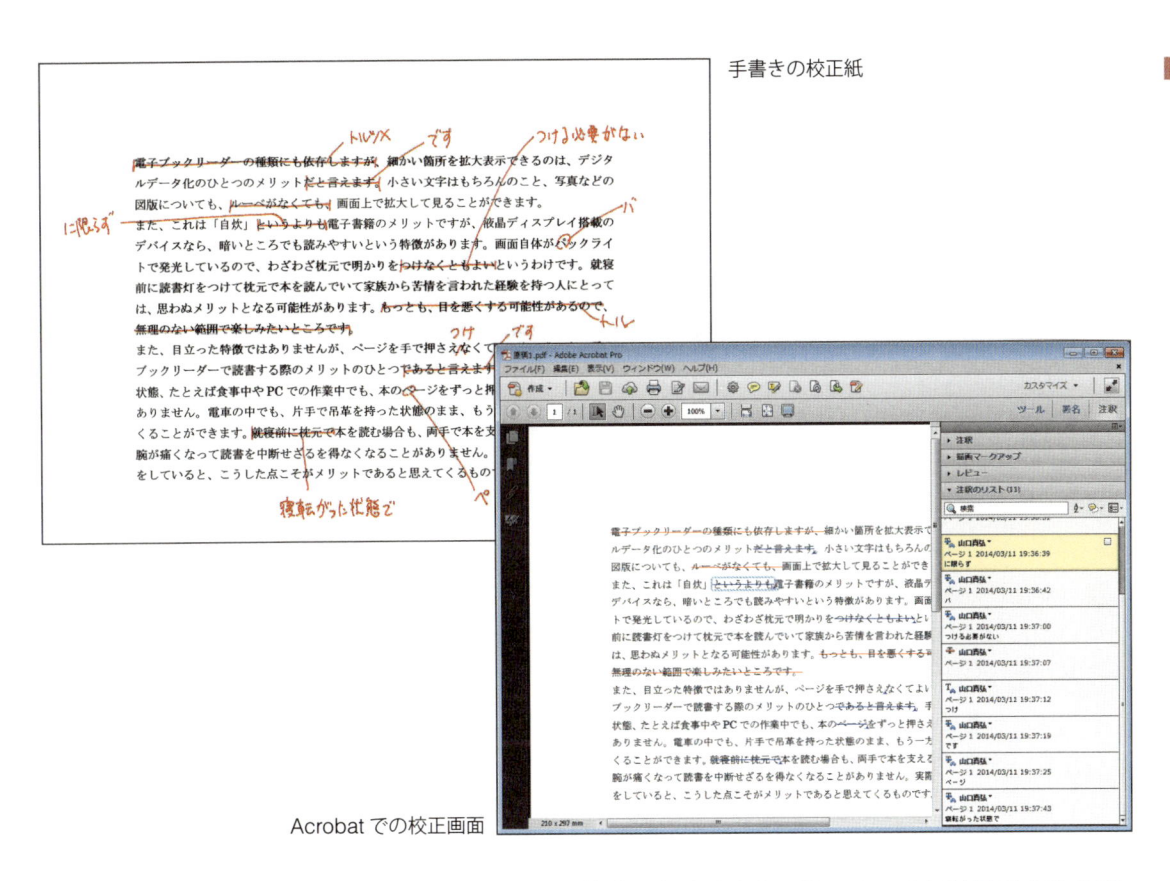

　これら校正に用いる注釈ツールは、Acrobatだけでなく Adobe Reader でも利用できるので、コストも最小限で済みます。また、モバイル用の「Adobe Reader」アプリを利用することで、スマホやタブレットでも注釈のチェックや記入が行えるのも大きな利点です。外出先で印刷を行うことなく、画面上で内容を確認し、コメントを入れて送り返せるので、迅速なやりとりが可能になります。スマートフォンやタブレットでの利用については ➡ビジテク124 以降をご覧ください。

　もっとも、これまで紙での校正に慣れていた人からすると、直感的に赤ペンで書き込めないことは、最初のうちはストレスを感じてしまいがちです。しばらく使い込んでPDFによる校正のメリットを感じるようになれば、手放せなくなるのは間違いないのですが、慣れの時間はどうしても必要で、実務をこなす中でそれをどのように乗り越えるかが、ひとつの壁だといえます。まずは小規模なプロジェクトからスタートしてみて、慣れてきたらほかのメンバーにも声をかけて利用範囲を広げていくのが現実的といえるでしょう。

Acrobatを用いた校正の具体的な方法

どの用途でどの校正機能を使えばよい？

　Acrobatを使っていざ校正を始めようとした際に悩みがちなのが、どの用途でどの校正機能を使えばよいのか、ということです。Acrobatにはさまざまな注釈および描画マークアップツールが準備されているので、ページ上にコメントをひとつ書き込むにしても、どのツールを使うべきか、悩んでしまうというわけです。これまで紙で校正を行っていた人が、PDFでの校正にチャレンジしつつも挫折してしまう理由のひとつはここにあるようです。

これについては、極論すれば「我流で問題ない」と考えてよいでしょう。例えばある文字列を削除したい場合、一般的には取り消し線ツールを利用しますが、長方形ツールで該当の文字列を囲ってコメントに「トルツメ」と書いたほうが、直感的にやりやすいという人もいるでしょう。また、ページ全体に対してコメントする場合も、ノート注釈ツールで書き込むほかに、テキスト注釈機能でコメントを直接記入したり、テキストボックスや引き出し線付テキストボックスを使って貼り付けてしまう方法もあります。

　さらにコメントが長文に及ぶようであれば、コメントをまとめたテキストファイルをPDFに添付する方法もありますし、テキストで入力すること自体が面倒であれば、マイクで喋って音声ファイルを添付する方法もあります。まずは自分がやりやすく、かつ相手に確実に気づいてもらえることを優先して、ツールを試していくとよいでしょう。すでに校正ツールを使いこなしている人のやり方を真似てみるのも、ひとつの方法です。

　ひとつだけ注意したいのは、これらの校正作業誤ってAcrobatの編集ツール →ビジテク 023 を用いないことです。編集ツールはPDF上のテキストや画像を直接書き替える機能ですので、これを使うと、オリジナルの内容そのものが改変されてしまいます。注釈および描画マークアップツールであればどれを使っても「注釈のリスト」に表示されるので、たとえ注釈ツールが本来の用途とは違った使い方をされていてもなんらかの指摘が行われていることは確認できますが、編集機能を使ってじかに書き替えられると確認のしようがありません。注釈パネルウィンドウの「注釈」および「描画マークアップ」のパレットに表示されているツールの中から選んで使うことを心がけましょう。

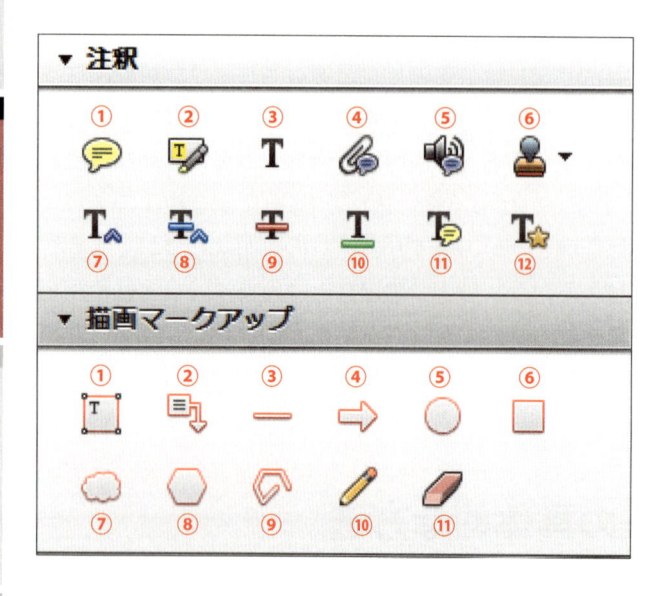

注釈ツール
①ノート注釈
②ハイライト表示
③テキスト注釈
④ファイルを添付
⑤音声ファイルを添付
⑥スタンプを追加
⑦挿入
⑧置換
⑨取り消し
⑩下線
⑪ノートを追加
⑫テキスト修正マークアップ

描画マークアップツール
①テキストボックス
②引き出し線付テキストボックス
③線
④矢印
⑤楕円
⑥長方形
⑦雲形
⑧多角形
⑨折れ線
⑩フリーハンド
⑪フリーハンドの消去

101 注釈に使うツールを準備するには

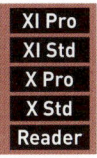

XI Pro / XI Std / X Pro / X Std / Reader

5-01 PDFで校正を行う(基礎編)

> ここが**重要** 注釈パネルウィンドウ

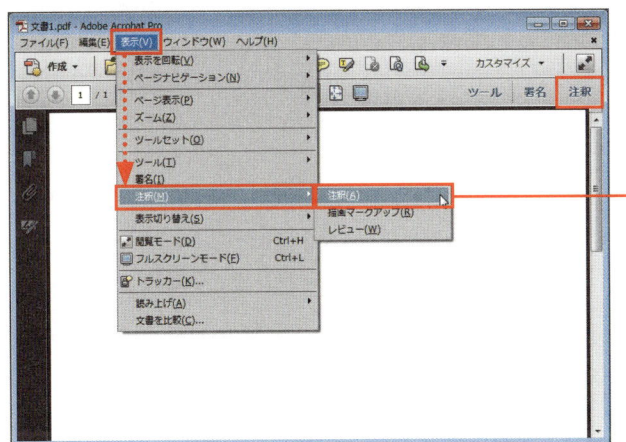

1 PDFを開いた状態で、表示メニューから「注釈」→「注釈」を開きます。

MEMO 画面右上の「注釈」と書かれたボタンをクリックしても構いません。

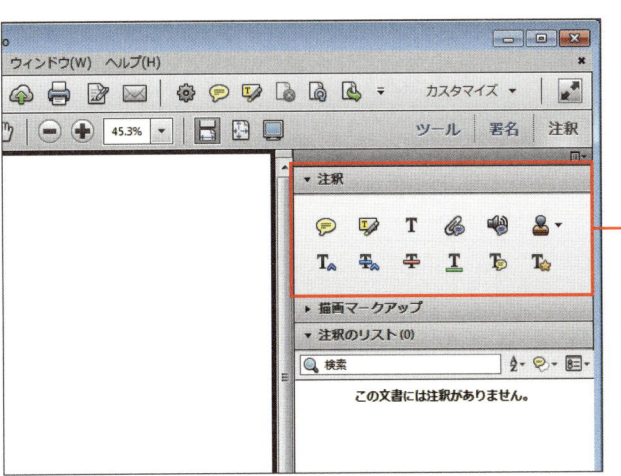

2 「注釈」パネルが開きます。「注釈」に表示されているのが注釈ツールです。

MEMO 使いたいツールをクリックして選択します。同じツールを続けて利用する場合は、ツールアイコンを右クリックして「選択したツールを維持」にチェックを入れると便利です。

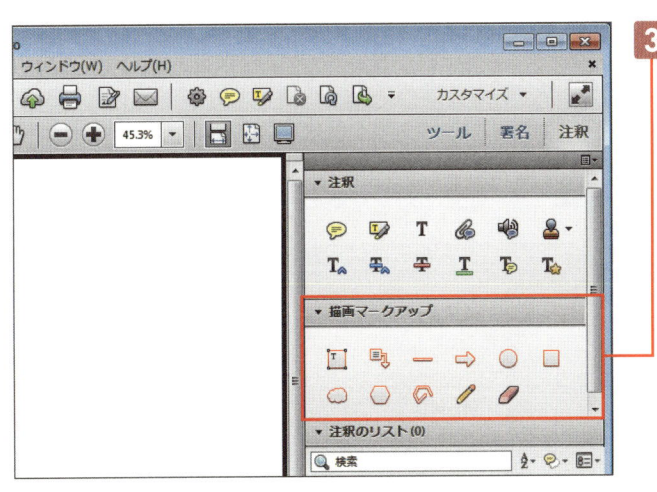

3 そのひとつ下、「描画マークアップ」に表示されているのが描画マークアップツールです。ツール名の横にある▼をクリックすると展開もしくは折りたたみができます。

MEMO 利用頻度の高いツールは、右クリックして「クイックツールに追加」でアイコンをツールバーに追加すると注釈パネルを開かなくてもアクセスできるようになります。

ビジテク 102 テキストの「挿入」を指示するには

XI Pro / XI Std / X Pro / X Std / Reader

ここが重要 注釈パネルウィンドウ

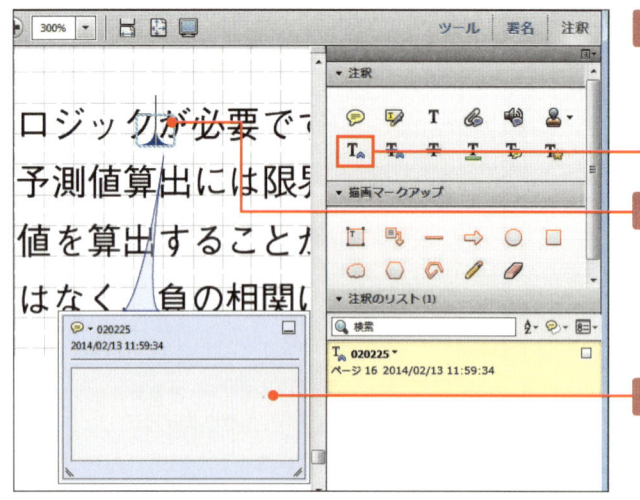

1. PDFを開いた状態で、注釈パネルウィンドウにある「テキストを挿入」ボタンをクリックして選択します。

2. PDF上でテキストを挿入したい位置をクリックします。

3. テキストを記入するためのウィンドウがポップアップします。

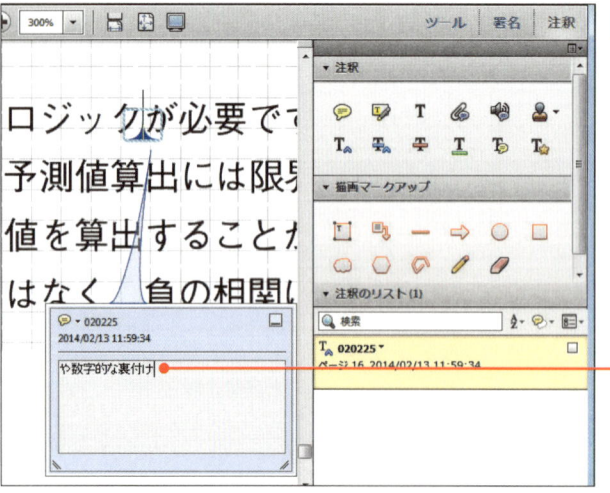

4. 挿入するテキストを記入します。

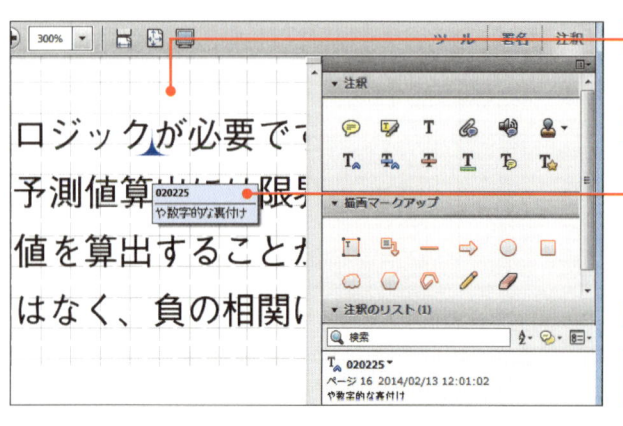

5. 記入が終わったらウィンドウの外側をクリックします。

6. ウィンドウが閉じ、アイコンだけが表示されます。マウスオーバーすると挿入したテキストがチップで表示されます。

MEMO 再度ウィンドウを表示するにはアイコンをダブルクリックします。プロパティからは色や不透明度の変更も行えます。

ビジテク 103 テキストの「置換」を指示するには

XI Pro / XI Std / X Pro / X Std / Reader

5-01 PDFで校正を行う（基礎編）

ここが重要 テキストの置換

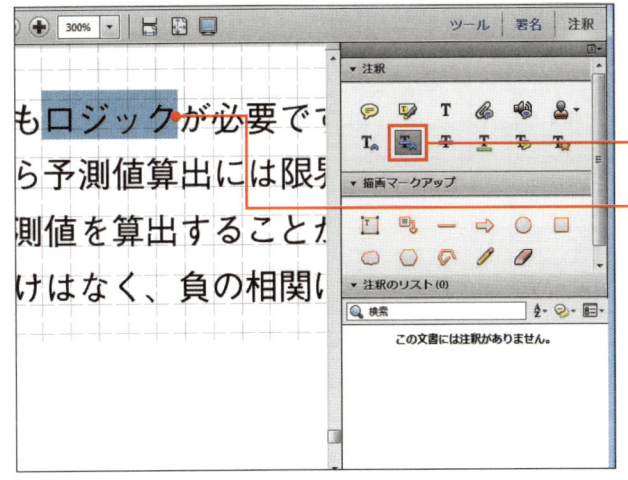

1. PDFを開いた状態で、「注釈」パネルにある「テキストを置換」ボタンをクリックして選択します。

2. PDF上で置換したいテキストをドラッグして範囲選択します。

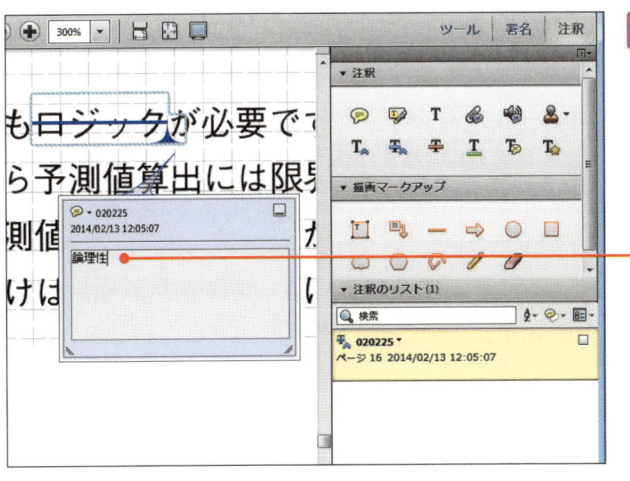

3. ウィンドウがポップアップするので、置換するテキストを記入します。

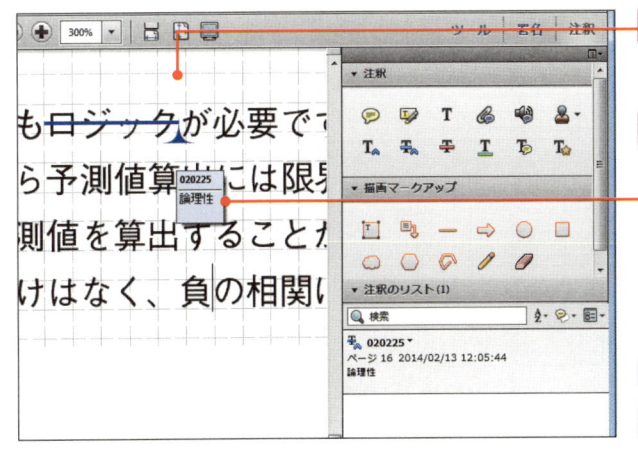

4. 記入が終わったらウィンドウの外側をクリックします。

5. ウィンドウが閉じ、アイコンだけが表示されます。マウスオーバーすると置換用に入力したテキストがチップで表示されます。

MEMO 再度ウィンドウを表示するにはアイコンをダブルクリックします。

102 テキストの「挿入」を指示するには
103 テキストの「置換」を指示するには

104 テキストの「取消」を指示するには

XI Pro / XI Std / X Pro / X Std / Reader

ここが重要 テキストの取り消し

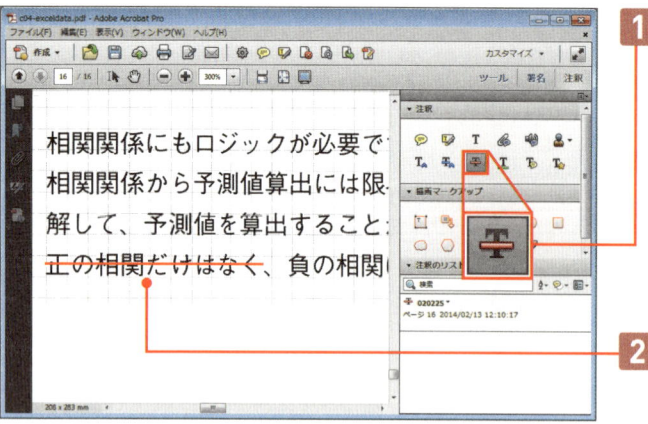

1. PDFを開いた状態で、「注釈」パネルにある「取り消し線」ボタンをクリックして選択します。

2. PDF上で取り消したいテキストを範囲選択すると、取り消しを示す赤線が引かれます。

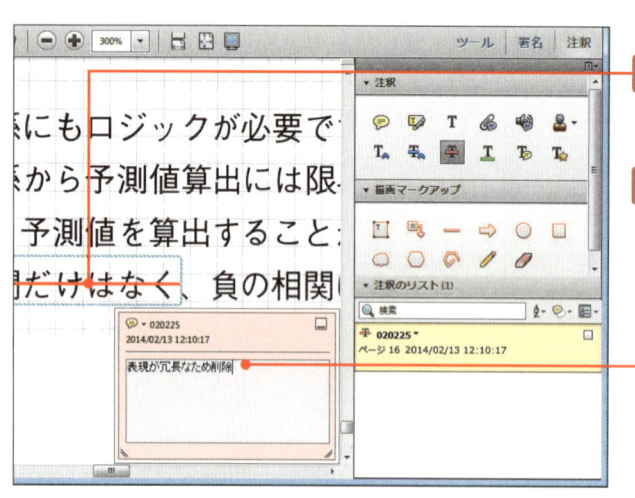

3. 必要に応じ、取り消す理由をコメントとして記入します。記入するには赤線部分をダブルクリックします。

4. コメントを記入するためのウィンドウがポップアップするのでテキストを記入します。

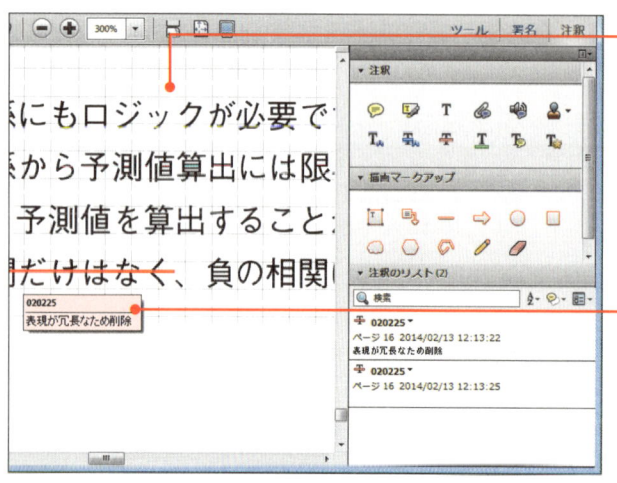

5. 記入が終わったらウィンドウの外側をクリックします。

6. ウィンドウが閉じ、アイコンだけが表示されます。マウスオーバーするとコメントがチップで表示されます。

MEMO 再度ウィンドウを表示するにはアイコンをダブルクリックします。

ビジテク 105 テキストに下線やハイライトを付けて強調するには

XI Pro / XI Std / X Pro / X Std / Reader

5-01 PDFで校正を行う（基礎編）

ここが重要 下線、ハイライト

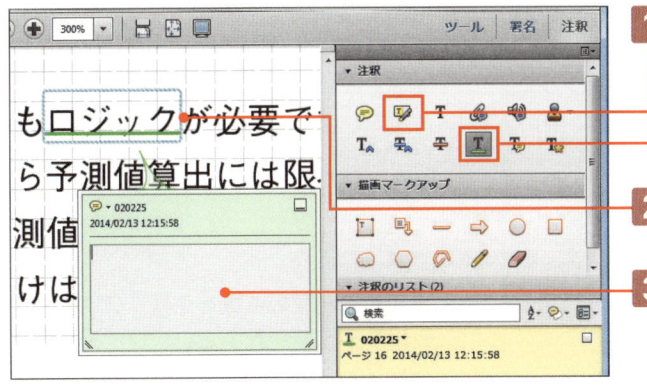

1. テキストを強調表示したい場合は、下線ツール、もしくはハイライトツールを選択します。
2. 下線ツールでは、強調したいテキストを範囲選択すると下線が引かれます。
3. 必要に応じてコメントを記入しましょう。記入するには下線部分をダブルクリックします。
4. ハイライトツールでは、強調したいテキストを範囲選択するとマーカーで塗ったようなハイライトが引かれます。 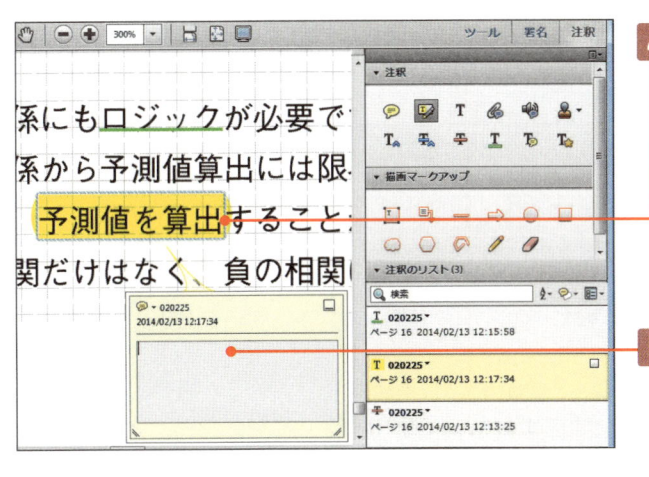
5. 必要に応じてコメントを記入しましょう。記入するにはマーカー部分をダブルクリックします。

ここがポイント 下線やマーカーの色や形を変える

下線ツール、ハイライトツールとも、プロパティから色や不透明度を変更できます。それぞれ下線、ハイライト部分を右クリックして「プロパティ」を選択します。下線ツールについては、直線のほかに波線を選択することもできます。

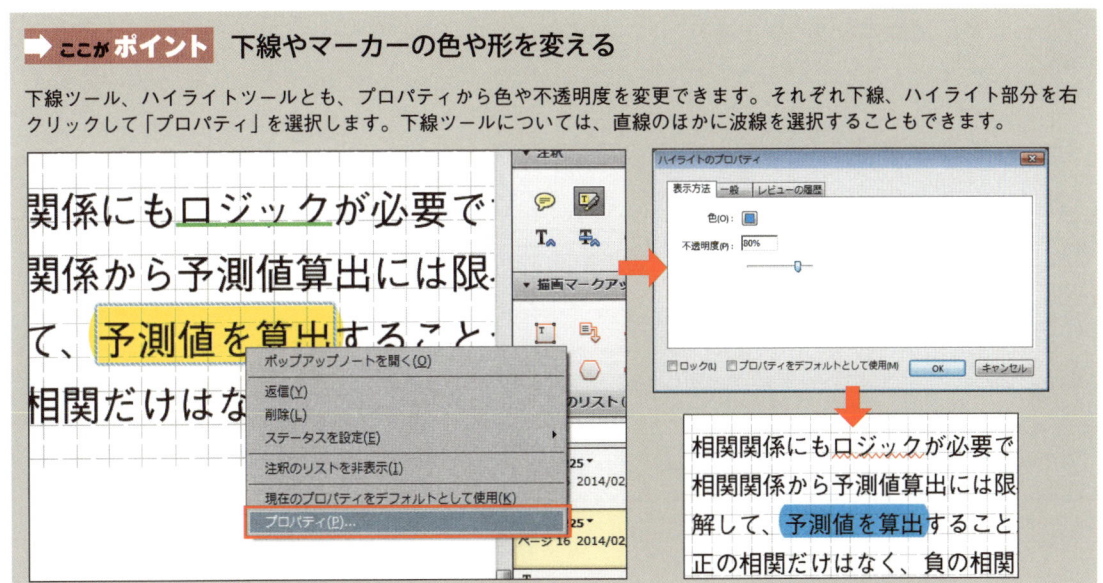

104 テキストの「取消」を指示するには

105 テキストに下線やハイライトを付けて強調するには

ビジテク 106 ページ全体や画像についてコメントするには

XI Pro / XI Std / X Pro / X Std / Reader

ここが重要 ノート注釈を追加

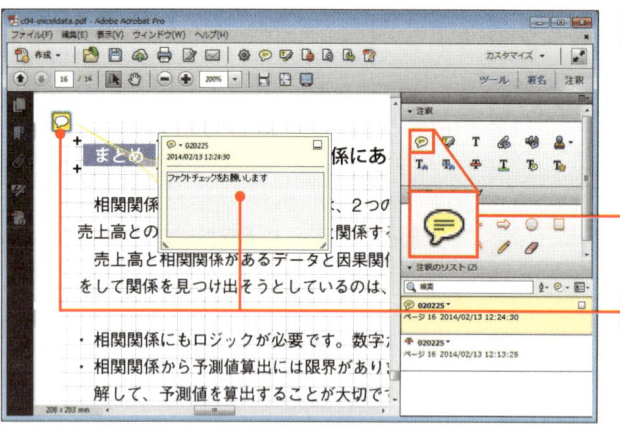

1. 注釈パネルウィンドウにある「ノート注釈を追加」ボタンをクリックして選択します。

2. 画面上の任意の位置をクリックすると吹き出しマークが表示され、ウィンドウがポップアップ表示されるので、コメントを記入します。

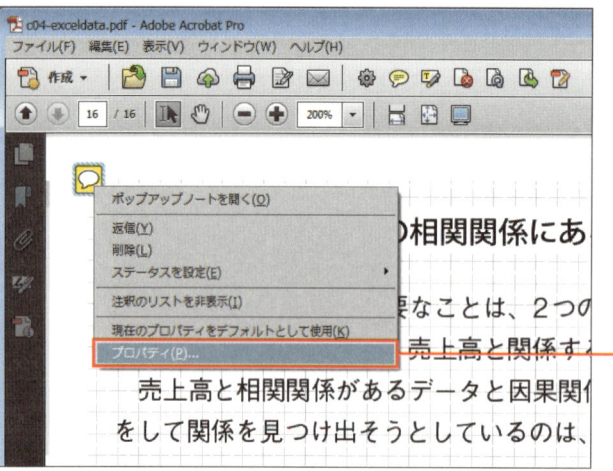

3. ノート注釈のアイコンを変更するには、アイコン部分を右クリックして「プロパティ」を選択します。

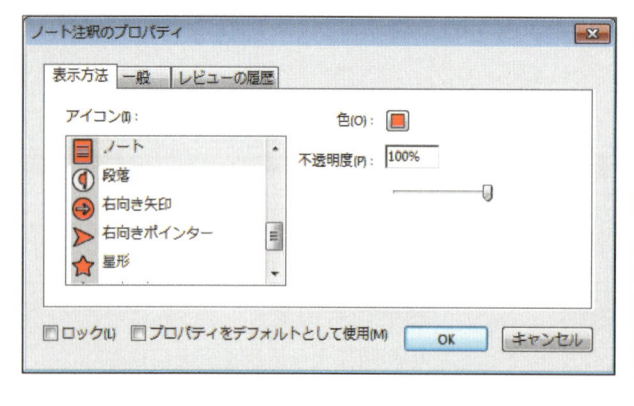

4. 吹き出しマーク以外に、丸や星形、矢印、ノートマークといったさまざまなアイコンを選択できます。色も目立つように変更することができます。

MEMO ノート注釈のアイコンは、背景に写真や派手な色があるとうっかり見落としてしまいがちですので、なるべくページの余白や行間などに配置し、色なども工夫して目立ちやすくするとよいでしょう。

ビジテク 107 ページ上の特定の範囲に対してコメントするには

XI Pro / XI Std / X Pro / X Std / Reader

5-01 PDFで校正を行う（基礎編）

ここが重要 楕円、長方形、雲型、多角形

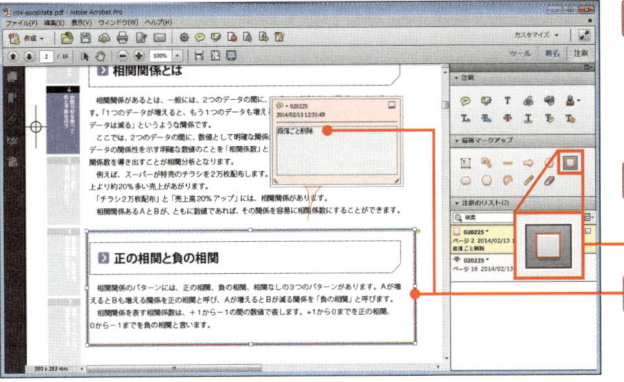

1. 特定のエリアを囲うには、描画マークアップツール群が便利です。楕円や長方形、雲型、多角形などの図形が用意されています。

2. 利用したいツールをクリックします。

3. ページ上の特定の範囲をドラッグして選択すると、線が引かれると同時に、ウィンドウがポップアップするので、必要に応じてコメントを記入します。

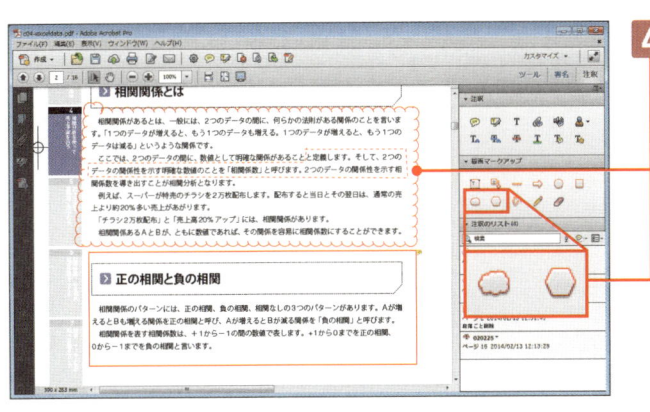

4. 雲型と多角形ツールは、長方形や円形ではなく自由な形を描画できるため、ページ上で目立たせることができます。描画が終わったらダブルクリックすることにより始点と終点がつながります。

➡ ここがポイント 描画の色や線を編集する

これらの描画はいずれも、右クリックして「プロパティ」を選ぶと、色や線の太さ、不透明度が調整できます。線は実線以外に点線も使用できます。また塗りつぶしの色も設定できるので、付箋を貼るような感覚でコメントを付けることもできます。

106 ページ全体や画像についてコメントするには

107 ページ上の特定の範囲に対してコメントするには

239

ビジテク 108 ページに対するコメントを常時表示させるには

XI Pro / XI Std / X Pro / X Std / Reader

ここが重要 テキストボックス、引き出し線付テキストボックス

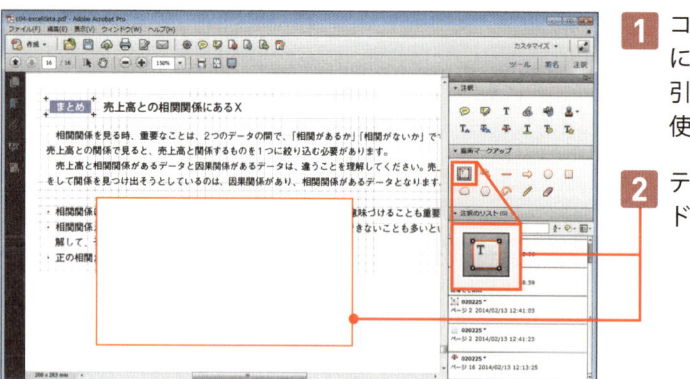

1. コメントを常時表示した状態にしておくには、テキストボックスツール、および引き出し線付テキストボックスツールを使うと便利です。

2. テキストボックスを選択し、ページ上をドラッグするとボックスが作成されます。

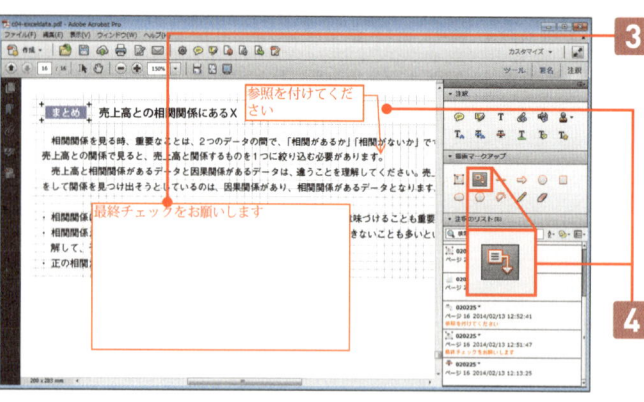

3. テキストを入力すると内容はそのままボックス内に表示されます。

4. 引き出し線付テキストボックスは、任意の箇所を指してコメントを付けるのに向いています。

MEMO ボックスをクリックすると表示される四角形をドラッグすることで、ボックスの大きさや形を変更できます。入力する文字量に合わせて調整しましょう。

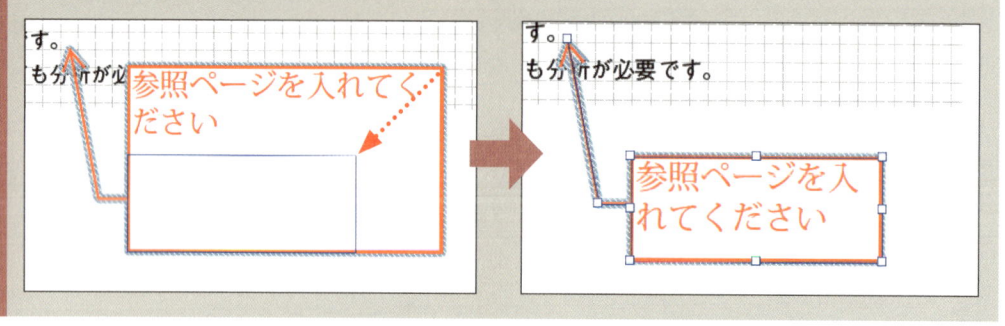

MEMO ノート注釈などで付けたコメントは常時表示されないので、PDFに不慣れな人はうっかり見落としてしまう危険があります。また、PDFを紙に出力して作業する場合も、ノート注釈などのコメントは自動的には展開されません。すぐにコメントが目に飛び込んでくるようにするには、ここで紹介したテキストボックスツールや、テキスト注釈ツールを有効活用するとよいでしょう。

ビジテク 109 フリーハンドで校正箇所を指示するには

XI Pro / XI Std / X Pro / X Std / Reader

ここが重要 フリーハンド

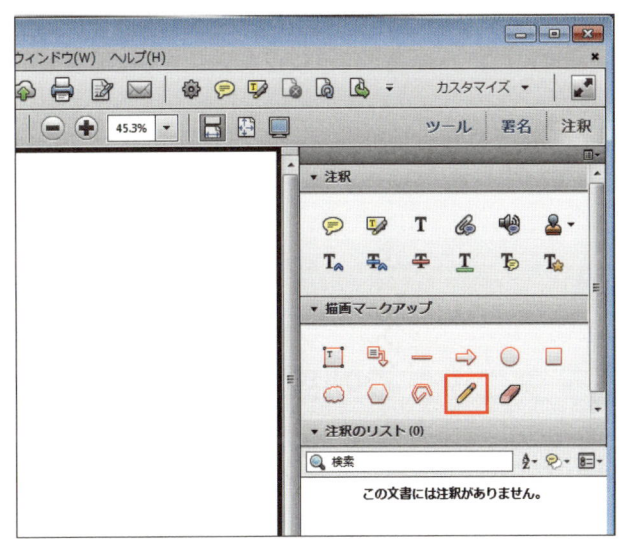

1. フリーハンドツールを使えば、PDF上に自由に線を引くことができます。

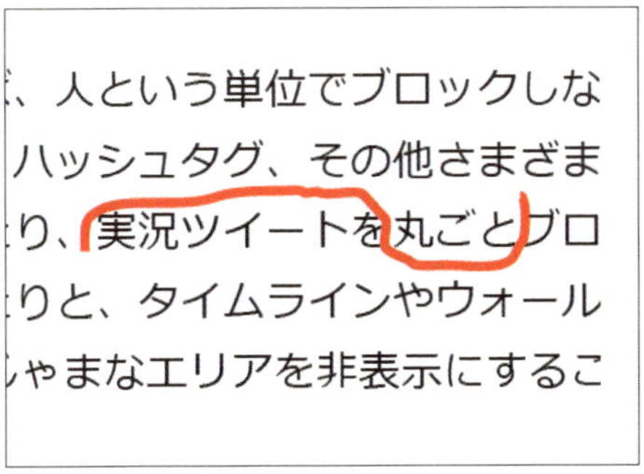

2. 紙で校正を行う時のように、校正記号を書き込むこともできます。

MEMO ここでの記号は前と後の語句を入れ替える指定をしています。

MEMO 消しゴムツールを使えば、フリーハンドツールで引いた線を消すことも可能です。

MEMO このほか、矢印ツールや長方形ツールを組み合わせて、見た目にわかりやすい修正指示を書き込むこともできます。

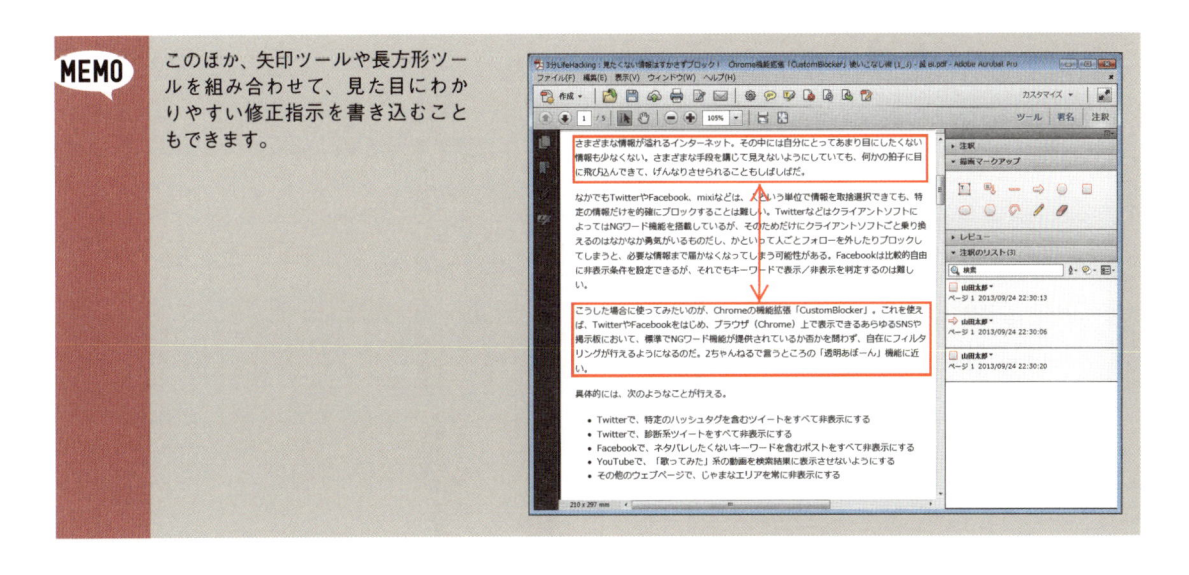

5-02 PDFで校正を行う（応用編）

>> ビジテク

Acrobatの校正機能には、単に紙で行う校正をデジタルに置き換えただけではなく、デジタルでなければ不可能な機能も数多く用意されています。ここではそれらの機能を用いたPDFの校正テクニックを、応用編として解説します。

▶ デジタルならではの校正テクニックで効率を上げる

■紙には絶対にできないデジタルならではの校正

　ここまで紹介したAcrobatの校正機能は、いわば紙で行う校正をデジタルに置き換えたものですが、このほかにも、Acrobatにはデジタルならではのさまざまな校正機能が用意されています。これらを使いこなすことで、校正の指示をさらに的確に伝えたり、チェックを迅速に行えるようになります。

　例えば、Acrobatと同様に校正機能を持つソフトとしてMicrosoft Wordが挙げられますが、Acrobatを用いてPDFに書き込んだ注釈をWordで表示したり➡ビジテク113、またはWordに書き込まれたコメントをPDFのノート注釈に変換できることは、紙にはできないデジタルならではのメリットのひとつです。これ以外にも、PDFのファイルサイズが大きく注釈を記入した状態で相手にメールなどで送りにくい場合、注釈だけを個別のファイル（FDF形式）に書き出して送付し、相手の手元にあるPDFに反映してもらうことも可能です➡ビジテク114。

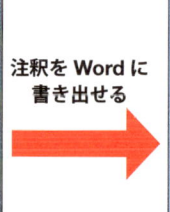

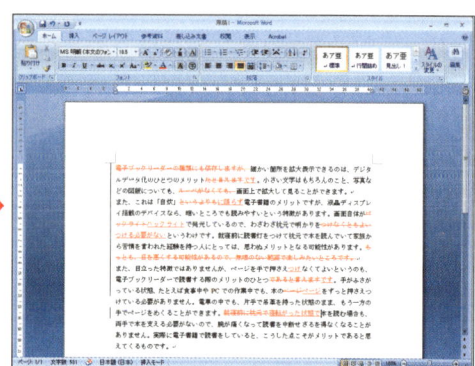

注釈をWordに書き出せる

242

また、校正の対象となるPDFファイルは、いちからデジタルで作成されたPDF以外に、もともと紙だった原稿をスキャナで取り込んだPDFである場合も多くあります。こうしたPDFはページ全体が一枚の画像になっているため、そのままの状態ではテキストを選択して挿入や置換、取り消しといった注釈ツールを利用できませんが、テキスト認識（OCR）を行えば、これらツールも利用可能になります ➡ビジテク 110 。

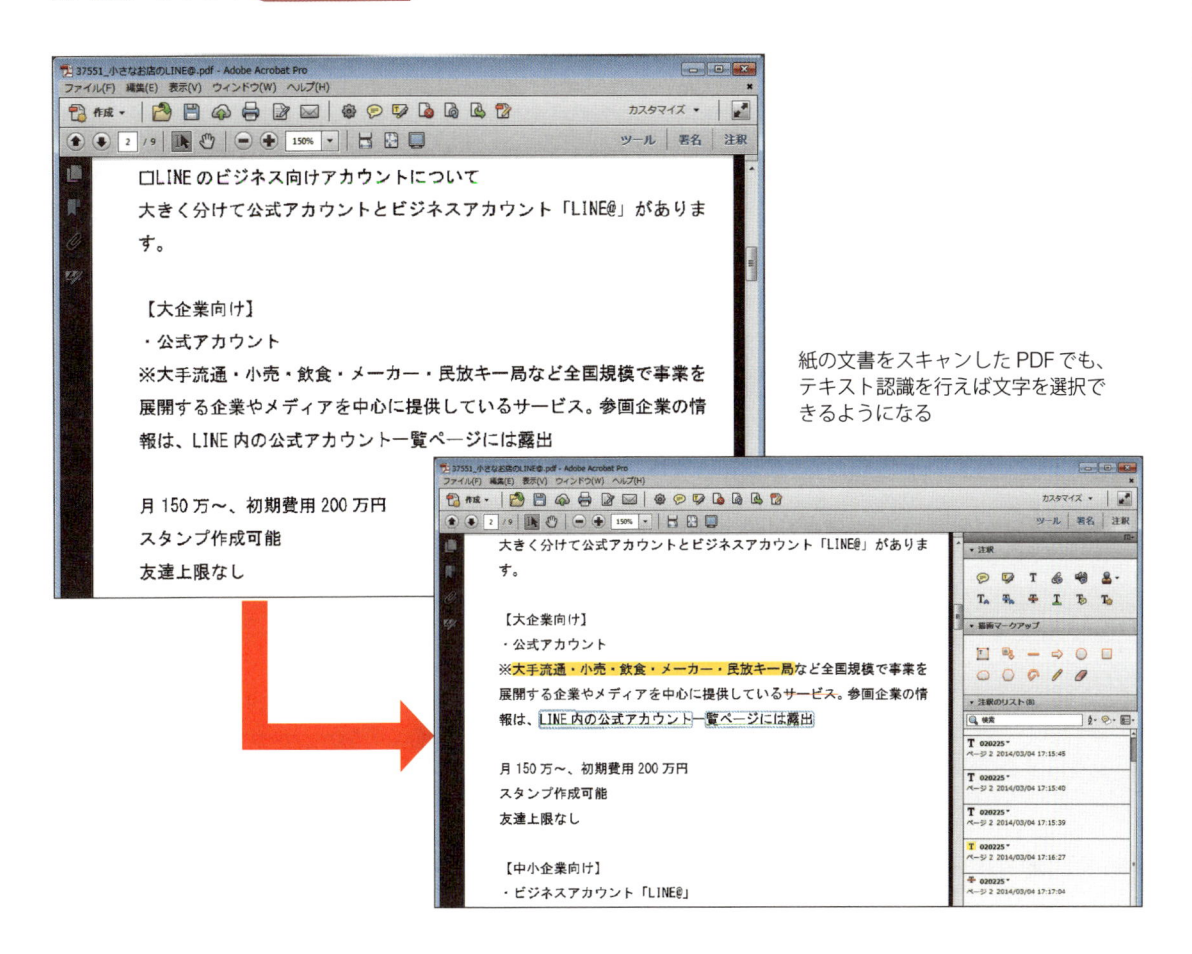

紙の文書をスキャンしたPDFでも、テキスト認識を行えば文字を選択できるようになる

　長文の差し替えを行う場合は、差し替えの対象となるテキストファイルをまるごとPDFに添付したり ➡ビジテク 116 、コメントを音声ファイルで記録して添付する ➡ビジテク 117 といったテクニックも、知っておくと役に立ちます。PDF内に添付することで、別ファイルとして添付して送った場合に発生しがちな見落としを防げるというわけです。

　また、PDFは音声や動画といったマルチメディアファイルを埋め込む機能を備えていますが、動画シーンごとに一時停止させた状態で、画面に対してコメントを書き込むことができます。つまり、PDFを動画の校正に使えるわけです。ビジネスでの動画利用が増える中、こうしたテクニックも、役に立つ機会はこれからますます増えてくることでしょう ➡ビジテク 118 。

　このほか、校正にまつわる細かいTipsとして、注釈に表示されるユーザ名を変更する方法 ➡ビジテク 115 や、印刷してチェックする際に便利な、注釈を展開した状態で印刷を行う方法 ➡ビジテク 112 、さらに2つのPDFの違いをAcrobatを用いてチェックする方法 ➡ビジテク 119 についてもあわせて紹介します。

ビジテク 110 スキャンして作成したPDF上のテキストに注釈を入れるには

XI Pro / XI Std / X Pro / X Std / Reader

ここが重要 テキスト認識

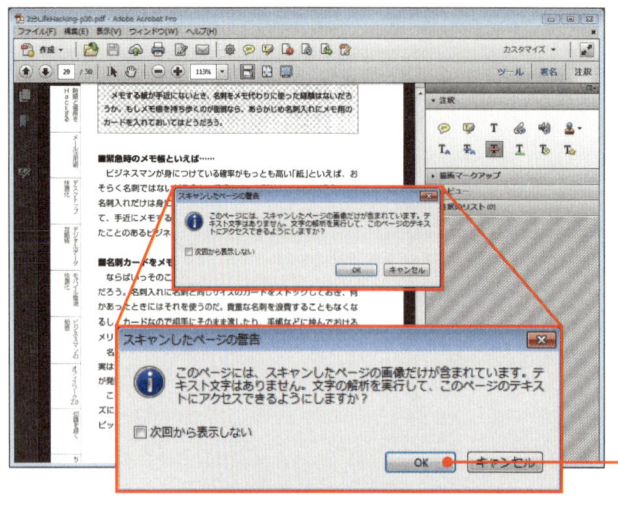

1. スキャンして生成したPDFはページ全体が画像になっているため、そのままでは画面上のテキストに注釈ツールを使おうとしても、文字列を選択できません。

2. 注釈ツールを選択した状態でページをクリックすると「文字の解析を実行して、このページのテキストにアクセスできるようにしますか？」と尋ねられるので「OK」をクリックします。

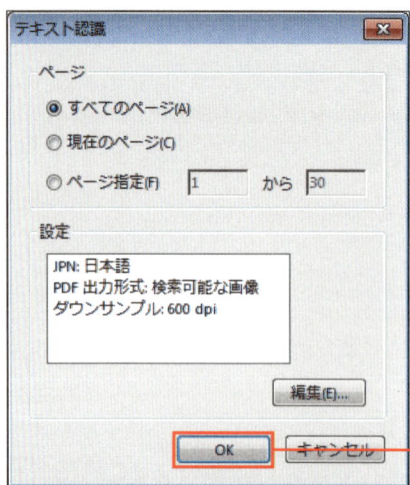

3. 「テキスト認識」ダイアログが表示されるので、対象のページと設定を確認します。

4. 「OK」をクリックしてテキスト認識を実行します。対象のページが多い場合は、しばらく時間がかかります。

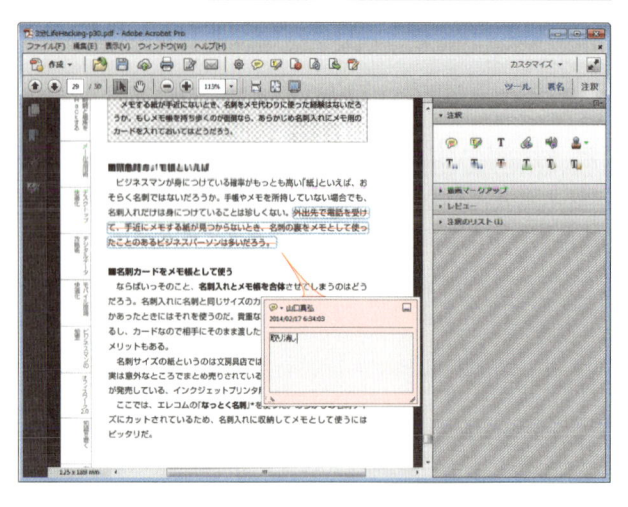

5. テキスト認識が完了すると、テキストの挿入／置換／取り消しなどの注釈ツールが使えるようになります。

MEMO この手順で注釈ツールは利用できるようになりますが、「テキストと画像を編集」ツールを使ってテキストを直接書き替えることはできません。このような場合は、いったんWordなどの文書に書き出した上で編集します。Wordへの書き出しは →ビジテク 056 を参照してください。

111 PDFに記入した注釈を一覧表示するには

XI Pro / XI Std / X Pro / X Std / Reader

ここが重要　注釈のリスト

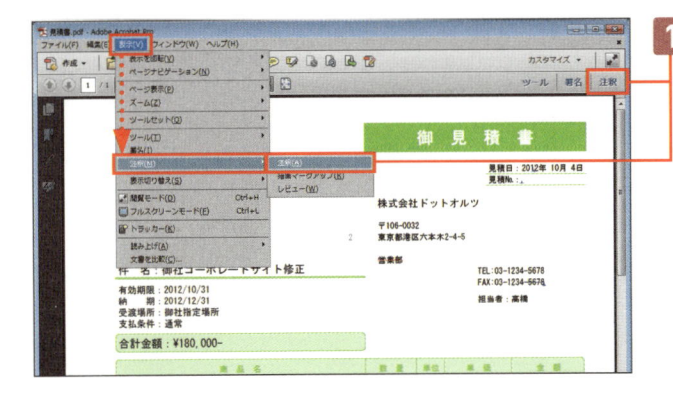

1. PDFを開いた状態で「表示」メニューから「注釈」→「注釈」と選択して注釈パネルウィンドウを開きます。あるいは画面右上の「注釈」ボタンをクリックしても構いません。

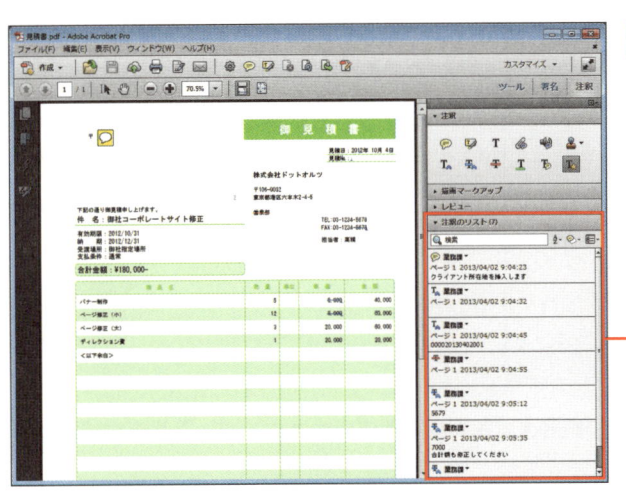

2. 画面右に注釈パネルウィンドウが表示され、下に「注釈のリスト」が表示されます。画面上で非表示になっている注釈も一覧で表示されるので見落としがありません。

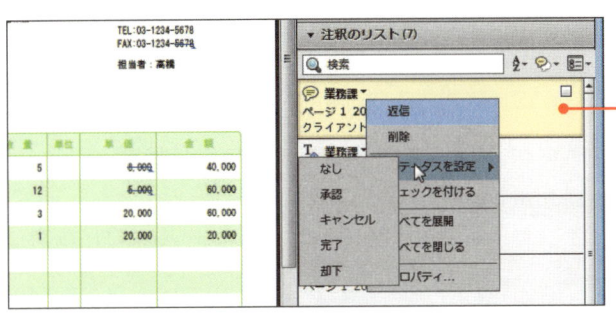

3. 「注釈のリスト」では、個々の注釈にチェックを入れることで作業の進行を管理できます。注釈を右クリックして、メニューから「ステータスを設定」を選択すると、「キャンセル」「却下」といったステータスを選択できます。

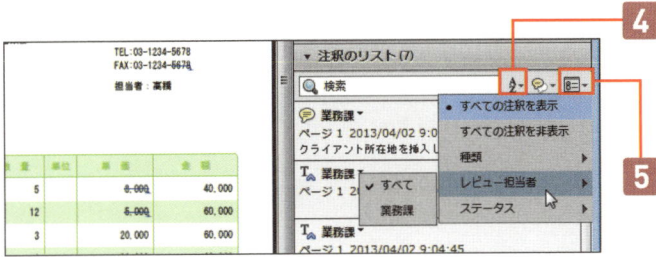

4. 「注釈を並べ替え」ボタンからは、注釈を日付やページ順に並び替えることができます。

5. 「注釈をフィルター」ボタンからは、ステータスやレビューの担当者ごとに、表示をオン／オフできます。

ビジテク 112 PDFに記入した注釈に引き出し線を付けて余白に表示するには

XI Pro / XI Std / X Pro / X Std / Reader

ここが重要 注釈の一覧を作成

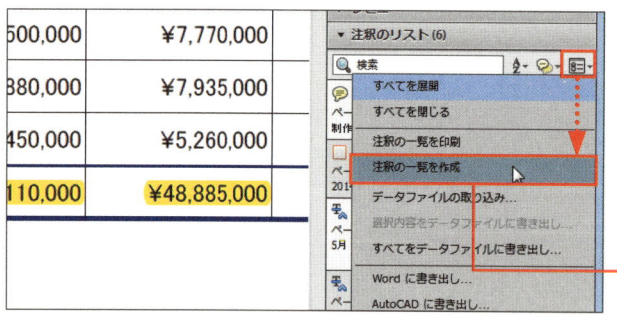

1. PDFの注釈のチェックを紙ベースで行う場合、注釈を一覧として書き出すと便利です。

2. →ビジテク 111 の手順で「注釈のリスト」を表示します。

3. 「オプション」ボタンから「注釈の一覧を作成」を選択します。

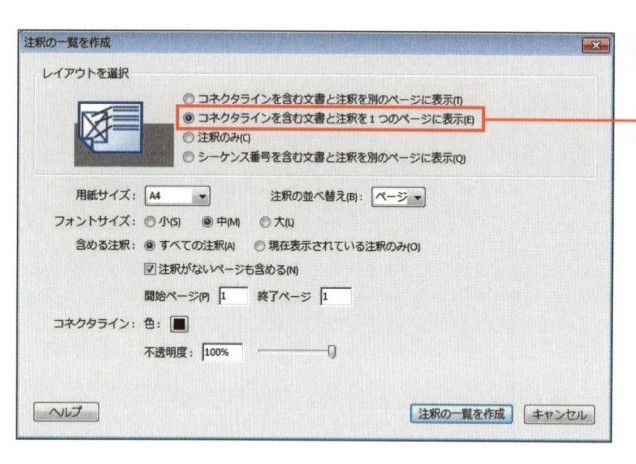

4. 設定画面が表示されます。

5. レイアウトを4種類から選択します。紙の余白に注釈を記入した状態に似せて表示したければ、「コネクタラインを含む文書と注釈をひとつのページに表示」がおすすめです。

6. 元のPDFに対して、注釈が引き出し線付きで記載された状態で書き出されました。引き出し線が追加されたことでどの部分に対する注釈なのかが一目瞭然です。印刷するとサイズが小さく見づらくなる場合は、用紙サイズをA3にして再出力するとよいでしょう。

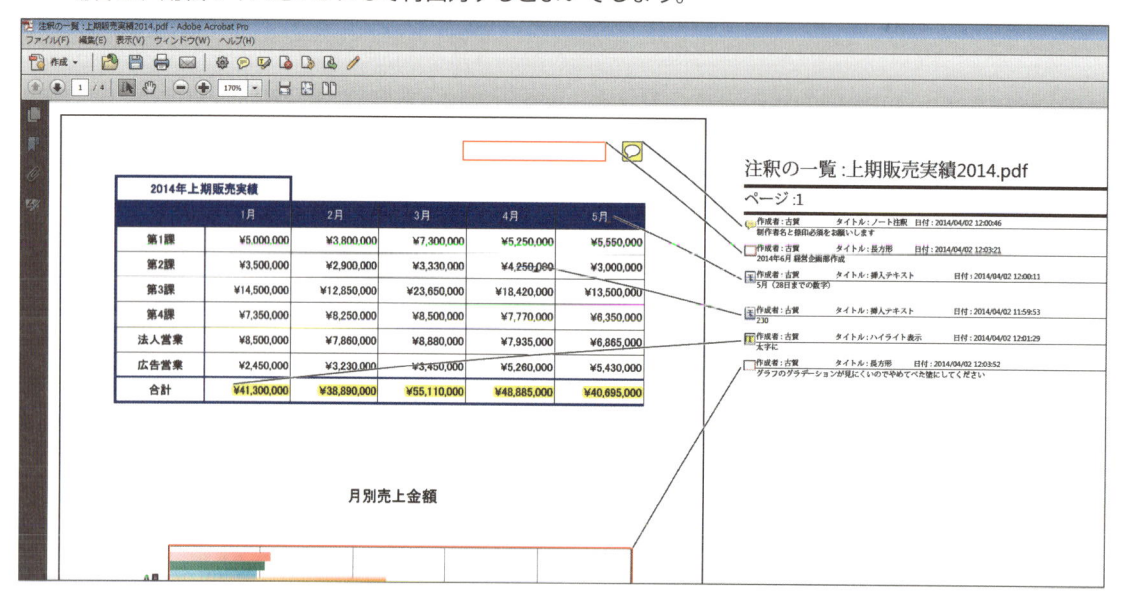

ビジテク 113 PDFに記入した注釈を元のWord文書に反映させるには

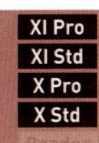

XI Pro / XI Std / X Pro / X Std / Reader

5-02 PDFで校正を行う（応用編）

> ここが重要　Wordに書き出し

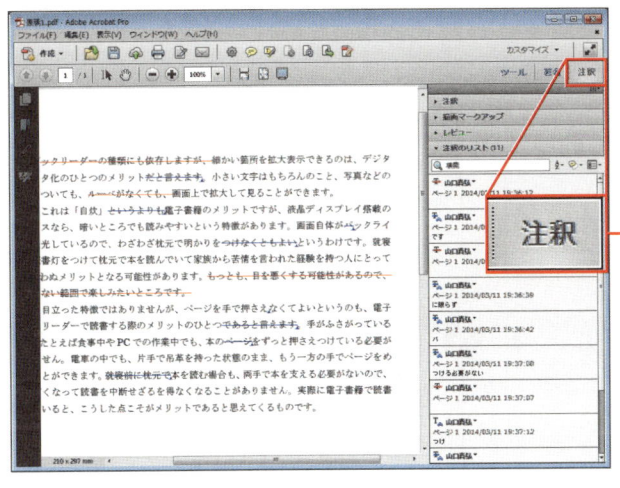

1 Wordから作成したPDFに、注釈ツールを用いて注釈を記入します。

2 「表示」メニューから「注釈」→「注釈」を選んで「注釈」パネルを開き、「注釈のリスト」を開きます。

ここがポイント　Wordの印刷機能で作成したPDFでは反映できない

このテクニックは、Wordの「PDFを作成」ボタンを使い、環境設定の「タグ付きAdobe PDFでアクセシビリティと折り返しを有効にする」にチェックが入った状態で作成されたPDFでのみ行えます。印刷機能を使って作成したPDFには対応していないので注意してください。WordからPDFを作成する際の環境設定については→ビジテク039 を参照してください。

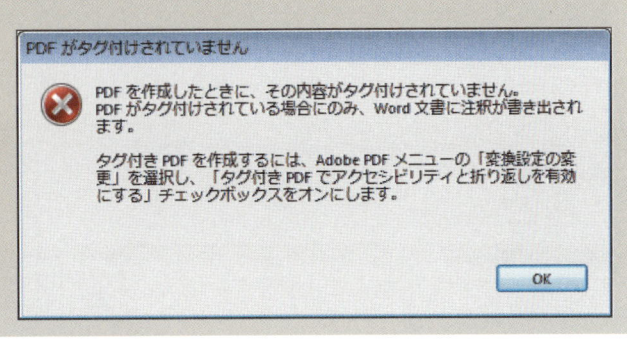

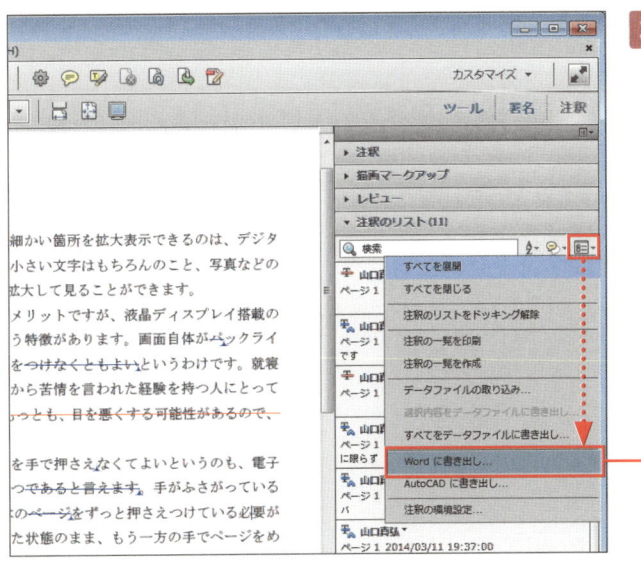

3 「注釈のリスト」の「オプション」ボタンから「Wordに書き出し」を選択します。

→次ページへ続く

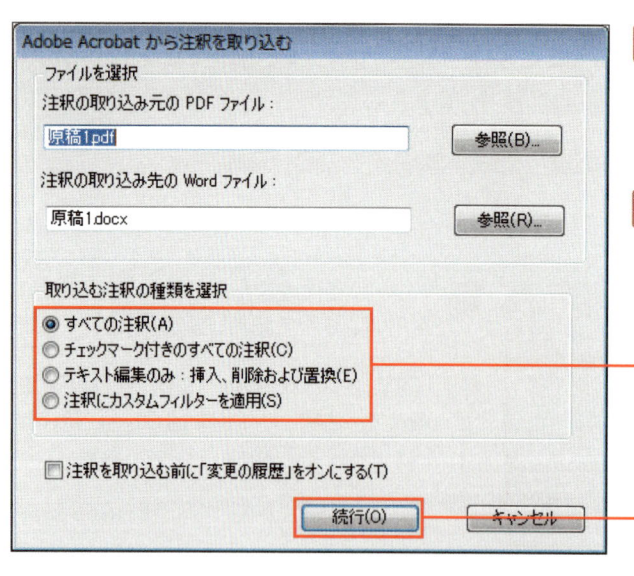

4 注釈の取り込み元となるPDFファイルと、取り込み先になるWordファイルが正しく選択されているか確認します。必要に応じて正しいファイルを指定します。

5 取り込む注釈の種類を選択し、「続行」をクリックします。ここでは「すべての注釈」を選びました。

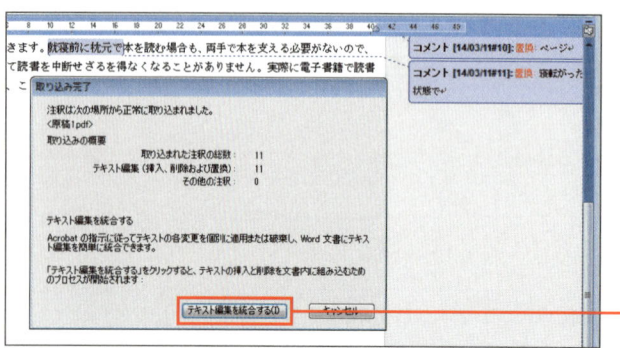

6 取り込みが実行されます。完了のメッセージが表示されたら「テキスト編集を統合する」をクリックします。

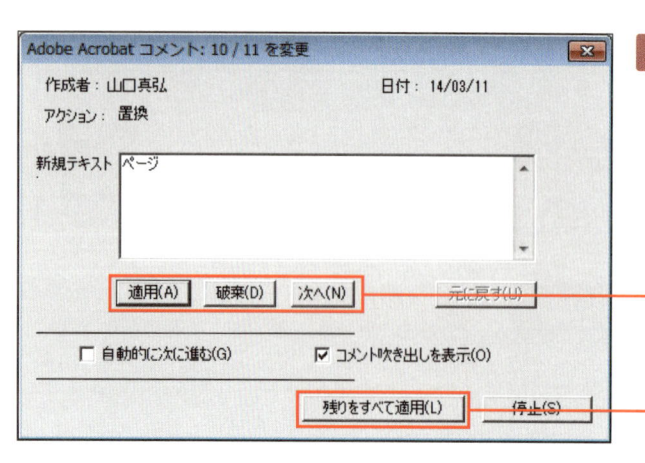

7 それぞれの注釈について、適用するか破棄するかを選択していきます。まとめて適用することもできます。

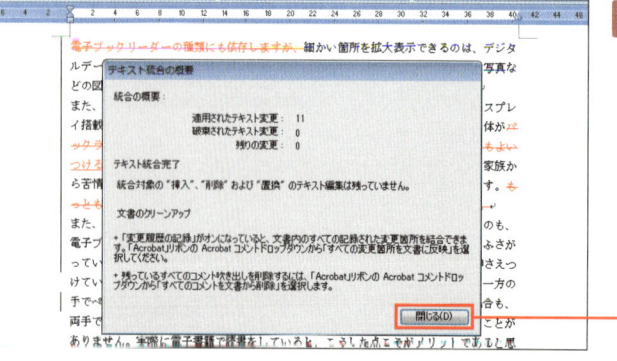

8 適用もしくは破棄が完了しました。「閉じる」をクリックします。

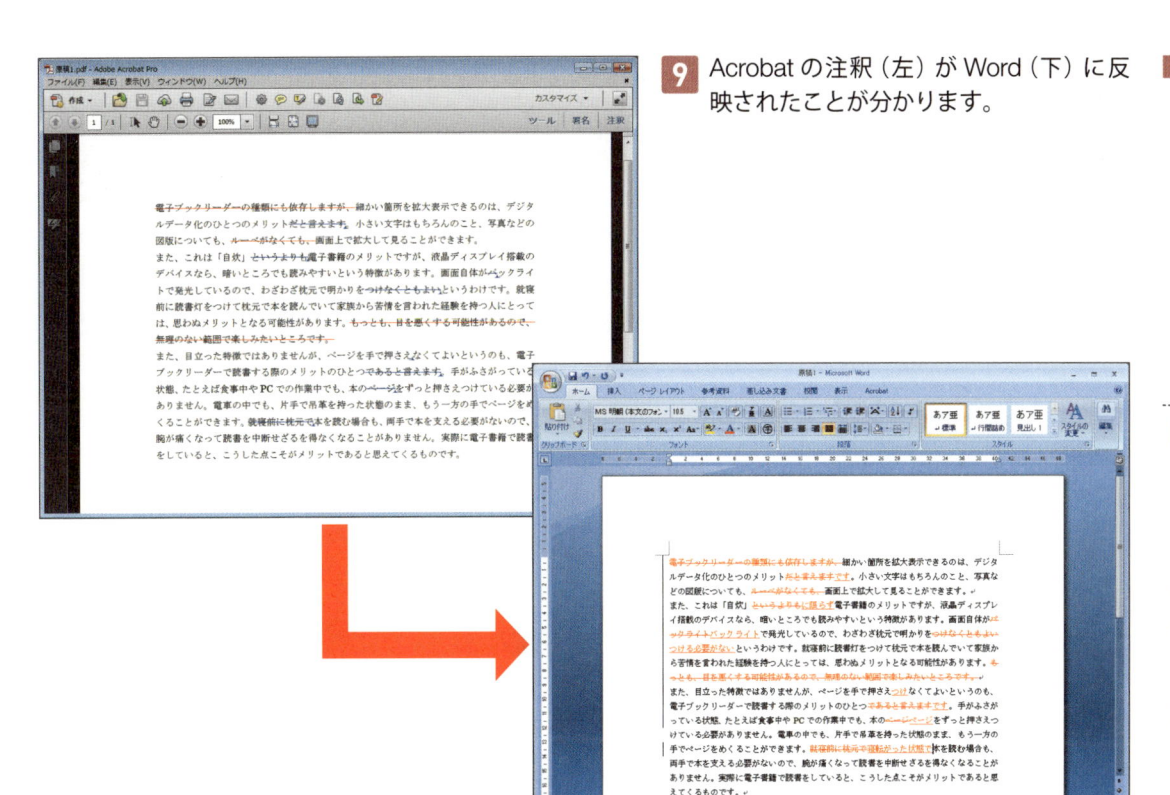

9 Acrobatの注釈（左）がWord（下）に反映されたことが分かります。

5-02
PDFで校正を行う（応用編）

113 PDFに記入した注釈を元のWord文書に反映させるには

| MEMO | 手順 7 で適用も破棄も行わずに終了した場合は、コメントとしてWordに挿入されます。 |

| MEMO | 取り込み先のWordファイルは、PDFに変換してから変更されていないものに限られます。変更されていた場合、正しく挿入できない可能性がある旨が通知されます。 |

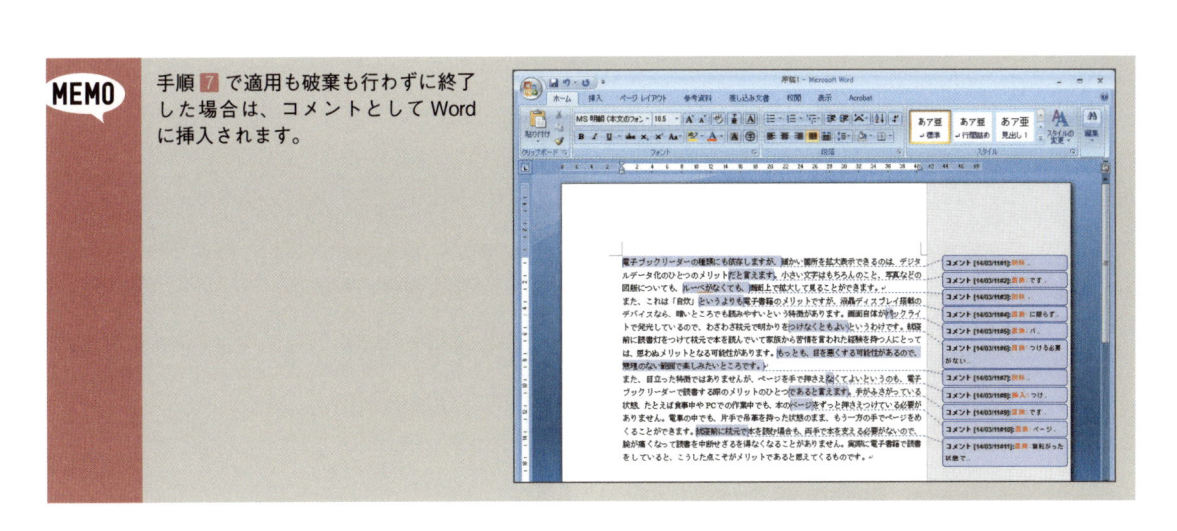

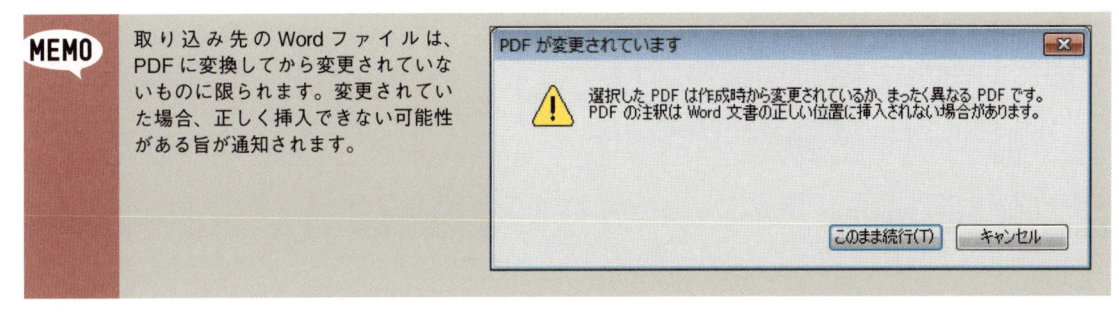

249

ビジテク 114 注釈だけを単体のファイルとして送受信するには

XI Pro / XI Std / X Pro / X Std / Reader

ここが重要 すべてをデータファイルに書き出し

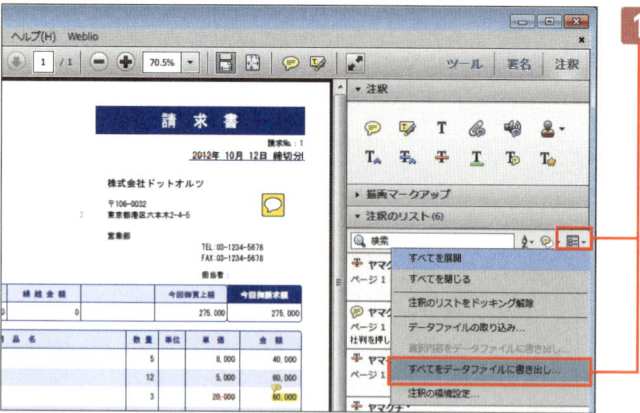

1. PDFを開いた状態で、「ツール」パネルの「注釈のリスト」のオプションボタンをクリックし、「すべてをデータファイルに書き出し」を選択します。

2. 保存先を選択して保存します。元のファイル名と同じ名前で、拡張子が「.fdf」のファイルが保存されます。

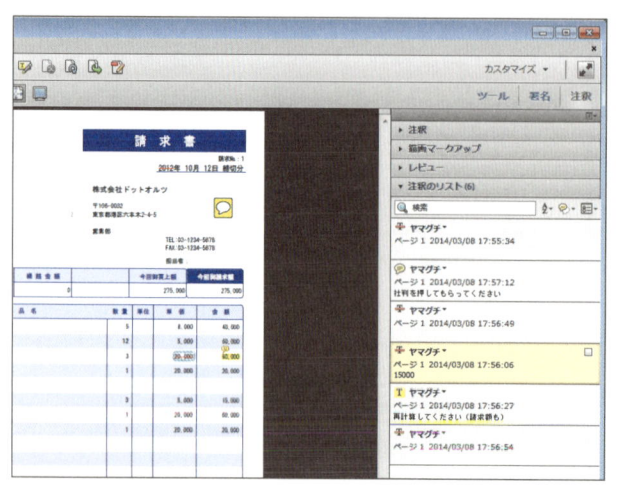

3. メールなどを利用し、注釈ファイルを相手に送信します。

4. 受信した注釈ファイルをAcrobatで起動すると、元のPDFファイルに注釈の内容が反映されます。

MEMO 注釈の記入は、AcrobatおよびAdobe Readerのどちらでも行えます。なお、手順1のところで「選択内容をデータファイルに書き出し」を選べば、任意の注釈だけを書き出すこともできます。

MEMO 受信した注釈ファイルをAcrobatで起動した際、元のファイルが見つからないとのメッセージ（右参照）が表示された場合は、元のファイルを探して手動で選択します。

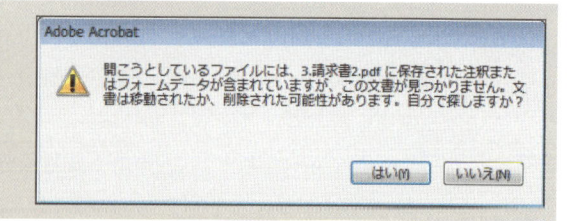

ビジテク 115 注釈に表示されるユーザ名を変更するには

XI Pro / XI Std / X Pro / X Std / Reader

ここが重要 注釈ツールの「プロパティ」

1. 注釈を右クリックして「プロパティ」を選択します。

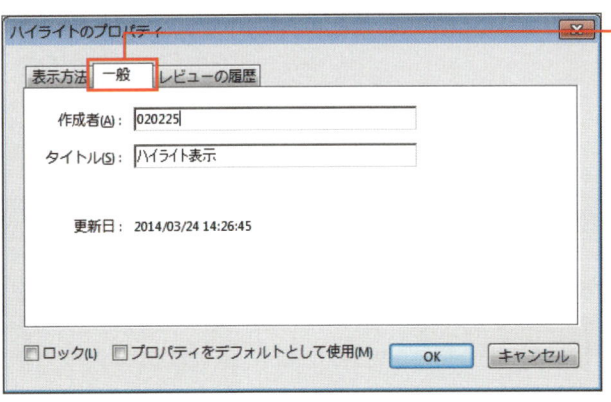

2. 「一般」タブをクリックすると、作成者名が表示されています。

3. 任意の名前に書き替えたのち、下段の「プロパティをデフォルトとして使用」にチェックを入れて「OK」をクリックします。

次ページへ続く

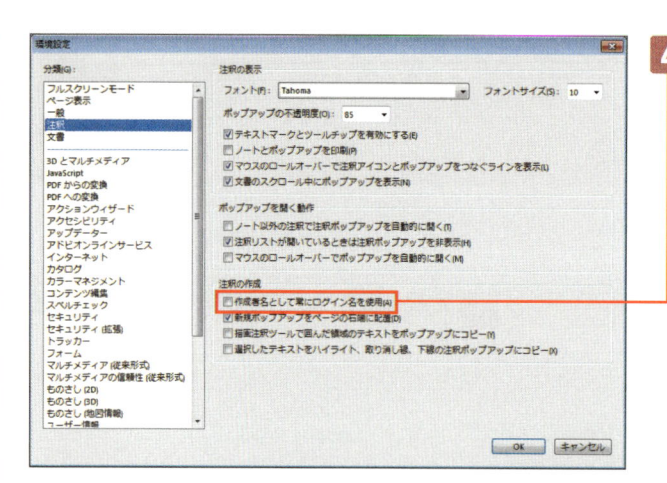

4 次に「編集」メニューの「環境設定」で、「注釈」の中にある「作成者名として常にログイン名を使用」のチェックを外しておきます。

> **MEMO** 環境設定で「作成者名として常にログイン名を使用」にチェックが入ったままだと、注釈のプロパティで作成者名を書き替えてもすぐに元に戻ってしまいます。社内向けや社外向けで注釈の作成者名を使い分ける場合などは、このチェックは外しておいたほうがよいでしょう。

5 新たに追加した注釈には、プロパティで設定した作成者名が使われるようになります。

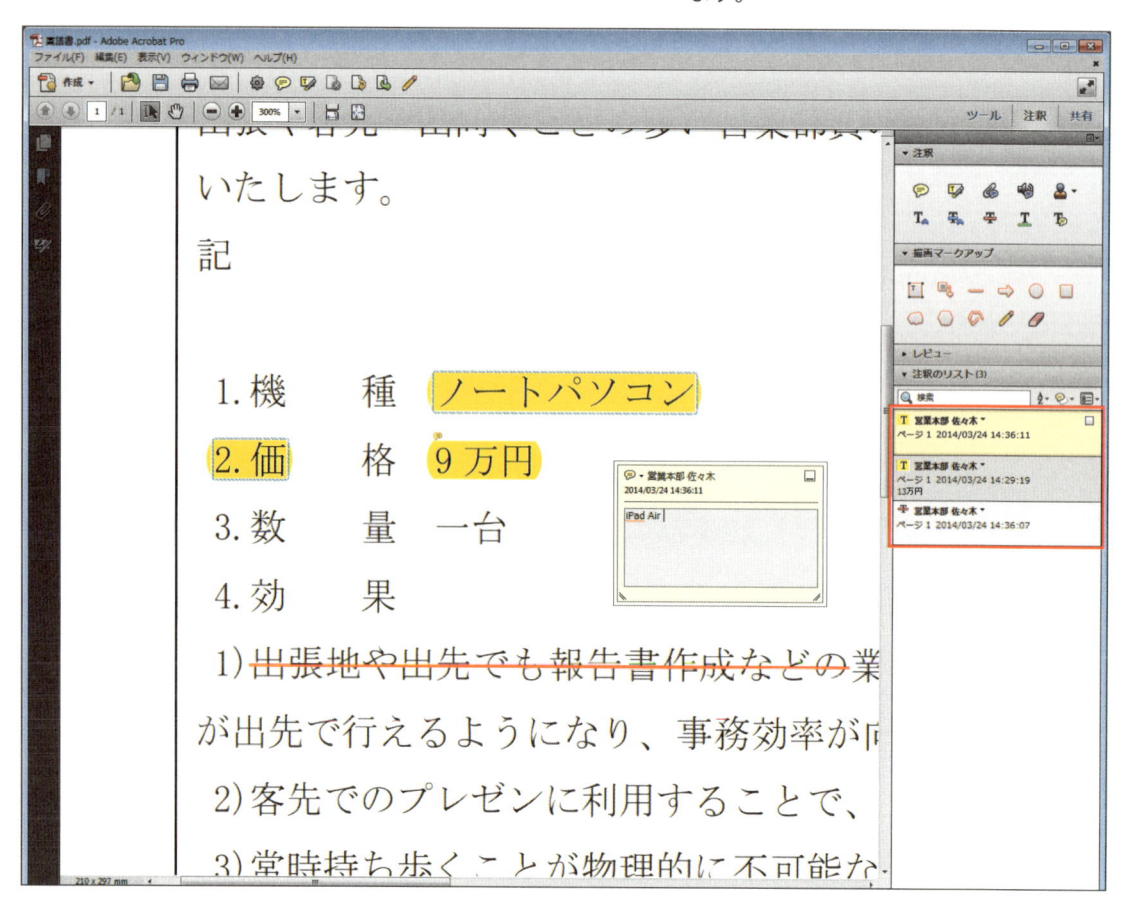

ビジテク 116 PDFにテキストファイルを添付するには

XI Pro / XI Std / X Pro / X Std / Reader

5-02 PDFで校正を行う（応用編）

ここが重要 ファイルを添付

1. 単語単位ではなく文章全体を差し替えたい場合、修正内容を記載したテキストファイルを直接PDFに添付する方法が便利です。

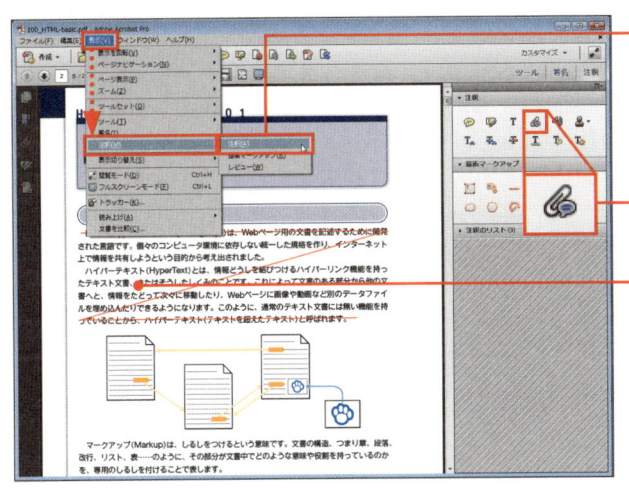

2. PDFファイルを開いた状態で「表示」メニューから「注釈」→「注釈」を選択します。

3. 注釈パネルウィンドウが開くので、「注釈」の中にある「ファイルを添付」ボタンをクリックします。

4. テキストを添付したい部分をクリックします。

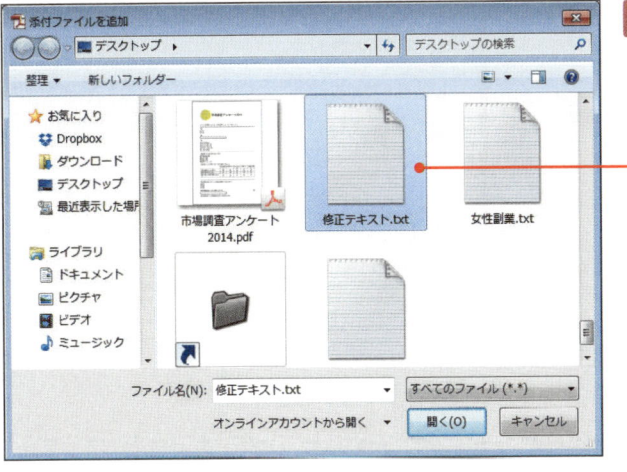

5. 差し替え内容を記載したテキストファイルを選択します。

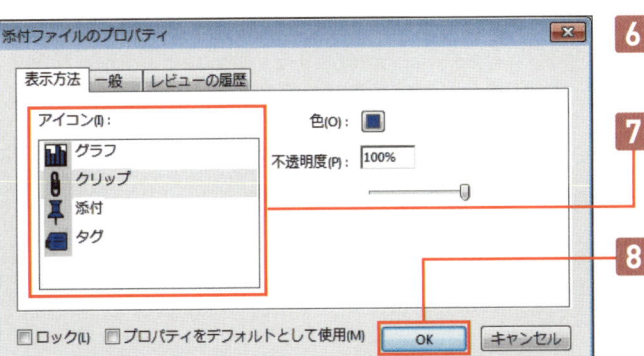

6. 「添付ファイルのプロパティ」ウィンドウが開きます。

7. 「表示方法」では、ファイルが添付されていることを示すアイコンの種類を選択します。

8. 選択したら「OK」をクリックします。

次ページへ続く

115 注釈に表示されるユーザ名を変更するには
117 PDFにテキストファイルを添付するには

253

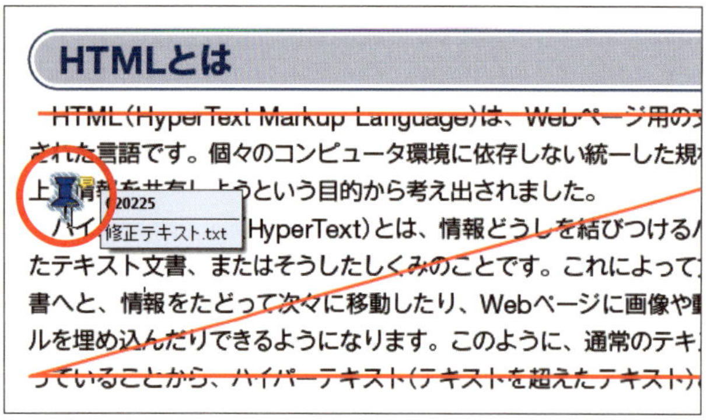

[9] ページ上にファイルが添付されていることを示すアイコンが表示されます。

[10] アイコンをダブルクリックします。

MEMO アイコンを右クリックして、メニューから添付ファイル名（ここでは「修正テキスト.txt」）を選んでもOKです。

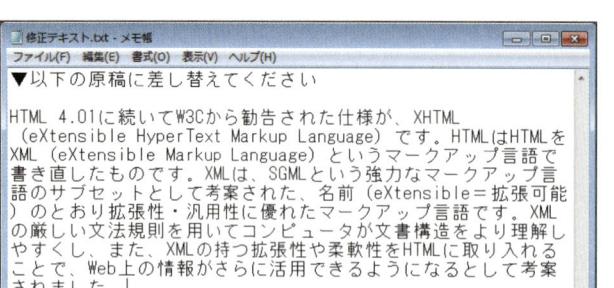

[11] 標準ソフト（テキストファイルであればメモ帳など）が起動し、添付ファイルの内容を確認できます。

ここがポイント Excelファイルや画像ファイルも添付可能

同様の手順で、ExcelファイルやJPEGなどの画像ファイル、さらに動画ファイルもPDF内に添付することができます。PDF内の表や画像を修正したい場合に活用できます。

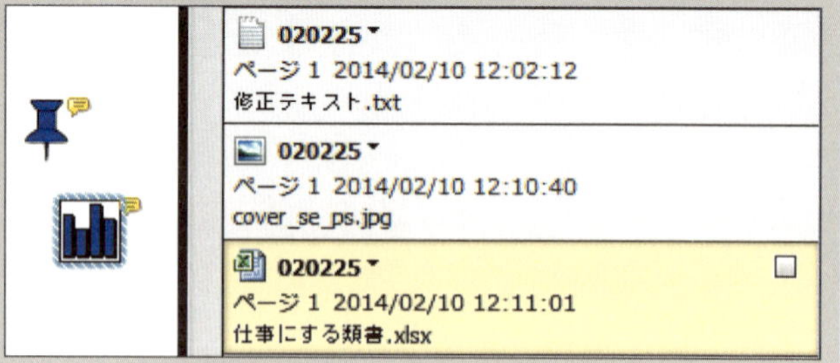

ここがポイント テキストボックスのフォントサイズを小さくするには

テキストファイルを添付するのではなく、差し替える文章をテキストボックスに直接記入することもできますが、文字数が多いとページからはみ出してしまいがちです。こうした場合、テキストボックス内のテキストのフォントサイズを小さくすれば解決します。

テキストボックス内のフォントサイズを小さくするには、まず「表示」メニューから「表示切り替え」→「ツールバー項目」→「プロパティバー」を選択し、プロパティバーを表示します。テキストボックス内のテキストを選択すると、テキストボックスプロパティに切り替わり、フォントの種類やサイズ、色、フォントスタイルなどが選択できるようになります。ここでフォントサイズを小さめに設定します。なおプロパティバーは [Ctrl] + [E] でも呼び出すことができます。

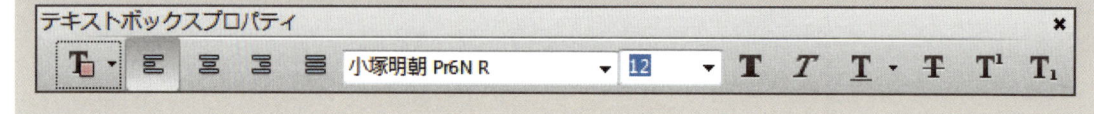

117 PDFに音声ファイルを添付するには

XI Pro / XI Std / X Pro / X Std / Reader

ここが重要 音声ファイルを添付

1 PDFにはテキストや画像ファイルだけでなく、音声ファイルを添付することもできます。微妙なニュアンスやテキスト化しづらい指示を伝えたいときに、修正内容をその場でマイク録音して指示するといった使い方ができます。

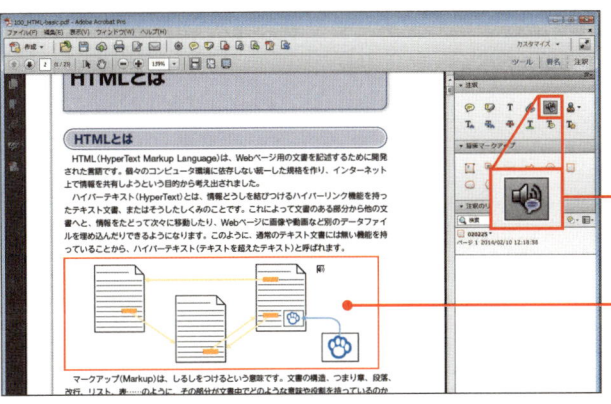

2 PDFファイルを開いた状態で、「表示」メニューから「注釈」→「注釈」を選択します。

3 注釈パネルウィンドウが開くので「音声ファイルを添付」ボタンをクリックします。

4 音声ファイルを添付したい部分をクリックします。

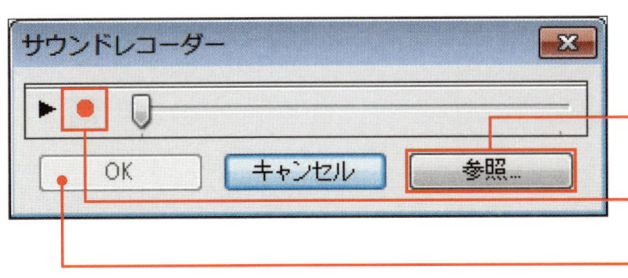

5 「サウンドレコーダー」ウィンドウが開きます。

6 既存の音声ファイルを添付する場合は「参照」ボタンをクリックします。

7 マイク入力で音声を新たに録音する場合は赤い「録音」ボタンをクリックします。

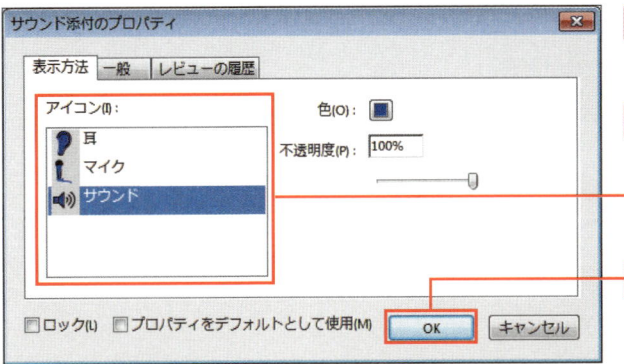

8 「OK」をクリックします。

9 「サウンド添付のプロパティ」ウィンドウが開きます。

10 「表示方法」では、音声ファイルが添付されていることを、どのアイコンで示すかを選択します。

11 選択したら「OK」をクリックします。

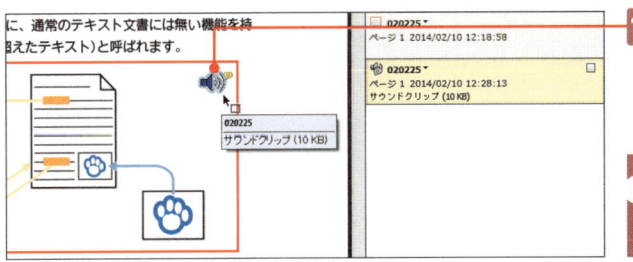

12 ページ上に音声ファイルが添付されていることを示すアイコンが表示されます。アイコンをダブルクリックすると音声が再生されます。

MEMO アイコンを右クリックして、メニューから「ファイルの再生」を選んでも再生できます。

ビジテク 118 PDFに貼り付けた動画の各シーンにコメントを入れるには

XI Pro / XI Std / X Pro / X Std / Reader

ここが重要 ノート注釈を追加

1 ビジテク094 の手順で動画を貼り付けたPDFを開きます。

2 注釈を入れたい位置でビデオの再生を一時停止します。

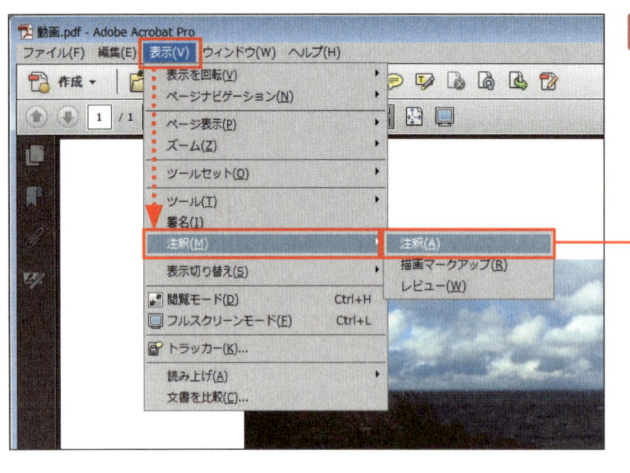

3 表示メニューから「注釈」→「注釈」を開きます。

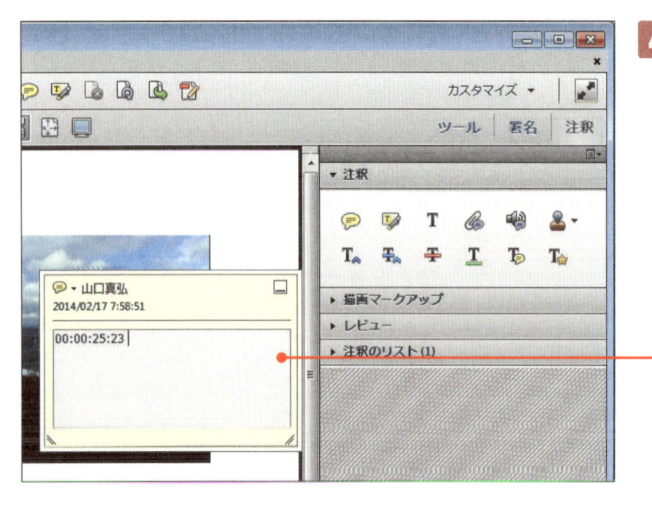

4 ノート注釈ツールを選択した状態で、一時停止したビデオをクリックすると、ビデオの位置情報が記録された状態でポップアップが作成されます。

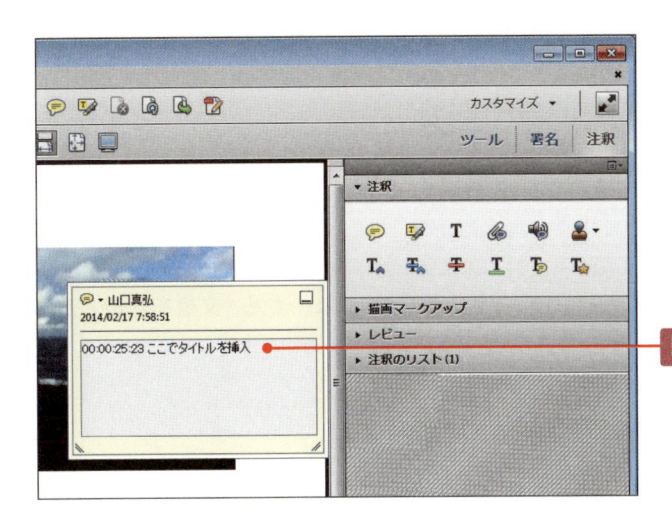

5 必要なコメントを記入します。

6 再生と一時停止を繰り返しながらコメントを追加します。記入したコメントは注釈パネルウィンドウの「注釈のリスト」で参照できます。クリックするとその再生位置にジャンプすることもできます。

MEMO ノート注釈ツール以外にも、描画マークアップツールを使って動画内の特定の位置を指定することもできます。

5-02 PDFで校正を行う（応用編）

118 PDFに貼り付けた動画の各シーンにコメントを入れるには

ビジテク 119 2つのPDFの相違点をチェックするには

XI Pro
X Pro

ここが重要 文書を比較

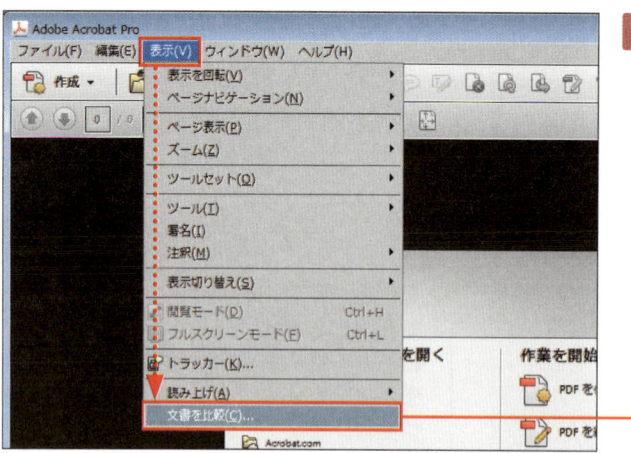

1. 「表示」メニューから「文書を比較」を選択します。

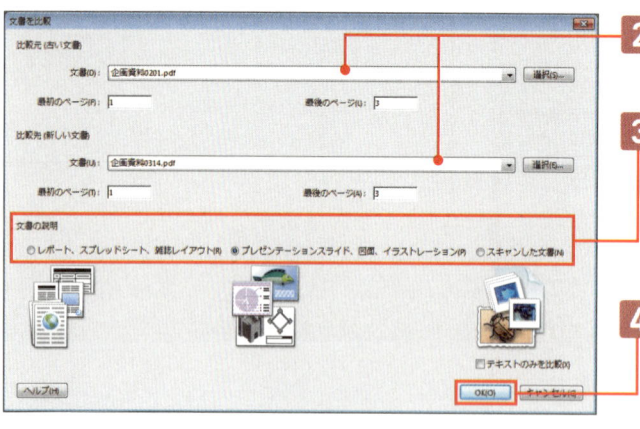

2. 比較元のPDFファイルと、比較対象のPDFファイルをそれぞれ選択します。

3. 「文書の説明」から適切な種類を選択すると、より正確な比較が可能になります。今回のPDFはスライドなので「プレゼンテーションスライド、図面、イラストレーション」にチェックを入れます。

4. 「OK」をクリックすると比較が実行されます。

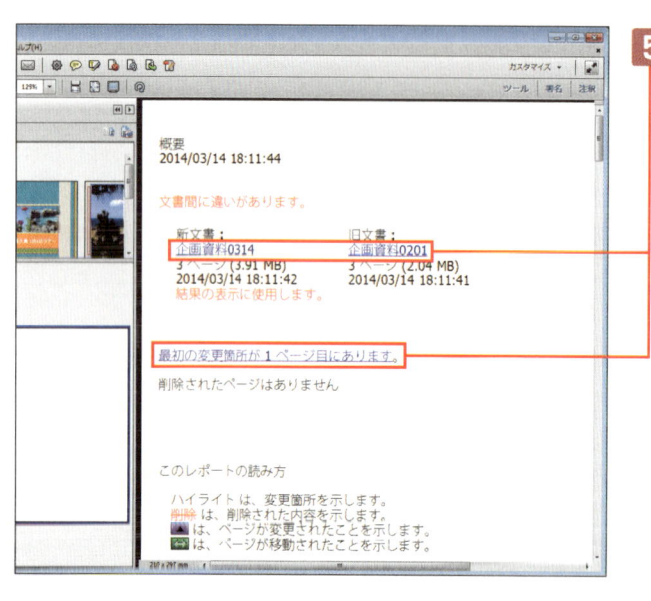

5. 比較結果のサマリーが表示されます。ここではファイル名とファイル容量が異なっていることに加えて、1ページ目の内容に違いがあることが示されています。

258

6 相違点は文書上に注釈として表示されます。挿入、削除、置換、移動と違いの種類によって色分けがされ、新旧の違いがコメントとして記載されます。

MEMO 比較結果はそれ自体がひとつのPDFファイルになっているので、そのまま保存することができます。

5-02 PDFで校正を行う（応用編）

118 2つのPDFの相違点をチェックするには

5-03 PDFを用いた校正ワークフローを構築する

>> ビジテク

「共有レビュー」は、複数の担当者がひとつのファイルに対して同時に校正を行える機能です。作業のスピードアップにつながるほか、注釈をまとめられることから見落としも発生しにくくなります。ここでは共有レビューの利点と、具体的な校正ワークフローの構築方法について解説します。

▶ 複数メンバーで同時に校正作業を行える「共有レビュー」

■ 複数のレビュー担当者による注釈をひとつに結合

　ここまで紹介してきたように、Acrobatにはデジタルならではのさまざまな校正用のツールが用意されていますが、その究極の機能といえるのが、共有レビュー機能です。これは社内外に複数のレビュー担当者がいる場合に、各々に校正を記入してもらい、最終的にひとつのPDFファイルに結合する方法です。

　これらは第3章で紹介した回覧・承認のワークフローや、第4章で紹介したフォームデータの集約とよく似ています。具体的には、電子メールなどを介して複数のレビュー担当者に校正を依頼し、返送されてきたPDF上の注釈を自動または手動でひとつのPDFファイルに結合するというものです。

　複数のレビュー担当者に校正を依頼すると、少なからず反映漏れが発生したり、提出された校正紙そのものを見落としてしまいがちです。この共有レビュー機能では各担当者が記入した注釈がひとつのPDFファイルに結合されるため、こうしたミスも回避できるようになります。誰がどの注釈を記入したのかはリスト上で確認でき、かつワンクリックで表示のオンオフを切り替えられるので、レビュー担当者によって指示が異なっている場合も、誰の指示なのか簡単に見分けられます。

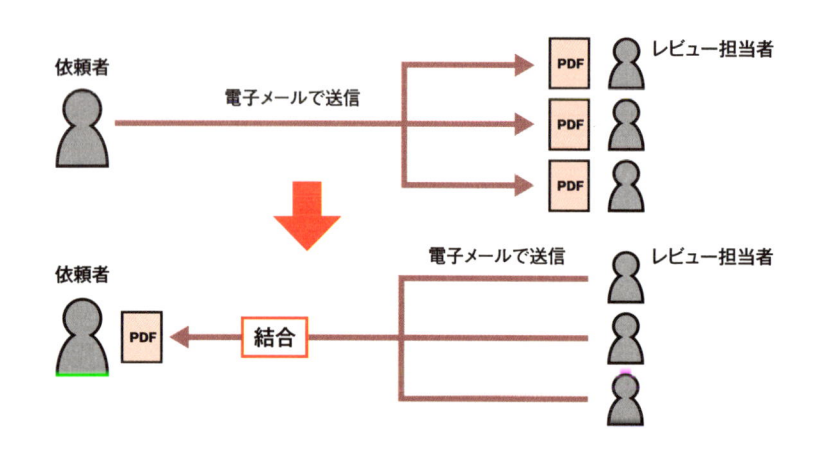

■同時進行でレビューをスピードアップ

　Acrobatを用いた共有レビューは、校正紙を複数のレビュー担当者に順番に回していくのと異なり、各担当者が同時進行でレビューを行えるので、スピードアップという意味でも大きな効果があります。共有レビューを依頼する側はAcrobatが必要ですが、レビュー担当者の側はAdobe Readerさえあれば作業が行えるので、ワークフローを構築するための初期コストも最小限で済みます。社内のさまざまな部署、あるいは各支店にレビュー担当者が分散しているケースでは、とくに役に立つ機能です。

具体的な校正ワークフロー

■メールを使ったフロー

　共有レビュー機能を用いた校正ワークフローは、PDFの送受信の方法と集計方法によって、いくつかのやり方に分けられます。本稿では、PDFをメールに添付して送信し→ビジテク120、それに記入して返信してもらう方法→ビジテク121について紹介します。メールアカウントさえあれば利用でき、また社内外を問わず手軽に利用できるのが特徴です。ただし、返信されてきた注釈を元のPDFに反映するには、メールに添付して返信されてきたPDFを開き、結合の操作を行う必要があります→ビジテク122。自動的に結合できる後述の方法に比べると、PDFファイルをいったん開かなくてはいけないぶん手間がかかります。

■共有フォルダーを使ったフロー

　もうひとつの方法として、PDFを社内のNAS（Network Attached Storage）などの上に用意された共有フォルダー上に置き、レビューを依頼することもできます→ビジテク123。この方法では、記入された注釈をワンクリックで元のPDFに反映させることができ、複数のメンバーがお互いの注釈の内容を確認しながら校正レビューを進められます。また各レビュー担当者からの返信があったかどうかを確認できる「レビュートラッカー」機能も使えるので、レビュー担当者の人数が多い場合も管理が容易です。ただし、共有フォルダーへのアクセス権限が必要になるので、ネットワークの設定が必要になる場合があります。

　このほか、対象のPDFをアドビが提供するオンラインワークスペースにアップロードし、レビュー依頼メールを送信するという方法もあります。社内外を問わず複数の担当者に校正レビューを依頼するのに便利ですが、2015年1月にサービスが終了することが決まっています。

　社外を含む複数のレビュー担当者に依頼する場合は電子メールを使ったワークフローを、すべてのレビュー担当者が同一ネットワーク上にいてお互いの注釈の記入内容を確認しながらレビューをすすめる場合は共有フォルダーを使ったワークフローを、選択するのがよいでしょう。

ビジテク 120 PDFの校正レビューをメールで依頼するには

XI Pro / XI Std / X Pro / X Std / Reader

ここが重要 電子メールレビュー用に送信

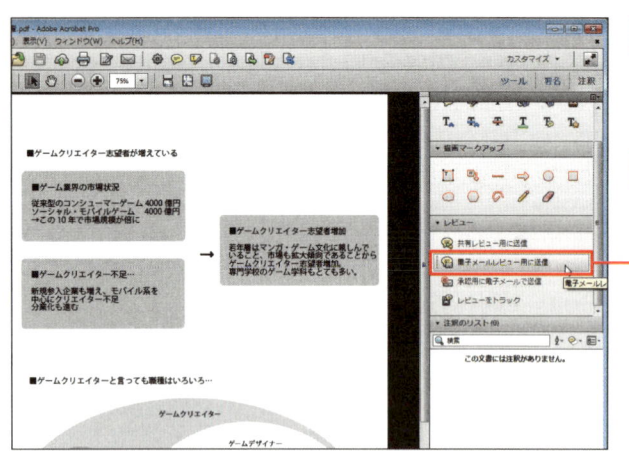

1. 共有レビューを行うPDFを開いた状態で、「表示」メニューから「注釈」→「レビュー」を選択します。

2. 注釈パネルウィンドウが表示されるので、「レビュー」の中から「電子メールレビュー用に送信」をクリックします。

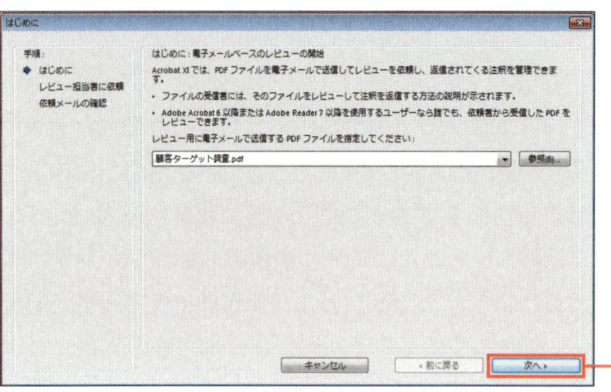

3. 「はじめに」ウィンドウが開きます。「次へ」をクリックします。

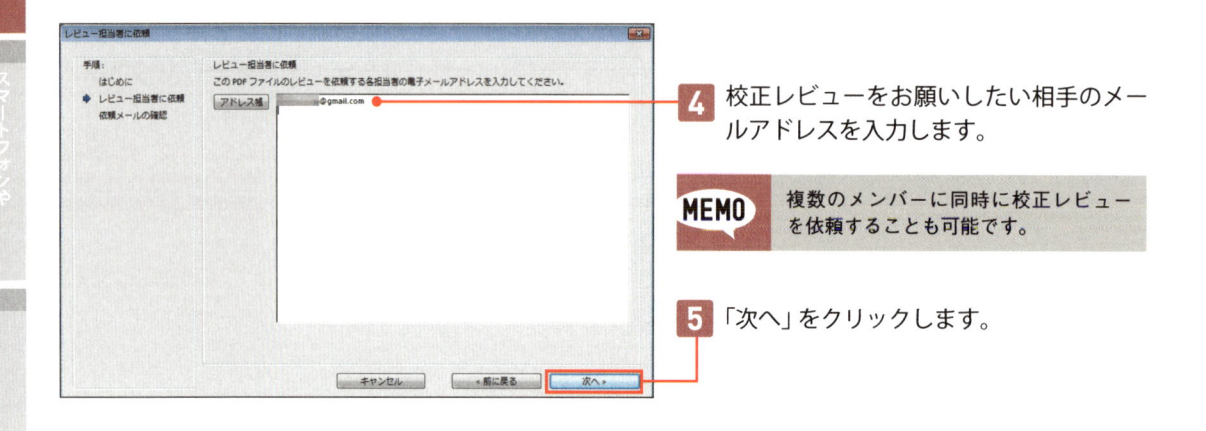

4. 校正レビューをお願いしたい相手のメールアドレスを入力します。

MEMO 複数のメンバーに同時に校正レビューを依頼することも可能です。

5. 「次へ」をクリックします。

262

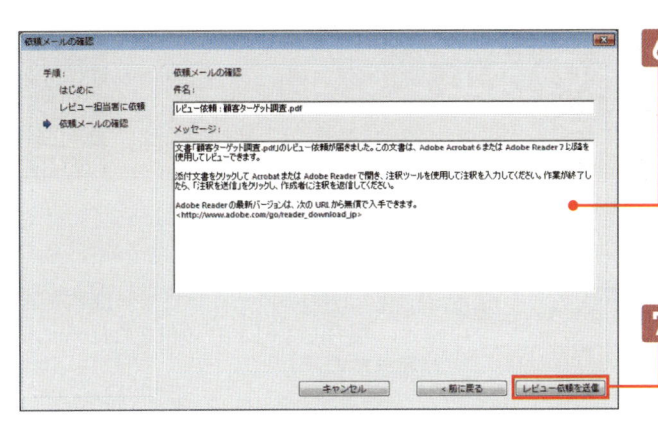

6 校正レビューを依頼するメールの文面が表示されます。追記したいことがあれば、入力します。

7 「レビュー依頼を送信」をクリックします。

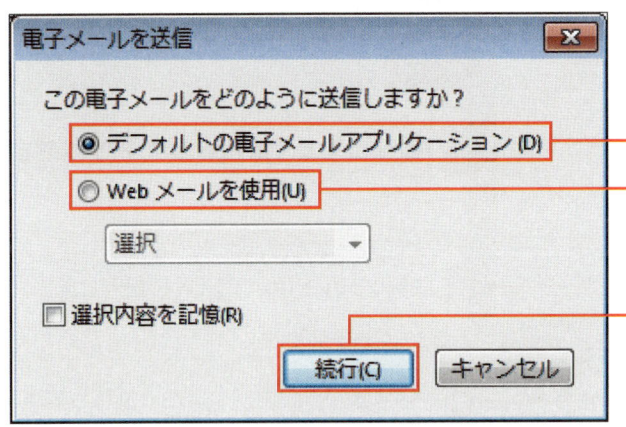

8 「電子メールを送信」ウィンドウが開きます。電子メールソフトを使って送信する場合は「デフォルトの電子メールアプリケーション」を選択します。

9 Gmail などの Web メールサービスを使いたい場合は「Web メールを使用」を選択します。

10 「続行」をクリックします。

12 「送信メッセージ通知」ウィンドウが表示されたら送信完了です。

MEMO 利用するメールアプリケーションや環境によっては手動での送信を実行する必要があります。

MEMO この機能を使うにはメールソフトであらかじめメールアカウントの設定を済ませておくか、利用できる Web メールアカウントを取得しておく必要があります。Gmail であればメールアドレスを設定して、Acrobat のアクセスを許可しておけばいつでも利用できるようになります。

MEMO 依頼を受けた場合の手順は次の →ビジテク 121 を、依頼に返信があった場合にレビューをひとつにまとめる方法は →ビジテク 122 を参照してください。

5-03 PDFを用いた校正ワークフローを構築する

120 PDFの校正レビューをメールで依頼するには

ビジテク 121 依頼されたPDFの校正レビューを行って返信するには

XI Pro / XI Std / X Pro / X Std / Reader

ここが重要 注釈を送信

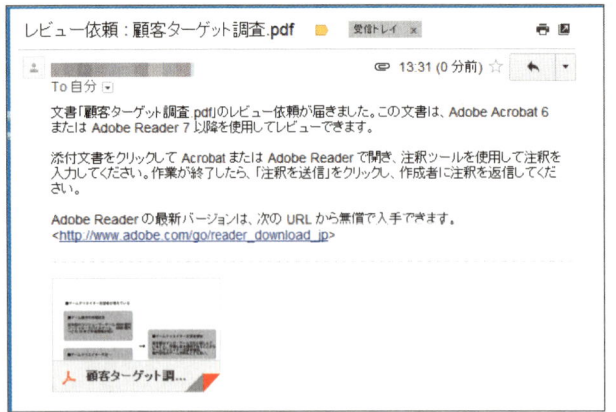

1 ビジテク120 の方法でレビュー依頼を送ると、相手には PDF が添付されたメールが届きます。

MEMO 受け取り側に Acrobat または Reader 環境がない場合は、メール内のリンクから Adobe Reader をインストールできます。

2 Acrobat もしくは Reader で PDF を開きます。

3 注釈ツールを用いて PDF に記入します。

4 校正レビューが終了したら、「注釈を送信」をクリックします。

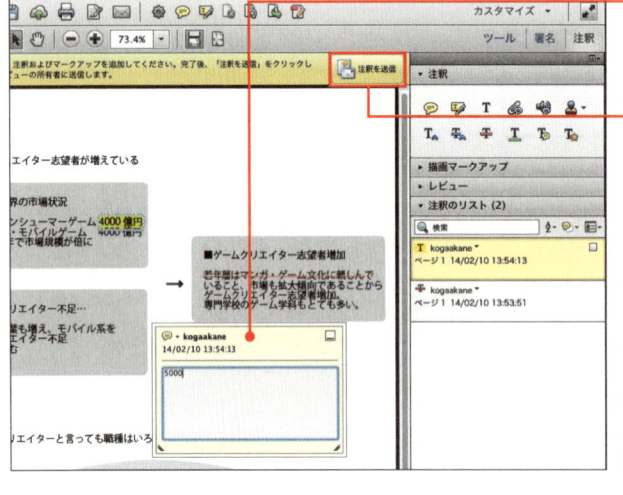

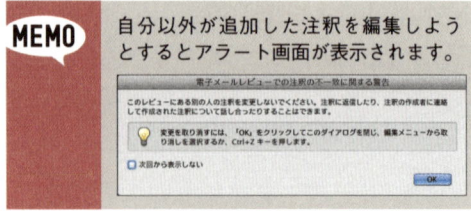

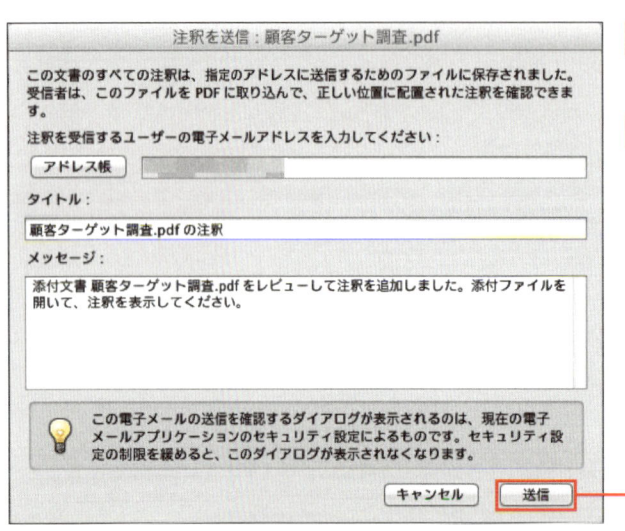

MEMO 自分以外が追加した注釈を編集しようとするとアラート画面が表示されます。

5 依頼元に PDF を返送するためのダイアログが表示されます。

6 「送信」をクリックすると注釈が記入された PDF が依頼元に返信されます。

ビジテク 122 返信されてきたPDF上の注釈を元のPDFに反映させるには

XI Pro / XI Std / X Pro / X Std / Reader

5-03 PDFを用いた校正ワークフローを構築する

ここが重要 注釈を結合

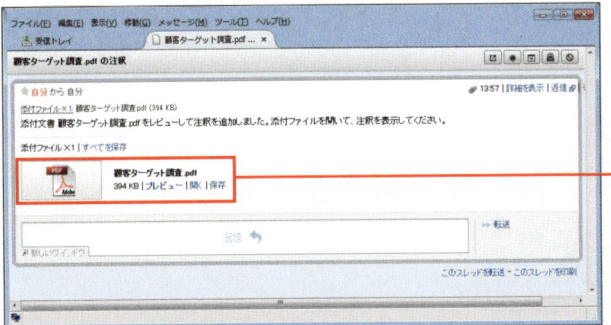

1. →ビジテク121 の手順で相手が記入した校正PDFをメール添付で受け取ります。

2. 添付されたPDFをAcrobatで開きます。

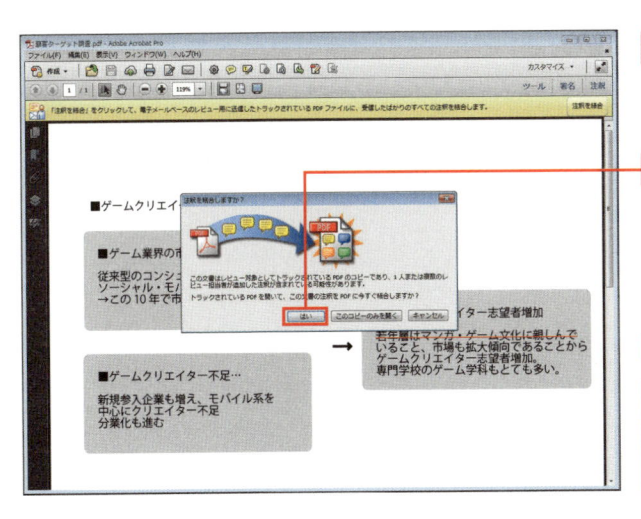

3. 送られてきたPDF上の注釈を元のPDFに結合するかを聞くウィンドウが表示されます。

4. 「はい」をクリックします。

MEMO 「このコピーのみ開く」をクリックすると、相手が記入した注釈のみが別のファイルとして開かれます。画面上部の「注釈を結合」をクリックすれば後から注釈を結合できます。

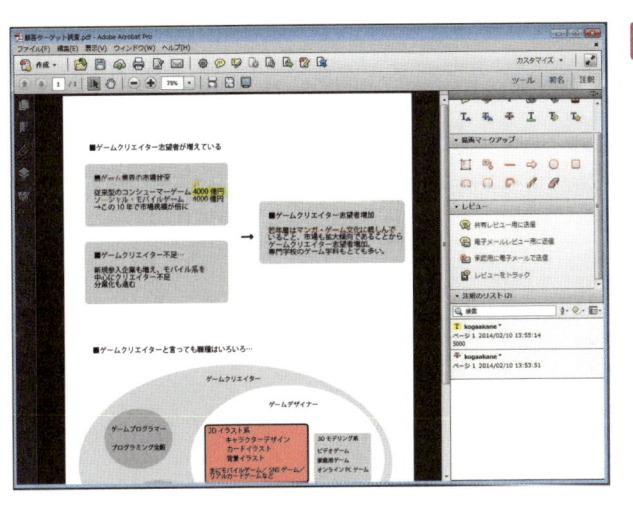

5. 相手が記入した注釈が元のPDFに結合されました。この方法を使えば、ひとつのファイルに対して複数のレビュー担当者に校正を依頼する場合でも、ひとつのPDFにすべての注釈をまとめられるので便利です。

121 依頼されたPDFの校正レビューを行って返信するには

122 返信されてきたPDF上の注釈を元のPDFに反映させるには

ビジテク 123 複数メンバーでの校正レビューを共有サーバー上で自動的に集約するには

XI Pro / XI Std / X Pro / X Std

> ここが重要 　共有レビュー用に送信

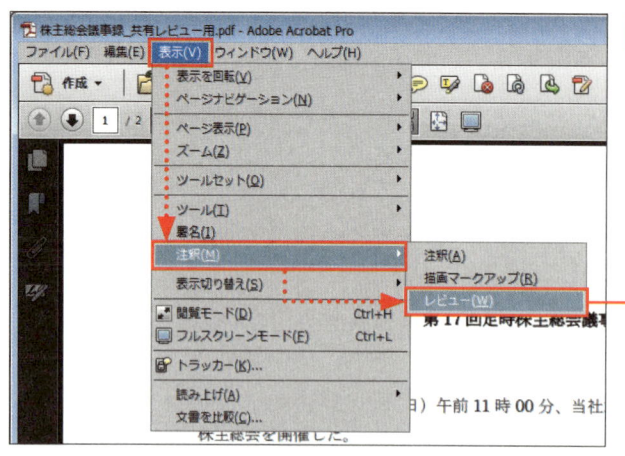

1. PDFを開いた状態で、表示メニューから「注釈」→「レビュー」を開きます。

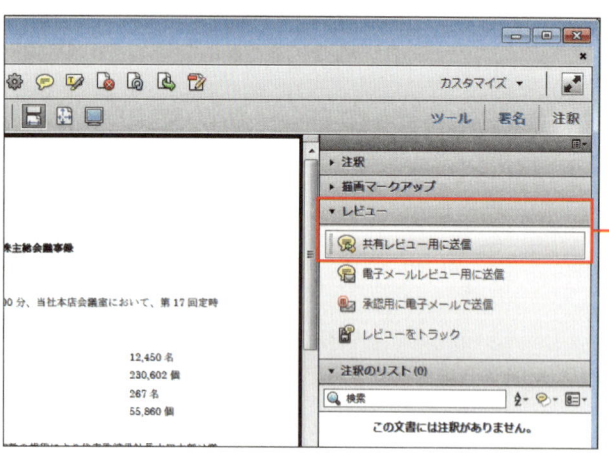

2. 注釈パネルウィンドウの「レビュー」から「共有レビュー用に送信」をクリックします。

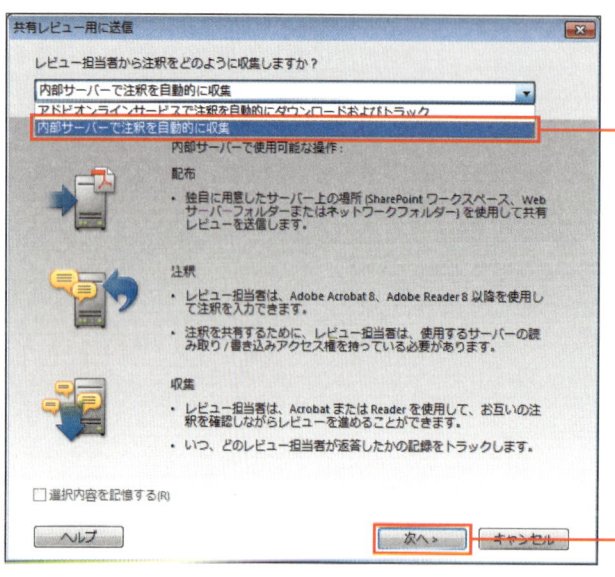

3. 注釈の収集方法として「内部サーバーで注釈を自動的に収集」を選択します。

4. 「次へ」をクリックします。

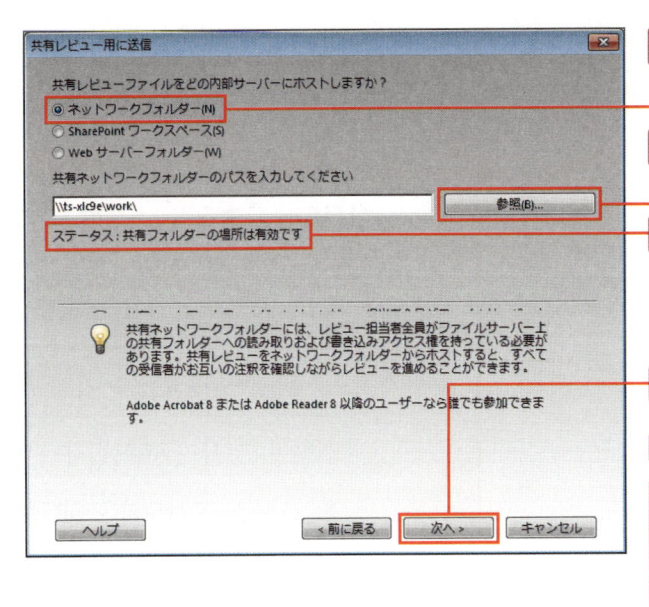

5-03 PDFを用いた校正ワークフローを構築する

5 保存先を尋ねられるので「ネットワークフォルダー」を選択します。

6 「参照」をクリックして保存先となるネットワークフォルダーの場所を指定します。

7 指定したネットワークフォルダーに対してアクセス権限があるかどうか確認が行われます。「ステータス：共有フォルダーの場所は有効です」と表示されれば成功です。

8 「次へ」をクリックします。

> **MEMO** ここで設定した共有フォルダーは、ほかのレビュー担当者もアクセスできる必要があります。新しく共有レビューの環境を構築する場合は、社内のネットワーク管理者と相談のうえ、共有フォルダーを用意することをおすすめします。必要に応じて SharePoint ワークスペースや Web サーバー上の共有フォルダーの利用も検討するとよいでしょう。

9 レビュー担当者への PDF の配布方法を選択します。ここでは「Adobe Acrobat を使用して送信」を選択します。

10 ファイルの送信方法として「メッセージの添付ファイルとして」を選択します。

11 「次へ」をクリックします。

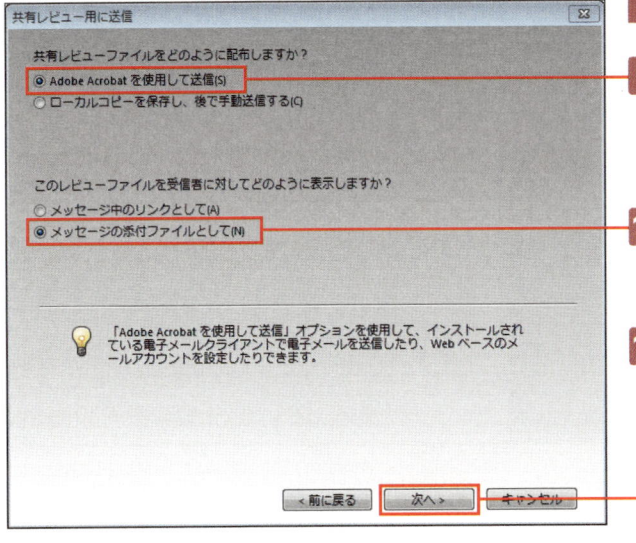

12 ここまで設定した送信方法に名前を付けてプロファイルとして保存します。今回はデフォルトの名前である「マイネットワークフォルダー（添付ファイルとして送信）」のままとし、「次へ」をクリックします。

> **MEMO** ここで設定したプロファイルは次回から手順 3 のプルダウンメニューに表示されるようになります。

123 複数メンバーでの校正レビューを共有サーバー上で自動的に集約するには

次ページへ続く

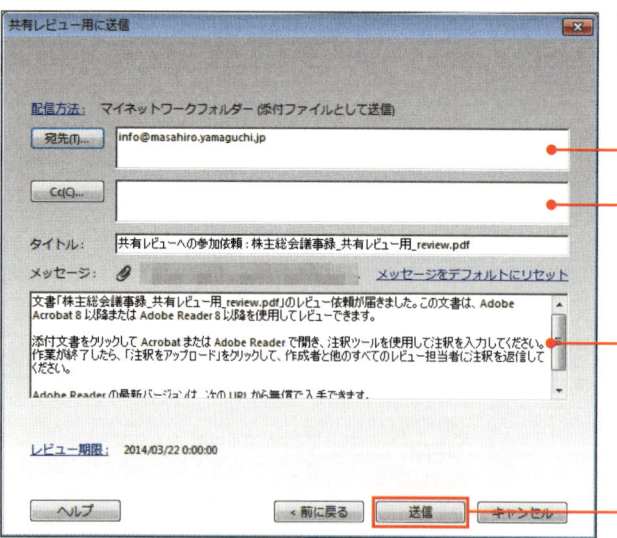

13 レビュー担当者のメールアドレスを宛先およびCCに記入し、送信を実行します。本文は必要に応じて修正することも可能です。

> **MEMO** 宛先のメールアドレスは改行することで複数まとめて入力できます。

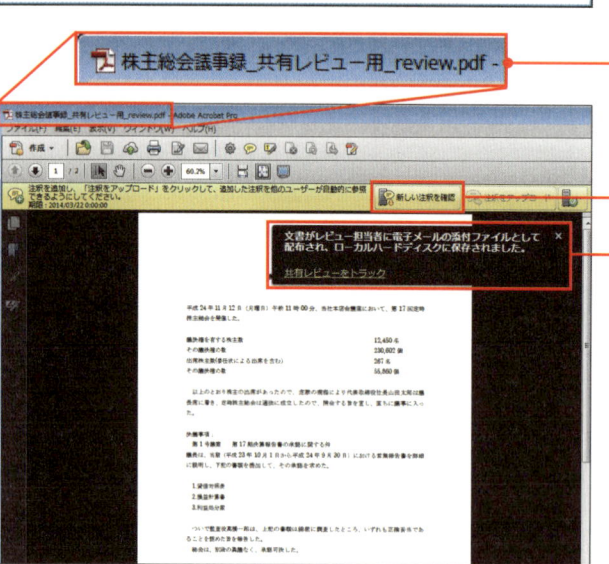

14 送信が実行され、デフォルトの電子メールアカウントから送信されたことを伝えるメッセージが表示されます。同時にファイル名の後ろに「_review」という文字列が付与され、ページの上部に「新しい注釈を確認」というボタンが表示されるようになります。

> **MEMO** 共有レビュー用のPDFは「_review」という文字列が付与されて別のファイルとして保存されるので、オリジナルのPDFファイルに注釈が上書きされることはありません。

● レビュー担当者側の操作

15 レビュー担当者に共有レビュー用PDFファイルを添付したメールが届くので、ダウンロードします。

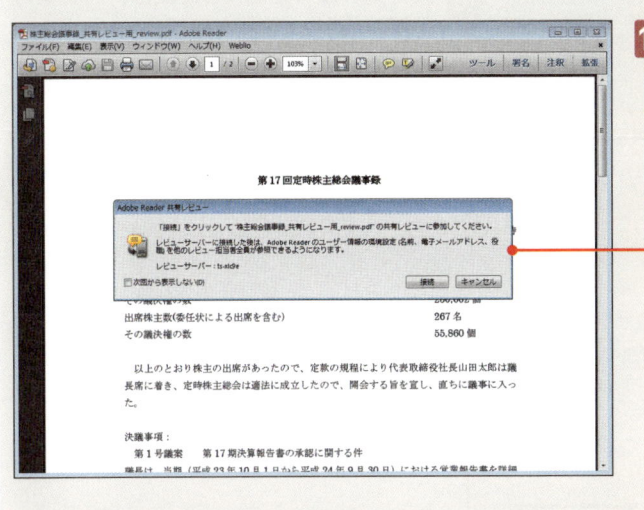

16 レビュー担当者はダウンロードしたPDFファイルをAcrobatもしくはAdobe Readerで開き、レビューを行います。初めて共有レビューを行う際は、この図にある共有レビューへの接続ダイアログや、個人を識別するための名前を記入するためのダイアログが表示されます。

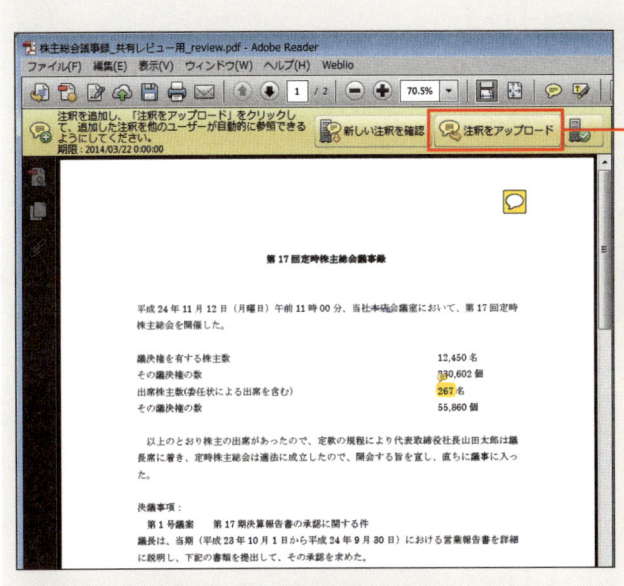

17 レビュー担当者は、注釈の記入が終わったらページの上部に表示されている「注釈をアップロード」というボタンをクリックします。

> **MEMO**　「注釈をアップロード」ボタンは、なんらかの注釈を書き込むまでは有効になりません。

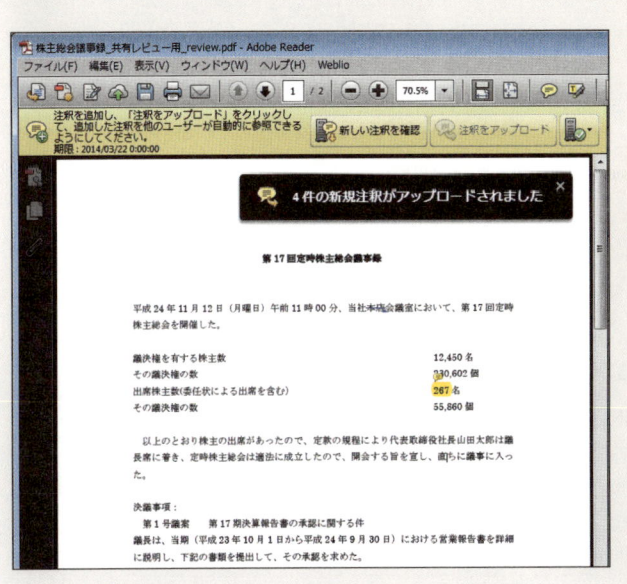

18 注釈のアップロードが完了しました。レビュー担当者の作業はここで完了です。

> **MEMO**　アップロードが行えない場合は、手順 8 の共有フォルダーへのアクセス権限があるかどうか、依頼元に確認しましょう。

5-03 PDFを用いた校正ワークフローを構築する

123 複数メンバーでのレビューを共有サーバー上で自動的に集約するには

次ページへ続く

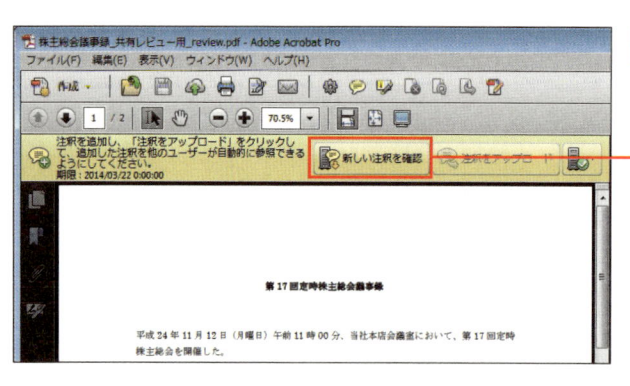

19 共有レビューを依頼した側は、ページの上部の「新しい注釈を確認」というボタンをクリックします。

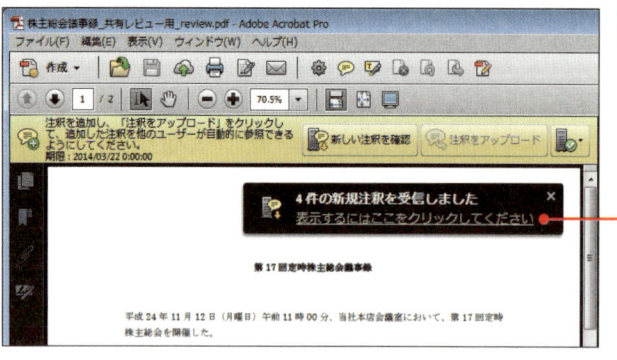

20 ほかのレビュー担当者から新しい注釈を受信したことが表示されました。メッセージに従いクリックします。

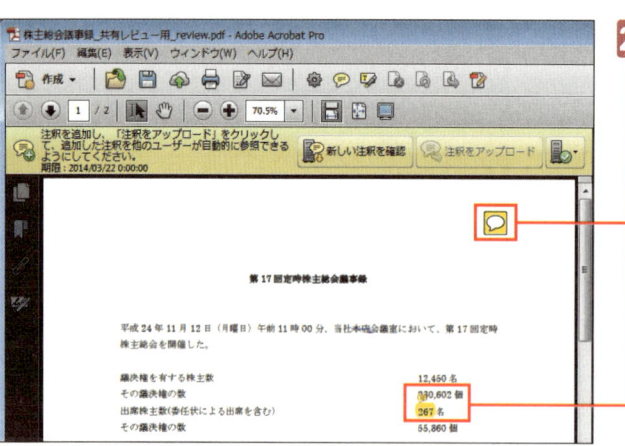

21 送られてきた注釈が共有レビュー用のPDFに反映されました。定期的に新しい注釈を確認することで、ほかのレビュー担当者が記入した注釈が追加されていきます。

MEMO 追加された注釈は、ほかのレビュー担当者も同じ手順で参照することができます。またそれらの注釈に対して返信したり、承認や却下などのステータスを追加した場合も、新規の注釈として追加されます。

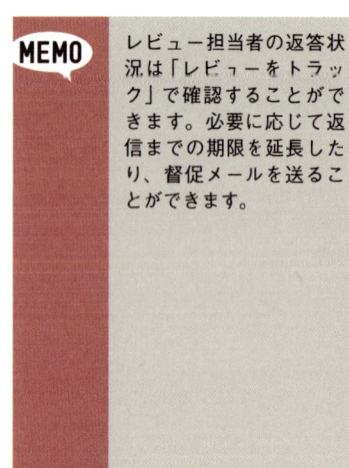

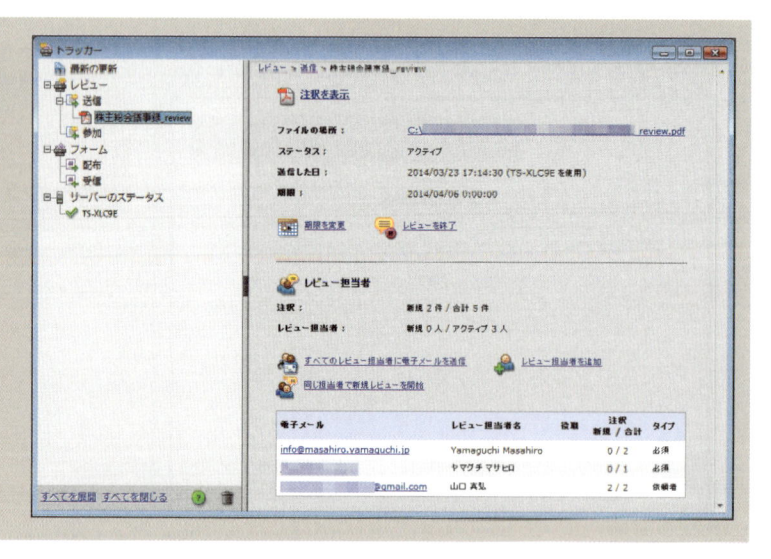

MEMO レビュー担当者の返答状況は「レビューをトラック」で確認することができます。必要に応じて返信までの期限を延長したり、督促メールを送ることができます。

第 6 章

スマートフォン／
タブレットでの活用

この章では、近年存在感を増しつつあるスマートフォンやタブレットでPDFを閲覧および注釈を入れる場合の基本的な使い方から、スマートフォンやタブレットで扱うのに適したPDFの作成方法についても併せて解説します。

6-01 PDFをスマートフォンやタブレットで活用する

>> **ビジテク**

急速に普及したスマートフォンやタブレットを業務で利用する流れが一般的になりつつあります。ここではそれらの端末に合わせたPDFの作成方法のほか、校正を行う際の注釈ツールの使い方も合わせて解説します。

▶ モバイル環境で真価を発揮するPDF

■スマートフォンやタブレットを使えば外出先でPDFを参照できる

　近年、スマートフォンやタブレットといったモバイルデバイスが急速に普及してきています。これらは法人単位で導入されることもありますが、私物を業務で利用するBYOD（Bring your own device）と呼ばれる考え方も広まりつつあることが、ビジネスシーンでの普及を加速させる一因となっています。外出先でPDFを参照するデバイスといえば従来はノートPCが一般的でしたが、今後スマートフォンやタブレットの比率が高まっていくことは間違いありません。

Apple製タブレット
iPad Air と iPad mini

Apple製タブレット iPhone

Android タブレット
Nexus 7(2013)

■PDFならスマートフォンやタブレットとの表示の互換性も高い

　スマートフォンやタブレットは、iPhone/iPadなど「iOS」の製品と、Google製のOS「Android」、さらに近年急速に増えつつある「Windows」タブレット、大きく3種類のプラットフォームに分けられます。特定のソフトウェアで作成した書類は、それらを表示するための専用アプリケーションがなければ各プラットフォームで表示できませんが、PDFに変換して転送すれば、元の文書に忠実なレイアウトで表示できます。またオリジナルの書類に比べて、PDFに変換することでファイルサイズが縮小できるといった効果も期待できます。

■PDFをスマートフォンやタブレットに転送する

　スマートフォンやタブレットにPDFを転送する方法としては、Adobeのオンラインサービス「Acrobat.com」の利用がおすすめです →ビジテク124 。Acrobatから直接保存でき、かつスマートフォンやタブレットのAcrobatからも直接開くことができるので、さまざまな環境でPDFのやりとりにを行うのに最適です →ビジテク125 →ビジテク126 。ほかのオンラインストレージでは、アップロードやダウンロードの手間がどうしてもかかりますが、AcrobatとAcrobat.comの組み合わせであれば、シームレスな操作が実現できます（利用にあたっては、インターネット接続があることが前提となります）。

■スマートフォンやタブレットに合わせてPDFおよび表示環境を最適化する

　スマートフォンやタブレットに共通するのが、従来のノートPCと比べて画面のサイズが小さいことです。それゆえ、PCのAcrobatで作成したPDFをそのまま転送すると、文字サイズが小さく感じられることがよくあります。また、スキャンして生成したPDFなど、ファイルサイズが大きいデータを転送すると、通信回線の速度によっては転送時間もかかるほか、ページの表示が待たされる場合があります。

　もし、スマートフォンやタブレットでの表示だけを目的にPDFを再度出力できるのであれば、「Webとモバイルに最適化」などの機能を用い、既存のPDFを最適化するのがおすすめです →ビジテク129 。このほか、余白をトリミングして余計な面積を減らすだけでも、かなりの効果があります →ビジテク128 。

　また、WindowsのタブレットでAdobe AcrobatやAdobe Readerを使用する場合は、スマートフォンやタブレットに適したタッチインターフェイス専用のモードに切り替えると、ボタン同士の間隔が広がり、操作が容易になります →ビジテク130 。いまのところAcrobat XIおよびAdobe Reader XIでのみ利用できる機能ですが、Windowsタブレットのユーザは、知っておくと便利なテクニックのひとつです。

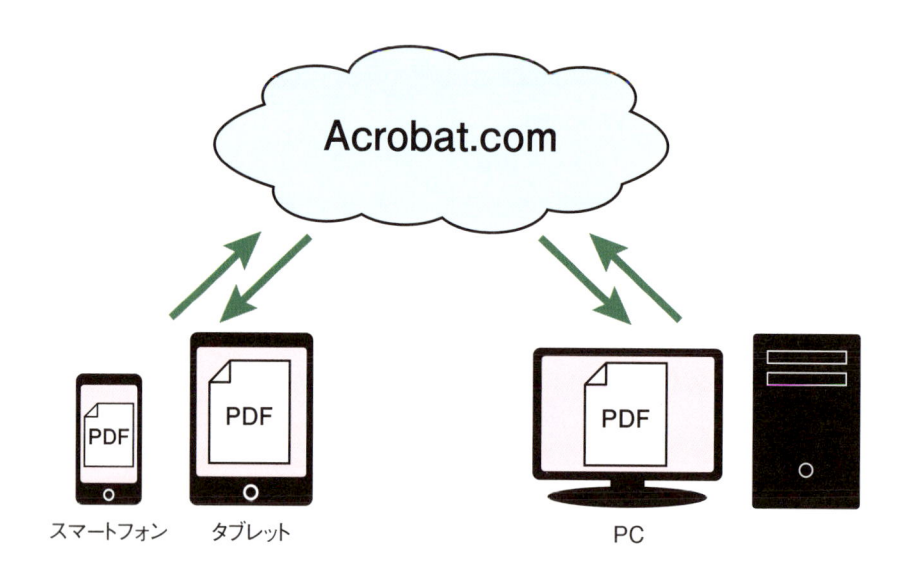

このほか、PDFをスマートフォンやタブレットに転送する方法としては、PCに直接ケーブルで接続して転送する方法や、メモリカードスロットがある機種ではメモリカードを利用してデータを移動させる方法が挙げられます。スマートフォンやタブレットとWi-Fiで接続し、ブラウザ上からのドラッグ＆ドロップでデータをコピーする機能を備えたアプリもあるほか、PDFの数が少なければメールに添付して自分宛に送るのもひとつの方法です。

メモリカードによるデータ移動

■モバイル利用のためのセキュリティ対策

　ただし、業務で使うPDFをスマートフォンやタブレットに転送する場合、セキュリティには十分に配慮する必要があります。スマートフォンやタブレットは軽量で持ち運びが容易な分、紛失や盗難に遭遇するリスクは、ノートPCよりもはるかに上です。それゆえ、業務で私的デバイスの利用が許可されている場合でも、デバイスにはパスワードロックを設定したり、PDF側も文書を開くパスワードを設定したりと、万一の事態に備え、適切なセキュリティ対策を行っておく必要があります。

最近のスマートフォンやタブレットの多くは、盗難に遭った際にリモートで初期化する機能を備えているので、万一の場合は本体ごとリセットし、データを削除することができます。しかしこれにしても、スマートフォンやタブレットがインターネットに接続されていなくては意味がありませんし、なによりこの場合、初期化の対象となるのは本体内のストレージだけで、メモリカードについては初期化の対象に含まれないことがほとんどです。それゆえ、メモリカード内に PDF データを保存していると、漏洩の危険性が格段に高くなります。こうした特徴を知った上で、利用にあたってのガイドラインを策定しておくのが、法人がスマートフォンやタブレットを使って PDF などを扱う場合の望ましいあり方です。

■ 注釈を正しく表示できないサードパーティ製アプリに要注意

スマートフォンやタブレット上で PDF に注釈を記入するには、モバイル版の Adobe Reader を利用すると便利です。タッチ操作で注釈ツールが利用できるので、外出先でメール添付で受信した PDF を Adobe Reader で開き、指先もしくはタッチペンで注釈を書き込んで返送することができます →ビジテク127。

なお、Acrobat ではなくサードパーティ製の PDF アプリを利用する場合、PDF の内容が正確に表示できるかどうか、注意する必要があります。中でもネックとなるのが注釈および描画マークアップツールの表示で、PDF そのものは問題なく表示できるにもかかわらず、注釈および描画マークアップツールのうち特定のツールだけが非表示になることも少なくありません。とくに日本語での動作検証が不十分な海外製のアプリで、こうした現象が発生するケースが多いようです。サードパーティ製の PDF アプリを用いて校正のやりとりを行う場合、過去に注釈を記入した PDF を PC 上で表示した状態と見比べるなどして、正しく表示されるか事前にチェックすることをおすすめします。

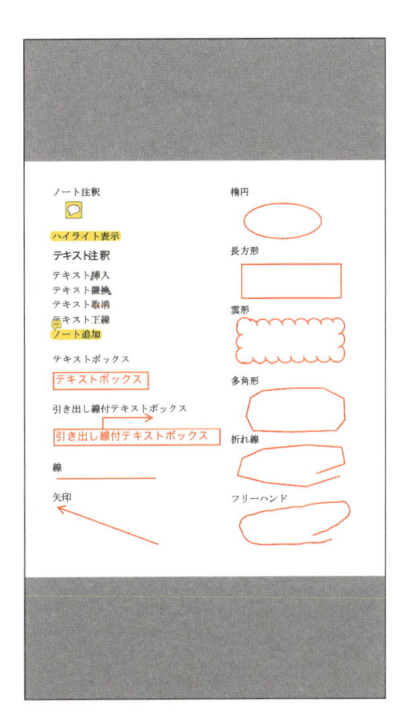

Adobe Reader で表示した注釈。Acrobat で記入したすべての注釈および描画マークアップが正しく表示されている

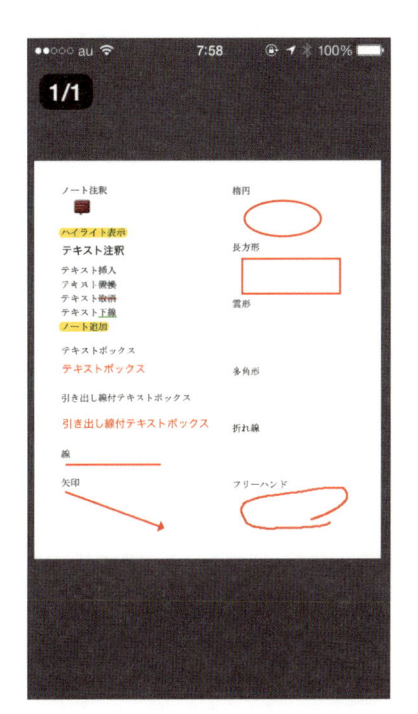

あるサードパーティ製 PDF アプリで表示した注釈。Acrobat で記入した注釈および描画マークアップの一部が欠落していたり、見た目が変わってしまっている

ビジテク 124 スマートフォンやタブレットでPDFを閲覧するには

> ここが重要　モバイル用 Adobe Reader

1. PDFをスマートフォンやタブレットで閲覧するためのアプリは多数ありますが、ここではAdobe純正の「Adobe Reader」を利用します。

2. iPhoneやiPadなどのアップル製品では、App Storeを起動し、「Adobe Reader」で検索を行います。

3. 「Adobe Reader」が見つかったらタップしてインストールし、起動します。

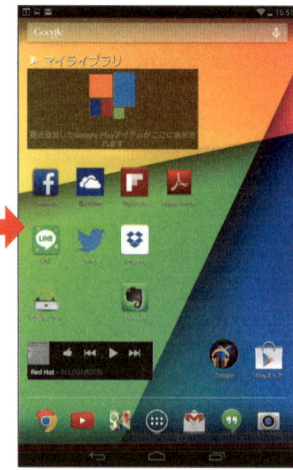

4. Android搭載のスマートフォンやタブレットの場合は、「Google Play ストア」を起動し、「Adobe Reader」で検索を行います。

5. 「Adobe Reader」が見つかったらタップしてインストールし、起動します。

> **→ここがポイント　Adobeの提供するクラウドサービスが利用できる**
>
> スマートフォンやタブレットでPDFを閲覧・編集するためのアプリは数多く存在しますが、Acrobatとの連携という点では、ここで紹介している「Adobe Reader」がおすすめです。Adobeが提供するクラウドサービス「Acrobat.com」と連携させることで、PCで作成したPDFを、簡単な作業で共有できるからです。「Acrobat.com」の詳しい使い方については→ビジテク125以降で解説しています。

ビジテク 125 PDFをスマートフォンやタブレットにすばやく転送するには

XI Pro / XI Std / X Pro / X Std / Reader

ここが重要 Acrobat.com

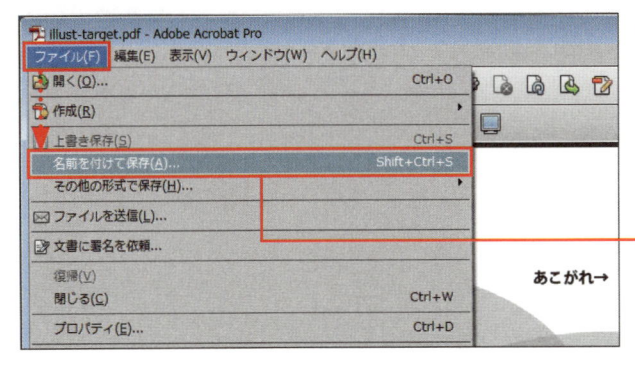

1. PDFをスマートフォンやタブレットに転送するにはさまざまな方法がありますが、ここではクラウドサービス「Acrobat.com」を使った方法を解説します。

2. 転送したいPDFを開き、「名前を付けて保存」を選択します。

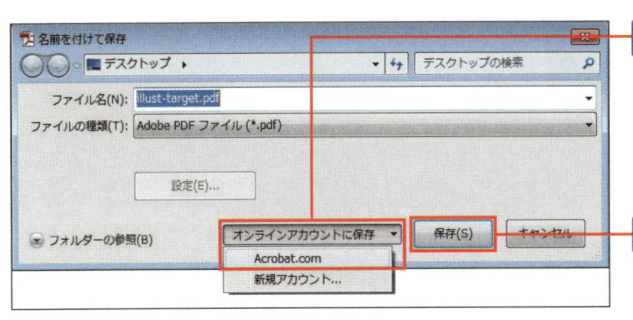

3. 「名前を付けて保存」ウィンドウが開くので、「オンラインアカウントに保存」から「Acrobat.com」を選択します。

4. 「保存」をクリックします。

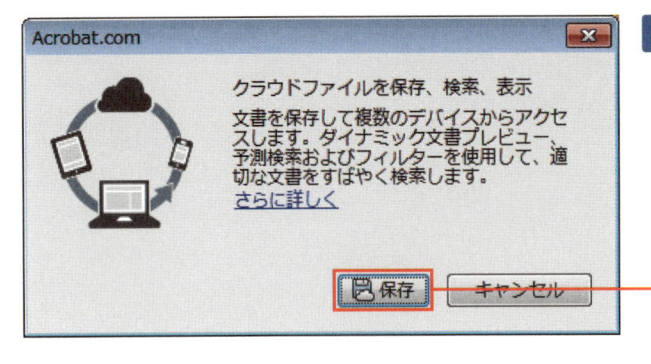

5. 初回には左のような画面が表示されます。「保存」をクリックします。

次ページへ続く

277

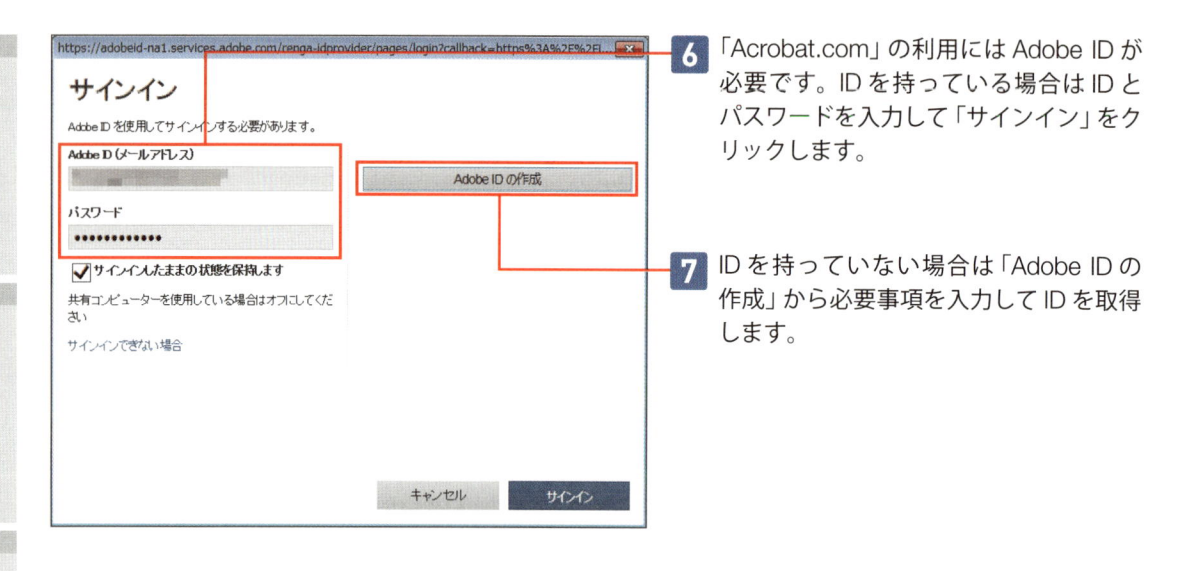

6 「Acrobat.com」の利用には Adobe ID が必要です。ID を持っている場合は ID とパスワードを入力して「サインイン」をクリックします。

7 ID を持っていない場合は「Adobe ID の作成」から必要事項を入力して ID を取得します。

8 正しくログインできるとアップロードが開始されます。

9 「正常に保存されました」と表示されればアップロードは完了です。

> **MEMO** すでにサインインしている状態であれば、手順 3 の「Acrobat.com」を選択した段階でアップロードが完了します。

ビジテク 126 Acrobat.com に保存した PDF をスマートフォンやタブレットで開くには

ここが重要 Acrobat.com

1 →ビジテク124 の手順で、スマートフォンまたはタブレットに「Adobe Reader」アプリをインストールして起動します。

2 メニューボタンをタップします。

3 「Acrobat.com」をタップします。

MEMO ここでは iPhone 5S を使った手順を解説しています。

4 Acrobat.com のホーム画面が表示されるので「使ってみる」をタップします。

5 PC 側でログインに使用した Adobe ID とパスワードを入力してサインインします。

6 ログインが完了すると、PC 側でアップロードした PDF の一覧が表示されます。

7 開きたいファイルをタップすると PDF を閲覧できます。

MEMO クラウドサービスである Acrobat.com の利用にはインターネット接続が必須です。電波の届かない場所では利用できません。

ビジテク 127 スマートフォンやタブレット上でPDFに注釈を記入するには

ここが重要 ▶ Acrobat.com

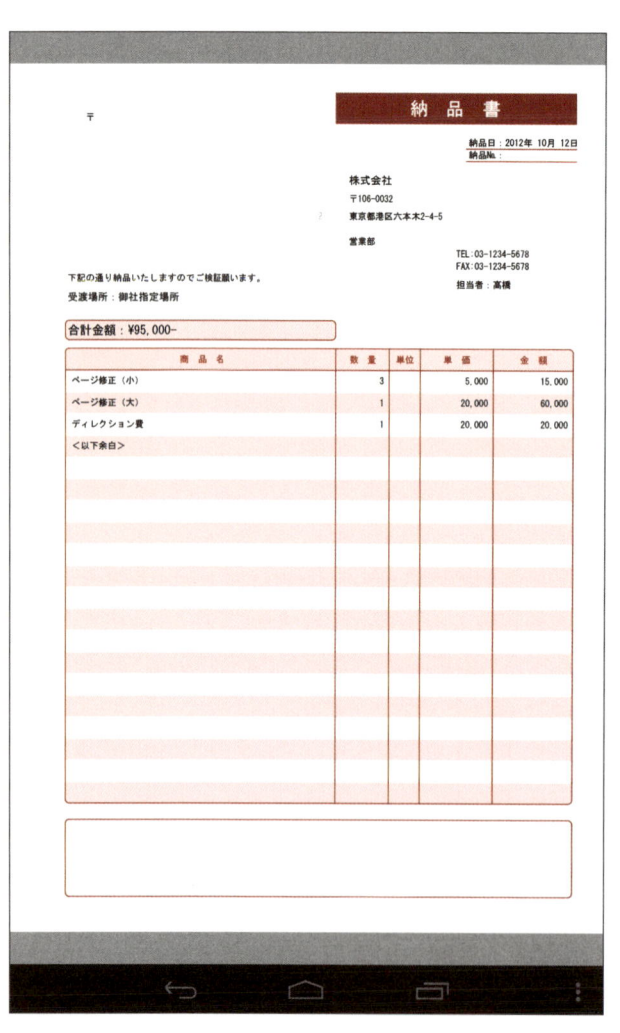

1 スマートフォンもしくはタブレットにインストールした「Adobe Reader」で、PDFを開きます。

> **MEMO** ここではAndroidタブレットのNexus 7(2013)を使った手順を解説しています。

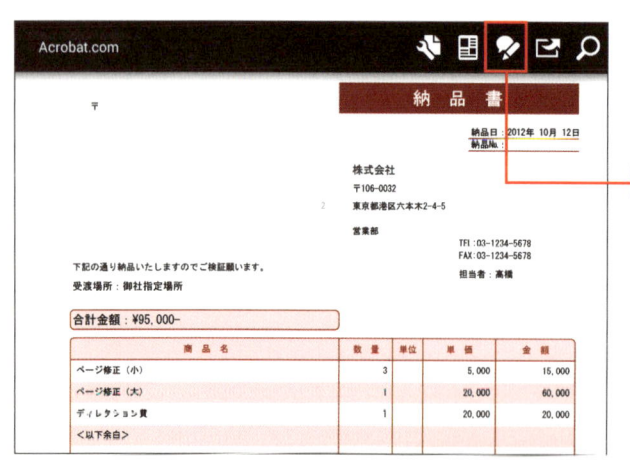

2 画面をタップして上部のツールバーを表示させ、吹き出しとペンが重なった形のアイコン（3番目）をタップします。

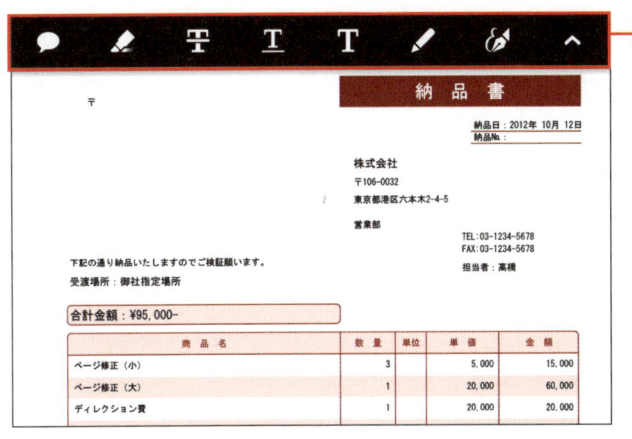

3 上部に注釈ツールバーが表示されるので、必要な機能をタップしてPDFに注釈を書き込みます。左から順に、ノート注釈、ハイライト、取り消し線、下線、テキスト、フリーハンド、署名の各ツールが用意されています。

4 メモを記入する際は、記入者の名前も設定できます。

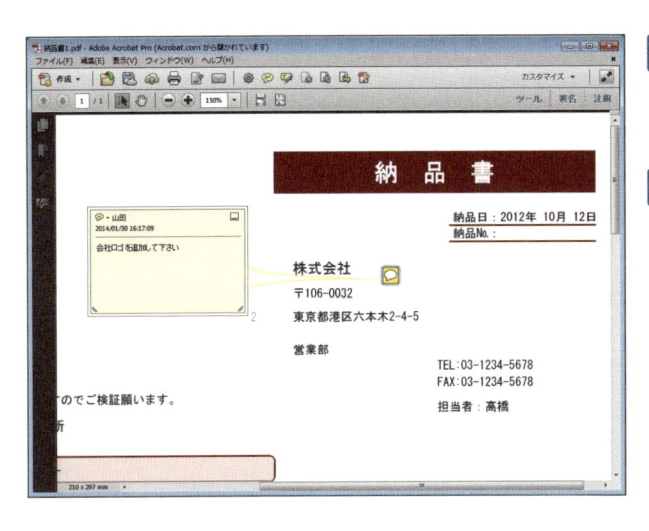

5 終わったら保存します。Acrobat.comに保存すればPCなどのほかの端末とのやりとりも簡単です。

6 Acrobat.comに保存したPDFをPCで開くと、タブレット側で記入した注釈がきちんと追加されていることが分かります。

ビジテク 128 PDFの余白を削除してスマートフォンやタブレットで見やすくするには

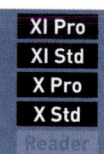

XI Pro / XI Std / X Pro / X Std / Reader

ここが重要 トリミング

1. PowerPointの「印刷」機能から作成したPDFは上下左右に余白ができてしまい、スマートフォンやタブレットで表示すると余白の分だけ縮小されて見づらくなってしまいます。

2. 余白を削除するには、「表示」メニューから「ツール」→「ページ」でツールパネルウィンドウを開きます。

3. 「ツール」パネルの「ページ」の中にある「トリミング」を選択します。

4. ページ上をダブルクリックします。

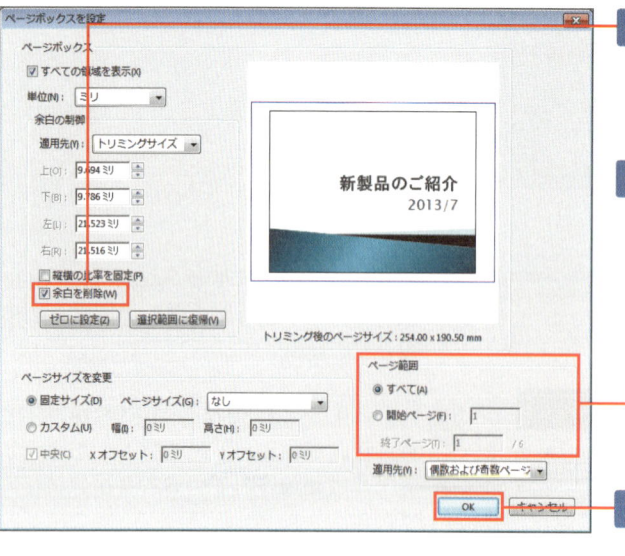

5. 「ページボックスを設定」画面が表示されるので「余白を削除」にチェックを入れます。これで余白が自動的に選択されます。

6. 「ページ範囲」で余白を削除したいページ範囲を設定します。「すべて」を選択すると全ページに適用されます。

7. 「OK」をクリックします。

8. 余白がトリミングされました。これでスマートフォンなどの小さな画面でも見やすくなります。

MEMO 手順5でうまく余白が選択されない場合は、手順4で切り抜きたい範囲をドラッグして手動選択します。

129 スマートフォンやタブレットで表示の互換性が高いPDFを作成するには

ここが重要 Webとモバイルに最適化

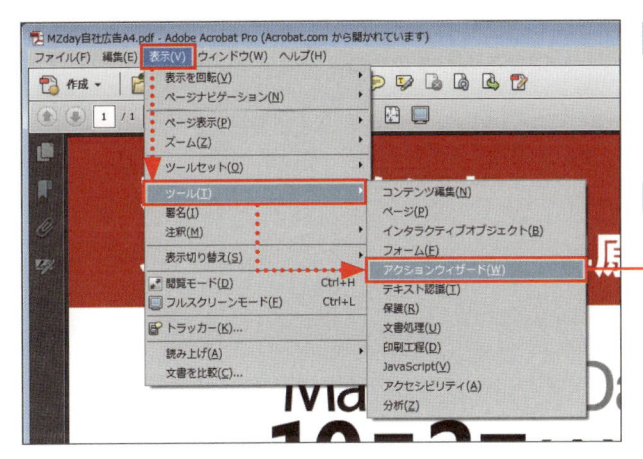

1. フォントや色味などの見た目をモバイル端末で開いた際にも維持したい場合は、「Webとモバイルに最適化」を使用します。

2. 「表示」メニューから「ツール」→「アクションウィザード」で「ツール」パネルを開きます。

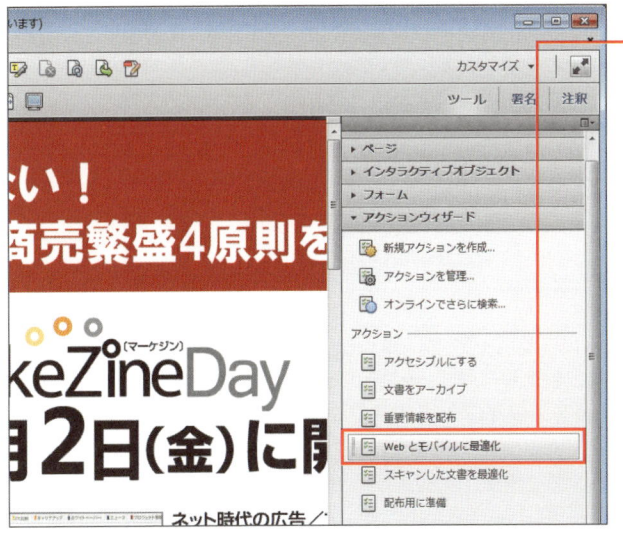

3. アクションウィザードの中にある「Webとモバイルに最適化」をクリックします。

MEMO 「アクションウィザード」では、目的に沿ったAcrobatの一連の操作を、ワンクリックで適用するための「アクション」を管理できます。今回利用する「Webとモバイルに最適化」以外にも、セキュリティ保護を一括で行うアクションなども用意されています。また、よく使う一連の操作をオリジナルのアクションとしてまとめることも可能です。詳しくは⇒ビジテク133を参照してください。

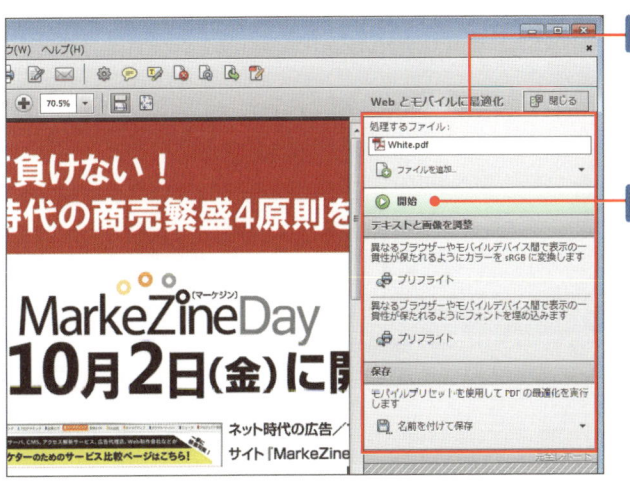

4. アクションの内容が表示されます。異なる閲覧環境でも見え方が変わらないようにカラーモードがsRGBに変換されるほか、フォントも埋め込まれます。

5. 「開始」をクリックすると一連の操作が実行されます。任意の場所に保存すれば完了です。

ビジテク 130 タッチ対応PCでAcrobatやReaderを使いやすくするには

XI Pro / XI Std / X Pro / X Std / Reader

ここが重要 タッチモード

1 Windows 8の登場などにより、タッチ操作に対応したPCが増加しています。Acrobat XIおよびReader XIではWindows PCで指先やタッチペンによるタッチ操作をしやすくするためのモードが搭載されています。

2 「表示」メニューから「表示切り替え」→「ツールバー項目」→「タッチモード」を選択します。

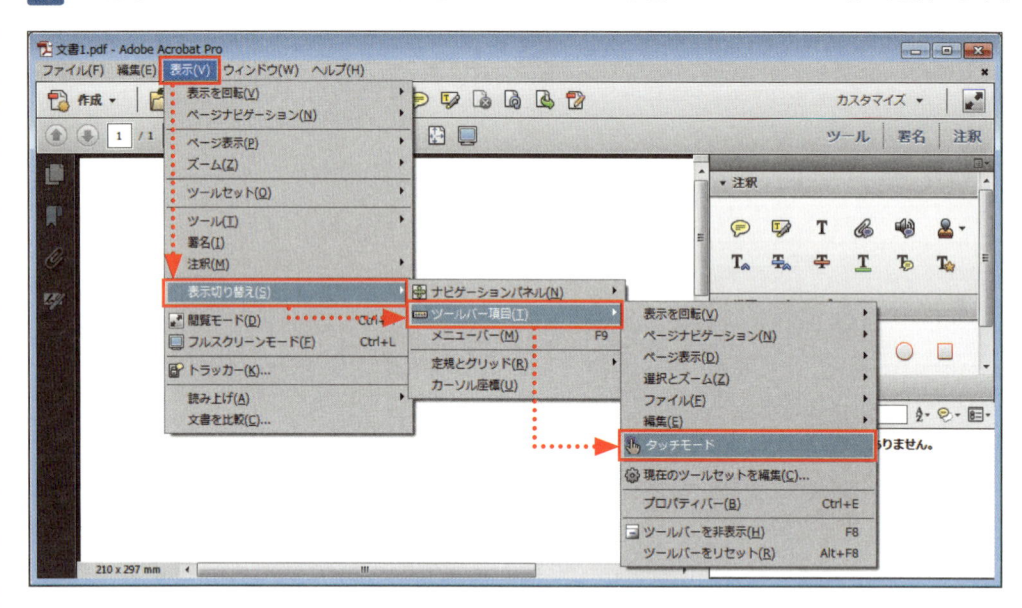

3 上が通常の表示モード、下がタッチモードのツールバーです。タッチモードでは指先でタップしやすいよう、各ボタンが間隔をあけた状態で配置されています。メニューバー上のフォントもわずかに大きくなるほか、スクロールバーを使わずに画面をスワイプしてのスクロールも可能になります。

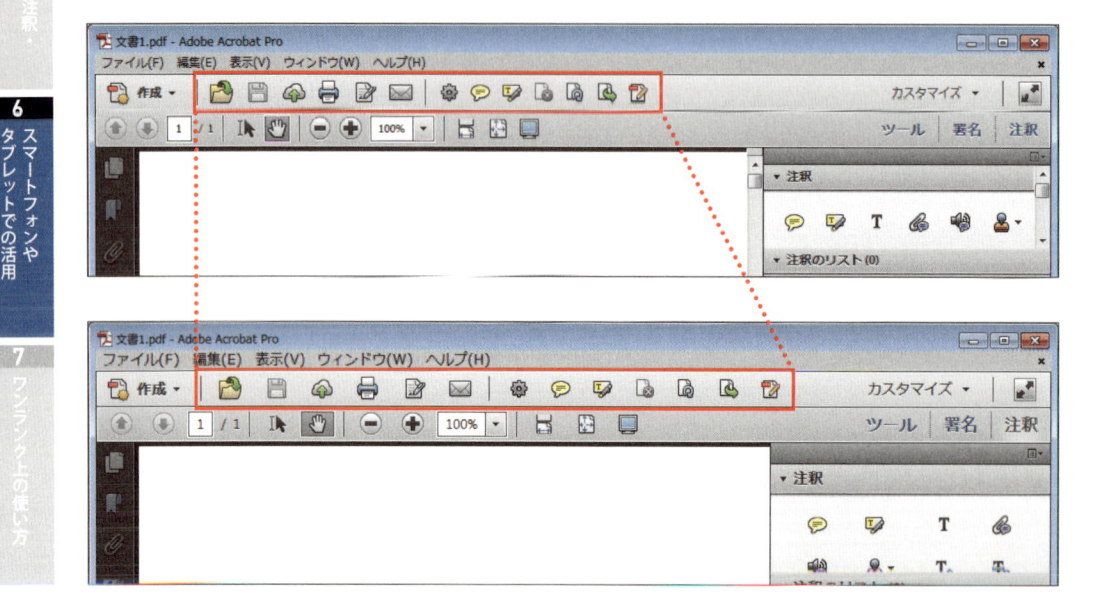

第 7 章

ワンランク上の使い方

この章では、ここまで紹介しきれなかったAcrobatとPDFのさまざまな便利技について、画面カスタマイズや印刷関連など、いくつかのカテゴリに分けて解説します。

7-01 PDFとAcrobatを さらに使いこなす

>> ビジテク

Acrobatはここまで紹介してきた以外にもさまざまな便利技を備えています。また、操作性を向上させるためのカスタマイズは、Acrobatを効率的に使用する上で欠かせません。本章ではこれらに加え、PDFそのもののTipsについても併せて紹介します。

> カスタマイズで操作性を向上させる

■ツールパネルのカスタマイズ

ここまでAcrobatのさまざまな使い方をいくつかのカテゴリに分けて紹介してきましたが、ほかにも便利なテクニックが数多くあります。またAcrobatに限らず、PDFという大きなカテゴリの中で、知っておくと役に立つ技も少なくありません。ここではPDFとAcrobatをさらに使いこなすテクニックとして、これらをまとめて紹介します。

まずひとつは、Acrobatの操作性を向上するためのカスタマイズです。Acrobatは、編集機能ばかりを使う人もいれば、校正に関するツールばかりを利用する人もいたりと、人によって使い方が大きく異なります。こうした場合、目的に応じてツールバーをカスタマイズしたり ➡ビジテク 131 、ツールパネルウィンドウに独自のツールセットを用意しておくことで ➡ビジテク 132 、操作性を向上させることができます。

これらはいわば辞書変換の単語登録などと同様で、早めに行っておけば、それだけ長期にわたって恩恵を受けることができます。いったん設定した内容はあとからでも変更できるので、気軽にカスタマイズしてみるとよいでしょう。

■アクションウィザードで一括操作

操作の効率化という意味で究極の機能が、アクションウィザード ➡ビジテク 133 です。例えば「PDFをホームページに掲載する際に最適化後に非表示情報を削除し、かつパスワードロックをかける」場合、毎回共通の操作を行うはずが、うっかり手順のひとつを忘れてしまうというミスが起こりがちです。アクションウィザードでは定型の操作を登録し、繰り返し行うことができるので、定型処理を効率化できると同時に、操作の漏れを防ぐことにもつながります。

さらに便利なPDF／Acrobatの技

■印刷に関連したテクニック

印刷まわりで便利なテクニックも紹介しましょう。まずはトンボの作成。PDFを印刷データとして印刷所に入稿する場合にトンボは欠かせませんが、Acrobatを用いると簡単に作成できます。→ビジテク134 でその手順を紹介します。

そのトンボが付いたデータを自前でプリントアウトする際、トンボの部分は省いて印刷したい場合があります。また、PDFの中で特定の箇所だけを印刷したい場合もあるはずです。こうした時はトリミング機能を活用することで、指定したエリアだけの印刷が行えます。不要箇所を印刷しないための便利な方法であるだけでなく、インクの無駄遣いを防ぐ意味でも効果があります。→ビジテク135 で手順を紹介します。

印刷時に限らず、複数の環境でPDFを閲覧するにあたっては、必要なフォントがPDFに埋め込まれておらず、見た目が変わってしまうという問題がたびたび発生します。フォントを埋め込む方法は→ビジテク048 で紹介した通りですが、埋め込まれている状態とそうでない状態とで、プロパティの記述がどのように異なるのか、正しく理解できていない人も多いのではないでしょうか。→ビジテク136 ではそれを確認するための手順を紹介します。

■その他のさまざまな便利技

続いて、Acrobatに限らず、さまざまな便利技を見ていきましょう。PDFを扱う一部業務でニーズとして大きいと考えられるのが、PDFに含まれている文字数のカウントです。Acrobat自体にその機能は搭載されていませんが、Acrobatに用意されているWordへの書き出し機能を利用すれば、Word側の文字カウント機能で文字数をカウントできます。これについては→ビジテク137 で紹介します。

アイデア次第でさまざまな用途に使えるのが、音声によるPDFの読み上げです。PDFの音声読み上げ機能を活用して本文を読み上げさせれば、車や徒歩での移動中など画面が見られないシーンでPDFの内容を把握したり、校正を行う際に耳で聞いて違和感がないか確認するといった使い方が可能になります。ここでは、デフォルトで日本語音声の読み上げ機能を搭載したことで、追加ソフトなしでの読み上げが可能になったWindows 8環境での読み上げ方法→ビジテク138 を紹介します。

最後に、表示まわりのテクニックも紹介しておきましょう。PDF上で文字列を範囲選択しようとした場合、どれだけマウスで正確にドラッグしたつもりでも、最後の一文字だけがうまく選択できないことがあります。こうした場合、[Shift]キーを押しながら[→]キーを押すことにより、選択範囲を拡張できます。マニュアルなどで紹介されることはほぼ皆無ですが、実用性の高い技のひとつで、Adobe Readerでも同様の操作が行えます。これについては→ビジテク134 で紹介します。

ビジテク 131 ツールバーにアイコンを追加・削除する

XI Pro / XI Std / X Pro / X Std / Reader

ここが重要 クイックツールバー

1 上部のツールバーに並ぶアイコンは自由にカスタマイズできます。試しに「見開きページ表示」のアイコンを追加してみましょう。

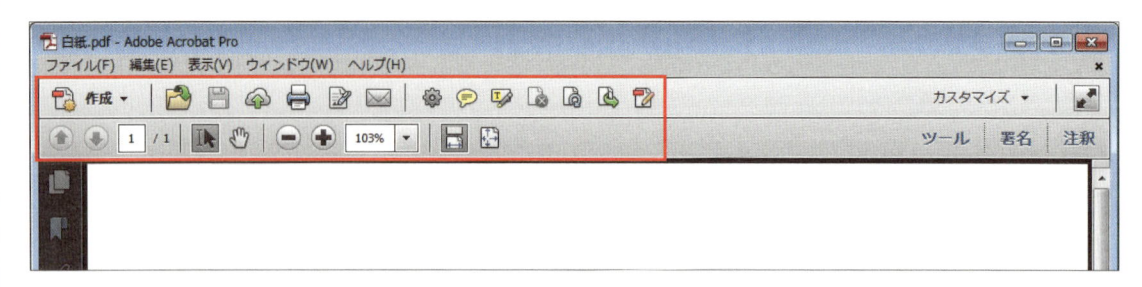

2 「表示」メニューから「表示切り替え」→「ツールバー項目」→「ページ表示」を選び、「見開きページ表示」をクリックします。

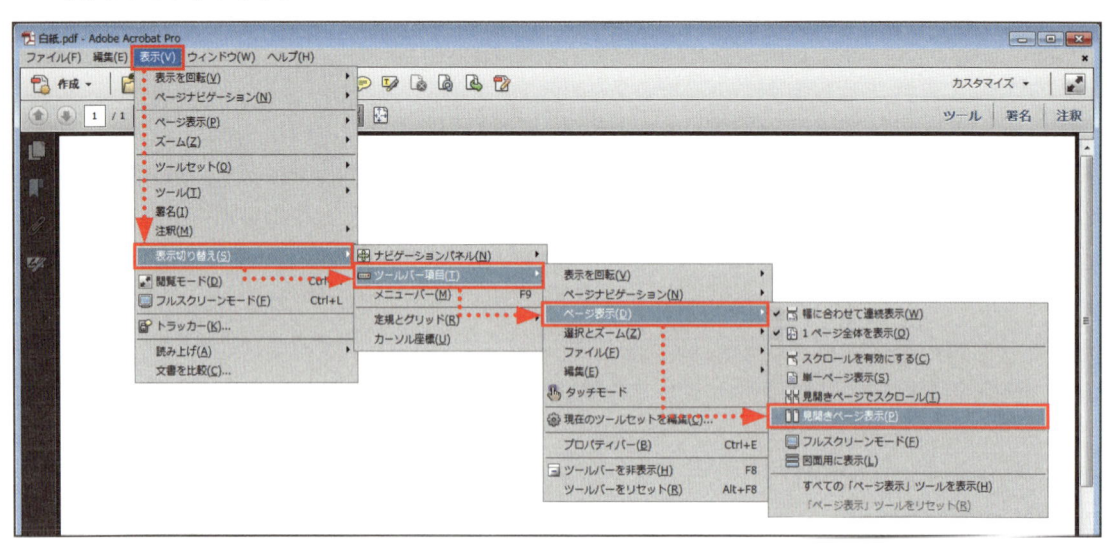

3 新たに「見開きページ表示」のアイコンが追加されました。

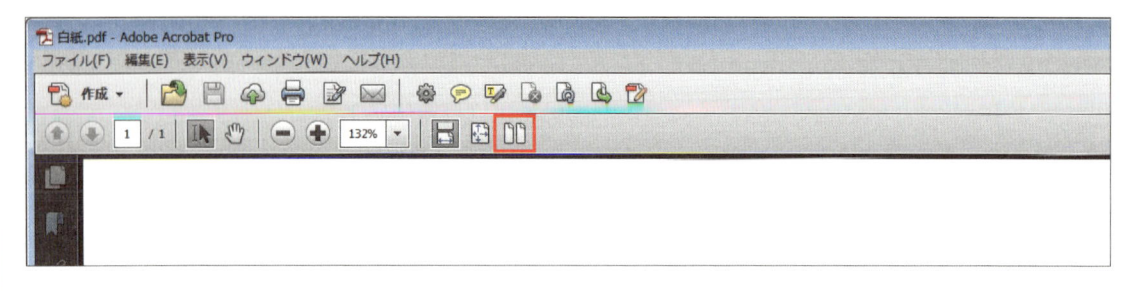

MEMO 同様の手順で、使わないアイコンを削除することもできます。アイコンを直接右クリックして「クイックツールバーから削除」を選んでも削除が可能です。

ビジテク 132 よく使うツールをツールセットとしてまとめるには

XI Pro / XI Std

ここが重要 新規ツールセットを作成

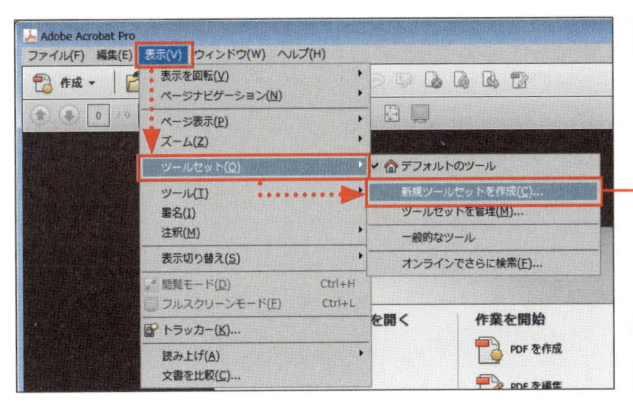

1 「表示」メニューから「ツールセット」→「新規ツールセットを作成」を開きます。

MEMO ツールセットは Acrobat XI からの新機能です。

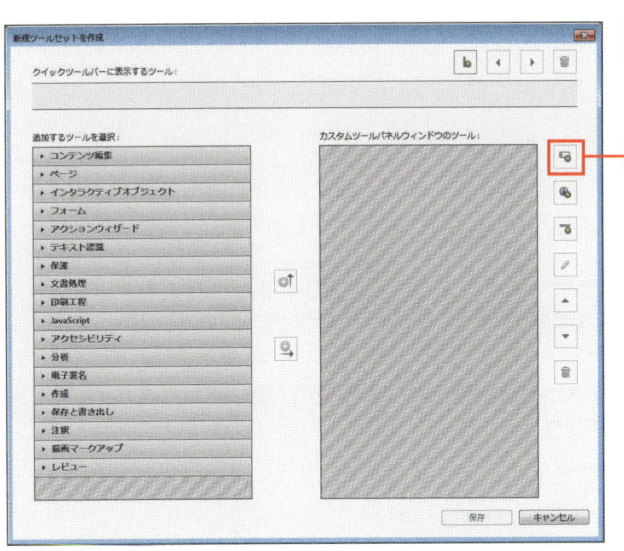

2 「新規ツールセットを作成」ウィンドウが表示されます。

3 まずは画面右にある「パネルを追加」ボタンをクリックします。

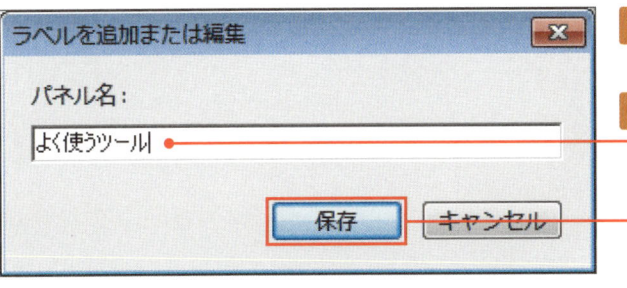

4 「ラベルを追加または編集」ウィンドウが表示されます。

5 自分がまとめたいツール群の名称を入力します。ここでは「よく使うツール」と入力して「保存」ボタンをクリックします。

次ページへ続く

6 「よく使うツール」という
パネルが作成されました。

7 追加したいツールをダブル
クリックするか、中央にある
矢印ボタンを押し、右側のウ
ィンドウにコピーします。

8 必要に応じ▲▼ボタン
をクリックして並び順
を変更します。

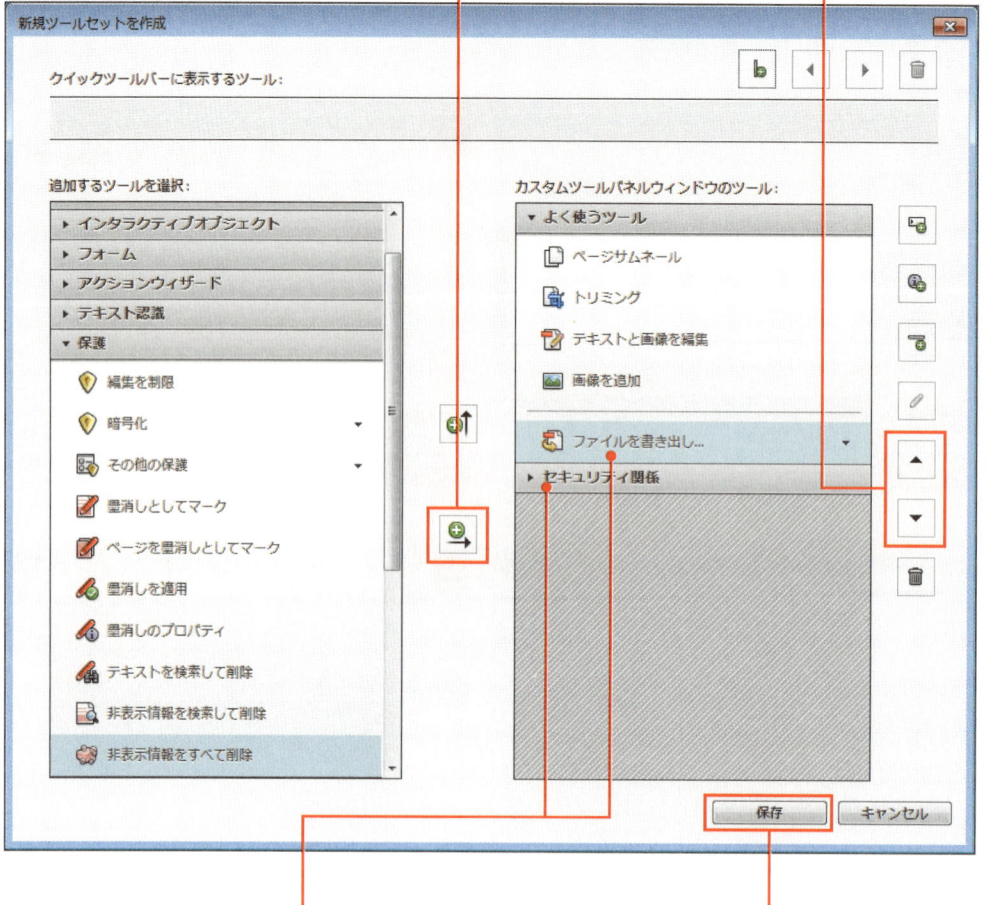

9 区切り線を加えたり、パネルを
複数作ることもできます。

10 作業が終わったら「保存」を
クリックします。

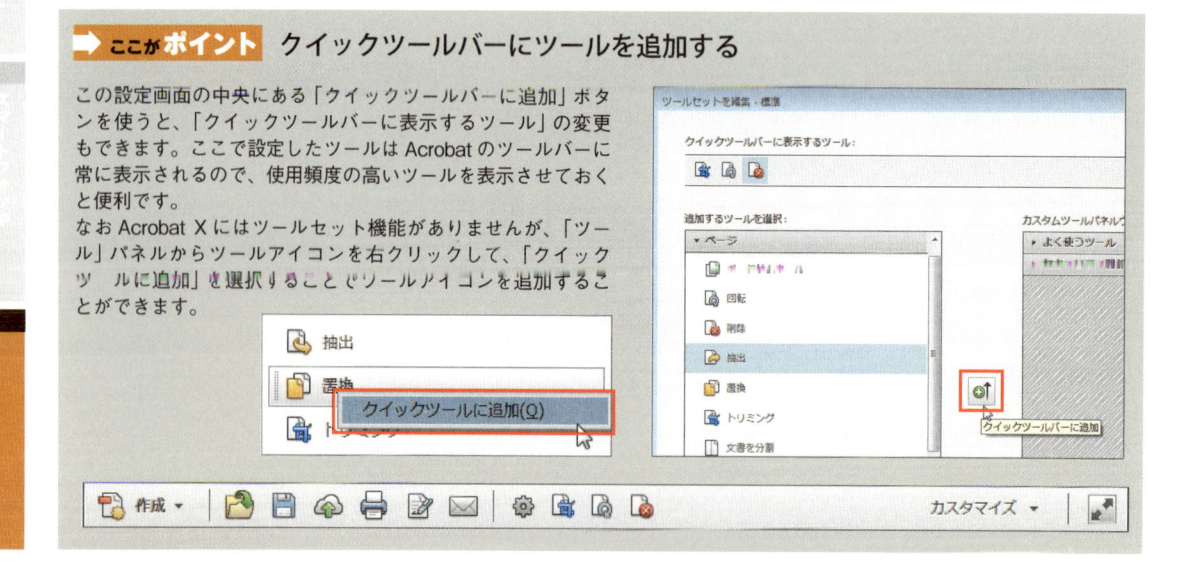

ここがポイント クイックツールバーにツールを追加する

この設定画面の中央にある「クイックツールバーに追加」ボタンを使うと、「クイックツールバーに表示するツール」の変更もできます。ここで設定したツールは Acrobat のツールバーに常に表示されるので、使用頻度の高いツールを表示させておくと便利です。
なお Acrobat X にはツールセット機能がありませんが、「ツール」パネルからツールアイコンを右クリックして、「クイックツールに追加」を選択することでツールアイコンを追加することができます。

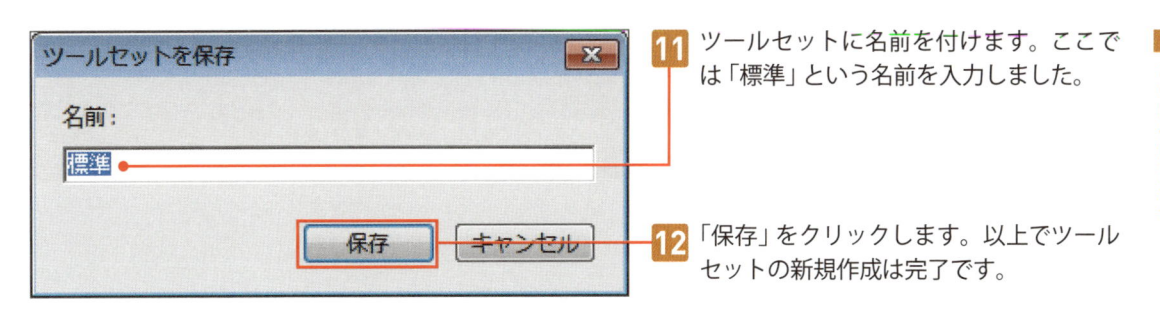

11 ツールセットに名前を付けます。ここでは「標準」という名前を入力しました。

12 「保存」をクリックします。以上でツールセットの新規作成は完了です。

13 新規に作成したツールセットがパネルウィンドウに表示されました。先ほど付けた「標準」という名前で表示されていることが分かります。

MEMO ツールセットを元に戻すには、「表示」メニューから「ツールセット」→「デフォルトのツール」を選択します。また作成したツールセットは「ツールセットを管理」で、編集もしくは削除できます。

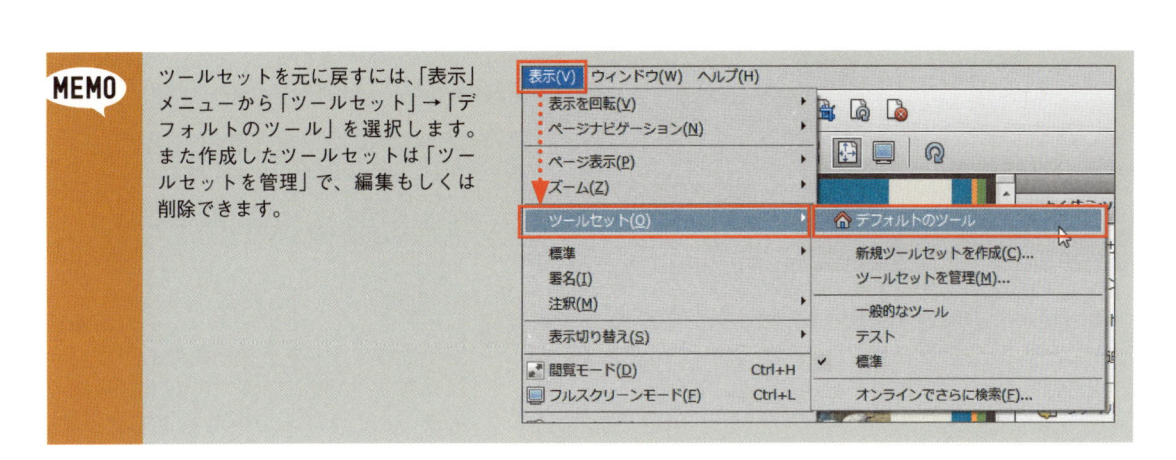

7-01 PDFとAcrobatをさらに使いこなす

132 よくつかうツールをツールセットとしてまとめるには

ビジテク 133 アクションウィザードを使って決まった操作を自動化するには

XI Pro / X Pro

ここが重要 アクションウィザード

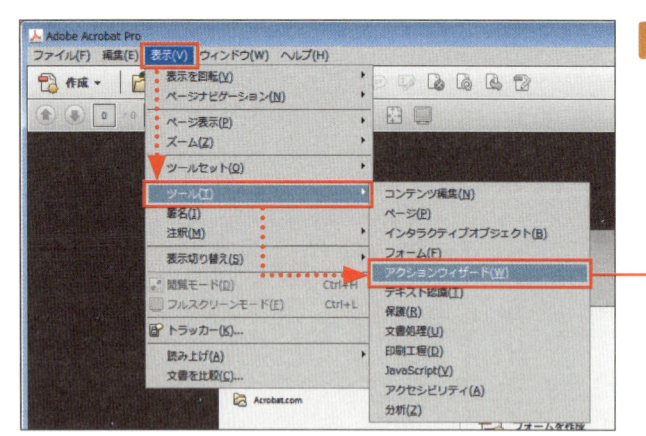

1. 「表示」メニューから「ツール」→「アクションウィザード」を開きます。

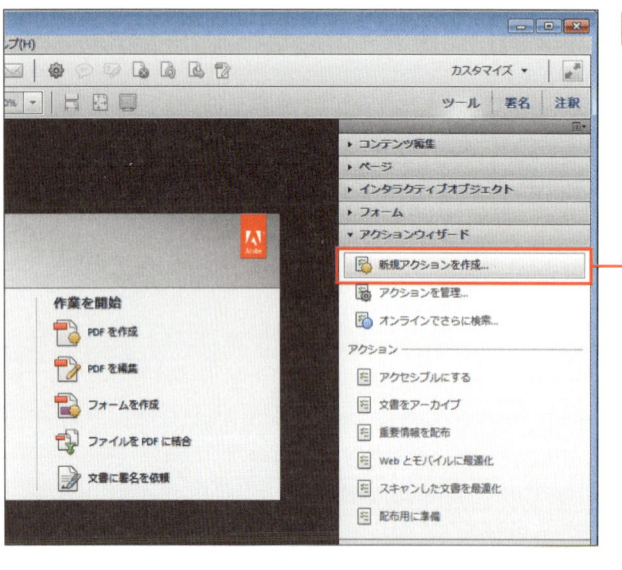

2. アクションウィザードの中にある「新規アクションを作成」をクリックします。

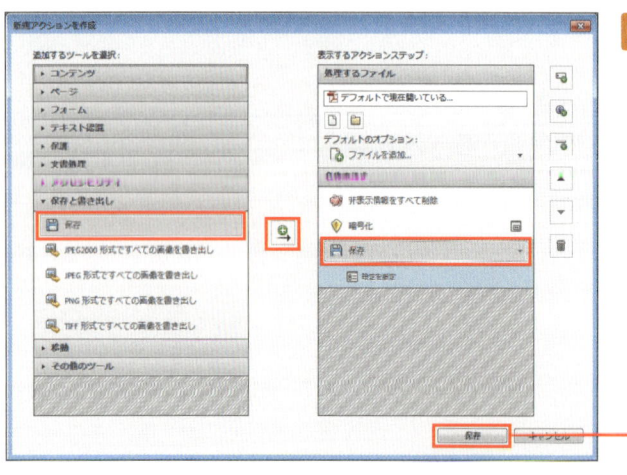

3. 新規アクションを作成するための画面が表示されます。左側から処理を行うツールを選び、右側に追加していきます。個々のツールのオプションも設定できます。完了したら「保存」をクリックします。

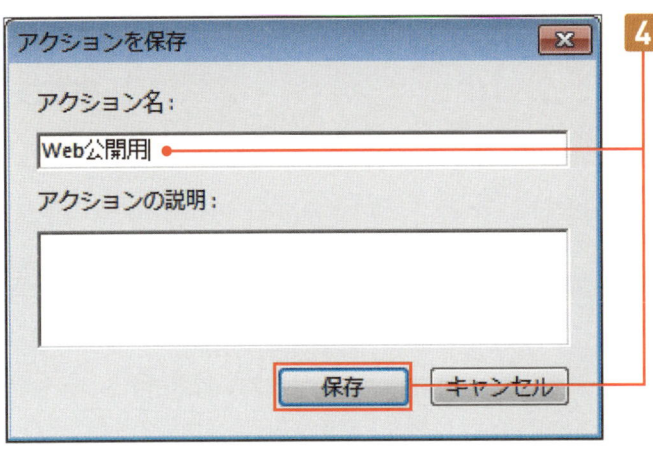

4 アクションに名前を付けて「保存」をクリックします。ここでは「Web公開用」という名前を付けます。

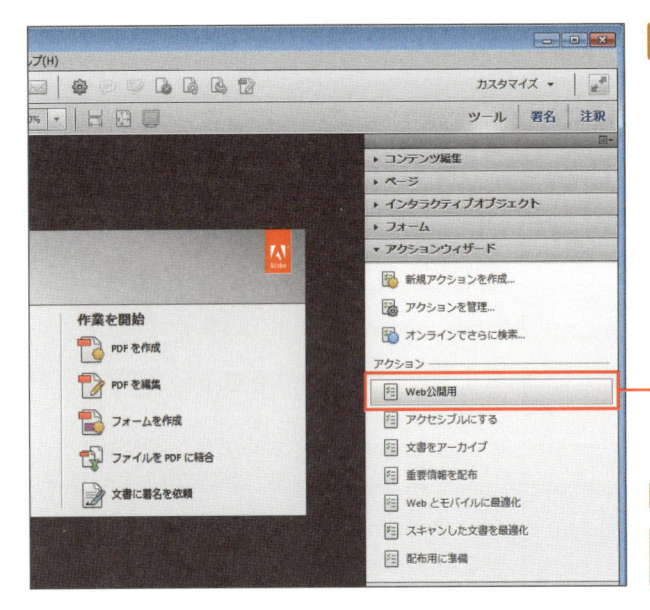

5 アクションウィザードに「Web公開用」というアクションが登録されました。PDFを開いた状態でここをクリックすることで「Web公開用」として登録された複数の処理を自動的に適用できます。

MEMO 作成したアクションを編集するには「アクションを管理」をクリックして表示される一覧の中から選択します。

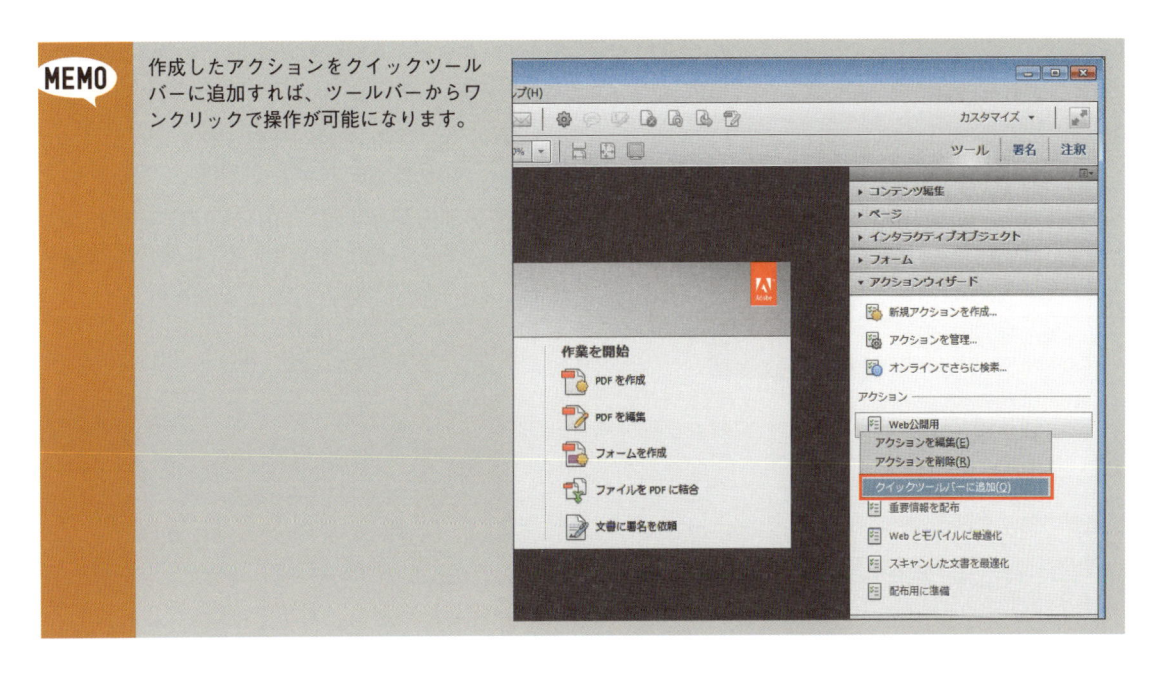

MEMO 作成したアクションをクイックツールバーに追加すれば、ツールバーからワンクリックで操作が可能になります。

7-01 PDFとAcrobatをさらに使いこなす

133 アクションウィザードを使って決まった操作を自動化するには

134 印刷用のトンボを作成するには

ここが重要 トンボを追加

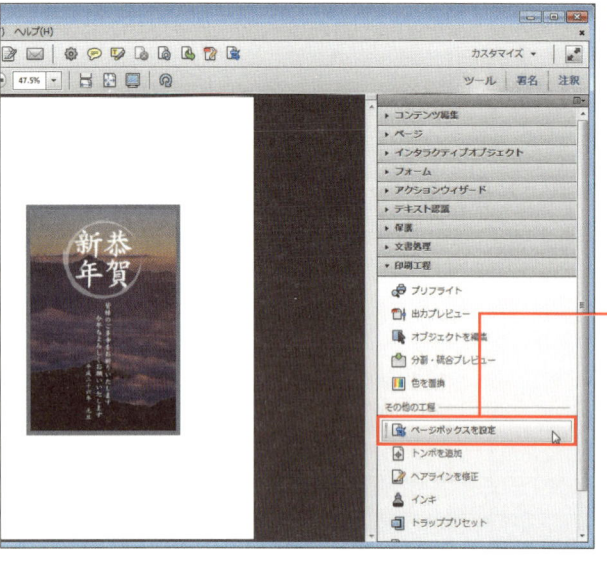

1. PDFを印刷所に入稿用として納品する際は、印刷用のトンボを付けるのが一般的です。ここではPDFの中央に配置されたハガキ部分を印刷する想定でトンボを作成してみます。

2. PDFを開いた状態で「表示」メニューから「ツール」→「印刷工程」を選択します。

3. 「ツール」パネルの「印刷工程」から「ページボックスを設定」をクリックします。

MEMO トンボとは、印刷物作成の際に版ズレを防いだり、正しく裁断するためのマークです。

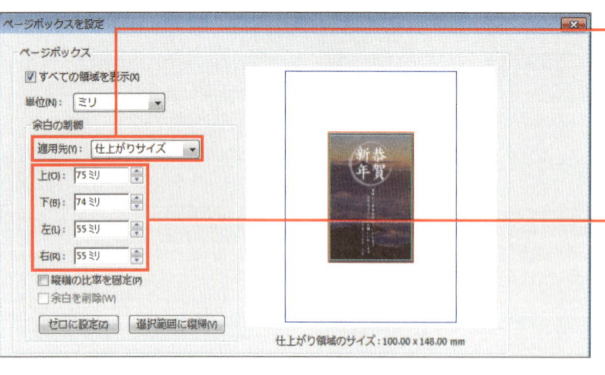

4. Acrobatでトンボを付けるためには、「断ち落としサイズ」と「仕上がりサイズ」を正しく設定しておく必要があります。まずは「余白の制御」の「適用先」から「仕上がりサイズ」を選択します。

5. 印刷物が完成したときに残したい部分だけがグリーンの線で囲まれるように、上下左右のボックスに余白の数値を入力します。

6. 次に「適用先」を「断ち落としサイズ」に切り替えます。

7. 断ち落とす線がブルーの線で囲まれるように上下左右のボックスに余白の数値を入力します。

MEMO 印刷物を作成する場合、通常仕上げたいサイズよりも大きな用紙に印刷し、最終的に仕上げたいサイズに断ち落とします。断ち落としのサイズは、仕上がりサイズより上下左右3mmずつ大きくしておくのが一般的です。

8. 設定できたら「OK」をクリックします。

9 「ツール」パネルの「印刷工程」から「トンボを追加」をクリックします。

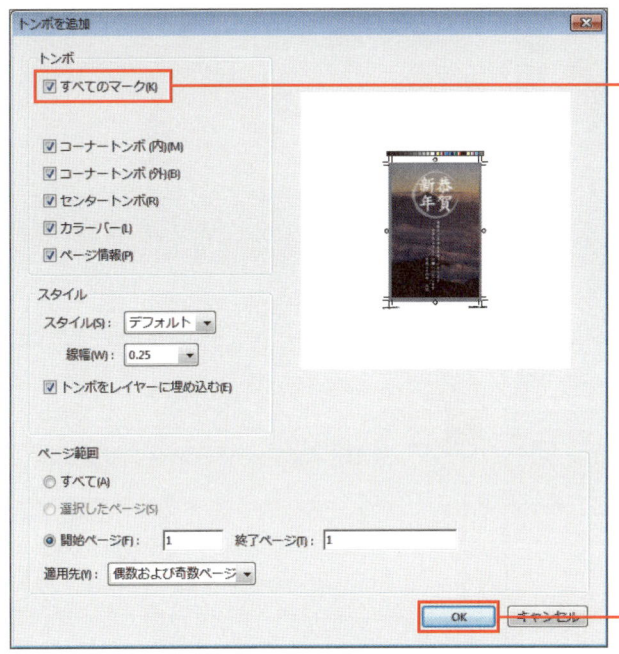

10 追加したいトンボにチェックを入れます。ここでは「すべてのマーク」を選択します。

> **MEMO** 「ページ範囲」の設定では、複数ページがある PDF の場合に、どのページに対してトンボを付けるのかを指定できます。

11 「OK」をクリックします。

12 ダイアログが表示されたら「はい」をクリックします。

13 印刷したい部分の四隅にトンボが作成され、カラーバーも埋め込まれました。

7-01 PDF と Acrobat をさらに使いこなす

134 印刷用のトンボを作成するには

ビジテク 135 指定箇所だけを印刷するには

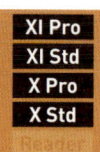

XI Pro / XI Std / X Pro / X Std

ここが重要 ★

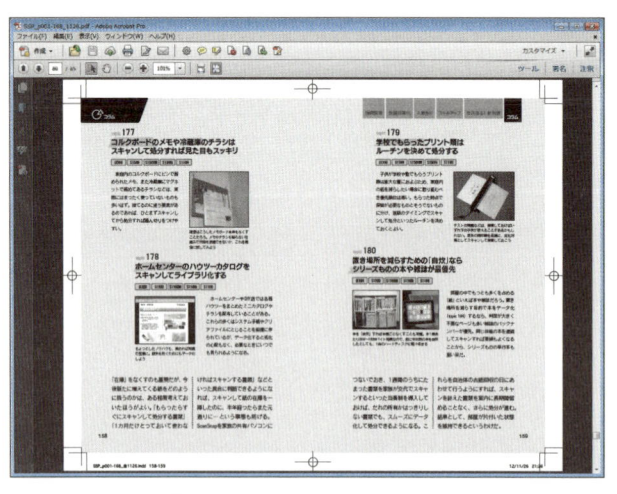

1. 印刷用のトンボデータがついたPDFなど、印刷したくない部分が含まれている場合、トリミング機能を使って、必要な範囲だけを指定します。

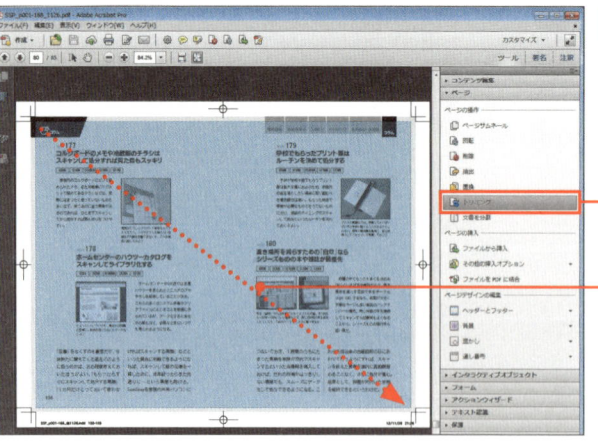

2. 「表示」メニューから「ツール」→「ページ」を選択し、「トリミング」をクリックします。

3. 必要な範囲をドラッグして選択したら、Enterキーを押します。

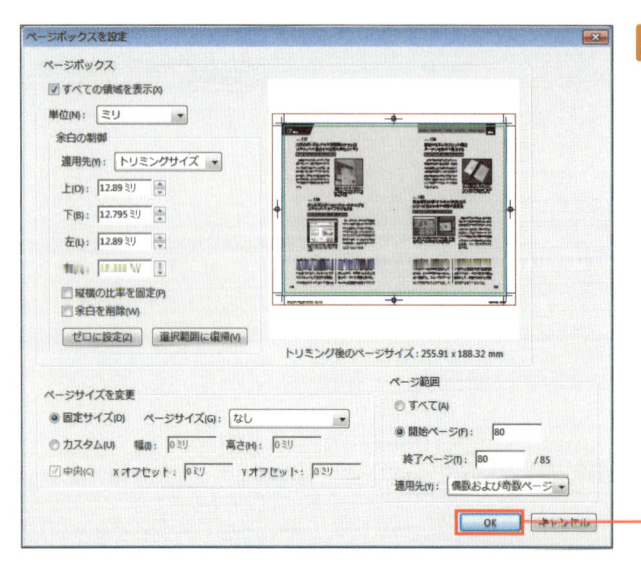

4. 「ページボックスを設定」ウィンドウが開きます。「OK」をクリックします。

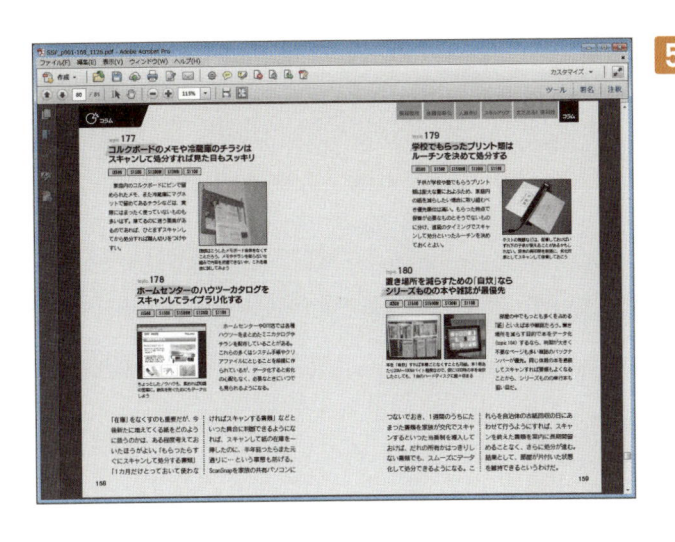

⑤ 周囲がトリミングされ、トンボの内側の領域だけになりました。これを印刷すれば不要部分が出力されません。

➡ ここがポイント　トリミング機能でサイズの大きな PDF を分割印刷する

このテクニックではトンボの内側だけを切り抜く解説をしましたが、同じ手順を使えば大きなサイズの PDF を分割印刷することもできます。例えば A4 用紙に入りきらない大きさの PDF 文書を縮小せずに印刷したいような場合、トリミング機能を使えば、1 枚を A4 複数枚に分割して印刷できます。また PDF の一部分だけを印刷したいようなときにも使えるテクニックです。

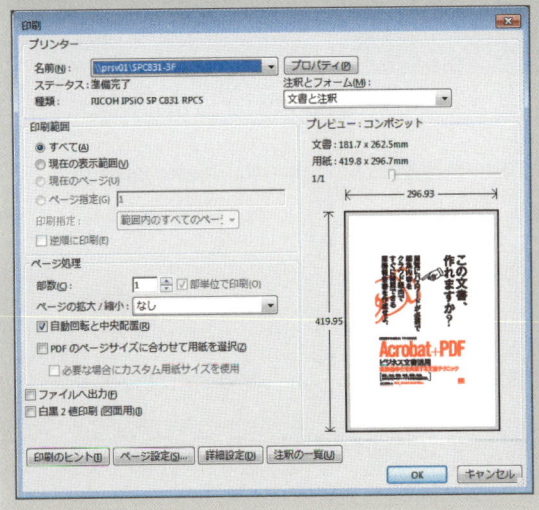

7-01 PDF と Acrobat をさらに使いこなす

135 指定箇所だけを印刷するには

136 フォントが埋め込まれているか確認するには

XI Pro / XI Std / X Pro / X Std / Reader

ここが重要 文書のプロパティ - フォント

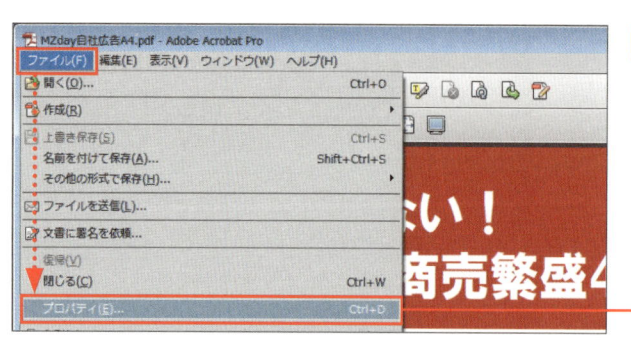

1 PDFを開いた状態で、「ファイル」メニューから「プロパティ」を開きます。

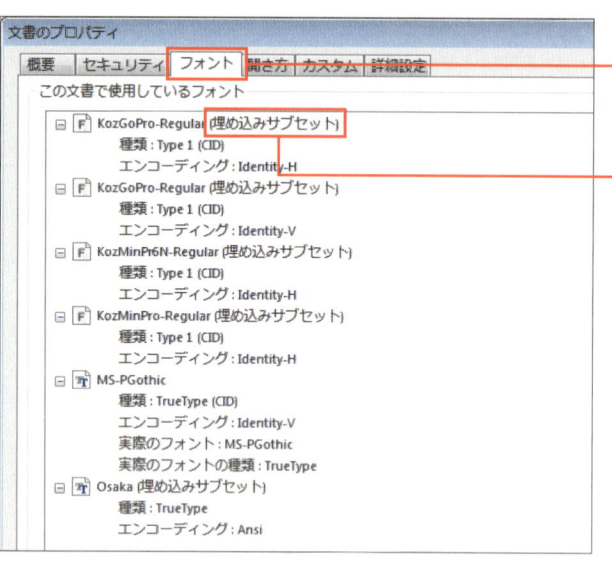

2 「文書のプロパティ」で「フォント」タブを開くと、フォントの一覧が表示されます。

3 フォント名の右側に「埋め込みサブセット」もしくは「埋め込み」と表示されていれば、フォントが埋め込まれています。とくに何も書かれていなければ、フォントは埋め込まれていません。

MEMO フォントが埋め込まれていない場合、異なる閲覧環境でフォントがインストールされていないと違う書体に置き換わってしまいます。これを防ぐためにもフォントを埋め込む必要があります。

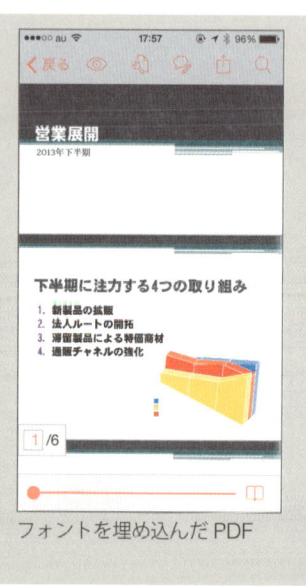

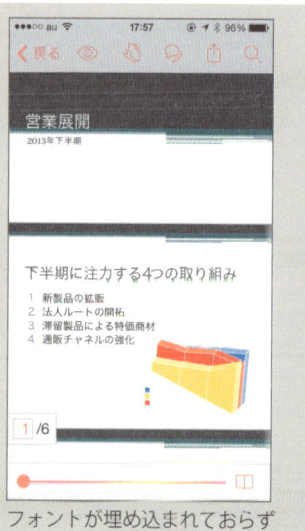

フォントを埋め込んだPDF

フォントが埋め込まれておらず他のフォントに置き換わったPDF

ビジテク 137 PDFに含まれるテキストの文字数をカウントするには

XI Pro / XI Std / X Pro / X Std

ここが重要 Wordの「文字カウント」機能

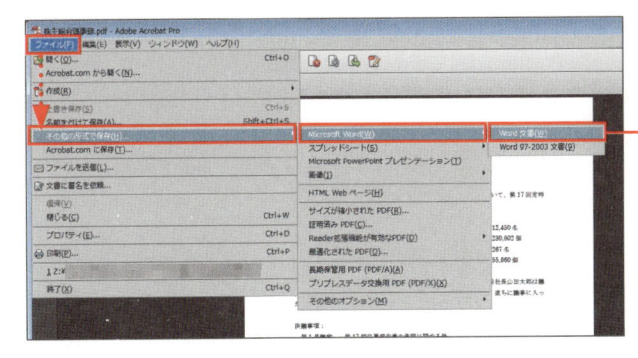

1. PDFを開いた状態で「ファイル」メニューから「その他の形式で保存」→「Microsoft Word」→「Word文書」を選択します。

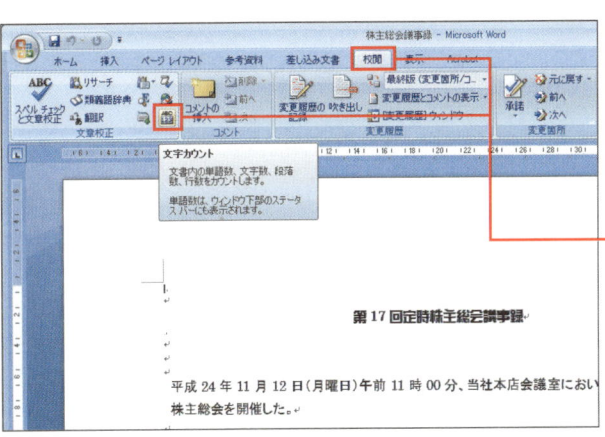

2. 任意の名前を付けてWord文書として保存します。

3. 保存したWord文書をダブルクリックして起動し、Wordで表示させます。

4. Wordの「校閲」タブの中から「文字カウント」というアイコンを探し、クリックします。

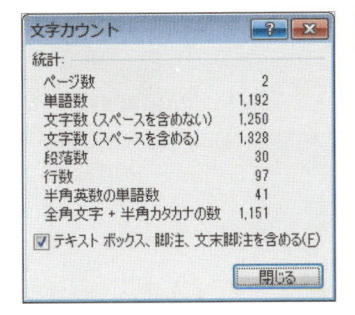

5. Wordの文字カウント機能を使うことで、文書内の文字数が表示されました。

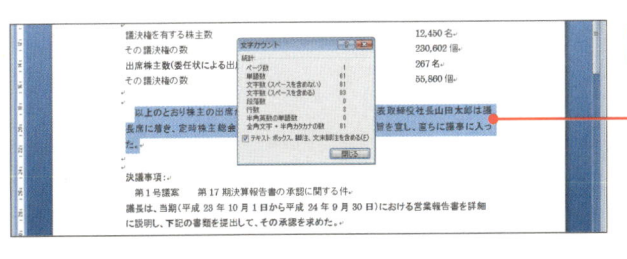

6. 任意の段落などを選択した状態で同じ操作を行うと、その部分の文字数を表示することもできます。

MEMO Acrobat自体には文字数をカウントする機能はないので、Wordと組み合わせてカウントすることになります。PDFのままリアルタイムでカウントできるわけではありませんが、既存のPDFの一部を書き換える場合、この方法で各段落の文字数をカウントすれば、以降の作業が効率化できます。

ビジテク 138 Windows8環境でPDFを音声で読み上げるには

XI Pro / XI Std / X Pro / X Std / Reader

ここが重要 読み上げを起動

1. Windows 8 では、Microsoft 製の日本語音声エンジン「Microsoft Haruka Desktop」が標準で搭載されたことで、日本語の音声読み上げが行えるようになりました。これを Acrobat で利用すると PDF の内容を音声で読み上げさせることができます。

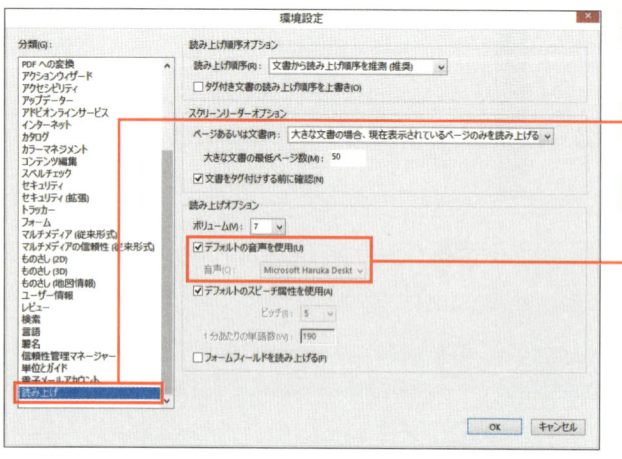

2. 「編集」メニューから「環境設定」を開きます。

3. 「分類」から「読み上げ」を選択します。

4. 「音声」の欄で「Microsoft Haruka Desktop」が選択されているかをチェックします。

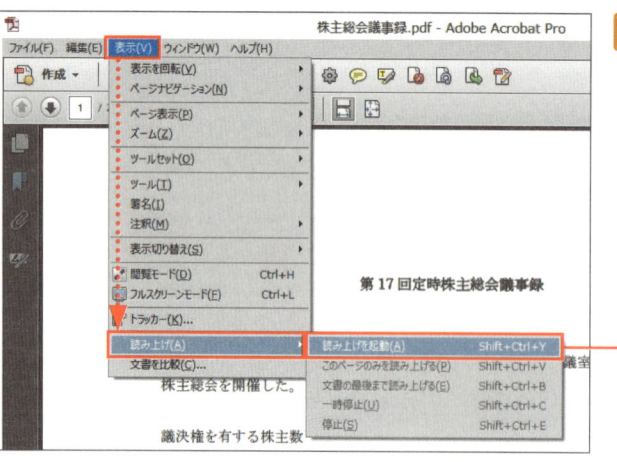

5. 読み上げさせたい PDF を開いて、「表示」メニューから「読み上げ」→「読み上げを起動」を選択します。これでいつでも読み上げを開始できる状態になりました。

MEMO Windows7 までの OS の場合、日本語音声合成エンジンを別途インストールすればこのテクニックを利用可能です。

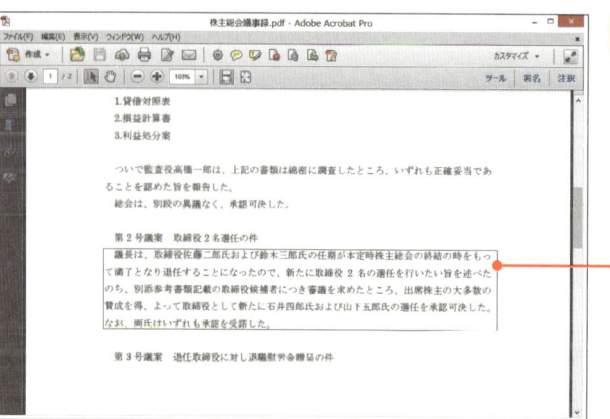

6. 読み上げさせたいエリアをクリックすると、読み上げがスタートします。

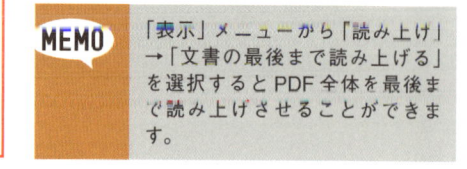

MEMO 「表示」メニューから「読み上げ」→「文書の最後まで読み上げる」を選択すると PDF 全体を最後まで読み上げさせることができます。

ビジテク 139 テキストの選択範囲を拡張するには

XI Pro / XI Std / X Pro / X Std / Reader

ここが重要 [Shift] + [→] キー

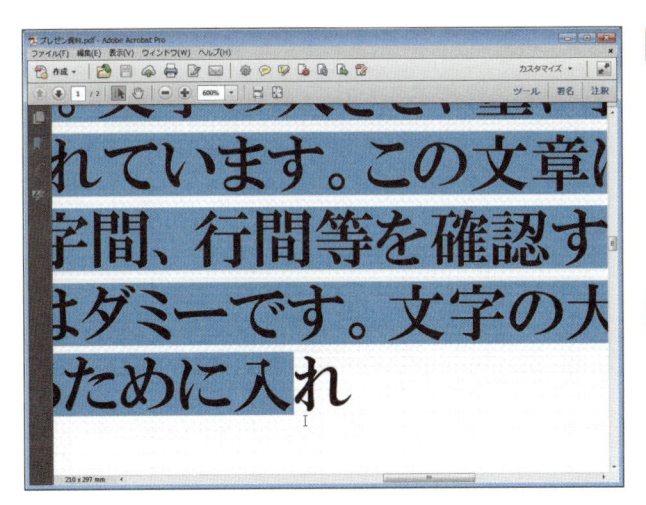

1. PDF上でテキストをコピー&ペーストしようとマウスで範囲選択をすると、思う範囲がうまく選択できない場合があります。例えば左の例のように最後の一文字がどうしても選択できなかったり、別の行やブロックまで丸ごと選択してしまうケースがあります。

2. こうした場合、キーボードの[Shift]キーを使えば、選択範囲を簡単に拡張できます。段落を丸ごと範囲選択して最後の1文字だけがうまく選択できない場合、文末の方向に向かって[Shift]+[→]キーを押します。

3. マウスではうまく範囲選択できなかった文字列が、きちんと選択できます。

MEMO 画面上は選択範囲が薄い色と濃い色とで区別して表示されます。

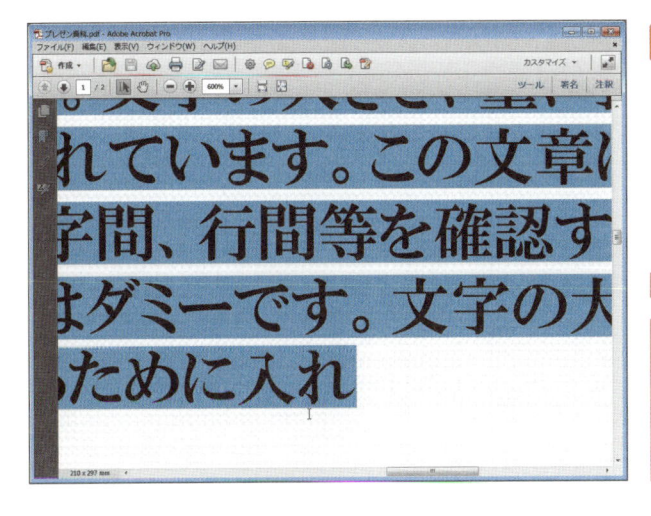

4. キーを離すと色が変わり、すべて選択された状態になります。同じ要領で、矢印の向きを逆方向にすれば、選択範囲を狭めることも可能です。

MEMO キーを繰り返し押せば、1文字にとどまらず必要な文字数だけ選択範囲を拡張できます。また選択範囲を狭めることもできるので、細かい範囲を適切に選択したい場合に便利です。PDFからのテキストのコピペを多用する人は、知っておくと必ず役に立つテクニックです。

[INDEX]

数字・アルファベット

Acrobat.com	19, 274, 277, 279
Adobe　Acrobat Create PDF Toolbar	105, 108
Adobe FormCentral	213
Adobe PDF	90
BMP	90
CamScanner＋	133
ClearScan	172
Excel	85, 119, 217
Facebook	208
fdf ファイル	250
Firefox	110
Flash	109
Google　Chrome	114
JPEG	90, 94
JPEG 変換	124
OCR 処理	123
Office	80
PDF/A	93
PDF/X	93
PDF フォーマット	12
PDF フォーム	211
PDF ポートフォリオ	198, 200
PDF を作成ボタン	81
PNG	90
PowePoint	87
TWAIN	91
Web	104
Web ページを開く	76
Windows 証明書ストア	165
Word	72, 83, 119

あ

アーカイブ	105
アクションウィザード	50, 292
圧縮率	102
アナデジ	130
アプリ	276
暗号化	177
安全性	174
一括検索	142
移動先を設定	67
印刷機能で作成	90, 92
印刷用	294
印刷を許可しない	178
インデックス検索	144, 148, 151
ウィンドウ幅に合わせてスクロールを有効	19
埋め込みインデックス	153
閲覧パスワード	176, 177
閲覧モード	24
閲覧モードの切り替えボタン	18
円形ツール	239
オートシードフィーター	133
音声ファイル	255
音声読み上げ	300

か

回覧	161
書き出し	117
拡張機能	108
画質	103
カスタムスタンプ	159
下線	237
画像加工	64
画像容量	102
画像をコピー	125
画像を置換	62
画像を追加	61
画像を編集	57
紙文書	95, 130
簡易検索	143, 146
給与明細	17
共有レビュー	260, 266
禁複写	179
クイックツールバー	19, 288, 290
雲型ツール	239
クリップボード	97
結合	42
権限パスワード	176, 178, 184
検索	142
検索・置換	146
検索用キーワード	154
効果	196
校正	230
高度な検索	143, 147
互換性	283
個人情報	174
コメント	238, 239
コンテンツ編集	57

さ

最適化	102
サイト全体	115
サウンド再生	77
削減効果	17
作成	19
作成者名	191
しおり	65
しおりに変換	72
しおりの階層化	70
しおりの作成	67
しおりのスタイル	71
しおりを追加	68
しおりを編集	69
自動化	292
社外秘	179
集計	226
承認	161
情報の再利用	117
証明書	170
書式	60
書式設定を維持	121
署名	19, 158
新規ウィンドウ	32
新規ツールセット	289
信頼済み証明書	160, 171
透かし	176, 179
スキャナーから PDF	95
スキャン	91
スキャンされた文書を最適化	138
スタンプを追加	159
スナップショット	128
すべての画像を書き出し	127
スマートフォン	133, 272
墨消し	176, 188
スライド	196
制限解除	186

セキュリティ	174
セキュリティポリシー	176, 181
セミナー	203
前回のビュー設定	33
全体表示	27
選択ツール	19
選択範囲	301
その他の形式で書き出し	118

た

ダイナミック	158
タッチモード	284
タブレット	272
チェックボックス	212
置換	146
注釈ツール	232
注釈の一覧	245
注釈の書き出し	246
注釈パネル	233
注釈を結合	265
注釈を送信	264
抽出	44, 45, 47
長方形ツール	239
ツールバー	18, 24
手書きサイン	167
テキスト	121
テキスト検索	136
テキスト認識	123, 131
テキストの挿入	234
テキストの置換	235
テキストの取り消し	236
テキストボックス	212, 240
テキストを追加	58
テキストを編集	57
デジタル ID	164
手のひらツール	19
電子印鑑	155, 157
電子書籍	13
電子署名	156, 164
電子メールレビュー	262
添付ファイル	253
動画	91, 98, 256
ドキュメントスキャナ	131
トリミング	51, 282
トンボを追加	294

な

ナビゲーションパネル	18
並べて表示	32
ノート注釈	238

は

配布資料	203
ハイライト	237
パネルウィンドウ	18
パネルウィンドウ切り替えボタン	18
引き出し線付テキストボックス	240
ビデオを挿入	207
ビデオを追加	98
非表示情報	174, 192
非表示情報をすべて削除	192
表	120
描画マークアップツール	232
表紙	26
表示方法	22

開き方	28
開く	19
ファイルサイズ	135
ファイルを単一の PDF に結合	205
ファイルを開く	78
フェード	196
フォーマット	60, 118
フォーム作成	217
フォームフィールド	219
フォームを送信	225
フォームを配布	223
フォントの埋め込み	100, 298
複数レベルのキャプチャ	115
フラットヘッドスキャナ	132
フリーハンド	241
フルスクリーンモード	196, 202
プレゼン	194
分割	31
分割印刷	397
文書ウィンドウ	18
文書を比較	258
文書を分割	48
ページ入れ替え	37
ページサイズ処理	53
ページ削除	36
ページサムネール	30
ページ挿入	38
ページの置き換え	40
ページの回転	41, 140
ページの縮小／拡大	19
ページレイアウト	28
ページレベルにズーム	19
ページを戻る／進む	19
ペーパーレス	13
変換	117
編集禁止	184
保護	184
ポスター	53
保存	19
ボリュームライセンス	228

ま、や、ら、わ

マーカー	237
マルチメディア	13
右クリックで作成	89
右綴じ	29
見開き表示	23, 25
メールに添付して送信	19
メタデータ	175, 191
メディアを再生	77
メニューバー	18, 24
モザイク	195
文字数	299
モバイル端末	272
ユーティリティソフト	134
ゆがみ補正	139
ラジオボタン	212
利用範囲	175
リンク	66
リンクの設定	74
レイアウト変更	63
レビュー	161
連絡先設定を取り込み	170
漏洩	174
ワークスペース	18
ワークフロー	155

著者プロフィール

山口 真弘（やまぐち・まさひろ）

テクニカルライター。PC周辺機器メーカー2社、ユーザビリティコンサルタントを経てライターとして独立。PC周辺機器や電子書籍、電子辞書、ウェブサービスについてのハウツー記事をImpress Watch/ITmedia/CNETなどのWeb媒体に執筆。
主な著書に『ScanSnap仕事便利帳』（ソフトバンククリエイティブ）、『「自炊」のすすめ 電子書籍「自炊」完全マニュアル』（インプレスジャパン）、『できるAmazon Kindle スタート→活用 完全ガイド』（インプレスジャパン）。

装丁..................水戸部 功
本文デザイン......BUCH+
DTP..................山口良二

PDF＋Acrobat ビジネス文書活用 [ビジテク]
業務効率化を実現する文書テクニック

2014年4月17日 初版第1刷発行

著　者............山口 真弘
発行人............佐々木 幹夫
発行所............株式会社 翔泳社（http://www.shoeisha.co.jp）
印刷・製本......大日本印刷株式会社

©2014 Masahiro Yamaguchi

＊本書は著作権法上の保護を受けています。本書の一部または全部について（ソフトウェアおよびプログラムを含む）、株式会社 翔泳社から文書による許諾を得ずに、いかなる方法においても無断で複写、複製することは禁じられています。
＊本書へのお問い合わせについては、2ページに記載の内容をお読みください。
＊落丁・乱丁はお取り替えいたします。03-5362-3705 までご連絡ください。

ISBN978-4-7981-3507-6　　　　　　　　　　　　　　Printed in Japan